Série História das Nações

História Concisa
da Grécia

SÉRIE HISTÓRIA DAS NAÇÕES

A Edipro traz para o Brasil uma seleção de títulos da Série *História Concisa*, originalmente produzida pela Editora Cambridge, na Inglaterra, e publicada entre os renomados títulos acadêmicos e profissionais que compõem o seu vasto catálogo.

"Esta série de 'breves histórias' ilustradas, cada qual dedicada a um país selecionado, foi pensada para servir de livro-texto para estudantes universitários e do ensino médio, bem como uma introdução histórica para leitores em geral, viajantes e membros da comunidade executiva."

Cada exemplar da série – aqui intitulada *História das Nações* – constitui-se num compêndio da evolução histórica de um povo. De leitura fácil e rápida, mas que, apesar de não conter mais que o essencial, apresenta uma imagem global do percurso histórico a que se propõe a aclarar.

Os Editores

O livro é a porta que se abre para a realização do homem.

Jair Lot Vieira

RICHARD CLOGG

Série História das Nações

História Concisa da Grécia

tradução de Raul Fiker
Livre-Docente em Filosofia pela Unesp
Pós-Doutor em Filosofia pela Cambridge University
Doutor em Filosofia pela USP
Mestre em Teoria Literária pela Unicamp
Professor-adjunto na Unesp

© Richard Clogg 1992, 2002, 2013
Syndicate of the Press of the University of Cambridge, England
A Concise History of Greece – Third Edition

First published by Cambridge University Press 1992

This publication is in copyright. Subject to statutory exception and to the provisions of relevant collective licensing agreements, no reproduction of any part may take place without the written permission of Cambridge University Press.

Copyright desta tradução © 2017 by Edipro Edições Profissionais Ltda.

Todos os direitos reservados. Nenhuma parte deste livro poderá ser reproduzida ou transmitida de qualquer forma ou por quaisquer meios, eletrônicos ou mecânicos, incluindo fotocópia, gravação ou qualquer sistema de armazenamento e recuperação de informações, sem permissão por escrito do editor.

Grafia conforme o novo Acordo Ortográfico da Língua Portuguesa.

1ª edição 2017

Editores: Jair Lot Vieira e Maíra Lot Vieira Micales
Coordenação editorial: Fernanda Godoy Tarcinalli
Tradução: Raul Fiker
Editoração: Alexandre Rudyard Benevides
Revisão: Arnaldo R. Arruda
Diagramação e Arte: Karina Tenório e Ana Laura Padovan

Dados Internacionais de Catalogação na Publicação (CIP)
(Câmara Brasileira do Livro, SP, Brasil)

Clogg, Richard
  História concisa da Grécia / Richard Clogg; tradução de Raul Fiker. – São Paulo : EDIPRO, 2017. – (Série História das Nações)

  Título original: A Concise History of Greece
  Bibliografia
  ISBN 978-85-7283-989-1

  1. Grécia - História I. Título. II. Série.

17-01260   CDD-949.5

Índice para catálogo sistemático:
1. Grécia : História : 949.5

São Paulo: (11) 3107-4788 • Bauru: (14) 3234-4121
www.edipro.com.br • edipro@edipro.com.br
 @editoraedipro   @editoraedipro

Para Mary Jo

Sumário

Lista de imagens e mapas 9

Prefácio 15

Introdução 17

Capítulo 1 • Domínio otomano e a emergência
do Estado grego (1770-1831) **23**

Capítulo 2 • Construção da nação, a "Grande Ideia"
e o Cisma Nacional (1831-1922) **57**

Capítulo 3 • Catástrofe e ocupação e
suas consequências (1923-1949) **103**

Capítulo 4 • O legado da guerra civil (1950-1974) **141**

Capítulo 5 • A consolidação da democracia e
a década populista (1974-1990) **163**

Capítulo 6 • Tumulto nos Bálcãs e modernização
política: a Grécia na década de 1990 **195**

Capítulo 7 • A Grécia no novo milênio:
da afluência à austeridade **229**

Biografias   253

As Casas Reais da Grécia   276

Presidentes   278

Tabelas   279

Cronologia   291

Guia para leitura complementar   299

Índice remissivo   307

Lista de imagens e mapas

O autor e os editores reconhecem as seguintes fontes de material com direito autoral e são gratos pela permissão concedida. Mesmo com todo o esforço envidado, não foi sempre possível identificar as fontes de algum material usado ou constatar os detentores dos direitos. Se alguma omissão nos for notificada, incluiremos os créditos apropriados na reimpressão.

Imagens

1. A queda de Constantinopla, em 1453, como mostrada por Panayiotis Zographos na década de 1830. (Museu Histórico Nacional, Atenas.) — 27

2. A Igreja Grega de São Jorge, em Veneza, e o *Phlanginion Phrontisterion*, ou Colégio, no século XVII. (Fonte: *Istoria tou Ellinikou ethnous*. X. Atenas: Ekdotiki Athinon, 1974.) — 31

3. Constantino XI Palaiologos, o "imperador transformado em mármore". (Kungliga Biblioteket, Estocolmo.) — 34

4. Um ícone de papel do século XVIII mostrando o monastério de São Paulo no Monte Athos. (Fonte: Dori Papastratou, *Khartines eikones. Orthodoxa thriskeftika kharaktika 1665-1899*. Atenas: Ekdoseis Papastratos, 1986.) — 36

5. Mikhail Soutsos, hospodar da Moldova (1819-1821). (Fonte: Louis Dupré, *Voyage à Athènes et à Constantinople*. Paris: Dondey-Dupré, 1825.) — 38

6. Um capitão de mar grego na véspera da guerra de independência. (Fonte: S. A. Papadopoulos, ed. *The Greek merchant marine (1453-1850)*. Atenas: Banco Nacional da Grécia, 1972.) — 40

7. Folha de rosto, em grego e turco, da edição de 1819 de Constantinopla do *Physiognomonica*. (Oxford: Taylor Institution Library.) — 43

HISTÓRIA CONCISA DA GRÉCIA

8. Carta de recomendação de um "padre" da *Philiki Etairia*, 1819. (Museu Histórico Nacional, Atenas.) — 46

9. O enforcamento pelos turcos do patriarca ecumênico Grigorios V em abril de 1821. (Museu Histórico Nacional, Atenas.) — 49

10. A chegada de Lord Byron em Mesolongi em janeiro de 1824, como mostrada por Theodoros Vryzakis. (Fonte: Fani-Maria Tsigakou, *Lord Byron in Greece*. Atenas: The British Council, 1987.) — 50

11. Nikitas, o comedor de turcos, na Batalha de Dervenakia, agosto de 1822. (Fonte: Peter von Hess, *Die Befreiung Griechenlands in 39 Bildern*. Munique: 1852-1854.) — 52

12. O assassinato do presidente Kapodistrias em Nafplion, outubro de 1831. (Museu Benaki, Atenas.) — 55

13. O café ateniense *Oraia Ellas* na década de 1830. (Museu Histórico Nacional, Atenas.) — 63

14. *Hadji Oustas Iordanoglou de Capadócia e seu filho Homero*, por Photis Kontoglou, 1927. (Fonte: Nikos Zias, ed., *Photis Kontoglou anadromiki ekthesi, 1986*. Tessalônica: Makedoniko Kentro Synkhronis Tekhnis, 1986.) — 64

15. Ícone do "neomártir" George, o Mais Jovem (1838). (Fonte: Kitsos Makris, *Khioniadites zographoi. 65 laikoi zographoi apo to khorio Khioniades tis Ipeirou*. Atenas: Melissa, s.d.) — 66

16. "Um golpe bem grego" – o golpe de 3 de setembro de 1843 em Atenas. (Museu Histórico Nacional, Atenas.) — 68

17. A legião voluntária grega no sítio de Sebastopol durante a Guerra da Crimeia. (Museu Benaki, Atenas.) — 70

18. Um cartum de Daumier satirizando o endividamento da Grécia com as grandes potências. (Fonte: S. V. Markezinis, *Politiki istoria tis synkhronou Ellados. I a Elliniki dimokratia 1924-1935*. III. Atenas: Papyros, 1978.) — 72

19. Os bandidos responsáveis pelos assassinatos de Dilessi em abril de 1870. (Museu Benaki, Atenas.) — 75

20. A escavação do Canal de Corinto na década de 1880. (Museu Benaki, Atenas.) — 76

21. Os representantes gregos no Congresso de Berlim em 1878. (Fonte: *Istoria tou Ellinikou ethnous*, XIII. Atenas: Ekdotiki Athinon, 1977.) — 78

22. Capitão Vardas e um grupo de *Makedonomakhoi c.* 1904. (Arquivo Literário e Histórico Grego, Atenas.) — 80

23. Um bar em Pireu no final do século XIX. (Arquivo Literário e Histórico Grego, Atenas.)   81

24. A Academia de Atenas em construção na década de 1880. (Museu Benaki, Atenas.)   83

25. Grandes mercadores gregos em Alexandria na década de 1880. (Fonte: P. A. Zannas, ed., *Arkheio tis P. S. Delta*, III, *P. S. Delta protes enthymiseis*. Atenas: Ermis, 1981.)   85

26. Panagis Koutalianos, o *Novo Hércules*, pintado sobre a parede de uma padaria em Velentza, perto de Volos, por Theophilos (1910). (Fonte: Maria Kynigou-Phlaboura, *Theophilos. Malamatenios argaleios ki elephantenio kteni*. Atenas: Exantas, 1979.)   86

27. "O discreto charme da burguesia grega otomana": o casamento Evgenidis/Zarifi em 1905. (Fonte: Mihail-Dimitri Sturdza, *Dictionnaire historique et généalogique des grandes familles de Grèce, d'Albanie et de Constantinople*. Paris: The Author, 1983.)   88

28. Uma gravura popular mostrando a libertação de Chios em novembro de 1912. (Museu Histórico Nacional, Atenas.)   92

29. Uma eleição em Salônica em 1915. (Fonte: Michael Llewellyn Smith, *Ionian vision. Greece in Asia Minor, 1919-1922*. Londres: Allen Lane, 1973.)   94

30. A *Parthenagogeion* grega, Ushak, Ásia Menor, 1921. (Museu de Guerra, Atenas.)   97

31. Refugiados aglomerados no cais em chamas de Esmirna, em setembro de 1922. (Museu de Guerra, Atenas.)   99

32. O "Julgamento dos Seis", novembro de 1922. (Arquivo Literário e Histórico Grego, Atenas.)   105

33. Cartões-postais de propaganda (a) anti-Venizelos e (b) pró-Venizelos. (Fonte: S. V. Markezinis, *Politiki istoria tis synkhronou Ellados I a Elliniki dimokratia 1924-1935*. III. Atenas: Papyros, 1978; Arquivo Literário e Histórico Grego, Atenas.)   106

34. Eleftherios Venizelos com seu neto. (Arquivo Literário e Histórico Grego, Atenas.)   112

35. Um casamento grego em Salt Lake City, Utah, em 1921. (Utah State Historical Society.)   114

36. O poeta C. P. Cavafy em casa em Alexandria. (Foto de K. Megalokonomou.)   116

12 | HISTÓRIA CONCISA DA GRÉCIA

37. Oficiais venizelistas em julgamento seguindo-se à tentativa de golpe   117
de março de 1935. (Fonte: *Istoria tou Ellinikou ethnous*, XV. Atenas:
Ekdotiki Athinon, 1978.)

38. O general Ioannis Metaxas recebendo a saudação fascista. (Arquivo   119
Literário e Histórico Grego, Atenas.)

39. Um cartaz de propaganda da campanha da Albânia, 1940. (Fonte: 122
Spyros Karakhristos, *Ellinikes aphisses Greek posters*. Atenas: Ke-
dros, 1984.)

40. (a) Uma vítima da fome do inverno de 1941-1942. (Museu Benaki,   126
Atenas: foto de Dimitris Kharisiadis.)

(b) Uma bem abastecida mercearia em Atenas, em novembro de
1944. (*Life* Picture Service: foto de Dimitri Kessel.)

41. Três guerrilheiras, 1944. (Fonte: Costas G. Couvaras, *Photo album*   128
of the Greek resistance. San Francisco: Wire Press, 1978.)

42. Quatro jovens judeus gregos, Salônica, fevereiro de 1943. (Museu   130
Judeu da Grécia.)

43. O Comitê Político de Libertação Nacional em "Free Greece",   133
1944. (Fonte: Spyros Meletzis, *Me tous andartes sta vouna*. Atenas: 1976.)

44. Winston Churchill com o arcebispo Damaskinos, de Atenas, pos-   136
teriormente regente da Grécia, dezembro de 1944. (Imperial War
Museum, Londres.)

45. O rei Paul e a rainha Frederica visitam o campo de prisioneiros Ma-   138
kronisos, 1947. (Associated Press)

46. O general James van Fleet quebrando ovos de Páscoa com o general   140
(posteriormente marechal) Alexandros Papagos, 1949. (Museu de
Guerra, Atenas.)

47. (a) Soldados gregos e turcos confraternizam em manobras, 1953.   150
(National Archives and Records Service, Washington, D.C.; foto: D.
Kaloumenos.)

(b) O patriarca Athinagoras nas ruínas da igreja do *Phanaghia Ve-*
ligradiou, Istambul, 1955. (National Archives and Records Service,
Washington, D.C.; foto: D. Kaloumenos.)

48. O arcebispo Makarios, do Chipre, com o general Georgios Grivas   152
e Nikos Sampson, 1959. (Fonte: Stanley Mayes, *Makarios: a biogra-*
phy. Londres: Macmillan, 1981.)

LISTA DE IMAGENS E MAPAS | 13

49. Yannis Tsarouchis: *Marinheiro em um fundo rosa* (1955). (Fonte: 155
Theophilos Kontoglou Ghika Tsarouchis. Four painters of 20ᵗʰ century Greece. Londres: Wildenstein, 1975.)

50. A ocupação estudantil da Politécnica de Atenas, novembro de 1973.   161
(Fonte: Giannis Phatsis, *Polytekhneio'73. Exegersi. Katalipsi. Eisvoli.* Atenas: Kastanioti, 1985.)

51. Andreas Papandreou prestando juramento como primeiro-ministro   181
em 1981 para o arcebispo Serapheim de Atenas, na presença do presidente Konstantinos Karamanlis. (Ministério Grego de Imprensa e Informação)

52. Stelios Papathemelis, Nikolaos Martis, bispo Ezequiel de Melbourne e   188
o primeiro-ministro australiano, Bob Hawke, em Melbourne. (Fonte: *Makedoniki Zoi*, abril de 1988.)

53. "Como você embarca para Ítaca": uma turista norueguesa na Gré-   196
cia. (Associated Press: Thanassis Stavrakis.)

54. "Devolva-nos nossos mármores": o príncipe Charles e Evangelos   203
Venizelos na Acrópole em Atenas, novembro de 1998. (PA News: Louisa Gouliamaki.)

55. (a) Jornalistas turcos substituindo a bandeira grega pela turca na   214
ilhota de Imia (Kardak), janeiro de 1996. (Associated Press: Aykut Firat, foto de Richard Clogg.)

(b) Confrontando o passado, Istambul, 2000. (Associated Press: 215
Aykut Firat, foto de Richard Clogg.)

56. A Igreja Ortodoxa Militante: manifestantes protestando contra a   228
remoção da afiliação religiosa das carteiras de identidade, Atenas, verão de 2000. (Associated Press: Thanassis Stavrakis.)

57. Melhorando as cercas religiosas: o arcebispo Khristodoulos e o papa   231
João Paulo II no Aeropagos, 2001. (Eurokinissi)

58. "Tal pai, tal filho, tal neto": Georgios, Andreas e Giorgos Papan-   235
dreou. (© Hulton-Deutsch Collection/Corbis, Vladimir Rys/Stringer/ Bethy Images, Embaixada Grega, Londres.)

59. Combatendo o fogo na Ática, 2009. (Eurokinissi)   236

60. Grécia em crise: "A Grécia não está à venda", 2012. (Eurokinissi)   243

61. "Eliminando o intermediário", 2012. (Eurokinissi)   244

62. Tanques preparando-se para a parada do dia do *Ochi* (Não) em Tes-   245
salônica, em 2006. (Eurokinissi)

Mapas

1. *I kath'imas Anatoli*: o leste da Grécia.   24

2. A expansão do Estado grego, 1832-1947.   54

3. Mapa do relevo da Grécia.   71

4. O resultado das guerras balcânicas, 1912-1913.   90

5. A geografia do Cisma Nacional: "Antiga" e "Nova" Grécia em 1916-1917.   95

6. A Grécia na Ásia Menor, 1919-1922.   100

7. O padrão de assentamento de refugiados durante o período entreguerras.   108

8. As zonas de ocupação alemãs, italianas e búlgaras em 1941.   124

9. A disputa do Egeu.   169

10. Distritos eleitorais e administrativos.   178

PREFÁCIO

O texto se beneficiou grandemente do escrutínio crítico de meu amigo e colega dr. Lars Baerentzen e, como sempre, de Mary Jo Clogg. Para ambos, como para a professora Susannah Verney e o dr. Rolandos Katsiaounis, devo muito. Também sou muito agradecido pela colaboração com as imagens a: Guy Evans, Manos Haritatos, David Howells, Dimitrios Kaloumenos, Paschalis Kitromilidis, John Koliopoulos, Fani Konstantinou, Nikos Linardatos, Ioannis K. Mazarakis-Ainian, Georgios Mountakis, Helen Zeese Papanikolas, Nikos Stavroulakis, Fani-Maria Tsigakou, K. Varfis e Malcolm Wagstaff.

Março de 1991, 2001, 2013.

Introdução

Todos os países carregam o peso de sua história, mas o passado pesa particularmente forte sobre a Grécia. É ainda, lamentavelmente, um lugar-comum falar de "Grécia moderna" e de "grego moderno", considerando que "Grécia" e "grego" devem necessariamente se referir ao mundo antigo. O fardo da Antiguidade tem sido uma vantagem e um veneno. Ao ponto em que a língua e a cultura do mundo grego antigo, que eram reverenciadas por toda a Europa (e também nos Estados Unidos, onde alguns dos seus fundadores foram educados nos clássicos) durante as décadas críticas do renascimento nacional no início do século XIX, foram um fator vital no estímulo aos próprios gregos, ou ao menos na *intelligentsia* nacionalista, de uma consciência de que eles eram os herdeiros de um legado universalmente admirado. Tal consciência existira escassamente durante os séculos de domínio otomano, e esse "senso do passado", importado da Europa ocidental, foi um constituinte importante no desenvolvimento do movimento nacional grego, contribuindo significativamente para sua precocidade em relação a outros movimentos de independência nos Bálcãs. A herança do passado foi também importante para excitar o interesse da opinião liberal e, de fato, conservadora no destino dos gregos insurgentes. Na década de 1820, até um inveterado pilar da ordem tradicional como o visconde de Castlereagh, o secretário do exterior britânico, foi levado a indagar se "aqueles, na admiração de quem fomos educados, estão fadados [...] a arrastar, por todo o tempo por vir, a miserável existência à qual as circunstâncias os reduziram". De fato, tais atitudes persistiram até o presente. Durante o debate no Parlamento britânico em 1980 sobre a ratificação da investidura da Grécia na Comunidade Europeia, um ministro das Relações

Exteriores afirmou que a entrada da Grécia seria vista como uma "retribuição adequada pela Europa de hoje da dívida cultural e política que todos nós temos para com uma herança grega de quase 3 mil anos".

Que uma obsessão com as glórias do passado deveria ter se desenvolvido é, nas circunstâncias, dificilmente surpreendente. A *progonoplexia*, ou "ancestralite", tem sido característica de muito da vida cultural do país e deu origem à "questão da língua", a interminável, e por vezes violenta, controvérsia sobre o grau em que a língua falada do povo deveria ser "purificada" para torná-la mais afim com o suposto ideal do grego antigo. Gerações de crianças em idade escolar têm sido forçadas a lutar com as complexidades da *katharevousa*, ou forma "purificadora" da língua. Apenas em 1976 foi o demótico, ou língua falada, formalmente declarado língua oficial do Estado e da educação. Um resultado dessa mudança, contudo, é que a nova geração de gregos não acha fácil ler livros escritos em *katharevousa*, os quais compreendem talvez 80% do total da produção de livros de não ficção no Estado independente.

Os primeiros nacionalistas gregos buscavam inspiração exclusivamente no passado clássico. Quando, na década de 1830, o historiador austríaco J. P. Fallmerayer lançou dúvidas sobre um dos preceitos fundadores do nacionalismo grego moderno, a saber, que os gregos modernos são descendentes lineares dos antigos, ele despertou indignação entre a *intelligentsia* do incipiente Estado. O primeiro diplomata americano no Estado independente, Charles Tuckerman, arguto observador da sociedade grega de meados do século XIX, observou que a maneira mais rápida de reduzir um professor ateniense à apoplexia era mencionar o nome de Fallmerayer. Tais atitudes eram acompanhadas por um desprezo correspondente pelo passado medieval, bizantino, da Grécia. Adamantios Korais, por exemplo, a figura mais influente do renascimento intelectual pré-independência, desprezava o que ele descartava como o obscurantismo, conduzido por sacerdotes, de Bizâncio. De fato, ele uma vez declarou que ler uma única página de um autor específico bizantino era suficiente para produzir um ataque de gota.

Foi apenas em meados do século XIX que Konstantinos Paparrigopoulos, um professor de história na Universidade de Atenas, formulou uma interpretação da história grega que vinculava os períodos antigo, medieval e moderno em uma única sequência contínua. Subsequentemente, a corrente principal da historiografia grega pôs grande ênfase em tal continuidade. Pelo final do século, a redescoberta e a reabilitação do passado bizantino estavam completas, e os intelectuais olhavam mais para as glórias do Império Bizantino do que para a Antiguidade clássica na justificação do projeto irredentista da "Grande Ideia". Essa visão, que aspirava à unificação de todas as áreas de assentamento grego no Oriente Médio dentro dos limites de um Estado único com sua capital em Constantinopla dominou o Estado independente durante o primeiro século de sua existência.

Se a *intelligentsia* nascente do período da independência olhava para o passado clássico com uma reverência que igualava seu desprezo por Bizâncio, ela não dispunha de tempo algum para sua herança de 400 anos de domínio otomano. Korais, de fato, declarou, em sua autobiografia, que, em seu vocabulário, "turco" e "besta selvagem" eram sinônimos. Entretanto, o período da *Tourkokratia*, ou domínio turco, teve uma profunda influência no molde da evolução da sociedade grega. O domínio otomano teve o efeito de isolar o mundo grego dos grandes movimentos históricos como a Renascença, a Reforma, a revolução científica do século XVII, o Iluminismo e as Revoluções Francesa e Industrial, que tanto influenciaram a evolução histórica da Europa ocidental. Por muito tempo, as fronteiras do Império Otomano na Europa coincidiram amplamente com aquelas entre ortodoxia e catolicismo. O conservadorismo da hierarquia da Igreja Ortodoxa reforçava esse isolamento. Tão tardiamente como na década de 1790, por exemplo, clérigos gregos continuavam a denunciar as ideias de Copérnico e a argumentar que o Sol girava em torno da Terra. Esse conservadorismo era reforçado por um antiocidentalismo que tinha suas raízes em uma profunda amargura diante da maneira pela qual a Europa católica havia procurado impor supremacia papal como o preço da ajuda militar quando o Império Bizantino confrontava a ameaça dos turcos otomanos.

A imprevisibilidade do governo otomano e a fraqueza da ideia do governo da lei ajudaram a moldar os valores subjacentes da sociedade grega e a determinar atitudes para com o Estado e a autoridade que têm persistido até o presente. Uma forma de autodefesa contra tais arbitrariedades era assegurar a proteção de patronos altamente situados que podiam mediar com aqueles em posições de poder e privilégio. Isso estava lado a lado com uma atitude de desconfiança em relação àqueles fora do círculo da família estendida. A necessidade de patronos continuou no novo Estado e, uma vez que o governo constitucional havia sido estabelecido, deputados parlamentares tornaram-se o foco natural para relações clientelistas, que penetravam o todo da sociedade. Em retorno por seu apoio nos palanques, os eleitores esperavam daqueles em quem haviam votado que os ajudassem e às suas famílias a encontrar emprego, preferivelmente no inflado setor público, a única fonte segura de emprego em uma economia subdesenvolvida, e a interceder junto a uma burocracia geralmente obstrutiva. Tanto a *rouspheti*, a dispensação recíproca de favores que tem tradicionalmente lubrificado as rodas da sociedade, como a *mesa*, as conexões que são úteis, de fato indispensáveis em muitos aspectos da vida diária, foram reforçadas durante o período de domínio turco.

Os gregos são um povo da diáspora. Foi durante o período de domínio otomano que se desenvolveram padrões de emigração que continuaram nos tempos modernos. Mesmo antes da emergência de um Estado grego, mercadores gregos estabeleceram, durante o final do século XVIII, um império mercantil no leste do Mediterrâneo, nos Bálcãs e tão longe como a Índia. No século XIX, a migração desenvolveu-se rapidamente para o Egito, para o sul da Rússia e, no fim do século, para os Estados Unidos. Inicialmente, esses migrantes para o Novo Mundo eram quase exclusivamente homens. Eles eram levados por fracas perspectivas econômicas em casa e, na maior parte, pretendiam passar apenas alguns poucos anos no estrangeiro antes de voltar definitivamente para sua pátria. A maioria, contudo, permaneceu em seu país de imigração. O fluxo de emigrantes era limitado por uma legislação norte-americana restritiva durante o período de entreguerras, quando a própria Grécia recebeu, dentro de suas fronteiras, mais de 1 milhão de refugiados da Ásia Menor, Bulgária e Rússia. A emigração teve um novo impulso em grande escala após a Segunda Guerra Mundial. Antes de terminarem as cotas de restrição dos Estados Unidos, em meados da década de 1960, muito dessa nova onda de emigração era para a Austrália, onde Melbourne, com uma comunidade grega de mais de 200 mil pessoas, em torno da década de 1980, emergira como um dos maiores centros de população grega no mundo. O período de pós-guerra também presenciou movimento de grande escala de gregos para a Europa ocidental e, em particular, para a Alemanha ocidental, como "trabalhadores convidados". No curso do tempo, muitos desses migrantes retornaram, usando seu capital arduamente obtido na maior parte para estabelecer empresas de pequeno porte no setor de serviços. Para um número considerável, contudo, o *status* de *Gastarbeiter* assumiu uma natureza mais ou menos permanente.

A *xeniteia*, ou estada em lugares no estrangeiro, em bases permanentes ou temporárias, tem assim sido central à experiência histórica dos gregos nos tempos modernos. Como consequência, a relação das comunidades no estrangeiro com a pátria tem sido de importância crítica através do período de independência. A perspectiva da eleição de Michael Dukakis, um grego-americano de segunda geração, como presidente dos Estados Unidos em 1988 naturalmente despertou grande excitação na Grécia e, inevitavelmente talvez, expectativas irrealistas. Sua emergência como candidato presidencial democrata focou atenção sobre a rápida aculturação das comunidades gregas no estrangeiro às normas da sociedade hospedeira e salientou o contraste entre a efetividade de gregos fora da Grécia e os problemas que eles vivenciavam em casa no desenvolvimento da estrutura eficiente e responsiva de um Estado moderno. A existência de tais grandes populações de origem grega fora das fronteiras do Estado levanta de forma aguda a questão de o que constitui a "grecidade" – presumivelmente não a língua, pois muitos na segunda e terceira geração conhecem pouco ou nenhum grego. A religião é claramente um fator, mas também aqui há uma alta incidência de casamentos fora da Igreja Ortodoxa entre gregos da emigração. Em 119 dos 163 casamentos realizados na igreja grega de Portland, Oregon, entre 1965 e 1977, um dos parceiros não era de descendência grega. Parece que a "grecidade" é algo com que a pessoa nasce e não pode ser mais facilmente perdida do que pode ser adquirida por aqueles de não ascendência grega.

Nos Estados Unidos, em particular, a existência de uma substancial, próspera, articulada e bem-educada comunidade de americanos de ascendência grega é vista como um recurso de crescente importância por políticos na terra natal, mesmo quando a influência política atribuída ao "*lobby* grego" é exagerada, particularmente por seus oponentes. A despeito de alguns sucessos, os greco-americanos têm tido relativamente pouco êxito em gerar pressão sobre a Turquia para se retirar do norte do Chipre e em negar a tendência de sucessivas administrações dos Estados Unidos a "inclinar-se" em favor da Turquia no contínuo imbróglio greco-turco.

Observadores externos são inclinados a descartar os temores gregos de perceptível expansionismo turco como exagerados. Mas aqueles que alegam que os fatos da geografia condenam à amizade os dois países, que nas décadas de 1970, 1980 e 1990 mais de uma vez chegaram à beira da guerra, falham em levar em conta as raízes históricas dos antagonismos do presente e a extrema sensibilidade a ameaças percebidas à soberania nacional que podem emergir em países cujas fronteiras foram recentemente, apenas relativamente, estabelecidas. Enquanto a área central da "antiga" Grécia desfrutou ao menos de uma independência hipotética desde a década de 1830, grandes áreas do atual Estado grego foram incorporadas apenas há pouco tempo. As ilhas Dodecanese tornaram-se território grego soberano só em 1947, enquanto muitas das outras ilhas egeias, junto com a Macedônia, Epiro e Trácia, foram absorvidas somente na véspera da Primeira Guerra Mundial. Konstantinos Karamanlis, eleito presidente pela segunda vez em 1990, nasceu em 1907 como súdito otomano.

Geograficamente, a Grécia é, ao mesmo tempo, um país balcânico e mediterrâneo. Seu acesso ao mar deu lugar a maiores contatos com o Ocidente do que com seus vizinhos balcânicos restritos à terra. Foi, de fato, no século XVIII que foram deitadas as fundações de uma marinha mercante que na segunda metade do século XX emergiu como a maior do mundo, mesmo que uma considerável proporção dela navegue sob bandeiras de conveniência. As heranças ortodoxa e otomana da Grécia têm, contudo, por muitos séculos a isolado da corrente central da história europeia. A identidade da nação como um país europeu era incerta. Na verdade, desde os primeiros dias da independência, os gregos falavam de viajar à Europa como se seu país não fosse de fato europeu. Tal incerteza deu ao acesso da Grécia à Comunidade Europeia, como seu décimo membro, em 1981, um significado particular, pois, além dos perceptíveis benefícios econômicos e políticos do acesso, ele parecia selar um caminho inequívoco à sua "europeidade". O movimento nacional grego foi notável ao ser o primeiro a se desenvolver em um ambiente não cristão, o do Império Otomano. Cento e cinquenta anos mais tarde, a condição de membro integral da Comunidade Europeia foi significativa por se tratar do primeiro país com uma herança de cristianismo ortodoxo e domínio otomano e com um padrão de desenvolvimento histórico que a distinguia em relação aos membros existentes na Comunidade Europeia. O processo de reintegração da Grécia no "lar comum europeu" forma um tema importante deste livro.

capítulo 1

Domínio otomano e a emergência do Estado grego (1770-1831)

Constantinopla, a "Cidade", como era conhecida no mundo grego, caiu sob os turcos otomanos, após um demorado sítio, em 29 de maio de 1453. Foi em uma terça-feira, um dia da semana que continua a ser visto como de maus presságios pelos gregos. A captura desse grande bastião da civilização cristã contra o Islã emitiu ondas de choque por toda a cristandade, mas a reação dos habitantes do deplorável remanescente do outrora poderoso império foi ambígua. A grande massa das populações cristãs ortodoxas do leste do Mediterrâneo caíra sob o domínio otomano havia muito tempo. Além disso, nos dias de agonia do Império Bizantino, o grão-duque Loukas Notaras tinha declarado que preferia que o turbante do turco prevalecesse na "Cidade" do que a mitra do prelado católico. Nisso ele refletia os sentimentos de muitos de seus correligionários ortodoxos que se ressentiam da maneira pela qual a cristandade ocidental havia procurado intimidar os ortodoxos para aceitar a supremacia papal como o preço de ajuda militar no confronto com a ameaça turca. Havia lembranças amargas, também, do saque de Constantinopla em 1204, como resultado de desvio da Quarta Cruzada. Ao menos o *pliroma*, ou rebanho cristão ortodoxo, podia agora esperar, como "Povo do Livro", desfrutar, sob os turcos otomanos, o exercício sem restrições de sua fé sem nenhuma pressão de se inclinar diante dos odiados latinos. A queda do Império Bizantino foi amplamente percebida como parte da dispensação de Deus, como punição pelos múltiplos pecados dos ortodoxos. Em todo caso, o jugo otomano não era esperado como de longa duração. Era amplamente acreditado que o fim do mundo viria no final do sétimo milênio desde a Criação, que era calculado como o ano 1492.

MAPA 1. *I kath'imas Anatoli:* o leste da Grécia. Comunidades gregas estavam amplamente espalhadas por todo o Oriente Próximo e Oriente Médio nos tempos modernos.

CAPÍTULO 1 – DOMÍNIO OTOMANO E A EMERGÊNCIA DO ESTADO GREGO (1770-1831) | 25

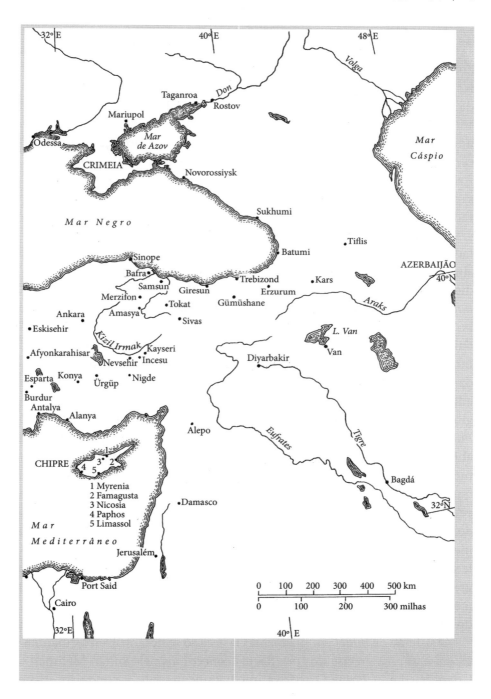

Após 1453, os otomanos consolidaram gradualmente sua tomada sobre as poucas áreas do mundo grego que não estavam ainda dentro de seus domínios. O império bolsão de Trebizond, nas costas do sudeste do Mar Negro, que havia sido estabelecido como consequência da Quarta Cruzada, foi tomado em 1461. Rodes foi capturada em 1522; Chios e Naxos, em 1566; Chipre, em 1571; e Creta, conhecida como a "Grande Ilha", caiu após um cerco de 20 anos, em 1669. As Ilhas Jônicas (com exceção de Levkas) escaparam do domínio otomano. Corfu, a maior, nunca caiu sob os turcos. As ilhas permaneceram como dependências venetas até 1797, quando passaram para o domínio francês, russo e britânico, constituindo um protetorado britânico entre 1815 e 1864.

Os turcos otomanos, guerreiros nômades por origem, foram confrontados com a tarefa de governar uma vasta aglomeração de povos e fés que abrangia muito da península dos Bálcãs, África do Norte e Oriente Médio. Isso foi levado a cabo agrupando populações em *millets* (literalmente, *nações*), que eram constituídas com base na confissão religiosa em vez de na origem étnica. Além da *millet* dominante muçulmana, havia a *millet* judaica, a *millet* gregoriana armênia. A *millet* católica (mesmo no século XIX uma *millet* protestante) e, finalmente, a *millet* ortodoxa, a maior depois da muçulmana. As *millets* desfrutavam de um amplo grau de autonomia administrativa e eram governadas pelas suas respectivas autoridades religiosas. Os turcos otomanos chamavam os ortodoxos de *millet-i Rum*, ou *millet* "grega". Tratava-se de um termo errôneo, pois, além dos gregos, ela abrangia todos os cristãos ortodoxos do Império, quer fossem búlgaros, romenos, sérvios, valáquios (um povo nômade espalhado por todos os Bálcãs que falava uma variante de romeno), albaneses ou árabes. Mas o patriarca ecumênico de Constantinopla, que era o patriarca sênior da Igreja Ortodoxa e o *millet bashi* (líder da *millet*), junto com a mais alta abrangência da hierarquia da Igreja, através da qual ele a administrava, era invariavelmente grego. Com o crescimento do nacionalismo no século XIX, esse domínio grego da *millet* ortodoxa veio a ser crescentemente ressentido pelos seus membros não gregos e o até então inconsútil manto da ortodoxia foi rasgado pelo estabelecimento de igrejas nacionais.

O sistema de *millet* em sua forma clássica só se desenvolveu tardiamente, e a natureza precisa dos privilégios concedidos pelo sultão Mehmet, o Conquistador, à Igreja Ortodoxa imediatamente após a conquista não é clara. O *firman* original, o documento no qual esses privilégios eram concedidos, foi perdido e as concessões de Mehmet à Igreja tiveram que ser

CAPÍTULO 1 – DOMÍNIO OTOMANO E A EMERGÊNCIA DO ESTADO GREGO (1770-1831)

IMAGEM 1. A queda de Constantinopla, como figurada por Panayiotis Zographos em uma série de pinturas de cenas da guerra de independência, comissionada em meados da década de 1830 pelo general Makriyannis, um veterano da guerra. Contra o fundo da cidade de Constantinopla, o sultão vitorioso, anacronicamente fumando um narguilé, recusa os presentes oferecidos pelo clero e cidadãos proeminentes e ordena que eles sejam colocados sob jugo. A distância, aqueles que se recusaram à submissão são levados às colinas, perseguidos por soldados otomanos. No canto esquerdo, embaixo, a personificação da Grécia escravizada, acorrentada, aponta um dedo reprovador ao tirano. Imediatamente acima, Rigas Velestinlis, o protomártir do movimento de independência executado pelos turcos em 1798, planta as sementes da eventual liberdade da Grécia. Ele é flanqueado por um dos *klefts*, os bandidos que, na imaginação popular, simbolizavam uma forma de resistência nacional primitiva durante o período da *Tourkokratia*, os séculos de domínio turco. Makriyannis comissionou a série de 25 quadros, cujo robusto vigor iguala o de sua própria prosa, para corrigir o que ele considerava serem mentiras e distorções de certos historiadores. Eles são acompanhados por legendas detalhadas dando sua versão dos eventos cercando muitas das principais batalhas da guerra. Panayiotis Zographos, o artista, ele mesmo tomou parte na guerra, e seus dois filhos o ajudaram a fazer as cópias. Quatro conjuntos foram feitos e, em 1839, foram presenteados por Makriyannis em um grande banquete em Atenas ao rei Otto e aos ministros das "potências protetoras" do recém-independente Estado grego: Grã-Bretanha, França e Rússia. O conjunto britânico é ainda preservado no Castelo de Windsor.

reconstituídas em 1520 com base no testemunho de três membros idosos da guarda de janízaros do sultão que haviam estado presentes perto de 70 anos antes quando Mehmet concedera aos gregos manter suas igrejas. Mehmet escolheu Georgios Gennadios como o primeiro patriarca sob a dispensação otomana. Essa escolha foi bem recebida por muitos, pois Gennadios havia sido um firme oponente da união das Igrejas Ortodoxa e Católica e era claramente do interesse de Mehmet perpetuar essa hostilidade tradicional. O poder e os privilégios da Igreja Ortodoxa eram mais extensivos sob os sultões otomanos do que haviam sido sob os imperadores bizantinos. Ademais, a autoridade do patriarca sobre os fiéis ortodoxos se estendia além dos negócios estritamente religiosos para a regulamentação de muitos aspectos da vida cotidiana. Tanto assim que os cristãos ortodoxos na maior parte tinham muito mais negócios com suas próprias autoridades religiosas do que com a oficialidade otomana.

O *quid pro quo* para a concessão de tal alto grau de autonomia comunal era que se esperava do patriarca e da hierarquia que agissem como fiadores da lealdade dos fiéis ortodoxos ao Estado otomano. Quando a autoridade do sultão era contestada, os hierarcas da Igreja, em seu papel de líderes tanto religiosos como civis, eram os primeiros alvos para represálias. Assim, deu-se que, na irrupção da guerra de independência, em 1821, o patriarca ecumênico, Grigorios V, bem como diversos outros líderes religiosos e civis, foi executado em circunstâncias de particular brutalidade. Seu enforcamento indignou a opinião na Europa cristã e ajudou a mobilizar simpatia para os gregos insurgentes. Mas para os otomanos, Grigorios havia manifestamente falhado em seu dever primário, qual seja, o de assegurar a lealdade dos fiéis ao sultão. Quando o embaixador russo protestou quanto à execução, o *reis efendi*, o ministro do Exterior otomano, observou acerbadamente que um tzar russo, Pedro, o Grande, havia na verdade abolido o cargo de patriarca em seu país.

A concentração de poder, tanto civil como religioso, nas mãos da Igreja, levava a grandes rivalidades por altos postos. Essas eram encorajadas pelas autoridades otomanas, pois o grão-vizir, o ministro-chefe do sultão, tornava-se o recipiente de um vasto *peshkesh*, ou suborno, cada vez que o cargo de patriarca mudava de mãos. Para recuperar o pagamento, o próprio patriarca era obrigado a aceitar subornos, e a Igreja tornou-se assim enredada na rapacidade e corrupção institucionalizadas que eram endêmicas ao sistema otomano de governo. Em teoria, um patriarca desfrutava de mandato vitalício de seu trono, mas não era desconhecido que um mesmo indivíduo mantivesse o cargo em mais de uma ocasião. De fato, durante o final do século XVII, Dionysios IV Mouselimis foi eleito patriarca não menos que cinco vezes, enquanto o "mártir nacional", Grigorios V, foi executado durante seu terceiro patriarcado. Não é de estranhar que a chacota de um banqueiro armênio do século XVIII que dizia "vocês gregos mudam seu patriarca mais frequentemente do que sua camisa" atingisse o alvo inconfortavelmente. Tampouco era surpreendente que, através dos séculos, uma forte corrente de anticlericalismo popular,

CAPÍTULO 1 – DOMÍNIO OTOMANO E A EMERGÊNCIA DO ESTADO GREGO (1770-1831) | **29**

despertada pelas extorsões da Igreja e pela cobiça de muitos dos clérigos, tenha vindo a existir. Nas décadas antes de 1821, isso coalescia com o ressentimento da nascente *intelligentsia* nacionalista na extensão em que os altos níveis da hierarquia da Igreja tenham identificado seus interesses com os do Estado otomano. O argumento avançado pelo patriarca Anthimos de Jerusalém, em 1798, de que os cristãos não deveriam desafiar a ordem estabelecida porque o Império Otomano havia sido erigido por Deus para proteger a ortodoxia da mancha do Ocidente católico herético não era de modo algum atípico das concepções da hierarquia em geral.

> Nosso Senhor [...] erigiu do nada esse poderoso Império dos Otomanos no lugar de nosso Império Romano [Bizantino] que havia começado, de certas maneiras, a desviar-se das crenças da fé ortodoxa, e Ele ergueu o Império dos Otomanos mais alto do que qualquer outro reino de modo a mostrar sem dúvida que ele resultou da Vontade Divina [...].
>
> Anthimos, patriarca de Jerusalém,
> *Didaskalia Patriki* [Exortação Paterna], 1798

Não obstante o fato de que, concordando com a tradição islâmica, o *raya* (literalmente, *rebanho*) grego desfrutava, sob o domínio otomano, um considerável grau de liberdade religiosa, ele era, no entanto, sujeito a várias limitações que enfatizavam seu *status* inferior na ordem otomana das coisas. A palavra de um cristão não era aceita no tribunal contra a de um muçulmano, nem podia um cristão desposar uma muçulmana. Um cristão não podia portar armas e, no lugar de serviço militar, era requerido a pagar uma taxa especial, a *haradj* (na prática isso era um privilégio, embora não intencional). Até a extinção da instituição perto do fim do século XVII, a mais temida limitação era o *paidomazona* (literalmente, *recolhimento de crianças*), ou recrutamento de janízaros. Essa era a obrigação, imposta a intervalos regulares, às famílias cristãs nos Bálcãs de entregar seus mais belos e inteligentes filhos para serviço no Estado otomano, como soldados ou burocratas de elite. A requisição a esses conscritos de se converterem ao Islã, apostasia que invariavelmente resultava em morte, era particularmente temida. Mas, como o recrutamento concedia a crianças de antecedentes pobres a oportunidade de ascender aos mais altos escalões da estrutura do Estado otomano, havia instâncias de pais muçulmanos tentando fazer passar seus filhos como cristãos, de modo a serem aptos para o recrutamento. Além disso, janízaros altamente situados eram às vezes capazes de fazer favores a parentes ou às suas aldeias nativas.

As várias formas de discriminação às quais os cristãos eram submetidos, quando combinadas a tratamento particularmente áspero por autoridades otomanas locais, podiam levar à conversão, individual ou em massa, ao Islã. Em tais casos, que eram particularmente comuns no século XVII, nas regiões mais remotas do Império, não era desconhecido que cristãos aparentemente se subscreviam aos princípios do Islã, enquanto aderindo secretamente aos preceitos e às práticas do cristianismo ortodoxo. Quando, em meados do século XIX, o Porte Otomano (como era conhecido o governo central), sob a pressão das potências cristãs, esposou formalmente a noção da igualdade de muçulmanos e cristãos, muitos desses "criptocristãos" revelaram sua verdadeira lealdade religiosa, para a consternação de seus correligionários muçulmanos anteriores.

O efeito dessas várias formas de discriminação era mitigado na prática pelo fato de que, particularmente em remotas regiões montanhosas, o controle exercido pelo governo central otomano era precário. As aldeias *Agrapha* nas montanhas Pindos, por exemplo, eram assim chamadas por estarem "não inscritas" nos registros de taxas imperiais. Outras regiões do Império habitadas por gregos, tais como a próspera ilha de Chios, onde é cultivada a *mastic**, desfrutavam de privilégios e imunidades particulares.

Os séculos XVI e XVII eram conhecidos como uma "idade das trevas" na história do povo grego. Os armênios (vistos pelos turcos como uma *millet* de fé) e os judeus não haviam sido comprometidos pela resistência à conquista otomana, e naquela época gozavam de mais benefícios do que os gregos. De tempos em tempos, porém, gregos alcançavam proeminência. Um deles era Sheytanoglou (o "Filho do Diabo"), um descendente da grande família bizantina dos Kantakouzenoi. Seu controle do comércio de peles e do monopólio imperial de sal resultou na acumulação de uma fortuna grande o suficiente para ele equipar 60 galeras para a marinha do sultão. Esse superpoderoso súdito foi, contudo, executado em 1578.

Mesmo durante esse período sombrio nas fortunas dos gregos havia revoltas esporádicas contra o domínio otomano. Levantes no continente e nas ilhas do arquipélago foram deflagrados pela esmagadora derrota infligida à armada otomana por uma frota sob o comando de Dom João da Áustria na Batalha de Lepanto, em 1571. Em 1611, uma breve revolta foi deflagrada em Epiro por Dionysius Skylosophos. Embora a prolongada guerra de 1645-1669 entre Veneza e o Império Otomano tenha resultado

---

*   Resina conhecida como "goma arábica"; na Grécia, é chamada "lágrima de Chios". (N.T.)

IMAGEM 2. Uma gravura do século XVII da igreja grega de Aghios Georgios (São Jorge) e do *Phlanginion Phrontisterion*, ou Colégio, em Veneza. Com sua grande comunidade grega, Veneza era um importante centro de atividade comercial, religiosa e cultural durante a *Tourkokratia*. Em 1514, foi concedida permissão aos gregos para construírem sua própria igreja, e o bispo grego na cidade desfrutava do título de Metropolitano de Filadélfia na Ásia Menor. Em 1665, o *Phlanginion Phrontisterion*, fundado com uma pródiga doação de Thomas Phlanginis, um ex-presidente da comunidade, abriu suas portas para preparar jovens gregos para estudar na Universidade de Pádua. A relativa tolerância da Veneza católica para com os "cismáticos" ortodoxos levou a cidade a tornar-se por um longo período o principal centro de impressão gráfica para o mundo ortodoxo. Quase todos os livros de serviço usados nas igrejas através de todo o Império Otomano eram impressos na cidade, enquanto um vigoroso comércio desenvolveu-se com literatura secular. A *Serenísima República* de Veneza governava a única área do mundo grego livre do domínio otomano: as Ilhas Jônicas, que compreendiam Corfu (Kerkyra), Cefalônia, Zaquintos (Zante), Citera, Levkas (Lefkada), Ítaca e Paxos. Corfu nunca caiu sob os otomanos. As outras ilhas tiveram apenas uma experiência muito breve de domínio otomano, com a exceção de Levkas, que por cerca de 200 anos fez parte dos domínios do sultão. Após a queda da república veneta em 1797, as ilhas caíram sob várias formas de domínio francês, russo e britânico antes de se unir ao reino da Grécia, em 1864. Entre 1204 e 1669, Creta fez parte do Império Veneziano e testemunhou um grande florescimento da literatura grega, que foi muito influenciada por modelos italianos. Ela foi também o local de nascimento do pintor Domenikos Theotokopoulos, mais conhecido como El Greco. Após a queda da "Grande Ilha" de Creta para os turcos em 1669, seguindo-se a um cerco de 20 anos, as ilhas jônias permaneceram uma janela para o Ocidente, segundo os gregos.

na queda de Creta, a ocupação veneta do Peloponeso entre 1684 e 1715 demonstrou que o poder otomano não era invencível.

Ademais, através de todo o período da *Tourkokratia*, os *klefts* permitiram-se um visível e sugestivo exemplo de resistência armada pré-nacionalista aos turcos. Os *klefts* eram essencialmente bandidos cujas depredações eram dirigidas tanto contra gregos como contra turcos. Mas seus ataques a símbolos visíveis do poder otomano, como coletores de impostos, os levaram a ser vistos na imaginação popular como os defensores da oprimida *raya* grega contra seus senhores muçulmanos e a ser creditados com poderes quase sobre-humanos de bravura e resistência. Num esforço para controlar roubo e pilhagem, e para assegurar a segurança das passagens de montanhas que eram essenciais para a manutenção do comércio e das comunicações imperiais, os otomanos estabeleceram forças milicianas cristãs conhecidas como *armatoloi*. A existência de tais formações armadas de gregos, uma fora da lei e a outra dentro dela (embora as fronteiras entre as duas nunca fossem rígidas), significava que, pela época da deflagração da luta pela independência na década de 1820, os gregos eram beneficiários de uma longa, embora errática, tradição de combate irregular.

Durante os séculos XVI e XVII, a perspectiva de se livrar do jugo otomano parecia de fato remota. Tais aspirações, como existiam entre os gregos por uma eventual restauração de "sua raça de príncipes para o trono e posse de Constantinopla", eram conservadas em um corpo de crenças proféticas e apocalípticas que mantinha a esperança de uma eventual salvação não através de agência humana, mas através de intervenção divina. Isso refletia a persistência de modos de pensar bizantinos que viam todo esforço humano como constituindo parte da dispensação divina. Crença particular estava ligada à lenda da *xanthon genos*, uma raça loura de libertadores vindos do norte, que eram amplamente identificados com os russos, o único povo ortodoxo não escravizado pelos otomanos. Mas havia pouco sentimento de que o povo grego pudesse esperar levar a cabo sua emancipação em virtude de seus próprios esforços.

> Nós esperamos pelas raças louras para livrar-nos,
> Vindas de Moscou, para salvar-nos.
> Acreditamos nos oráculos, em falsas profecias,
> E desperdiçamos nosso tempo em tais coisas vãs.
> Colocamos nossa esperança no vento norte
> Para tirar a rede dos turcos de sobre nós.
>
> Matthaios, Metropolitano de Myra (século XVII)

Durante o curso do século XVIII, entretanto, ocorreram várias mudanças altamente significativas na natureza da sociedade grega que encorajaram alguns espíritos ousados entre os gregos a planejar uma guerra de libertação contra os turcos. Mas eles enfrentaram enormes dificuldades em persuadir seus compatriotas, que estavam ou fatalistamente resignados ao seu destino ou adaptados muito confortavelmente ao *statu quo* existente, contemplando seus esquemas como fantásticos. Foi próximo do fim do século XVIII que as primeiras agitações do movimento nacional começaram a se manifestar. Isso eventualmente resultou na emergência de um, embora severamente truncado, Estado independente na década de 1830. O desenvolvimento desse movimento tem um particular interesse, pois foi não apenas o primeiro movimento nacional a se desenvolver na Europa do leste, mas o primeiro a emergir em um contexto não cristão, o do Império Otomano. As razões para essa relativa precocidade são várias.

Não poderia ter havido perspectiva de manter com êxito uma revolta se o Império Otomano não tivesse sido enfraquecido militar, territorial e economicamente durante o curso do século XVIII. O declínio da capacidade militar do Império era simbolizado pela transformação dos corpos de janízaros de uma força combatente de elite para uma casta hereditária, preocupada apenas em manter seu poder e privilégios e, até sua selvagem supressão pelo sultão Mahmud II em 1826, um permanente espinho ao lado da autoridade do governo central. O declínio militar e o fracasso em se adaptar às mudanças em tecnologia militar deixaram o Estado otomano crescentemente aberto ao desafio externo, da Áustria, da Pérsia e da Rússia. Desde o final do século XVII, a base territorial e econômica do Império começou a encolher.

A pressão dos russos, a "raça de louros" das profecias e a única potência ortodoxa no mundo, tinha uma ressonância especial nas terras gregas. A grande guerra de 1768-1774 entre a Rússia e o Império Otomano despertou particular excitação, pois uma profecia atribuída ao imperador bizantino Leo, o Sábio previa a retirada dos turcos da "Cidade" de Constantinopla 320 anos após sua captura, isto é, em 1773. Embora os russos fossem doravante exigir um protetorado sobre todos os cristãos ortodoxos do Império, a guerra de fato trouxe muito pouca melhora no destino da *raya*. A despeito disso, muitos continuaram a acreditar em profecias que prediziam sua eventual emancipação do jugo dos turcos.

O recuo na periferia foi acompanhado por sérias ameaças à integridade do Império como um Estado unitário. Anarquia, ocasionada pela indisciplina janízara, em várias cidades provinciais foi acompanhada pela emergência de senhores da guerra provinciais, súditos nominais do sultão que agiam de muitas maneiras como governantes independentes e que mantinham domínio sobre grandes faixas de território imperial. Um des-

CAPÍTULO 1 – DOMÍNIO OTOMANO E A EMERGÊNCIA DO ESTADO GREGO (1770-1831) | 35

IMAGEM 3. Constantino XI Palaiologos, o último imperador de Bizâncio, descrito como o "imperador transformado em mármore" em um manuscrito do século XVI dos oráculos atribuídos ao imperador Leo, o Sábio. Constantino tombou em combate junto com suas tropas na defesa de Constantinopla em 29 de maio de 1453. Era uma terça-feira, um dia da semana que permanece de mau presságio no mundo grego. Durante os longos séculos da *Tourkokratia*, as perspectivas de os gregos conseguirem sua liberdade ou mediante a intervenção de potências cristãs ou por meio de uma revolta triunfante estavam muito distantes, mas esperanças eram mantidas por um *corpus* de crenças proféticas que gozaram de ampla disseminação pelo mundo ortodoxo. Estas prometiam eventual libertação do jugo dos otomanos por meio de providência divina em vez de ação humana. Uma delas, a lenda do *Marmaromenos Vasilias* (o "imperador transformado em mármore"), mantinha que Constantino Palaiologos, quando estava prestes a ser atingido por um turco, foi envolto por um anjo e levado para uma caverna perto de *Khrysoporta* (a "Ponte Dourada"), uma das pontes de Constantinopla, e transformado em mármore. Ali ele aguardava o dia em que o anjo retornaria para despertá-lo, quando ele expulsaria os turcos para seu reputado local de nascimento, a *Kokkini Milia* ("Árvore de Maçãs Douradas!"), na Ásia Central. Tais crenças obtiveram particular credibilidade na época da guerra russo-turca de 1768-1774, pois os oráculos atribuídos a Leo o Sábio eram tidos como predizendo a libertação de Constantinopla dos turcos 320 anos depois de sua queda, isto é, em 1773. Embora a guerra não trouxesse a esperada emancipação, a crença nas profecias continuaram a se disseminar até os tempos modernos.

ses em particular, o muçulmano albanês Ali Pasha, contava com muitos habitantes gregos em imensos territórios que ele governava de sua capital em Ioannina, no Epiro. A virtual independência desses sátrapas era uma indicação encorajadora para os gregos do grau a que o poder do governo central otomano havia declinado pelo século XVIII.

Paradoxalmente, o processo do declínio otomano precipitou um pequeno mas influente grupo de gregos a posições de poder nos mais altos postos do Estado otomano. Estes eram os fanariotas (assim chamados a partir da região do Fanar, ou Farol de Constantinopla, onde o Patriarcado Ecumênico é situado), que vinham de um punhado de famílias de origem grega ou romena e albanesa helenizadas. As crescentes pressões externas sobre o Império significavam que os otomanos já não podiam, como no zênite de seu poder, ditar termos de paz a inimigos derrotados. Eles agora precisavam de habilidosos diplomatas para salvar o que podiam da derrota. Esse papel era desempenhado pelos fanariotas, que, entre 1699, quando a Paz de Carlowitz marcou o primeiro recuo importante do poder otomano na Europa, e a irrupção da guerra de independência em 1821, monopolizaram o posto de principal intérprete para a Porte, uma posição mais influente na condução da política externa otomana do que soava. Os fanariotas atuaram também como intérpretes para o *kapudan pasha*, ou almirante da frota otomana, e nessa função chegaram a agir como governadores *de facto* das ilhas do arquipélago, de cuja população grega muitos dos marinheiros da frota otomana eram convocados.

IMAGEM 4. Um ícone de papel impresso em Viena, em 1798, mostrando o monastério de Aghiou Pavlou (São Paulo) no Monte Athos. A inscrição no pé da gravura está impressa em grego e eslavônio, pois embora a maioria dos 20 monastérios sejam gregos, a república monástica de Athos inclui fundações russas, sérvias, búlgaras e romenas e, sob o domínio otomano, atraía peregrinos de toda a comunidade ortodoxa. Imensas quantidades de gravuras de cenas religiosas de grandes centros de peregrinação ortodoxa, tais como o monastério de Kykko, Athos, no Chipre, o monastério de Soumela, perto de Trebizond, no mar Negro, e a Igreja do Santo Sepulcro, em Jerusalém, circulavam entre os séculos XVII e XIX. Mais baratos de produzir do que ícones pintados, eles eram vendidos para arrecadar fundos para a manutenção de fundações monásticas que constituíam bastiões da fé ortodoxa durante os séculos de domínio otomano.

CAPÍTULO 1 – DOMÍNIO OTOMANO E A EMERGÊNCIA DO ESTADO GREGO (1770-1831) | 37

> Ainda que a Igreja contribuísse poderosamente para a manutenção de um senso de identidade grega (e da língua grega) durante a *Tourkokratia*, nas décadas antes da irrupção da guerra de independência, nacionalistas gregos, embora cuidadosos em não atacar a religião enquanto tal, eram crescentemente críticos da ignorância e corrupção que caracterizavam as fundações monásticas e a hierarquia da Igreja. Em particular, eles chegaram a olhar a defesa da *ethelodouleia*, ou submissão voluntária aos poderes otomanos, por muitos clérigos, como um importante obstáculo às suas tentativas de instilar um senso de consciência nacional nas massas iletradas de gregos.

Os mais importantes postos controlados por fanariotas durante o século XVIII e início do XIX foram os de hospodar, ou príncipe, dos principados danúbios da Valáquia e Moldova. Sobre estes, de suas luxuosas Cortes em Bucareste e Jassy, eles governavam como os vice-reis dos sultões otomanos. Como era o caso com os altos postos na Igreja, havia ferrenha e corrupta competição por esses postos muito cobiçados, cujo mandato médio era de menos de três anos. O governo fanariota era alvo de muito ressentimento por parte dos habitantes romenos dos principados, mas sua reputação de caprichosa rapacidade não era inteiramente merecida. Vários hospodares provaram ser patronos esclarecidos da cultura grega e suas Cortes tornaram-se canais através dos quais ideias ocidentais penetravam a vasta comunidade ortodoxa que existia e, em uma certa medida, florescia sob o domínio otomano. Suas Cortes, que eram microcosmos da Corte do sultão em Constantinopla, se revelaram um útil terreno para a arte da política, ainda que do tipo convoluto praticado no Império Otomano. Como a mais próxima encarnação de uma aristocracia grega, contudo, os fanariotas identificavam amplamente seus interesses com a preservação da integridade do Império e poucos tomaram parte ativa na luta pela independência.

De maior significado no desenvolvimento do movimento nacional foi a emergência, no curso do século XVIII, de uma empreendedora, amplamente dispersa e próspera classe mercantil, cujas atividades eram baseadas tanto fora como dentro dos domínios otomanos. Mercadores de origem ou cultura grega vieram a dominar o comércio imperial, exportando matéria-prima e importando manufaturados ocidentais e mercadorias coloniais. O grego tornou-se a *língua franca* do comércio balcânico. As *paroikies*, ou comunidades mercantis gregas, estavam estabelecidas através de todo o Mediterrâneo, os Bálcãs, a Europa central e o sul da Rússia e tão longinquamente como a Índia. Ao mesmo tempo, capitães gregos, baseados principalmente nas três ilhas "náuticas" de Hidra, Spetsai e Psara, estavam ocupados deitando as fundações do que, no século XX, se tornaria a maior

IMAGEM 5. Mikhail Soutsos, o grão-dragomano Fanariota (principal intérprete) para o Porte Otomano (1817-1818), e hospodar da Moldova (1819-1821), representado em trajes caracteristicamente suntuosos. Durante o século XVIII, quando o Império Otomano ficou sob crescente ameaça externa, um pequeno grupo de famílias, conhecido como fanariotas, ascendeu a posições de grande poder dentro do Estado otomano. A maioria era grega por nascimento, todos eram gregos por cultura. Até a irrupção da guerra de independência em 1821, eles monopolizaram quatro posições-chave. Como intérpretes principais para o Porte eles compartilhavam com o *reis efendi*, o ministro do Exterior otomano, a responsabilidade pela condução da política externa. Como intérpretes para o *kapudan pasha*, ou comandante da frota otomana, eles agiam como governadores das ilhas do arquipélago Egeu, cujos habitantes eram preponderantemente gregos. Como hospodares, ou príncipes, dos principados danúbios da Moldova e Valáquia, eles atuavam como vice-reis do sultão, recriando em suas Cortes em Jassy e Bucareste luxuosas imitações da Corte imperial. O suborno e a intriga provocados pela intensa rivalidade pelo posto deram aos fanariotas uma má reputação, embora alguns deles mostrassem genuíno interesse em reforma legal e da terra e na promoção de educação e cultura gregas. A maioria dos fanariotas identificava seus interesses muito proximamente com os de seus senhores otomanos para encorajar muito o movimento nacional. Mikhail Soutsos era uma exceção. Iniciado na *Philiki Etairia*, ele uniu-se a Alexandros Ypsilantis durante sua malsucedida invasão dos principados em 1821 e foi ativo na política do reino independente.

CAPÍTULO 1 – DOMÍNIO OTOMANO E A EMERGÊNCIA DO ESTADO GREGO (1770-1831) | 39

frota mercante do mundo. O bloqueio continental imposto pelos britânicos durante as guerras da França revolucionária e napoleônicas propiciou oportunidades altamente lucrativas àqueles preparados a correr riscos. A manufatura era pouco desenvolvida. A cidade na colina de Ambelakia na Tessália, que nas últimas décadas do século XVIII e primeiras do XIX gozaram de uma considerável prosperidade através da manufatura de algodão, muito do qual era exportado para a Europa central, era um exemplo isolado e de pouca duração.

Os mais ricos dos mercadores, alguns com imensas fortunas, irritavam-se com a arbitrariedade e incerteza da vida no Império Otomano, pois isso militava contra a segurança da propriedade e a acumulação de capital. Sua experiência do comércio ordenado da Europa ocidental, onde governos davam encorajamento positivo ao empreendimento mercantil, induziu alguns deles a apoiar o nascente movimento nacional. Mas outros não estavam preparados a arriscar sua recém-adquirida prosperidade em tal aparentemente arriscado empreendimento. Se a adesão da grande maioria dos mercadores à causa nacionalista se revelaria morna, sua contribuição indireta ao desenvolvimento do movimento pela independência iria não obstante se provar do maior significado.

Os mercadores foram responsáveis pela sustentação da base material do renascimento cultural das últimas três décadas do século XVIII e três primeiras do XIX, que foi um fator vital no desenvolvimento de uma consciência nacional, um senso de uma identidade especificamente grega em vez de meramente cristã ortodoxa. Eles outorgaram escolas e bibliotecas e subsidiaram a publicação, principalmente fora das fronteiras do Império, de um grande, e crescentemente secular, corpo de literatura voltado a uma audiência especificamente grega. Durante o último quarto do século XVIII, sete vezes mais livros estavam sendo publicados do que no início do mesmo século. Nos 20 anos antes de 1821, cerca de 1.300 títulos foram publicados. Talvez mais importante de tudo, as subvenções dos mercadores capacitavam jovens gregos a estudar nas universidades da Europa ocidental e, em particular, aquelas dos Estados germânicos. Ali eles entravam em contato não apenas com as ideias principais do Iluminismo, da Revolução Francesa e do nacionalismo romântico, mas eram também conscientizados do extraordinário alcance que a língua e a civilização da Grécia antiga tinham sobre as mentes de seus contemporâneos europeus educados.

IMAGEM 6. Uma litografia mostrando um capitão de mar grego na véspera da guerra de independência. Durante as últimas décadas do século XVIII e as primeiras do XIX, foram deitadas as fundações onde repousa a presente preeminência da Grécia como uma nação marítima. A embriônica marinha mercante cresceu rapidamente. Imensas fortunas foram amealhadas, como as *arkhontika*, ou mansões, que até hoje rodeiam o porto de Hidra, uma das três ilhas "náuticas", testificam. Matérias-primas eram exportadas do Império Otomano para a Europa ocidental e bens manufaturados e produtos coloniais eram importados em retorno. As tripulações dos barcos da marinha otomana eram amplamente compostas de gregos das ilhas do arquipélago. Essa herança marítima, reforçada por uma longa tradição de pirataria e atividades afins, seria de inestimável vantagem no estabelecimento de controle dos mares durante a guerra de independência. O crescimento de uma florescente marinha mercante era acompanhado pela emergência, durante o século XVIII, de uma burguesia comercial que dominava o comércio dos Bálcãs. O grego tornou-se a língua do comércio balcânico, e comunidades de mercadores gregos foram estabelecidas não apenas nos Bálcãs, mas na Europa central, no sul da Rússia e através de todo o Mediterrâneo. Poucos membros dessa emergente classe média comercial demonstravam muito interesse nos entusiasmos nacionalistas da nascente *intelligentsia*. Mas muitos dos recém-enriquecidos mercadores outorgavam escolas e bibliotecas, subsidiavam a publicação de livros refletindo ideias ocidentais e pagavam para jovens gregos estudarem nas universidades da Europa ocidental, onde eles entravam em contato com filosofias do Iluminismo e com as noções radicais emanadas da Revolução Francesa.

Durante os séculos da *Tourkokratia* o conhecimento do mundo grego antigo havia quase morrido, mas, sob o estímulo dos estudos clássicos ocidentais, a florescente *intelligentsia* desenvolveu uma consciência de que eles eram os herdeiros de um legado que era universalmente reverenciado através de todo o mundo civilizado. Pela véspera da guerra de independência, essa *arkhaiolatreia* (culto da Antiguidade), para usar os expressivos termos gregos, havia alcançado proporções quase obsessivas. Foi precisamente durante a primeira década do século XIX que nacionalistas, muito para a consternação das autoridades da Igreja, começaram a batizar seus

CAPÍTULO 1 – DOMÍNIO OTOMANO E A EMERGÊNCIA DO ESTADO GREGO (1770-1831) | **41**

filhos (e a nomear seus navios) com os nomes de destaque da Grécia antiga em vez de santos cristãos. Alguns entusiastas chegaram a mudar seus próprios nomes em um espírito semelhante. Foi nessa época, também, que se iniciou o furioso, e às vezes violento, debate que continuou até o presente sobre a forma de língua apropriada para uma Grécia regenerada. Alguns defendiam um retorno à suposta pureza do grego ático do século V a.C.; outros, que a língua falada contemporânea (notavelmente pouco mudou desde os tempos clássicos dado o enorme espaço de tempo envolvido) forma a base do discurso educado. Outros ainda defendiam um meio-termo que incluía o expurgo de palavras e usos estrangeiros da língua falada. No final, os defensores da *katharevousa* (literalmente, *purificação*), do grego prevaleceram e sua influência teve um efeito funesto sobre o desenvolvimento subsequente cultural e educacional do país.

> Temos dito muitas vezes, caros amigos, que o pior infortúnio que pode reverter sobre uma renomada raça é esquecer suas virtudes ancestrais, distrair-se de sua própria miséria, negligenciar e desprezar a educação. Essas coisas, parece, prevaleceram após a lamentável queda da Grécia na escravidão. Mas já, através da Divina Providência, os gregos, em seu próprio acordo, começaram a despertar da mais profunda letargia da ignorância, para cuidar do esclarecimento e para seu renascimento, e para dar passos gigantescos no caminho da aquisição de suas virtude e religião ancestrais.
>
> Grigorios Paliouritis, *Arkhaiologia Elliniki* [Arqueologia Grega] (1815)

Um defensor de um meio-termo linguístico que desempenhou um papel-chave na inculcação de um "senso do passado" em seus compatriotas foi Adamantios Korais. Ele nasceu em Esmirna (Izmir) em 1748, mas passou muito de sua vida em Paris, onde morreu em 1833. Ali ele estabeleceu uma formidável reputação como estudioso clássico e preparou edições dos autores gregos antigos para o leitor especificamente grego. Nos prefácios a esses livros, ele procurava encorajar consciência da incomparável herança intelectual da qual seus compatriotas eram herdeiros e conclamava-os a se desfazer do manto de ignorância bizantino no qual se haviam envolto. Ele tinha uma crença apaixonada na educação como a chave para a emancipação do que ele considerava como sendo o duplo jugo dos otomanos ("turco e besta selvagem eram a meu ver sinônimos") e do obscurantismo monacal dos hierarcas da Igreja Ortodoxa.

Durante as primeiras décadas do século XIX, a sociedade grega tornava-se crescentemente diferenciada e passava por uma rápida mudança. Um pequeno mas crescente número de gregos estava articulando uma ainda mais explícita consciência nacional e os gregos estavam se tornando cres-

HISTÓRIA CONCISA DA GRÉCIA

centemente ressentidos da continuação do domínio otomano. Mas seus esforços enfrentavam formidáveis obstáculos. Não o menor deles era o fato de que as elites da sociedade grega pré-independência – os fanariotas, o alto clero, os ricos mercadores e os notáveis provinciais (os *kodjabashis*) – estavam em sua maior parte muito confortavelmente ligadas ao *statu quo* otomano para se identificar com o movimento nacional. Ademais, os entusiasmos nacionalistas da *intelligentsia*, centrados como estavam nas comunidades da diáspora, não eram compartilhados pela massa iletrada do povo. Algum catalisador era necessário para organizar e canalizar o montante descontentamento com o domínio otomano.

Um dos primeiros a desenvolver planos para uma revolta coordenada foi Rigas Velestinlis, um valáquio helenizado da Tessália. Após adquirir sua experiência política inicial a serviço do hospodar fanariota dos principados danúbios, ele foi fortemente influenciado pela Revolução Francesa durante uma estada em Viena na década de 1790. Os panfletos políticos e, em particular, sua *Declaração dos Direitos do Homem*, que ele havia imprimido em Viena e com a qual aspirava revolucionar os Bálcãs, são impregnados do exemplo francês. Potencialmente, o mais significativo era a *Nova Constituição Política dos Habitantes de Rumeli, Ásia Menor, o Arquipélago, Moldova e Valáquia*, que visava ao estabelecimento de um Império Bizantino redivivo, mas com a substituição por instituições republicanas sobre o modelo francês da autocracia de Bizâncio. Embora ele fosse pretendido como abrangendo todos os habitantes do Império Otomano, os gregos, por nascimento ou cultura, deveriam predominar. Os esquemas cuidadosamente articulados de Rigas não tiveram resultado, pois ele foi traído (por um compatriota grego) em Trieste quando estava prestes a deixar o território habsburgo para pregar o evangelho da revolução nos Bálcãs. Juntamente com um punhado de companheiros de conspiração ele foi executado pelos otomanos em Belgrado, em maio de 1798.

> Por quanto tempo, ó bravos jovens, devemos viver em fortalezas,
> Sós, como leões, sobre as cordilheiras, nas montanhas?
> Devemos viver em cavernas, vigiando por brechas,
> Fugindo do mundo por conta de amarga servidão?
> Abandonando irmãos, irmãs, pais, pátria,
> Amigos, filhos e todos os nossos?
>
> Melhor uma hora de vida livre,
> Do que 40 anos de escravidão e prisão!
>
> Rigas Velestinlis, *Thourios* [Canto de Guerra] (1797)

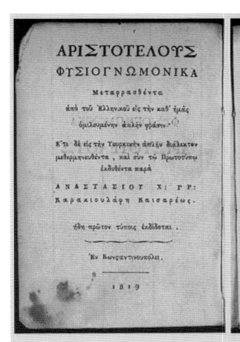 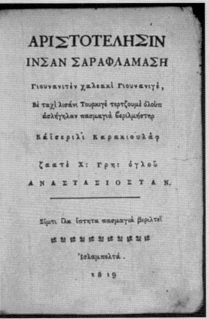

IMAGEM 7. A folha de rosto em grego e turco de uma edição da *Physiognomonica*, de Aristóteles, impresso em 1819 em Constantinopla, ou *Islambol* (literalmente, *abundante* em Islã), como traz o texto turco. O livro, traduzido por Anastasios Karakioulaphis, de Cesareia de Capadócia (atualmente Kayseri, na Turquia), traz o texto no grego antigo original, em "nossa simples língua falada" (isto é, grego demótico moderno) e em turco impresso com caracteres gregos, para o benefício dos gregos *karamanli*. Estes eram cristãos ortodoxos turcofalantes, encontrados principalmente na Ásia Menor, que usavam o alfabeto grego para escrever turco e para quem uma substancial literatura foi impressa nos séculos XVIII, XIX e início do XX. Essa edição da *Physiognomonica* (uma obra subsequentemente demonstrada não ter sido de fato escrita por Aristóteles) é um de vários livros publicados nas últimas décadas do século XVIII e nas duas primeiras do XIX que refletiam uma revivescência de interesse, crescendo, pela véspera da guerra de independência, quase como uma obsessão, pela língua, história e civilização da Grécia antiga da parte da pequena *intelligentsia* nacionalista. O conhecimento do mundo antigo havia em grande parte morrido nas terras gregas durante os séculos de domínio turco. Adamantios Korais (1748-1833), o mais conhecido desses intelectuais nacionalistas e ele próprio um grande estudioso de clássicos, era infatigável em editar textos gregos antigos para a edificação de seus compatriotas. Ele os conclamava a emular os valores da Grécia antiga e, através da educação, se mostrar dignos de emancipação do jugo turco. Uma manifestação característica desse "senso do passado" revivido era a prática, datando da primeira década do século XIX e muito malvista pelas autoridades da Igreja, de dar aos filhos nomes gregos antigos, como Aristóteles, Calíope, Sócrates, Platão, Aspásia e Leônidas, no lugar de nomes batismais cristãos tradicionais.

Os esforços de Riga podem não ter tido resultado prático, mas não obstante eles alarmaram inteiramente as autoridades otomanas e a hierarquia da Igreja Ortodoxa, coincidindo, como se deu, com a ocupação pelos franceses, com toda a panóplia de "libertação revolucionária", das Ilhas Jônicas, em 1797. Isso, combinado com a invasão por Bonaparte do Egito, nominalmente uma parte do Império Otomano, no ano seguinte, 1798, trouxe as doutrinas ateias e sediciosas para as próprias fronteiras do Império. A revolta sérvia de 1804, inicialmente uma reação contra a opressão intolerável dos janízaros, mas gradualmente adquirindo o caráter de um levante nacional, foi uma estimulante demonstração de vulnerabilidade otomana que foi aproveitada pelo autor anônimo da *Nomarquia Helênica* (1806), o mais notável panfleto político do período da independência. Quando as Ilhas Jônicas, como parte do acordo no Congresso de Viena, foram, em 1815, estabelecidas como um Estado nominalmente independente, sob proteção britânica, elas ofereceram um sugestivo exemplo de uma área de território grego não sob o domínio otomano.

> As duas razões, ó meus caros gregos, por que estamos agora presos com os grilhões da tirania, são o sacerdócio ignorante e a ausência no estrangeiro dos melhores de nossos compatriotas.

> Anônimo, *Elliniki Nomarkhia* [Nomarquia Helênica] (1806)

O martírio de Rigas Velestinlis se provaria uma inspiração aos três jovens gregos que se uniram, significativamente o bastante, na comunidade da diáspora de Odessa, no sul da Rússia, com ambiciosos planos para mobilizar os recursos da nação em uma revolta armada contra seus senhores otomanos. Os três, Emmanouil Xanthos, Nikolaos Skouphas e Athanasios Tsakaloff, eram de certo modo membros marginalizados da diáspora mercantil. O veículo para sua conspiração era a *Philiki Etairia*, ou Sociedade Amistosa, fundada em 1814 com o único objetivo de libertar a "pátria" do jugo otomano através de uma revolta armada e coordenada.

Fortemente influenciada pela francomaçonaria, a sociedade insistia em elaborados rituais de iniciação para suas quatro categorias básicas de membros. A traição de seus mistérios era punível com a pena de morte. Nos primeiros anos, os esforços de recrutamento da sociedade tiveram pouco sucesso. Mas, a partir de 1818, a adesão a ela cresceu mais rapidamente, em particular nas comunidades da diáspora, embora não houvesse nunca mais do que em torno de mil membros até os meses imediatamente depois da irrupção da revolta. Mercadores formavam a maior categoria como membros, mesmo que poucos dos grandes mercadores tenham se alistado.

Desde o início, a liderança da sociedade considerou, enganadora embora plausivelmente, que a conspiração contava com o apoio da Rússia, a potência ortodoxa que a maioria dos gregos via como sua mais provável salvadora. Duas tentativas, de fato, foram feitas para alistar como seu líder geral o conde Ioannis Kapodistrias, o grego corfiota que havia servido, desde 1816, como ministro do Exterior adjunto do tzar Alexandre I e que era inteiramente versado nos meandros da diplomacia internacional. Elas falharam, pois Kapodistrias considerava a aventura toda como mal orientada e aconselhou que, em vez disso, seus compatriotas esperassem pela próxima e aparentemente interminável série de guerras entre a Rússia e o Império Otomano, quando eles poderiam então esperar alcançar um *status* autônomo similar àquele já assegurado pelos sérvios. A despeito de suas convicções de que os planos da *Philiki Etairia* eram tolos e fadados ao fracasso, Kapodistrias não traiu a conspiração, e a liderança foi então oferecida ao menos impressivo general Alexandros Ypsilantis, um fanariota que servia como ajudante de campo ao tzar Alexandre. Esquemas otimistas para angariar o apoio dos sérvios e búlgaros despertaram pouco entusiasmo entre povos que estavam se tornando crescentemente ressentidos com a hegemonia eclesiástica e cultural grega e cujos próprios movimentos nacionais estavam em preparação.

> A natureza estabeleceu limites às aspirações de outros homens, mas não àquelas dos gregos. Os gregos não estavam no passado e não estão agora sujeitos às leis da natureza.
>
> Benjamin de Lesvos, *Stoikheia tis Metaphysikis*
> [Elementos de Metafísica] (1820)

Mas se tentativas de criar uma frente balcânica falharam, a *Philiki Etairia* foi não obstante capaz de explorar a oportunidade aberta pelo sultão Mahmud II durante o inverno de 1820-1821, quando, como parte de seus esforços para restaurar a autoridade esgotada do governo central otomano, ele procurou destruir Ali Pasha, o senhor da guerra muçulmano que mantinha jugo sobre boa parte da Grécia continental. Desde que tal campanha necessariamente uniria uma porção substancial dos exércitos imperiais, essa era claramente uma chance a não ser perdida. Consequentemente, Ypsilantis, em março de 1821, lançou seu pequeno mas diversificado exército através do rio Pruth, que demarcava a fronteira entre a Bessarábia russa e Moldova. Ao fazê-lo, ele evocava as sombras de Epaminondas, Trasíboulos, Miltíades, Temístocles e Leônidas na luta para trazer "liberdade à terra clássica da Grécia".

Ypsilantis também esperava tomar vantagem do levante simultâneo, liderado por Tudor Vladimirescu, dos habitantes romenos dos principados contra os nativos *boiardos*, ou notáveis. Mas os romenos não mostraram maior entusiasmo do que os sérvios e búlgaros em fazer causa comum

IMAGEM 8. Carta de recomendação de um *ierefs* (padre) da *Philiki Etairia* (Sociedade Amistosa). Esta era a sociedade secreta que preparou o caminho para a deflagração da guerra de independência em 1821. Fundada em Odessa em 1814 por três jovens gregos empobrecidos, Emmanouil Xanthos, Nikolaos Skouphas e Athanasios Tsakaloff, ela procurava a "libertação da pátria" por meio de revolta armada e recrutava amplamente por todo o mundo grego. Ela tinha quatro graus de membros: o *vlamis* (irmão), o *systimenos* (recomendado), o *ierefs* (padre) e o *poimin* (pastor). Havia, além disso, dois graus militares, enquanto a mais alta autoridade era mantida pelos "Grandes Padres dos Mistérios Eleusianos", agrupados na *Anotati Arkhi* (Suprema Autoridade). A *Etairia* tinha elaborados rituais de iniciação que eram influenciados pela francomaçonaria e condenavam à morte no evento de traição de seus planos. A carta de comando é

CAPÍTULO 1 – DOMÍNIO OTOMANO E A EMERGÊNCIA DO ESTADO GREGO (1770-1831) | 47

encimada por bandeiras cruzadas trazendo as iniciais do *slogan* "*I E[leftheri]a i Th[anato]s*" (Liberdade ou Morte). O texto cifrado, composto de letras e números, é lido como se segue:

> Em nome da futura salvação [da Grécia], eu dedico como um padre da Sociedade e recomendo ao amor da *Philiki Etairia* e à proteção dos Grandes Padres dos Mistérios Eleusianos meu compatriota Nikolaos Spetziotis, filho de Dimitrios, por ofício marinheiro, 30 anos de idade, um defensor de todo o coração da Sociedade e da Pátria, catequizado e jurado por mim mesmo P: Spetses 10 de março [ano] cinco da Sociedade [isto é, 1819].

Por volta de 1821, quase mil membros eram conhecidos como tendo se iniciado na sociedade.

com os gregos, a quem eles identificavam com o domínio opressivo dos hospodares fanariotes. Seguindo-se à derrota desse exército andrajoso nas mãos das forças otomanas na Batalha de Dragatsani em junho de 1821, Ypsilantis foi forçado a fugir para território habsbugo, e a invasão definhou.

Não muito depois da incursão inicial de Ypsilantis através do rio Pruth, irrupções esporádicas de violência no fim de março assumiram a forma de uma revolta geral, embora o grau no qual os dois levantes eram coordenados não seja claro. Os turcos, pesadamente superados em número e lançados à defensiva, recuaram para suas fortalezas costeiras após cruel combate marcado por atrocidades de ambos os lados. As tradições de combate dos bandidos *klefts* se revelaram de pouca valia para os gregos insurgentes, enquanto suas habilidades náuticas os capacitaram a rapidamente dominar o Egeu. Tendo os gregos tomado a iniciativa, a luta rapidamente chegou a um impasse militar. Quando notícias da revolta alcançaram a Europa ocidental, houve muito entusiasmo da parte da opinião liberal e, em breve, voluntários filo-helenos, o mais conhecido dos quais era o poeta Byron, se alistaram na causa da liberdade grega. Alimentados em uma imagem idealizada da Grécia antiga, alguns deles rapidamente se desiludiram ao descobrir que os gregos modernos tinham pouco em comum com as figuras de destaque da Atenas de Péricles. Outros viam na Grécia insurgente um terreno de teste para seus passatempos favoritos; outros, ainda, eram idealistas genuínos. Alguns, de fato, prestaram uma valiosa contribuição ao andamento da guerra. Comitês filo-helênicos através de toda a Europa arrecadavam dinheiro para a condução da guerra e para o alívio de suas vítimas, particularmente quando notícias do grande massacre de cristãos em Chios em abril de 1822 se espalharam. Se as consequências práticas de toda essa atividade foram limitadas, a agitação filo-helênica teve algum pequeno efeito em finalmente mover os governos da Santa Aliança, cuja reação inicial à revolta havia sido de mal disfaçado alarme diante da ameaça à ordem estabelecida, a intervir no conflito.

Os sucessos iniciais dos insurgentes levantaram a questão de como os territórios sob o seu controle deveriam ser governados. Em questão de meses, três governos regionais provisórios vieram a existir, e, no início de 1822, uma Constituição foi adotada. No contexto da época esse era um documento altamente liberal e era claramente intencionado pelos seus elaboradores a atrair a opinião esclarecida na Europa. No ano seguinte, 1823, a Constituição foi revisada e os três governos locais foram fundidos em uma única autoridade central. Mas a criação de um governo unificado trouxe intriga de facções em sua esteira e, por 1824, a contenda entre os insurgentes havia degenerado em guerra civil, como haveria de acontecer em outras vezes de grave crise nacional. Como o general Makriyannis, um dos principais protagonistas da guerra, melancolicamente declarou: "Eu fiz um juramento para lutar contra turcos, não gregos".

Durante o curso da guerra, alianças e alinhamentos no lado insurgente flutuavam. Os *kodlabashis*, ou notáveis, peloponesianos lutavam para reter o poder e privilégios de que haviam desfrutado sob a antiga dispensação, enquanto ex-*klefts* tornados líderes militares, dos quais o mais proeminente era Theodoros Kolokotronis, estavam não menos determinados a se apropriar de uma fatia de poder político proporcional a seu papel vital no prosseguimento da guerra. Da mesma forma, os proprietários de navios das ilhas, cuja contribuição à guerra no mar era substancial, queriam sua parte dos espólios políticos. O pequeno grupo de intelectuais ocidentalizantes podia carecer de músculo militar, mas gozava de uma influência desproporcionada e era capaz de assegurar que o Estado embriônico fosse equipado com os adornos do constitucionalismo liberal.

A política de facções, que era o pano de fundo da guerra, pode ser amplamente interpretada em termos de uma luta pelo poder entre o partido "militar", ou "democrático", e o partido "civil", ou aristocrático". Enquanto os líderes ex-*klefts* que dominavam o partido "militar" podiam, de certo modo, ser considerados representantes da massa do povo, o partido "civil" refletia os interesses dos notáveis peloponesianos, os proprietários de navios das ilhas e o pequeno grupo de fanariotas que havia ganho sua experiência política inicial sob os otomanos mas que tinha jogado sua sorte com os insurgentes. Atravessando essa clivagem estava o abismo entre os modernizadores e as elites tradicionais.

CAPÍTULO 1 – DOMÍNIO OTOMANO E A EMERGÊNCIA DO ESTADO GREGO (1770-1831) | 49

IMAGEM 9. Uma gravura contemporânea mostrando o enforcamento pelos turcos, em 10 de abril de 1821, do Patriarca Ecumênico Grigorios V, em um dos portões do Patriarcado, em Constantinopla. O portão, consideravelmente menos grandioso na realidade do que nesta reconstrução imaginária, permanece fechado desde aquele dia até hoje. Vários bispos e fanariotas importantes, inclusive Konstantinos Mourouzis, o grão-dragoman do Porte, foram executados dessa forma em represália pela deflagração da guerra de independência. Grigorios V e o Santo Sínodo, composto dos metropolitanos sêniores da Igreja Ortodoxa, haviam emitido encíclicas denunciando vigorosamente Alexandros Ypsilantis, Mikhail Soutsos e os insurgentes gregos na Moldova como rebeldes não apenas contra o sultão otomano mas contra a vontade divina de Deus. O patriarca não obstante foi enforcado, pois aos olhos otomanos ele havia falhado em observar o contrato implícito pelo qual em retorno pela liberdade religiosa o patriarca devia agir como o fiador da lealdade do *pliroma*, ou rebanho, ortodoxo. A execução desse *ethnomartyras*, ou mártir nacional, causou indignação no Ocidente e contribuiu para o poderoso aumento de simpatia pelos gregos insurgentes que se desenvolveu em círculos liberais na Europa ocidental. Após três dias, o corpo de Grigorios foi abaixado, entregue a um populacho judeu, pois havia muito existia animosidade entre gregos e judeus na cidade, e arrastado para o Chifre Dourado [baía de Istambul]. O cadáver foi içado pela tripulação grega de um navio russo e levado para Odessa. Cinquenta anos mais tarde, em 1871, o corpo foi retornado à Grécia, e no centésimo aniversário de seu martírio, em 1921, Grigorios foi formalmente proclamado um santo da Igreja Ortodoxa. O fato de que Grigorios tenha sido três vezes patriarca (em 1797-1798, 1806-1808 e 1818-1821) é um reflexo da corrupção e política de facções que caracterizavam as escalas mais altas da hierarquia ortodoxa durante a *Tourkokratia*.

Em sua maior parte educados no Ocidente e vestindo trajes europeus, *alafranga*, os modernizadores, repletos com a retórica de nacionalismo romântico, queriam importar instituições ocidentais seguidas à letra, esquecidos do fato de que a sociedade grega sob o domínio otomano havia evo-

IMAGEM 10. A chegada de Lord Byron a Mesolongi em 4 de janeiro de 1824, como pintada por Theodoros Vryzakis. A deflagração da guerra de independência despertou um imediato e responsivo coro da opinião liberal através de todo o mundo ocidental, uma reação que estava em agudo contraste com a dos governos conservadores da Santa Aliança. Comitês filo-helênicos foram estabelecidos, fundos foram solicitados para o prosseguimento da guerra. Voluntários filo-helenos (incluindo um fermento substancial de bons samaritanos, desajustados e malucos) partiram para a Grécia vindos da Europa ocidental e dos Estados Unidos (um cubano solitário é lembrado). O mais conhecido destes era Byron, que morreu de febre em Mesolongi, em abril de 1824, antes que pudesse participar mais ativamente da guerra. Mas sua morte na causa da liberdade grega ajudou a manter vivo o interesse na situação dos insurgentes entre leitores europeus admiradores. Além disso, à diferença de inúmeros outros pretensos filo-helenos, o poeta russo Pushkin entre eles, Byron, que havia viajado extensivamente nas terras gregas antes da irrupção da revolta, não estava desiludido quanto ao fracasso dos gregos em se medirem por uma imagem idealizada de seus antigos antepassados. Se o valor de propaganda dos filo-helenos era maior que sua contribuição militar ao esforço de guerra insurgente, alguns, como Leicester Stanhope, um seguidor de Jeremy Bentham e apelidado por Byron como "o coronel Tipográfico" por conta de seu entusiasmo pelos benefícios da prensa, ajudaram a causa de outras maneiras. Não o menor dos benfeitores estrangeiros da Grécia nessa época foi o irlandês William Stevenson, que introduziu o cultivo da batata. Vryzakis (1814-1878), um dos principais pintores da Grécia do século XIX, foi intensamente influenciado pelos modelos românticos ocidentais, particularmente alemães.

luído de uma maneira muito diferente da dos Estados da Europa ocidental que eram seu modelo e cujas instituições eles queriam adotar em vez de adaptar. As elites tradicionais, cujo estilo de vestir simbolizava seu compromisso com a antiga ordem (menos o pesadelo dos turcos), haviam dominado a sociedade durante o período pré-independência. Com pouco no caminho de um programa nacionalista articulado, eles estavam determinados, a todo custo, a apegar-se às suas prerrogativas sob a nova dispensação independente. Essencialmente, eles pensavam a independência em termos da substituição por seu próprio domínio oligárquico daquele dos turcos. Não

CAPÍTULO 1 – DOMÍNIO OTOMANO E A EMERGÊNCIA DO ESTADO GREGO (1770-1831) | 51

surpreende que os *kodjabashis*, os notáveis peloponesianos, fossem depreciativamente referidos como "turcos cristãos". Um herói da guerra de independência, Photakos Khrysanthopoulos, disse que a única diferença era de nomes: em vez de ser chamado Hasan, o *kodjabashi*, ele seria chamado Yanni; em vez de rezar na mesquita, ele iria à igreja.

Enquanto os insurgentes gregos estavam discordando, e às vezes lutando, entre si, sua situação militar deu uma drástica virada para pior, pois o sultão Mahmud II encontrou um novo aliado em sua tentativa de esmagar a rebelião. Tratava-se de seu vassalo nominal Mehmet Ali, o governante do Egito, e do filho de Mehmet, Ibrahim Pasha. Em retribuição por seu apoio, eles receberam a promessa de uma grande parte dos espólios. Impiedoso controle foi estabelecido sobre Creta, e Ibrahim Pasha, tendo reunido numerosas forças no Peloponeso em 1825, fustigou os insurgentes sem piedade. Sob séria ameaça militar, os crescentemente desesperados gregos voltaram-se para as grandes potências em busca de uma solução para a sua situação. Por esse estágio da guerra, as potências estavam mais inclinadas a um papel intervencionista, pois não apenas seus interesses comerciais estavam seriamente afetados como cada uma estava temerosa de que outra pudesse voltar o exasperado conflito para sua própria vantagem política. Em 1825, o secretário do exterior britânico, George Canning, que tinha uma simpatia genuína pela causa grega, rejeitou a proposta de alguns dos líderes para um "ato de submissão" que teria colocado a Grécia insurgente sob a proteção britânica. Em vez disso, uma missão do duque de Wellington resultou no Protocolo de São Petersburgo, pelo qual a Grã-Bretanha e a Rússia assumiam a mediação no conflito, uma empresa da qual a França tornou-se parte através do Tratado de Londres de 1827. Essa política, caracterizada por Canning como de "interferência pacífica", culminou, em outubro de 1827, na Batalha de Navarino, a última grande batalha da idade do barco a vela. As frotas britânica, russa e francesa, combinadas sob o comando do almirante *Sir* Edward Codrington, destruíram a frota turco-egípcia. A posição otomana deveria ser ulteriormente enfraquecida pela irrupção, em abril de 1828, de ainda outra guerra com a Rússia na qual os exércitos turcos experimentaram severos reveses. O "desafortunado evento" de Navarino, como o duque de Wellington o nomeou, ainda que não inteiramente planejado, não obstante se provou decisivo, e a intervenção das grandes potências tornou inevitável uma certa forma de Grécia independente. O estabelecimento das fronteiras do novo Estado e os termos de sua governança e soberania, contudo, deveriam ocupar os gregos insurgentes e os representantes das potências por algum tempo ainda.

IMAGEM 11. O líder *kleft* Nikitas (Nikitaras) Stamatelopoulos, conhecido como *Tourkophagos* (comedor de turcos), atacando um cavaleiro turco durante a Batalha de Dervenakia de agosto de 1822. Nessa batalha, forças gregas irregulares infligiram uma importante derrota sobre o exército de Mahmud Dramali em um estágio crítico da guerra de independência. Nikitas era sobrinho de outro *kleft*, Theodoros Kolokotronis, o principal comandante grego. Os *klefts* (literalmente, *ladrões*) eram bandidos com uma longa tradição de desafio da autoridade otomana. Eles formavam uma essencial, indisciplinada e frequentemente brutal, reserva de talento militar, sem a qual teria havido pouca possibilidade de sucesso no empreendimento da guerra. Embora suas depredações durante o período pré-revolucionário tivessem se dirigido tanto contra as elites gregas como otomanas, eles haviam se tornado símbolos na imaginação popular de uma resistência primitiva pré-nacional aos turcos. Seu preparo físico era legendário (um deles era creditado com a habilidade de saltar sobre sete cavalos emparelhados, enquanto o próprio Nikitas era reputado como capaz

CAPÍTULO 1 – DOMÍNIO OTOMANO E A EMERGÊNCIA DO ESTADO GREGO (1770-1831) | 53

de correr mais rápido que um cavalo), e muitas das baladas klefticas registravam seu heroico desafio à tortura turca. O estatuto anárquico dos *klefts* é testemunho do fato de que em muitas das remotas áreas montanhosas das terras gregas a autoridade do governo central otomano antes de 1821 havia sido tênue. A figura é tomada de uma série de litografias baseadas em pinturas do pintor bávaro Peter von Hess, que havia sido comissionado pelo rei Ludwig I, da Baviera, para registrar a chegada de seu filho Otto à Grécia em janeiro de 1833 para assumir o trono da Grécia.

Em maio de 1827 os insurgentes aprovaram uma terceira Constituição. Ela foi promulgada pela assembleia de Troezene, que elegeu o conde Ioannis Kapodistrias como o primeiro *kyvernitis*, ou presidente, da Grécia, uma função que ele assumiu em janeiro de 1828. Kapodistrias era um mestre da habilidade diplomática, mas, educado como havia sido nas tradições da autocracia russa, ele tinha pouco tempo para as provisões da Constituição troezena ou o facciosismo da assembleia. Esta última ele substituiu por uma *Panhellenion* de 27 membros sob seu controle direto. Ele tinha uma missão duplicada: criar as fundações de uma estrutura de Estado em um país devastado por anos de luta selvagem e assegurar fronteiras tão favoráveis quanto possível para o novo Estado. Os problemas que ele enfrentava eram muitos. Durante os três anos e meio de sua presidência, ele lutou para criar um exército nacional, para dotar o Estado de uma estrutura administrativa e um sistema educacional, para melhorar as comunicações e restaurar a economia arrasada. Ele também procurou lidar com a questão das "terras nacionais", as propriedades que haviam sido abandonadas pelos turcos em fuga. Kapodistrias esperava que os proprietários camponeses formariam a espinha dorsal estável do novo Estado, mas enfrentou a oposição dos líderes militares e dos notáveis peloponesianos, que estavam determinados a assegurar uma parte tão grande quanto possível das terras disponíveis.

> [Kapodistrias] arruinou a Grécia porque imediatamente a tornou francesa [ocidental], ao passo que, para começar, ele a devia ter feito três partes francesas e sete turcas, mais tarde meio a meio, e depois inteiramente francesa.
>
> Theodoros Kolokotronis (1836)

Após prolongadas negociações envolvendo os embaixadores no Porte Otomano das três potências "mediadoras", Grã-Bretanha, Rússia e França, concordou-se com uma fronteira indo de Arta, no oeste, a Volos, no leste. O novo Estado, abrangendo o Peloponeso, o sul de Roumeli e várias ilhas próximas do continente, ficou então maior do que as potências originariamente previam, mas não obstante deveria

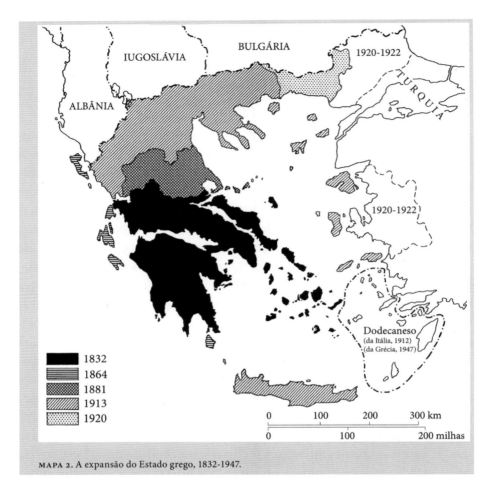

MAPA 2. A expansão do Estado grego, 1832-1947.

conter menos de um terço dos gregos habitantes do Império Otomano na época da irrupção da guerra. Como parte do preço de concordar com a independência, as potências determinaram também que a Grécia deveria ser uma monarquia hereditária, cujo rei deveria vir de uma das casas reais da Europa não diretamente conectada com as da Grã-Bretanha, Rússia ou França. Após Leopoldo de Saxe-Coburg, desencorajado pelos sombrios relatos de Kapodistrias, ter recusado o trono, a escolha das potências caiu sobre Otto de Wittelsbach, de 17 anos, o segundo filho do rei Ludwig I, da Baviera.

Entrementes, a despeito de suas não pouco consideráveis realizações na frente diplomática, o estilo autoritário de Kapodistrias e sua crença de que os gregos ainda não eram capazes de autogoverno haviam provocado

IMAGEM 12. O assassinato do presidente Ioannis Kapodistrias em seu caminho para a igreja em Nafplion, em 9 de outubro de 1831, como retratado por um artista contemporâneo anônimo. O conde Kapodistrias, um grego corfiota, havia sido abordado em 1817 e 1820 com a oferta da liderança da *Philiki Etairia* enquanto servia como ministro estrangeiro adjunto ao tzar Alexander I da Rússia. Ele declinou, aconselhando que a melhor esperança para seus compatriotas não residia em uma revolta armada, mas em uma guerra entre a Rússia e o Império Otomano da qual a Grécia podia esperar emergir com um *status* autônomo. Em 1822, ele renunciou ao serviço do tzar. Em 1827, na assembleia de Troezene, ele foi eleito presidente da Grécia. Pela época em que ele chegou em solo grego, em janeiro de 1828, a independência havia efetivamente sido assegurada como consequência da derrota da marinha otomana por uma frota combinada britânica, francesa e russa na Batalha de Navarino em outubro de 1827. As fronteiras não haviam ainda sido traçadas e Kapodistrias demonstrou sua grande experiência da diplomacia europeia para assegurar tanto território quanto possível para o novo Estado. Ele também procurou deitar as fundações de uma estrutura de Estado em uma terra devastada por sete anos de guerra. Educado na tradição da autocracia russa, ele não nutria simpatia para com as elites da sociedade grega. Com atitudes como essa, não surpreende que ele tenha feito inimigos poderosos. Ele encontrou a morte nas mãos de Georgios e Konstantinos Mavromikhalis, cujo poderoso clã em Mani, no sul do Peloponeso, ele havia ofendido.

a oposição de influentes setores da sociedade. Ele não fazia segredo de seu desprezo pelas elites da sociedade grega. Ele desconsiderava os primazes como "turcos cristãos", os chefes militares como "ladrões", a *intelligentsia* como "tolos" e os fanariotas como "filhos de Satã". Tendo de maneira geral alienado aqueles que haviam desempenhado um papel importante na guerra e que, naturalmente, esperavam poder e reconhecimento sob a nova provisão, ele também se conduziu de forma a despertar a ira do poderoso clã Mavromikhalis, em Mani, no sul do Peloponeso. Dois membros do clã assassinaram Kapodistrias quando ele entrava em uma igreja em Nafplion, a capital provisória, em 9 de outubro de 1831. Se Kapodistrias não foi chorado pelos negociantes aspirantes ao poder no novo Estado, suas maneiras paternalistas haviam não obstante lhe assegurado algum afeto entre a população em geral. Com sua morte, os pequenos fundamentos de uma Grécia, cuja independência estava agora assegurada, recaíram na anarquia, que não estava longe sob a superfície.

capítulo 2

Construção da nação, a "Grande Ideia" e o Cisma Nacional (1831-1922)

Era sintomático da natureza dependente do novo Estado que os gregos não participassem do tratado de maio de 1832 entre Grã-Bretanha, França, Rússia e Bavária que estabeleceu os termos sob os quais o rei Otto aceitava o trono e que colocava a Grécia sob a "garantia" das potências "protetoras". Se as boas-vindas que aguardavam o jovem rei em sua chegada à capital provisória de Nafplion em fevereiro de 1833 eram suficientemente genuínas, os problemas que o confrontavam e à sua extensiva comitiva bávara eram muitos. Em acréscimo aos inevitáveis problemas ligados à criação da infraestrutura básica de um Estado onde nenhum havia existido antes, havia também a necessidade premente de criar um senso compartilhado de identidade grega. O prosseguimento intermitente da guerra sobre um período de quase dez anos havia certamente ajudado a estabelecer um senso de nacionalidade estendendo-se além da *intelligentsia* e daqueles primariamente responsáveis por combater na guerra. Mas os novos governantes da Grécia estavam essencialmente diante do problema de construir uma nação bem como um Estado. Criar um senso de lealdade para com o Estado que transcendesse as lealdades tradicionais para com a família, a aldeia natal e a região não era tarefa fácil.

O fato de que o reino abarcava dentro de suas fronteiras tão pequena proporção – menos de um terço – da população grega do Império Otomano criaria tensões que deveriam ser apenas resolvidas quando, cerca de 90 anos após a outorga de independência, o projeto irredentista da *Megali Idea* foi realizado nas cinzas de Esmirna em 1922. Os proponentes dessa "Grande Ideia" aspiravam unir dentro das fronteiras de um único Estado, cuja capital seria Constantinopla, todas as áreas de assentamento grego no

Oriente Médio. O termo "Grande Ideia" foi primeiro cunhado por Ioannis Kolettis, um valáquio helenizado que, tendo sido médico do filho de Ali Pasha, emergiu como uma das mais influentes figuras políticas das primeiras duas décadas do reino independente. Em 1844, nos debates que deram origem à primeira Constituição, Kolettis defendeu vigorosamente a causa dos *heterochthons*, os gregos da área fora dos confins iniciais do reino, contra as pretensões hegemônicas dos *autochthons*, os "nativos" da área central da luta pela independência. Não apenas, insistia ele, eram habitantes do reino gregos, mas também aqueles que viviam em toda terra associada à história grega ou à raça grega. Havia dois centros principais de helenismo: Atenas, a capital do reino, e a "Cidade" de Constantinopla, "o sonho e a esperança de todos os gregos".

> O reino grego não é o todo da Grécia, mas apenas uma parte, e parte menor e mais pobre. Um nativo não é apenas alguém que vive dentro desse reino, mas também aquele que vive na Jônia, na Tessália, em Serres, em Adrianópolis, em Constantinopla, em Trebizond, em Creta, em Samos e em toda terra associada com a história grega ou a raça grega...
>
> Ioannis Kolettis diante da assembleia constituinte em 1844

A "Grande Ideia" refletia e reforçava os anseios messiânicos das profecias que desfrutavam de ampla divulgação durante o período do domínio otomano e, de fato, até os tempos modernos, seria a ideologia dominante do Estado emergente. Não era de modo algum um fenômeno único nos Bálcãs do século XIX. Sérvios, romenos, búlgaros e albaneses, todos aspiravam a seu próprio equivalente do sonho de uma "Grande Grécia". Mas enquanto os outros povos balcânicos estavam relativamente assentados de forma compactada, os gregos estavam amplamente espalhados por todo o Oriente Médio. Havia populações gregas assentadas sobre uma ampla faixa do sul da península balcânica, estendendo-se de Valona (atual Vlorë, na Albânia), no oeste, até Varna, na atual Bulgária, no leste. Na direção do norte elas estavam inextricavelmente misturadas com sérvios, búlgaros, albaneses, turcos e valáquios. Quando nacionalismos balcânicos rivais contestaram essa região na virada do século XIX para o século XX, quando os otomanos foram forçados para fora da Europa, as lutas decorrentes foram sangrentas, e as eventuais fronteiras foram, não surpreendentemente, imperfeitas.

Enquanto havia substanciais minorias muçulmanas em Chipre e Creta (onde os muçulmanos eram grecofalantes), os habitantes das ilhas do

CAPÍTULO 2 – CONSTRUÇÃO DA NAÇÃO, A "GRANDE IDEIA" E O CISMA NACIONAL (1831-1922) | 59

Egeu eram em sua maioria gregos, embora apenas poucos deles tenham sido incorporados dentro das fronteiras de 1832. Havia, além disso, populações gregas muito grandes na própria capital otomana, em torno das margens do Mar de Marmara, e ao longo do litoral oeste da Ásia Menor, com uma concentração particularmente grande em Esmirna e na Capadócia, no centro da Anatólia. Aqui, como em outras partes da Ásia Menor e, de fato, em Constantinopla mesmo, muitos dos gregos eram turcofalantes. Outra grande concentração de gregos havia se assentado em Pontos, entre os Alpes Pônticos e as margens do sul do Mar Negro. Separados da corrente central de vida grega, os gregos pônticos, grande número dos quais no século XIX migraram para as mais receptivas margens russas do mar Negro, falavam uma forma de grego que era pouco inteligível em outras partes do mundo grego.

A preocupação imediata do novo reino era reparar os estragos infligidos pelos anos de luta e criar uma infraestrutura institucional para o novo Estado, um processo que havia começado durante a curta presidência de Kapodistrias. O comércio havia sido devastado pela guerra. Todos os centros importantes de empreendimento comercial grego, como Esmirna, Salônica e Constantinopla, permaneceram dentro do Império Otomano e, de fato, continuaram através de todo o século XIX a atrair migrantes do reino. A questão da disposição das "terras nacionais" permanecia para ser resolvida, e uma importante ameaça à estabilidade do novo reino era causada pela existência de grandes corpos de tropas armadas irregulares. Ressentidos pela falta de reconhecimento pela sua contribuição ao esforço de guerra, apenas um pequeno número foi integrado ao exército regular sob oficiais bávaros. Muitos caíram, ou recaíram no banditismo, o qual constituiria um importante problema social e político através de todo o século XIX. Os bandidos, contudo, tinham seus usos para o governo quando, em tempos de crise nas relações com a Turquia – e estes eram numerosos –, podiam ser usados para incitar confusão através da fronteira. A fronteira também proporcionava um refúgio conveniente aos bandidos quando eles estavam sendo molestados pelas forças da lei e ordem. Não era de modo algum desconhecido pelos bandidos que eles desfrutavam da proteção de políticos, que os consideravam um meio útil de exercer pressão sobre eleitores teimosos.

Como Otto era menor ao ascender ao trono, o país foi governado, até 1835, por um conselho de regência consistindo em três bávaros que haviam chegado no grande e ressentido séquito bávaro. Os regentes tinham pouca simpatia pelas aspirações daqueles que haviam realmente lutado pela independência e que se sentiam burlados quanto aos espólios da vitória. Eles mostraram pouca sensibilidade em relação à tradição grega ao modelar as instituições do novo Estado com base nos modelos da Europa ocidental. O sistema educacional, por exemplo, era baseado em protótipos franceses e alemães. Os códigos civil e criminal que foram introduzidos refletiam as tradições legais romanas da Europa continental e davam pouca atenção ao direito costumeiro existente. O estabelecimento da Igreja de 1833, pelo qual os laços com o Patriarcado Ecumênico foram rompidos e a Igreja foi declarada autocéfala e sujeita a um considerável grau de controle governamental, constituía outro rompimento com a tradição. As relações com o Patriarcado não foram formalmente restauradas até 1850, quando Constantinopla reconheceu o acordo de 1833.

A escolha de Atenas como capital, uma cidade dominada pelas imponentes ruínas do Partenão e com suas associações com as glórias da era de Péricles, mas no início da década de 1830 pouco mais do que uma aldeia empoeirada, simbolizava a orientação cultural do novo Estado em relação ao passado clássico. Foi apenas em meados do século que se desenvolveu um interesse pelo passado medieval, bizantino, da Grécia e foram feitas tentativas de ligar os períodos clássico, medieval e moderno da história grega em uma teoria de continuidade ininterrupta. A fixação no passado clássico se refletia na grande ênfase que era posta, nas escolas e na Universidade de Atenas, sobre o estudo da cultura da Grécia antiga e sobre a *katharevousa*, ou forma "purificada" da língua, um construto artificial que flagelou a escolaridade de gerações de crianças. A universidade, fundada em 1837, era vista como a casa das máquinas da tentativa de "re-helenizar" as "irredimidas" populações gregas do Império Otomano. Ela atraía estudantes não somente do reino, mas de todo o mundo grego, que retornavam então às suas pátrias para espalhar o evangelho puro do helenismo. Apenas no fim do século que as autoridades otomanas começaram a restringir a propaganda educacional entre os gregos "irredimidos".

Mesmo após o término formal da regência, em 1835, a influência bávara permaneceu forte e bastante ressentida. Uma fonte ulterior de tensão era a contínua recusa de Otto em outorgar uma Constituição, como o assentamento do qual emergira uma Grécia independente havia estabelecido. Não obstante, partidos rudimentares, que tinham suas raízes no período da guerra de independência, eram o foco de uma intensa vida política. Significativamente, estes eram conhecidos como os partidos "inglês",

CAPÍTULO 2 – CONSTRUÇÃO DA NAÇÃO, A "GRANDE IDEIA" E O CISMA NACIONAL (1831-1922) | 61

"francês" e "russo", e seus líderes tinham íntimo contato com os ministros em Atenas das três potências protetoras. O partido "inglês" atraía o apoio daqueles que mais se ressentiam da recusa de Otto em outorgar um governo constitucional. O partido "francês", igualmente, defendia o constitucionalismo, mas seus adeptos defendiam uma política mais voltada para a realização da "Grande Ideia". O partido "russo", cujos adeptos não estavam tão preocupados com a ausência de governo constitucional quanto com o rompimento de laços com o Patriarcado, servia como a área de consenso para os elementos conservadores na sociedade. As fronteiras entre os partidos eram fluidas, e intrigas podiam ser neutralizadas pela dispensação judiciosa de favores. Mas, perto do fim da primeira década de independência, havia crescentes manifestações de descontentamento.

> No grau em que uma pessoa se sente fraca ou forte, ela ou se torna uma seguidora de algum homem poderoso ou agrupa seus adeptos em torno de si. Desse modo, todo homem proeminente tem uma coorte mais ou menos numerosa de dependentes que se associam a ele, o escutam, procuram seu conselho, realizam seus desejos e defendem seus interesses, sempre ansiosos de assegurar seu favor e ganhar sua confiança. Tal é a origem e natureza das inumeráveis rodas sociais das quais a Grécia abunda... é através do agrupamento dessas rodas que os partidos são formados.
>
> Friedrich Thierch, *De l'état actuel de la Grèce* (1833)

Em 1839, uma obscura conspiração "filo-ortodoxa" veio à luz, aparentemente voltada para forçar Otto ou a converter-se do catolicismo para a ortodoxia ou a abdicar. Havia inquietação, também, por Otto e sua rainha, a autocrática Amalia de Oldenburg, não terem produzido um herdeiro. Desde 1837, o primeiro-ministro sempre tinha sido um grego e as últimas tropas bávaras deixaram o país em 1838, mas a influência bávara permanecia forte e o ministro da Guerra era bávaro. Ressentimentos também se acumulavam contra os *heterochthons*, os gregos que se haviam mudado para o reino apenas após a independência e que, em virtude de sua melhor educação, tinham assegurado uma parte desproporcional dos altos postos de Estado, para o desagrado dos veteranos da guerra de independência que se sentiam burlados de sua herança. Onerosas cargas de impostos, com uma grande parte dos modestos ganhos do Estado sendo engolidos por excessivas despesas militares e pelo pagamento do empréstimo concedido pelas potências quando da independência, contribuíam para o crescente engrandecimento da oposição.

Isso culminou no golpe de Estado dado em 3 de setembro de 1843, o primeiro, mas de modo algum o último exemplo de intervenção militar no processo político. Nesse caso, o virtualmente não sangrento golpe gozou de amplo apoio popular. Otto rapidamente concedeu a principal demanda dos políticos e oficiais do exército por trás do golpe e uma assembleia constituinte foi encarregada de elaborar uma Constituição. Esta foi promulgada em março de 1844. Assim, em um estágio inicial, a Grécia foi dotada dos adornos da democracia parlamentar liberal. A Constituição de 1844, por exemplo, garantia sufrágio masculino virtualmente universal (embora as mulheres não ganhassem o direito de voto até 1952). Mas desde o início problemas emergiram do enxerto das formas de constitucionalismo ocidental, que haviam evoluído através de séculos em sociedades com uma experiência histórica muito diferente, para uma sociedade tradicional, cujos valores haviam sido criticamente influenciados pelos séculos de domínio otomano e diferiam significativamente daqueles prevalecentes nas sociedades industrializadas da Europa ocidental. A tensão que se seguiu entre formas democráticas e atitudes e práticas tradicionais, como em outros lugares dos Bálcãs, distorceu a evolução de instituições parlamentares. Além disso, Otto rapidamente manifestou uma falta de inclinação ao cumprimento das regras do jogo constitucional e, com a conivência do ágil político valáquio Ioannis Kolettis, instituiu uma espécie de ditadura parlamentar. A energética concessão de *rouspheti* (favores) de Kolettis, combinada com força bruta, foi suficiente para assegurar que a existência de um Parlamento não inibisse necessariamente o exercício da prerrogativa real.

No início da década de 1850, todavia, chegava à maturidade uma nova geração que não tinha envolvimento com a guerra pela independência e que se sentia alienada da implacável busca de cargos por políticos cujo principal objetivo era ganhar controle do Estado, de longe o maior empregador do país, de modo a serem capazes de distribuir patrocínio às suas clientelas eleitorais e suas famílias. Ao mesmo tempo, os antigos agrupamentos políticos, baseados nos partidos "inglês", "francês" e "russo", se dissipavam. Otto experimentou um aumento de popularidade de curta duração no período da Guerra da Crimeia através de sua ardente adoção da "Grande Ideia". A irrupção dessa guerra em 1854, ainda outra na série interminável de guerras entre Rússia e Turquia, pareceu oferecer à Grécia uma chance de explorar a derrota do Império Otomano. Bandos de guerrilha, nos quais bandidos e estudantes universitários desempe-

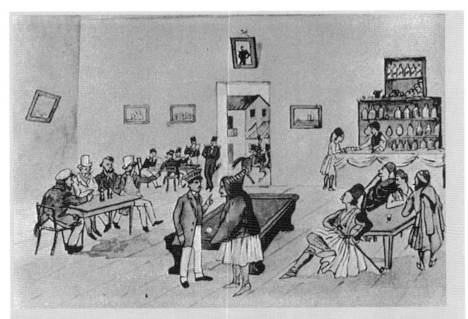

IMAGEM 13. Uma aquarela de 1836 do artista bávaro Hans Hanke, a partir do original de L. Kollnberger, mostrando o café *Oraia Ellas* (Bela Grécia), situado na esquina das ruas Aiolou e Ermou. Este foi por muito tempo o centro da fofoca e intriga política ateniense e era um reservado exclusivamente masculino; a *kapheneia* permaneceu como tal até recentemente. À esquerda há um grupo de gregos vestido no estilo europeu, *alafranga*, e aparentemente bebendo cerveja (uma moda que chegara com o séquito bávaro do rei Otto). Eles estão sentados separados do grupo da direita, vestido tradicionalmente com *foustanellophoroi*, ou vestidos de saiotes, um vestido com um colete ricamente bordado e polainas altas de líderes *klefts*. Eles parecem estar bebendo *raki* (uma aguardente de uva com sabor de anis) e estão fumando um *tsibouki*, ou cachimbo tradicional, em contraste com o grupo de soldados bávaros próximos da porta que, além de beber cerveja, está fumando charutos ou cigarros, e a mesa de bilhar, uma importação ocidental. No centro, um homem vestindo uma *redingota* (literalmente, *casaco de equitação*) ou batina, conversa com outro vestindo a *kappa*, o manto de algodão espesso dos pastores. Essa encantadora aquarela ilustra nitidamente uma dicotomia mais ampla na sociedade emergindo da importação de modelos ocidentais em muitos campos. Na arquitetura, por exemplo, o Neoclassicismo, que era a moda na Europa ocidental, tendia, ao menos nas cidades, a desalojar formas arquitetônicas tradicionais. Na arte, modelos do Ocidente, particularmente românticos alemães, se sobrepunham a uma tradição artística datando dos tempos bizantinos. Tais protótipos ocidentais influenciavam a música, o direito, a educação e, sobretudo, a política. As tensões que emergiram do enxerto de instituições parlamentares ocidentais e formas de governo constitucional europeu sobre uma sociedade profundamente tradicional, cuja cultura política havia evoluído em circunstâncias inteiramente diferentes, eram um aspecto persistente da vida política do século XIX.

nhavam uma parte digna de menção, se infiltravam através da fronteira com a Turquia para a Tessália, o Epiro e a Macedônia. Mas as potências europeias se uniram para defender a integridade do Império Otomano e a Grã-Bretanha e a França ocuparam o Pireu, o porto de Atenas, entre maio de 1854 e fevereiro de 1857, no sentido de aplicar pressão sobre a Grécia para desistir de provocar agitação através da fronteira.

IMAGEM 14. *Hadji Oustas Iordanoglou da Capadócia e seu filho Homero* pintados por Photis Kontoglou em 1927. Até a troca de populações entre Grécia e Turquia em 1923-1924, havia populações gregas muito grandes espalhadas através de toda a Ásia Menor. Nas grandes cidades de portos marítimos como Constantinopla, Esmirna e Trebizond, muitas delas eram prósperas, educadas e ocidentalizadas. Alhures, contudo, particularmente no interior, seu estilo de vida era pouco diferente daquele dos camponeses turcos seus vizinhos. Enquanto eles se apegavam tenazmente à sua religião ortodoxa, muitos, particularmente as mulheres, falavam apenas turco. No início do século XIX, poucos desses gregos turcofalantes, os *karamanlides*, tinham muita consciência de serem gregos, e árduos esforços, que eram fortemente apoiados

CAPÍTULO 2 – CONSTRUÇÃO DA NAÇÃO, A "GRANDE IDEIA" E O CISMA NACIONAL (1831-1922) | 65

pelo reino grego, foram feitos mais tarde, no século, para instilar neles um senso de ancestralidade grega. Kontoglou enfatiza o estilo de vida de muitos desses cristãos *karamanli*, que por ocasião da troca de populações de 1923 contavam em torno de 400 mil. O pai tem um nome bastante turco (*usta* significa "mestre artesão"), enquanto seu filho foi nomeado Homero, em deferência à forte ênfase sobre a herança grega antiga na propaganda educacional emanada do reino. O título *Hadji* era usado por cristãos que haviam feito a peregrinação aos lugares sagrados na Palestina assim como por muçulmanos que tinham visitado Meca. Photis Kontoglou (1895-1965), nativo de Ayvali, na Ásia Menor, deu as costas conscientemente às influências ocidentais que até então dominavam a vida artística do Estado independente e buscou sua inspiração nas tradições bizantina e pós-bizantina da arte popular.

> Uma Grécia realmente independente é um absurdo. A Grécia pode ser inglesa ou russa, e desde que ela não deve ser russa, é necessário que ela seja inglesa.
>
> *Sir* Edmund Lyons, ministro britânico para a Grécia (1841)

Vindo apenas quatro anos após o bloqueio naval de *lord* Palmerston em janeiro de 1850 como resultado do incidente do Don Pacífico, um notório exercício de "diplomacia de canhoneira", esse foi um dos mais flagrantes exemplos de intervenção nos negócios internos da Grécia pelas potências protetoras até que a garantia de 1832 foi formalmente abolida em 1923. A política de Otto em busca da consecução da "Grande Ideia" não apenas se revelou infrutífera como também contrastava com sua simpatia pela Áustria em oposição à unificação italiana, uma atitude impopular em um país tomado por um nacionalismo romântico. Todos os velhos ressentimentos que haviam atuado como catalisadores para o golpe de 1843, mais uma vez vieram à tona. Seguindo-se a um malsucedido atentado contra a vida da rainha Amalia, um golpe pela guarnição de Atenas levou à derrubada de Otto em 1862, enquanto ele e sua consorte estavam em um *tour* pelo Peloponeso. Seguindo o conselho dos ministros das potências, Otto não opôs resistência e retirou-se para sua nativa Bavária, onde, até sua morte em 1867, manifestou uma genuína, embora amplamente não requisitada, afeição por seus ex-súditos. Ele frequentemente vestia a *foustanella*, a tradicional veste grega, e um de seus últimos atos foi fazer uma contribuição em benefício dos cretenses insurgentes em 1866.

Com a partida forçada de Otto, as potências foram mais uma vez defrontadas com a necessidade de escolher um soberano para a Grécia, o que não era a mais fácil das tarefas dado o modo como Otto fora tratado por seus relutantes súditos. Os próprios gregos, em um plebiscito não oficial, expressaram uma forte preferência pelo príncipe Alfred, o segundo filho da rainha Vitória. Mas, como membro da dinastia de uma das potências protetoras, sua candidatura foi descartada. William Ferdinand

CAPÍTULO 2 – CONSTRUÇÃO DA NAÇÃO, A "GRANDE IDEIA" E O CISMA NACIONAL (1831-1922) | 67

IMAGEM 15. Um ícone portátil, datado de 1838, mostrando o "neomártir" São Jorge, o Mais Jovem, de Ioannina. "Neomártires" eram aqueles que escolhiam morrer, frequentemente em circunstâncias horríveis, em vez de comprometer sua fé cristã ortodoxa. Muito comumente, eles haviam revertido ao cristianismo após terem abraçado o Islã e eram assim vistos pelos turcos como renegados. São Jorge, o Jovem, um órfão de uma aldeia próxima a Gravena, havia servido como cavalariço para um oficial turco, Hadji Abdullah. Conhecido como Hasan, ele era geralmente considerado muçulmano pelos turcos, cuja ira ele provocou ao desposar uma cristã em 1836. Nessa ocasião, ele foi salvo pela intervenção de Hadji Abdullah, que testificou que Hasan/Jorge era de fato cristão. Problemas irromperam novamente, dois anos mais tarde, contudo, quando ele teve seu filho batizado. Dessa vez ele foi preso, brutalmente torturado para fazê-lo renunciar à sua fé e, ao recusar, foi enforcado em Ioannina, em 17 de janeiro de 1838. Quase imediatamente, seu túmulo foi tido como milagroso e ele foi popularmente reconhecido como um santo algum tempo antes de a Igreja dar reconhecimento a seu culto. São Jorge, o Mais Jovem, o santo padroeiro da guarda real (agora presidencial) *evzone*, foi o último dos "neomártires", pois logo em seguida, o Porte Otomano, sob pressão britânica, abandonou as execuções por apostasia. A ferrenha fé dos frequentemente humildes "neomártires" contrasta com a ambição e corrupção mundanas que haviam penetrado os mais altos escalões da hierarquia da Igreja. Este ícone portátil foi pintado poucos dias depois da morte de São Jorge por Mikhail Zikos, da aldeia de Khionades no Epiro, conhecida por seus pintores decorativos e itinerantes religiosos. Outras aldeias eram conhecidas por seus igualmente itinerantes pedreiros, construtores, carpinteiros, encanadores, gravadores e assim por diante.

Adolphus George, da dinastia dinamarquesa Glücksburg e do ramo grego da dinastia, deveria reinar intermitentemente entre 1864 e 1974. Ele assumiu o trono com o título de rei George I dos Helenos. O longo reinado de George durou quase 50 anos, terminando com seu assassinato por um louco em 1913. Como uma espécie de dote, designado (sem sucesso) para jogar água fria no fervor irredentista, a Grã-Bretanha acrescentou as Ilhas Jônicas à Grécia. Essa aquisição, o primeiro acréscimo de território desde a independência, acrescentou cerca de 250 mil habitantes à população e trouxe para o reino uma região que havia sido mais exposta a influências ocidentais do que qualquer outra parte do mundo grego. No mesmo ano, uma assembleia constituinte adotou uma nova Constituição. Esta ampliava as liberdades democráticas concedidas em 1844, embora o soberano retivesse consideráveis prerrogativas e tivesse substanciais, embora vagamente definidos, poderes em questões de política externa. Estes o rei George não hesitou em usar, viajando frequentemente e explorando suas amplas conexões dinásticas.

Durante a parte inicial do reinado de George, a vida política permaneceu muito como havia sido sob Otto. Os partidos políticos eram essencialmente agrupamentos fluidos, cristalizando-se em torno de políticos proeminentes em vez de ideologias, e engajados na busca interminável de cargos. Os pré-requisitos do poder eram essenciais para os políticos terem alguma chance de satisfazer as insaciáveis demandas de seus eleitores/clientes. Dado o desenvolvimento rudimentar da economia, o Estado as-

IMAGEM 16. "Um golpe bem grego". Gravura publicada em 1847, a partir de uma pintura de H. Martens. Ela retrata a deposição do rei Otto pelo general Dimitrios Kallergis, o comandante da cavalaria de Atenas, pela demanda por uma Constituição em 3 de setembro de 1843. Otto está vestido em um traje tradicional, que ele continuou a usar mesmo após ter sido mandado para o exílio em sua Baviera natal. No fundo está sua esposa, a determinada Amalia de Oldenburg. Numa janela adjacente do recém-construído palácio real (atualmente o prédio do Parlamento), está o major Hess, um membro particularmente impopular da comitiva do rei bávaro. O golpe virtualmente sem derramamento de sangue de 3 de setembro gozou de um amplo apoio popular e a demanda por uma Constituição refletia descontentamento emergindo por uma série de fatores. Estes incluíam a continuidade do absolutismo real dez anos após a ascensão de Otto ao trono; a impopularidade de medidas de diminuição de gastos impostas pelas potências protetoras (Grã-Bretanha, França e Rússia) em um esforço para assegurar o pagamento do empréstimo que havia sido concedido quando a Grécia obteve independência; o fato de Otto não se converter do catolicismo para a ortodoxia; e incerteza quanto à sucessão ocasionada pelo fato de que ele não tinha filhos. A continuada influência de bávaros na Corte ofendia aqueles que haviam lutado pela independência e se sentiam excluídos do poder político. Otto não opôs resistência e, em 1844, uma Constituição marcadamente liberal foi promulgada. O golpe de 1843 foi o primeiro exemplo de intervenção militar na vida política do país, mas não foi de forma alguma o último.

sumia uma importância desproporcional como fonte de emprego, e a proporção de burocratas para cidadãos era bem mais alta do que na Europa ocidental. Caracteristicamente, o número de deputados no Parlamento era também desproporcionalmente grande. Na competição interminável por poder político, e daí acesso ao compadrio, os políticos estavam sempre dispostos a formar coalizões caleidoscópicas e cambiantes. As eleições eram

CAPÍTULO 2 – CONSTRUÇÃO DA NAÇÃO, A "GRANDE IDEIA" E O CISMA NACIONAL (1831-1922) | 69

ferozmente, e frequentemente de forma rudimentar, contestadas, pois cada mudança de governo condicionava uma miríade de posições no serviço público. Um governo estável era ilusório. Entre 1870 e 1875, por exemplo, não ocorreram menos que quatro eleições e nove administrações.

> Em outros lugares, partidos vêm a existir porque as pessoas discordam entre si, cada uma querendo coisas diferentes. Na Grécia, ocorre o exato oposto: o que faz com que partidos venham a existir e competir entre si é o admirável acordo com o qual todos buscam a mesma coisa: serem alimentados às expensas públicas.
>
> Emmanouil Roidis (1875)

Relações padrinho-cliente permeavam a sociedade em todos os níveis e, de fato, têm continuado uma característica pronunciada da sociedade até o presente. A *mesa*, ou contatos certos, que podiam mitigar a inércia e ineficiência da burocracia, era de toda a importância, enquanto a *rouspheti*, a concessão recíproca de favores, era o lubrificante essencial de uma complicada e indiferente máquina estatal. Theodoros Deliyannis, um consumado mestre da política "antiga" e figura dominante na vida política durante a segunda metade do século, na verdade mantinha livros-razão nos quais anotava cuidadosamente os favores que havia concedido, de modo que, no devido tempo, ele pudesse colher o retorno apropriado. As leis, que o Parlamento, como outras legislaturas balcânicas, emitia em grandes quantidades, estavam ali essencialmente para ser contornadas em vez de obedecidas.

O apadrinhamento havia se desenvolvido originariamente como um mecanismo de defesa contra a severidade e, particularmente, a arbitrariedade do sistema otomano de governo. Havia uma necessidade de patronos e protetores para mediar com as autoridades otomanas e mitigar os caprichos do sistema judiciário. Muitos gregos viam as imposições do novo Estado como escassamente menos opressiva que aquelas dos otomanos, e valores e atitudes moldados sob o domínio otomano persistiam no período da independência. O apadrinhamento, de fato, provou-se inteiramente compatível com as instituições formais da democracia parlamentar. O *kommatarhkis*, ou chefe político, simplesmente assumiu o papel do *aga* otomano. Até os tempos modernos, um deputado parlamentar via não apenas como uma obrigação, mas como a pré-condição indispensável de sobrevivência política assegurar favores a seus eleitores.

Indubitavelmente havia uma considerável divergência entre as formas exteriores de política e a prática substantiva no século XIX, embora a so-

IMAGEM 17. O juramento da legião de voluntários gregos, sob a bandeira da ortodoxia e o comando de Panos Koronaios, para ajudar na defesa russa de Sebastopol durante a Guerra da Crimeia, como mostrada por um artista francês. Pelo primeiro século de sua existência independente, a política externa do novo Estado grego foi dominada pela *Megali Idea*, ou "Grande Ideia", a grandiosa visão da restauração do Império Bizantino através da incorporação dentro das fronteiras de um único Estado de todas as áreas de assentamento grego compacto no Oriente Médio, com Constantinopla como a capital. Durante boa parte do período da *Tourkokratia*, os russos, os *xanthon genos* ou raça loura das profecias e a única potência ortodoxa, foram vistos como os futuros libertadores dos gregos. Nas primeiras décadas após a independência ter sido alcançada, a Rússia era vista como a potência que ajudaria a Grécia a realizar suas ambições irredentistas. Quando a Rússia, colocando-se como protetora dos súditos ortodoxos do sultão, se viu envolvida na Guerra da Crimeia (1853-1856) com o Império Otomano e seus aliados britânicos e franceses, houve grande entusiasmo no reino grego pela causa russa. Bandos de guerrilha, vários dos quais liderados por veteranos da guerra de independência, foram infiltrados através da fronteira na Tessália otomana e no Epiro, provocando uma muito ressentida ocupação britânica e francesa do Pireu, o porto de Atenas, entre 1854 e 1857, para assegurar que a Grécia permanecesse neutra no conflito. Nas décadas após a Guerra da Crimeia, quando a Rússia defendeu a causa dos eslavos do sul, particularmente a dos búlgaros, os principais rivais dos gregos pela hegemonia na Macedônia, o entusiasmo grego arrefeceu.

ciedade grega fosse essencialmente aberta. O "mundo político" pode ter sido algo como uma oligarquia que se autoperpetuava, mas poucas avenidas de avanço estavam fechadas com base apenas em origens sociais, como a carreira do próprio Deliyannis demonstrava. As exigências sobre os políticos eram tais que relativamente poucos prosperavam às expensas públicas. Além disso, do primeiro-ministro para baixo, esperava-se, e

CAPÍTULO 2 – CONSTRUÇÃO DA NAÇÃO, A "GRANDE IDEIA" E O CISMA NACIONAL (1831-1922) | 71

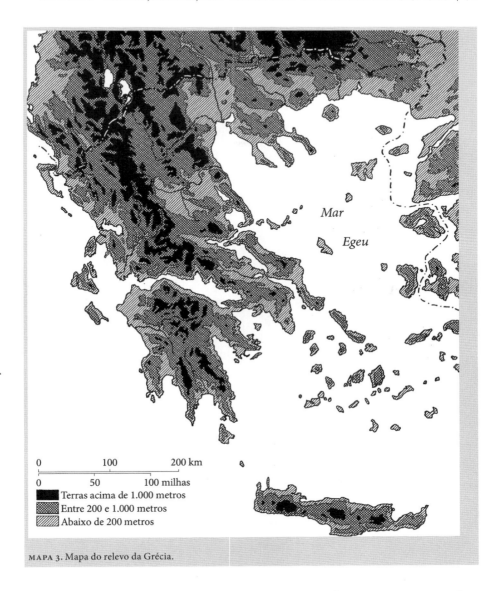

MAPA 3. Mapa do relevo da Grécia.

obtinha-se, das figuras políticas que se fizessem disponíveis ao mais humilde suplicante. Um político proeminente no fim do século XIX e início do XX, Dimitrios Rallis, é conhecido como tendo tido mil apadrinhados, cujos nomes do dia* ele tinha que lembrar e para muitos dos quais ele tinha que arrumar empregos quando chegavam à idade de trabalhar. Ade-

---

* Um costume em muitos países da Europa e da América é comemorar um dia do ano cujo nome lhe esteja associado. (N.T.)

IMAGEM 18. Um cartum de Alphonse Daumier satirizando o endividamento da Grécia com as grandes potências. Na legenda lê-se:

A Grécia deve à Inglaterra	
Capital	1.000.000
Despesas	50.000
Falsas despesas	225.775
Juros	20.000
Juros sobre juros	137.000
Compra de pistolas	375.000
Total	quatro milhões

CAPÍTULO 2 – CONSTRUÇÃO DA NAÇÃO, A "GRANDE IDEIA" E O CISMA NACIONAL (1831-1922) | 73

> Os gregos insurgentes haviam contratado empréstimos, em termos desvantajosos, na City de Londres durante a guerra de independência, e, em 1832, as três potências protetoras, Grã-Bretanha, França e Rússia, concederam um empréstimo de 60 milhões de francos, muito do qual foi gasto no exército, na burocracia do rei Otto e no serviço da dívida. Na década de 1880, empréstimos ulteriores, totalizando 630 milhões de dracmas, foram contratados, cujos serviços consumiram um terço dos ganhos do Estado. Quando, em 1893, houve um colapso na demanda mundial por sua principal exportação, passas, a Grécia foi forçada grandemente a reduzir pagamentos de juros e foi efetivamente à falência. Sua condição econômica foi ulteriormente enfraquecida pela derrota na guerra greco-turca de 1897, que resultou no pagamento de uma indenização de guerra de 4 milhões de libras turcas. O serviço da dívida aumentou para pagar essa indenização e os empréstimos existentes da Grécia foram postos nas mãos de uma Comissão Financeira Internacional. Esta era baseada em Atenas e consistia em representantes das seis potências "mediadoras": Grã-Bretanha, Rússia, Áustria-Hungria, Alemanha, França e Itália. O pagamento desses empréstimos seria assegurado pela cessão das receitas dos monopólios governamentais, obrigações sobre tabaco, impostos de selos e deveres alfandegários coletados no porto de Pireu. O arranjo, virtualmente sem precedentes, redundou em uma séria brecha na soberania financeira da Grécia.

mais, uma imprensa vívida e volumosa, que desfrutava de uma liberdade considerável, atuava como um controle dos abusos mais flagrantes.

Perto do final do século XIX, foram feitos progressos, talvez hesitantes, mas não obstante reais, na direção da modernização do sistema político. Durante os primeiros anos do reinado do rei George, havia uma crescente insatisfação com uma política personalista e essencialmente "desprovida de questões". O ponto de virada veio em 1875, quando o rei aceitou o princípio de que ele invariavelmente convocaria o líder do partido que gozasse do apoio de uma maioria de deputados no Parlamento para formar um governo. Não foi até 1881, contudo, que Kharilaos Trikoupis, um astro ascendente no firmamento político, o principal modernizador da segunda metade do século e o principal proponente dessa reforma específica, foi capaz de assegurar uma maioria para seu Partido Novo. Durante a maior parte das duas décadas remanescentes do século, a essência de um sistema de dois partidos operou, com Trikoupis alternando no poder com seu arquirrival, Deliyannis.

Trikoupis representava essencialmente a tradição ocidentalizante na vida política; Deliyannis, a tradicional. Trikoupis acreditava que o Estado necessitava ser reforçado política e economicamente antes que pudesse contemplar o engajamento em aventuras irredentistas. Ele, portanto, procurou estabelecer a credibilidade internacional do país, para encorajar a incipiente industrialização, melhorar as comunicações através da construção de ferrovias e da construção do Canal de Corinto e modernizar o exército e a marinha. Tal programa, contudo, era custoso e implicava uma taxação crescente. Isso proporcionava um alvo fácil para o popular mas demagógico Deliyannis, que não fazia segredo do fato de que era contra tudo o que Trikoupis defendia. A exuberante retórica populista de Deliyannis e sua defesa entusiasta de uma "Grande Grécia" indubitavelmente refletiam mais fielmente os entusiasmos e preconceitos do homem da rua do que os austeros programas reformistas de Trikoupis. Mas a política aventureira de Deliyannis quando no poder consistia em pôr uma severa tensão sobre uma economia fraca, como ocorreu com a mobilização abortiva durante a crise búlgara de 1885, que resultou em um bloqueio das grandes potências. Ademais, sua beligerância resultaria em derrota durante sua desastrosa guerra de 30 dias com a Turquia em 1897.

Por mais que Trikoupis possa ter buscado paz como a pré-condição para o sucesso da implementação de seu projeto de reforma, questões de política externa tendiam a dominar a política interna no final do século XIX à exclusão de tudo o mais, como o fizeram em tempos mais recentes. Levantes periódicos na ilha de Creta (1841, 1858, 1866-1869, 1877-1878, 1888-1889 e 1896-1897) em busca da *enosis*, ou união da "Grande Ilha" com o reino, colocariam uma permanente tensão nas relações com o Porte Otomano e provocariam a intervenção intermitente das potências. Durante as últimas décadas do século, o principal foco de política externa residia nas províncias ao norte da fronteira com o Império Otomano. O envolvimento da Grécia na grande crise que convulsionou os Bálcãs entre 1875 e 1878 e que foi o foco de intenso interesse e rivalidade entre as grandes potências, era marginal. Mas a Grécia, não menos que a Grã-Bretanha, a Áustria-Hungria e a Sérvia, estava inteiramente alarmada pelo patrocínio da Rússia, na esteira de sua esmagadora vitória sobre o Império Otomano na guerra de 1877-1878, de uma "Grande Bulgária", pois esta abarcava territórios há muito reivindicados por nacionalistas gregos. A Grécia não foi diretamente representada no Congresso de Berlim no verão de 1878, que cortou o tamanho da "Grande Bulgária", mas uma delegação grega foi autorizada a expor seu caso. Como resultado, as potências decretaram que o Império Otomano cedesse a fértil província da Tessália, junto com uma parte do Epiro, à Grécia. Uma consequência ulterior da crise dos Bálcãs foi a aquisição pela Grã-Bretanha, através da convenção de Chipre de 1878, da administração da ilha de Chipre, predominantemente povoada por gregos. A ilha permaneceu sob a soberania otomana até 1914. Ela foi então anexada pela Grã-Bretanha após o Império Otomano ter entrado na Primeira Guerra Mundial ao lado das potências centrais.

CAPÍTULO 2 – CONSTRUÇÃO DA NAÇÃO, A "GRANDE IDEIA" E O CISMA NACIONAL (1831-1922) | 75

IMAGEM 19. Membros do bando de bandidos que, em abril de 1870, sequestraram e subsequentemente assassinaram em Dilessi, na Beócia, um grupo de aristocratas ingleses. A indignação provocou uma crise nas relações com a Grã-Bretanha, levou à queda do governo e focou atenção internacional na endêmica ausência de lei em boa parte da Grécia rural, inclusive na vizinhança da capital, no século XIX. Em uma excursão de Atenas a Maratona, foi pedida a libertação do grupo, mas as negociações foram desacertadas e políticos da oposição, na esperança de derrubar o governo, encorajaram os líderes dos bandidos a resistir, por uma anistia que o rei, sob a Constituição de 1864, não tinha o poder de conceder. Quando o bando foi emboscado por tropas do governo, os reféns foram mortos. Muita maledicência foi veiculada sobre a Grécia, particularmente na imprensa britânica. Gregos de todos os partidos uniram-se em defesa da honra nacional e tentativas foram feitas para atribuir a culpa a albaneses e valáquios. No decorrer de todo o século XIX, o banditismo, que tinha profundas raízes no período pré-revolucionário, foi um importante problema social. Os irregulares, que haviam feito uma contribuição militar tão importante para a guerra de independência, revelaram-se difíceis de ser assimilados ao exército regular que foi criado pelo rei Otto e desfrutavam de uma incômoda tolerância da parte de políticos que consideravam úteis seus serviços sempre que houvesse necessidade de agitar problemas através da fronteira turca em busca de objetivos irredentistas. Banditismo declarado estava disseminado e se provava difícil de suprimir por conta das dificuldades de comunicação, terrenos montanhosos e a facilidade com que fugitivos podiam deslocar-se através da fronteira. Além disso, os políticos não eram adversos a explorar o banditismo para seus próprios fins. No julgamento de 1894 de um deputado da Tessália, emergiu que o recurso a um bando de bandidos havia sido compartilhado entre a Igreja e o deputado e seus irmãos.

A anexação da Tessália, a segunda extensão das fronteiras da Grécia e, como a primeira, a cessão das Ilhas Jônicas, em 1864, resultado não de agitação irredentista, mas de mediação das grandes potências, trouxe a fronteira às bordas da Macedônia. Pelas duas últimas décadas do século XIX e a primeira do XX, a Macedônia, com suas populações inextricavelmente misturadas de gregos, búlgaros, sérvios, albaneses, turcos e valáquios, seria o foco de nacionalismos concorrentes da Grécia, da Bulgária e da Sérvia,

IMAGEM 20. O Canal de Corinto sob construção na década de 1880. Iniciado em 1882 e completado em 1893, o canal, um importante feito de engenharia em sua época, encurtou a rota marítima do Pireu, o porto de Atenas, para a Itália, pela metade, embora seus benefícios econômicos não respondessem às expectativas. A abertura do canal foi um dos diversos importantes projetos de obras públicas realizados no final do século XIX. Estes estão principalmente associados a Kharilaos Trokoupis, o primeiro-ministro modernizante entre 1882 e 1885, 1887 e 1890 e 1892 e 1895. Ele estava bem consciente de que comunicações aperfeiçoadas eram a pré-condição essencial para o crescimento econômico. Durante a década de 1880, o número estradas adaptadas para tráfico sobre rodas cresceu três vezes. Isso deu um impulso significativo ao mercado interno, embora as comunicações por terra através de boa parte do reino permanecessem fracas. Boa parte da malha ferroviária da "antiga" Grécia, como existe hoje, foi estabelecida durante as duas últimas décadas do século. Quando Trikoupis tornou-se pela primeira vez primeiro-ministro, havia apenas 12 quilômetros de ferrovias ligando Atenas ao Pireu. Pela época de sua morte, em 1896, quase mil quilômetros haviam sido construídos, frequentemente em terreno difícil, apenas em 1916 o sistema ferroviário tenha sido conectado ao da Europa. Um outro projeto iniciado na década de 1880 foi a drenagem do Lago Copais, na Tessália, que acrescentou muitos milhares de acres de terra fértil. Alguns passos foram dados na direção da industrialização, com o estabelecimento de moinhos refinadores de algodão, lã e óleo de oliva.

com cada uma procurando obter uma parte tão grande quanto possível das esfareladas possessões otomanas nos Bálcãs. O confronto com os búlgaros, em particular, eram frequentemente mais violentos do que com os otomanos, que, sempre que podiam, procuravam dividir e governar. A criação de uma Igreja Búlgara independente (conhecida como Exarcado Búlgaro) em 1870, um estágio crítico no progresso em direção à nacionalidade búlgara, enfraqueceu o domínio grego da hierarquia da Igreja na região e

CAPÍTULO 2 – CONSTRUÇÃO DA NAÇÃO, A "GRANDE IDEIA" E O CISMA NACIONAL (1831-1922) | 77

criou amargas rivalidades entre os adeptos do Patriarcado Ecumênico e do Exarcado Búlgaro. Inicialmente, essas rivalidades foram exercidas em propaganda eclesiástica, educacional e cultural. Mas na virada do século essa guerra de palavras deu lugar a uma luta armada entre bandos de guerrilha apoiados e subsidiados pelos governos das respectivas nações.

Contra o fundo de luta pela Macedônia, a revolta mais uma vez irrompeu em Creta em meados da década de 1890. Esta era apoiada pelos nacionalistas entusiastas da *Ethniki Etairia*, ou Sociedade Nacional. Mas, a despeito de sua identificação com uma política agressiva nos negócios estrangeiros, o primeiro-ministro Deliyannis estava inicialmente cauteloso, pois as potências haviam bloqueado a Grécia quando ele procurou explorar o ataque da Sérvia sobre a Bulgária em 1885, e na ocasião enviaram uma frota a Creta. Mas, respondendo à intensa pressão popular, ele enviou navios e tropas para a ilha no início de 1897. Isso foi seguido por uma mobilização geral e, em abril, pela irrupção na Tessália da desastrosa Guerra dos Trinta Dias com o Império Otomano. Uma derrota rápida e humilhante salientou nitidamente o abismo entre as aspirações irredentistas da Grécia e suas modestas capacidades militares. Nas palavras de um observador contemporâneo, a Grécia combinava os apetites de uma Rússia com os recursos de uma Suíça.

O acordo de paz que se seguiu não foi especialmente oneroso para a Grécia. Foi outorgado um *status* de autonomia para Creta sob suserania otomana, e o príncipe George, o segundo filho do rei George, foi designado alto comissário. A Grécia foi forçada a fazer ajustamentos fronteiriços marginais em favor da Turquia e a pagar uma indenização de guerra. Sob insistência das potências, uma Comissão Financeira Internacional foi estabelecida para supervisionar o pagamento de suas grandes dívidas externas, pois, em 1893, Trikoupis, então primeiro-ministro, havia sido forçado a declarar a falência efetiva do Estado. Perspectivas econômicas fracas no país foram o impulso principal subjacente à onda de emigração, principalmente para os Estados Unidos, que se desenvolveu na década de 1890. Estima-se que entre 1890 e 1914, cerca de 350 mil gregos, quase todos homens, e perfazendo perto de um sétimo da população, emigraram. A grande maioria partia com a intenção de retornar à pátria depois de trabalhar no estrangeiro por uns poucos anos para acumular modestas economias, mas no fim a maioria dos migrantes tornou-se permanentemente estabelecida em seus países de adoção. Daí em diante, as remessas que esses migrantes fru-

IMAGEM 21. Os representantes gregos no Congresso de Berlim de junho/julho de 1878. Sentado no centro está seu líder, Theodoros Deliyannis, um forte defensor do irredentismo grego, diversas vezes primeiro-ministro e, com Kharilaos Trikoupis, a figura dominante na política do fim do século XIX. À sua direita está Alexandros Rizos Rangavis, um acadêmico-diplomata, que era o enviado da Grécia à Alemanha. Em pé entre os dois está outro acadêmico-diplomata, Ioannis Gennadius, o encarregado de negócios em Londres. O Congresso de Berlim foi convocado como resultado da crise que convulsionava os Bálcãs desde 1875. A guerra subsequente entre Rússia e Turquia havia levado à criação, através do Tratado de San Stephano (1878), de uma "Grande Bulgária" sob patrocínio russo que abrangia territórios reivindicados, entre outros, pela Grécia. Afortunadamente para a Grécia, a Grã-Bretanha e a Áustria-Hungria viam tal desenvolvimento com alarme, e o Congresso foi convocado para cortar a Bulgária de San Stephano a um tamanho reduzido. Embora a Grécia não fosse formalmente um partido no Congresso, seus representantes puderam expor seu caso para a incorporação de Creta, Tessália e Epiro ao reino. O Congresso "convidou" o Império Otomano, cujo principal representante era um grego otomano, Alexandros Karatheodoris Pasha, a revisar suas fronteiras em favor da Grécia. De acordo, em 1881, a Tessália e o distrito de Arta no Epiro foram cedidos à Grécia. O irredentismo, resguardado na "Grande Ideia", era a ideologia dominante do reino no século XIX. Mas, até as guerras balcânicas de 1912-1913, as esperanças da Grécia de expansão territorial dependiam da boa vontade das grandes potências, como no caso da incorporação das Ilhas Jônicas, em 1864, e da Tessália, em 1881.

gais, trabalhadores e empreendedores mandavam para suas famílias iriam constituir um elemento-chave na balança de pagamentos.

A esmagadora derrota de 1897 conduziria, em um período de introspecção e autodúvida, à clara lição da guerra de que a busca única da "Grande Ideia" estava arruinada. Qualquer que fosse a fraqueza do Império Otomano em seu declínio, a Grécia tendia a levar a pior em qualquer conflito armado. Alguns intelectuais, na verdade, argumentavam que o futuro do país jazia em algum tipo de condomínio com os turcos otomanos. Eles alegavam que todo esforço deveria ser feito para construir sobre a já notável extensão na qual os gregos ainda sujeitos ao domínio otomano, que constituíam mais da metade do número total de gregos no Oriente Médio, haviam manobrado para reestabelecer boa parte do poder econômico e mesmo político de que haviam desfrutado no Império Otomano antes de 1821. Durante a última parte do século, árduos esforços, na maior parte inspirados de dentro do reino, foram feitos para inculcar um senso de identidade helênica não apenas nos gregos (e alguns não gregos) da Macedônia, mas nas grandes, e frequentemente turcofalantes, populações da Ásia Menor. Entretanto, a maioria desses propagandistas culturais vislumbrava a eventual libertação pelo reino em vez de partilha de poder com os otomanos. Outros defendiam a constituição de recursos do reino como a pré-condição essencial para ulteriores ataques contra o Império Otomano, pois tal estratégia de confronto havia até então se provado malsucedida.

Após a morte de Trikoupis e a derrota de 1897, a política do reino recaiu em sua antiga doença. Novamente a desilusão disseminada fixou-se no empreguismo e demagogia da política tradicional. Notavelmente, contudo, dentro de 15 anos da humilhante derrota nas mãos dos turcos, a Grécia emergiria como a potência extraordinária no leste do Mediterrâneo. Suas aspirações para a realização da "Grande Ideia" e sua autoproclamada missão civilizatória no Leste não pereciam mais jazer nos domínios da fantasia. Essa restauração de autoconfiança após os traumas da derrota seriam obra de Eleftherios Venizelos, o mais carismático político da primeira metade do século XX. Ele havia adquirido sua experiência política inicial na Creta autônoma, mas era agora projetado para a linha de frente do palco da política nacional em consequência do golpe militar em Goudi de 1909.

O golpe de Goudi, que a Liga Militar armou em 1909, era em parte uma resposta à revolução de 1908 dos Jovens Turcos, que havia resultado na restauração da Constituição de 1876, de curta duração, e na derrubada do sultão Abdul Hamid, ou "Abdul, o Maldito". Inicialmente, as promessas dos Jovens Turcos de igualdade para todos, quer fossem muçulmanos, cristãos ou judeus, despertou quase tanto entusiasmo na Grécia quanto no próprio Império. Mas havia também temores de que um Império Otomano redivivo pudesse se provar mais difícil de desalojar da Macedônia, cuja principal cidade, Salônica, havia sido o centro nervoso da conspiração dos

IMAGEM 22. Um bando de *Makedonomakhoi*, combatentes guerrilheiros que, nos primeiros anos do século XX, procuravam pela força das armas a reivindicação grega à Macedônia, então sob o domínio otomano na esfarelada Turquia europeia. Este bando específico, composto parcialmente de cretenses e parcialmente de habitantes locais, era liderado por um oficial cretense do exército grego, Georgios Tsontos, que lutava sob o nome de guerra de capitão Vardas. Outros concorrentes a toda, ou a parte da, Macedônia eram os búlgaros (os principais rivais dos gregos), os sérvios e os albaneses. Inicialmente, a luta foi conduzida por meio de propaganda religiosa e educacional, com ferrenha rivalidade desenvolvendo-se entre aqueles que aceitavam a autoridade religiosa controlada pelos gregos do Patriarcado Ecumênico em Constantinopla (os patriarquistas) e aqueles que optavam pela jurisdição do Exarcado Búlgaro (os exarquistas), que havia sido estabelecido pelo Porte Otomano em 1870. Mais tarde, as atividades da Organização Revolucionária Macedônica (ORM), inspirada pela Bulgária e fundada em 1893, foram correspondidas pela *Ethniki Etairia*, ou Sociedade Nacional, e bandos rivais lutavam pela hegemonia nas regiões contestadas. Vários metropolitanos ortodoxos, destacando-se entre eles Germanos Karavangelis, bispo de Kastoria, patrocinavam a luta armada e ajudavam de várias maneiras, como também o governo de Atenas, que organizava e supria a luta através de agentes consulares e oficiais do exército disfarçados. Gradualmente, os bandos gregos ficaram em vantagem, preparando o caminho para a anexação de grandes áreas da Macedônia pelos exércitos gregos no período das guerras balcânicas em 1912-1913.

Jovens Turcos. Ademais, assim que os búlgaros responderam à revolução dos Jovens Turcos declarando sua plena independência do Império Otomano e os austríacos anexando a Bósnia e a Herzegóvina, os turbulentos cretenses declaram unilateralmente a *enosis* (união) com o reino da Grécia.

A resposta atrapalhada dos políticos a essa renovada crise cretense, combinada à economia titubeante no país e ao efeito danoso, sobre as remessas de emigrantes (então um importante elemento na sustentação da economia) de uma desaceleração econômica nos Estados Unidos e no Egito, um outro destino importante para a emigração grega, contribuiu para um crescente descontentamento contra o "mundo político" tradicional. Isso atuou como catalisador para oficiais do exército insatisfeitos, comissionados e não comissionados, para se unirem sob a Liga Militar, encabeçada pelo coronel Nikolaos Zorbas. Como ocorre frequentemente em instâncias de intervenção militar, agravos puramente profissionais forneceram o impulso inicial para conspirações que subsequentemente adquiriram objetivos políticos mais amplos. Havia ressentimento pela promoção de bloqueios, e um particular pomo da discórdia era o sentimento de que o comandante em chefe, o príncipe herdeiro Constantino, estava favorecendo seus protegidos dentro das forças armadas.

IMAGEM 23. O interior de um bar no Pireu, o porto marítimo de Atenas, perto do fim do século XIX. Sentado à direita, um *mangas*, ou "macho", elegantemente vestido e com grandes bigodes ergue sua caneca de cerveja. À esquerda, um *döner* ("enrolado") *kebab* ou *gyro* está sendo preparado. A vida social na cidade e no campo girava em torno de tais instituições. Como no café *Oraia Ellas* (ver IMAGEM 13, p. 63), não há mulheres entre os atendentes e fregueses, e tais locais permaneciam uma reserva exclusivamente masculina até os tempos modernos.

De Goudi, nos arredores de Atenas, uma considerável proporção da guarnição de Atenas emitiu, em 27 de agosto de 1909, um memorando exigindo a remoção dos príncipes reais das forças armadas; que os ministérios da Guerra e da Marinha fossem mantidos por oficiais na ativa; e um programa de reconstrução militar e naval. Várias outras reformas de natureza não militar eram reivindicadas. As exigências da Liga receberam endosso popular em uma imensa demonstração em Atenas no fim de setembro. O primeiro-ministro, Dimitrios Rallis, renunciou, e seu sucessor, Kyriakoulis Mavromikhalis, sob o olhar vigilante da Liga Militar e seguindo-se a uma ameaça de impor uma ditadura militar absoluta, implementou várias das medidas reformistas exigidas. A Liga, contudo, estava pouco contente com qualquer dos velhos políticos e depositou sua confiança em Eleftherios Venizelos, que havia angariado reputação na política de sua Creta nativa após a ilha ter ganho *status* de autonomia em 1897. Além de um nítido gênio para política, ele contava com a inestimável vantagem aos olhos da Liga de estar livre de qualquer associação com o desacreditado "mundo político" do continente. Os membros da liga podiam, portanto, ficar a seu favor sem danos ao seu *philotimo*, ou senso de honra, coletivo, por parecerem capitular às facções políticas das quais haviam sido tão críticos.

Eleições foram realizadas em agosto de 1910 para uma assembleia constituinte com poderes para rever a Constituição de 1864. Venizelos não era candidato, mas seus partidários emergiram como o maior bloco no Parlamento. Em novas eleições, realizadas em dezembro do mesmo ano, Venizelos concorreu e seu Partido Liberal assegurou o controle de quase 300 das 362 cadeiras. Ele tinha agora um claro mandato para seu programa de reforma interna e modernização econômica e política, combinadas com uma busca agressiva da "Grande Ideia". Para sinalizar que não era mera criatura dos militares, Venizelos renomeou o príncipe herdeiro Constantino para uma alta posição no exército e libertou os oficiais que haviam sido presos por tentar frustrar o *putsch* de Goudi. Em 1911, cerca de 50 emendas constitucionais foram decretadas. Para reduzir o escopo para obstrucionismo, o *quorum* parlamentar foi reduzido de metade para um terço do número total de deputados. A base legal para a subsequente reforma agrária foi fornecida por medidas para a expropriação de terras e propriedades no interesse nacional. Importantes reformas educacionais foram introduzidas, e, em um esforço para reduzir o empreguismo, nomeações para postos no serviço público passaram a depender de exames públicos.

CAPÍTULO 2 – CONSTRUÇÃO DA NAÇÃO, A "GRANDE IDEIA" E O CISMA NACIONAL (1831-1922) | 83

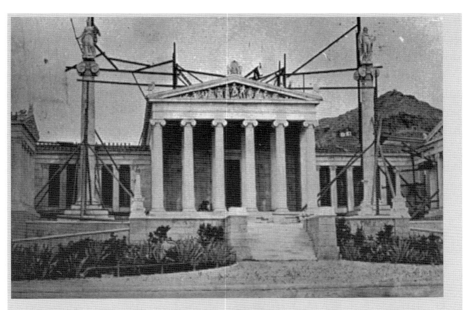

IMAGEM 24. A Academia de Atenas pouco antes de estar pronta, em 1886. Ela foi projetada em um exuberante estilo neoclássico pelo arquiteto dinamarquês Theophilos Hansen. As enormes estátuas no topo das colunas foram esculpidas por Georgios Drosios e representam Atena e Apolo. A Academia é um de um complexo de três edifícios (conhecido como a "Trilogia") projetado pelos irmãos Hansen, os outros sendo a universidade (1839-1846), obra de Christian, e a biblioteca nacional (1885-1901), obra de Theophilos. Eles ilustram a extensão na qual o idioma neoclássico dominava a arquitetura oficial do novo Estado, uma ênfase simbólica de sua orientação cultural no sentido da herança da Grécia antiga. Na década de 1830, Atenas era pouco mais que uma aldeia, com uma população de cerca de 4 mil habitantes, mas suas associações com as glórias do passado antigo a levaram a ser escolhida como a capital em 1834. Por meados do século XIX, sua população crescera para 30 mil habitantes, e a cidade havia sido dotada de alguns belos edifícios públicos, obra dos irmãos Hansen, e de arquitetos gregos como Lysandros Kaftantzoglou [a escola feminina *Arsakeion* (1846-1852) e o Hospital Eye (1852), este último construído, incomumente, no estilo neobizantino] e Stamatis Kleanthis, o projetista do "palácio Ilissia" (1840-1848), da duquesa de Plaisance, atualmente o Museu Bizantino. Muitos dos edifícios públicos da capital (entre eles o Zappeion e o estádio Averoff, construído para os primeiros Jogos Olímpicos modernos em 1896) foram construídos com doações de gregos ricos da diáspora. A Academia foi construída com uma doação de Simon Sinas, o imensamente rico filho de Georgios Sinas, um valáqui helenizado cuja família, vinda de Moschopolis, no sul da Albânia, fez sua fortuna no Império Habsburgo e foi ele próprio o doador do observatório de Theophilos Hansen (1843-1846).

Modestas medidas de reforma social foram também iniciadas. Estas incluíam salários mínimos para mulheres e crianças, a legalização de sindicatos e a proibição de falsas "companhias". A inovação de um imposto de renda progressivo foi amplamente burlada, mas simbolizava uma mudança da dependência anterior sobre impostos indiretos que eram desproporcionalmente pesados para os pobres. Venizelos já gozava do apoio de interesses de homens de negócios, e tais medidas ajudaram a ampliar sua base eleitoral por ser bem vistas pela incipiente classe operária que viera a existir como resultado do modesto grau de industrialização no decorrer dos 30 anos anteriores. Suas medidas levemente reformistas ajudaram a neutralizar o desenvolvimento de fortes movimentos socialistas e agrários tais como surgiam em alguns outros países balcânicos. Seu compromisso para com a reforma das forças armadas foi simbolizado por ele ter assumido pessoalmente o encargo dos ministérios do Exército e da Marinha. Uma missão militar francesa e uma naval britânica ajudaram no treino das forças armadas, e a obtenção de um superávit no orçamento geral, após anos de déficit, liberou fundos para o reequipamento.

> Eu acredito firmemente que... os recursos materiais e morais da Nação são suficientes, nas mãos de trabalhadores comprometidos com a revivescência, para recriar uma Grécia digna das exigências da civilização de hoje, capaz de inspirar o respeito do mundo civilizado e assumir um lugar honrado na família dos povos civilizados, capaz finalmente, uma vez que se tornou moral e materialmente forte, de contribuir para a garantia de paz através de todo o Oriente [Médio] sob condições de assegurar progresso e prosperidade para todos os povos do Oriente.
>
> Eleftherios Venizelos (1910)

Após os anos de deriva, Venizelos injetou um novo dinamismo e otimismo na vida pública e forjou um novo senso de unidade nacional. Sua contínua popularidade foi demonstrada quando, em eleições realizadas em março de 1912, seus partidários asseguraram 146 cadeiras em um Parlamento de 181 cadeiras (o Parlamento de 1910 tinha o dobro do tamanho quando foi uma assembleia constituinte). Mas contra esse pano de fundo de renovação interna, as nuvens de guerra se avolumavam. A promessa inicial de igualdade para todos os grupos étnicos do Império feita pelos Jovens Turcos logo deu lugar a uma política de "otomanização" forçada. A questão do destino da Macedônia, mais uma vez tornada uma questão incendiária, se tornou ainda mais aguda com a emergência de um movimento nacional albanês. Quando a Itália, procurando demonstrar suas credenciais como grande potência pela aquisição de um império colonial próprio, colidiu com os turcos na Líbia em 1911, os Estados eslavos dos Bálcãs, Sérvia, Bulgária e Montenegro, apressaram-se a explorar os problemas do Império. Venizelos, contudo, enfrentava um dilema, pois, à diferença dos sérvios, búlgaros e montenegrinos, os gregos "irredimidos" não estavam assentados compactamente, mas se encontravam amplamente espalhados através de todo o Oriente Médio e estavam, portanto, vulneráveis

CAPÍTULO 2 – CONSTRUÇÃO DA NAÇÃO, A "GRANDE IDEIA" E O CISMA NACIONAL (1831-1922) | 85

IMAGEM 25. Uma festa na casa alexandrina de Emmanouil Benakis, um grande mercador grego, para comemorar o noivado, em 1887 ou 1888, de sua filha. Benakis, de chapéu-coco, está em pé em frente da tenda. Sua filha, Alexandra, está apoiando o braço no ombro de seu noivo galês, Tom Davies, que está sentado, com as pernas cruzadas, no centro. À esquerda, ajoelhada no gramado, está a irmã de Alexandra, Penélope, conhecida mais tarde, como Penélope Delta, uma prolixa escritora de histórias infantis. Como muitos gregos egípcios, ela era uma ferrenha venizelista. Também na fotografia estão membros da família Khoremis. A Khoremis, Benakis e Companhia, fundada em 1863 para explorar o *boom* do algodão egípcio na época da guerra civil americana, era, de longe, a maior empresa de negociantes de algodão no Egito. Em Liverpool, onde, como em Manchester, havia uma próspera comunidade grega no século XIX, eles eram representados pela Davies, Benaki e Companhia. Emmanouil Benakis estava intimamente associado à política modernizante de Kharilaos Trikoupis e de Eleftherios Venizelos, que, em 1910, o colocou como encarregado do recém-fundado ministério da Economia Nacional. Durante o século XIX havia uma migração considerável, muita da qual das ilhas do Egeu (muitos dos mercadores mais ricos eram de Chios), para o Egito, onde, na época da Primeira Guerra Mundial, havia cerca de 100 mil gregos. A comunidade, que já fora a maior colônia estrangeira no Egito, entrou em rápido declínio com a subida ao poder de Nasser em 1952. Durante o final do século XIX e início do XX, havia grandes, e na maioria prósperas, comunidades gregas através de todo o Oriente Médio, *I kath'imas Anatoli* (Nosso Oriente), para usar a evocativa expressão grega.

a represálias turcas. Se a Grécia permanecesse à parte, porém, ela poderia perder os espólios na Macedônia.

Malgrado seus interesses conflitantes, na primavera de 1912 foram concluídos tratados entre Sérvia e Bulgária e entre Grécia e Bulgária, enquanto negociações eram encaminhadas para o tratado greco-sérvio, que foi concluído em junho de 1913. Em casos anteriores de agitação balcânica,

IMAGEM 26. Uma pintura de um homem forte itinerante, Panagis Koutalianos, o *Novo Hércules*, feita em 1910 por Theophilos Khatzimikhail na parede de uma padaria em Velenza, perto de Volos. Nascido em alguma data entre 1866 e 1873, Theophilos, como era geralmente conhecido, foi educado como engessador, mas na maior parte de sua vida trabalhou como pintor artesão, decorando as paredes de cafeterias, tavernas, lojas e casas, primeiro em Esmirna, com sua grande população grega, e então, por cerca de 30 anos, nas aldeias de Monte Pilion, perto de Volos na Tessália. Posteriormente, ele mudou-se para sua ilha natal, Mytilini (Lesvos), onde morreu em 1934. Ele tirava seus temas da história antiga, da guerra de independência e da vida cotidiana. Homens fortes itinerantes, cujo ponto alto consiste em segurar canhões disparando, podem ainda, às vezes, ser encontrados na Grécia. Pela maior parte de sua vida, o talento de Theophilos como pintor primitivo não foi reconhecido, e ele viveu na pobreza, mas, poucos anos antes de morrer, ele foi patrocinado pelo crítico de arte, estabelecido em Paris, Tériade (Efstratios Eleftheriadis), que o apresentou a uma audiência mais ampla na Grécia e no estrangeiro. Na década de 1960, Tériade construiu um museu em Mytilini para alojar as pinturas de Theophilos.

CAPÍTULO 2 – CONSTRUÇÃO DA NAÇÃO, A "GRANDE IDEIA" E O CISMA NACIONAL (1831-1922) | 87

como em 1878, 1885 e na época da guerra greco-turca de 1897, as grandes potências não haviam hesitado em intervir para proteger seus interesses e o equilíbrio global de poder. No verão de 1912, elas declararam que não tolerariam qualquer distúrbio das fronteiras territoriais existentes. Nessa ocasião, porém, os Estados balcânicos não tomaram conhecimento e, em 18 de outubro de 1912, Grécia, Sérvia e Bulgária atacaram Montenegro, declarando guerra contra o Império Otomano.

Os aliados balcânicos, cujas forças combinadas superavam amplamente em número os exércitos otomanos na Europa, alcançaram rápidas e espetaculares vitórias. Pelo início de novembro, forças gregas haviam capturado Salônica, batendo por apenas umas poucas horas os búlgaros, que da mesma forma reivindicavam essa rica cidade comercial com o melhor porto no norte do Egeu, libertando Chios, Mytilini e Samos no processo. As Dodecanesas, todavia, haviam sido "temporariamente" ocupadas pelos italianos mais cedo naquele ano, em uma tentativa de pressionar os turcos a se retirarem da Líbia. As "doze ilhas" não foram incorporadas à Grécia até 1947. Em fevereiro de 1913, tropas gregas capturaram Ioannina, a capital de Epiro. Os turcos reconheceram os ganhos dos aliados bálticos pelo Tratado de Londres de maio de 1913.

Os aliados podem ter compartilhado de uma hostilidade comum contra o Império Otomano, mas suas reivindicações territoriais conflitantes na Macedônia tornaram sua aliança frágil. Em junho de 1913, Grécia e Sérvia concluíram um tratado no qual concordavam com uma divisão dos espólios na Macedônia às expensas da Bulgária. Os búlgaros, geograficamente os mais próximos da capital otomana, por sua vez, sentiam que haviam suportado o peso da luta e que seus ganhos não tinham sido proporcionais a seus sacrifícios. Eles então se voltaram contra a Grécia e a Sérvia. A Romênia, que havia permanecido à parte da primeira guerra balcânica, entrou então na refrega atacando a Bulgária. A segunda guerra balcânica foi de curta duração, e os búlgaros foram logo forçados à mesa de negociações. Pelo Tratado de Bucareste (agosto de 1913), a Bulgária foi obrigada a aceitar um assentamento territorial altamente desfavorável, embora tenha retido uma saída para o Egeu em Dedeagatch (atualmente Alexandroupolis, na Grécia). A soberania da Grécia sobre Creta foi então reconhecida, mas sua ambição de anexar o norte do Epiro com sua substancial população grega foi frustrada pela incorporação da região a uma Albânia independente.

IMAGEM 27. "O discreto charme da burguesia grega otomana". A recepção do casamento, em 1905, na esplêndida mansão Zarifis no Bósforo, de Eleni Zarifi e Stephanos Evgenidis, membros de duas das mais proeminentes famílias de banqueiros na Constantinopla do século XIX. Contraste-se o luxo do casamento Zarifi/Evgenidis com a simplicidade do casamento Marcellas/Mouskondis em Salt Lake City 16 anos mais tarde (IMAGEM 35). O pai de Eleni Zarifi, Georgios, um dos fundadores do banco Zafiropoulos e Zarifis, acumulara uma imensa fortuna no fornecimento de carvão (e ovos) para a frota e o exército britânicos durante a Guerra da Crimeia (1853-1856). Ele desempenhava um importante papel no gerenciamento da dívida pública otomana e, como banqueiro pessoal e íntimo confidente do sultão Abdul Hamid (1876-1908), ele era um homem de imensa fortuna e influência. Entre outras benfeitorias, ele pagou pela escola grega de Philippoupolis (atualmente Plovdiv, na Bulgária) e pela reconstrução da *Megali tou Genous Skholi* (Grande Escola da Nação), que domina o bairro de Phanar em Constantinopla. Um outro banqueiro muito rico, Christaki Efendi Zographos, construiu a mais importante escola grega para meninos na capital otomana, conhecida como *Zographeion*. Um dos mais notáveis aspectos da história dos gregos durante o século XIX é a maneira pela qual eles foram capazes de restabelecer não apenas boa parte do poder econômico, mas também outro tanto do poder político no Império Otomano, que eles haviam desfrutado durante o século antes da irrupção da guerra de independência em 1821, um poder que eles perderiam mais uma vez com o colapso do Império em consequência da Primeira Guerra Mundial. O primeiro-ministro otomano para a Grécia independente foi um grego otomano, Kostaki Mousouros Pasha. Ele era um vigoroso defensor dos interesses de seus senhores turcos não apenas em Atenas como em Viena, Turim e Londres, onde serviu como embaixador por quase 30 anos (1851-1879) antes de sua morte em 1891. Outro grego otomano, Alexandros Karatheodoris Pasha, serviu como ministro do Exterior otomano.

A despeito desse revés, os ganhos territoriais da Grécia haviam sido realmente dramáticos. Os territórios da "Nova" Grécia somaram cerca de 70% à sua área de terra, enquanto sua população aumentou de aproxi-

CAPÍTULO 2 – CONSTRUÇÃO DA NAÇÃO, A "GRANDE IDEIA" E O CISMA NACIONAL (1831-1922) | 89

madamente 2,8 milhões para 4,8 milhões. Mas de modo algum todos esses novos cidadãos eram gregos. A maior comunidade em Salônica, por exemplo, era composta por judeus sefarditas, descendentes dos judeus expulsos da Espanha em 1492 e ainda hispanofalantes. Longe de verem os gregos como libertadores, os judeus os viam como competidores pelo controle do próspero comércio da cidade. Em outros lugares nos territórios recém-adquiridos, havia um número substancial de eslavos, muçulmanos (principalmente turcos) e valáquios, falando uma forma de romeno. Na melhor das hipóteses, a integração desses territórios recém-adquiridos com suas populações de diversas etnias teria representado problemas, mas o processo deveria ser complicado pelas consequências para a Grécia da deflagração da Primeira Guerra Mundial.

Pelo verão de 1913, a Grécia havia emergido como uma potência mediterrânea significativa. Sob a inspirada liderança de Venizelos, sua até então ilusória visão da "Grande Ideia" parecia ter se movido para além dos vapores dos nacionalistas românticos para os domínios da possibilidade. O rei George I havia morrido nas mãos de um louco durante uma visita a Salônica em março de 1913. Era amplamente, embora, no caso, erroneamente, esperado que seu sucessor, o príncipe herdeiro Constantino, adotaria o estilo de Constantino XII em vez do de Constantino I, para demonstrar que ele era o herdeiro e sucessor direto de Constantino XI Palaiologos, o último imperador de Bizâncio. Mas durante o período da Primeira Guerra Mundial, a "Grande Ideia" deixou de ser a única ideologia em torno da qual a grande massa da nação podia se unir e tornou-se, em vez disso, uma das fontes de maciça clivagem na sociedade, conhecida como o *Ethnikos Dikhasmos*, ou Cisma Nacional, que dividiu o país em dois campos rivais e, às vezes, em guerra. Não pela primeira vez e certamente não pela última, a Grécia se cindiria em dissensão interna em uma época de grave ameaça internacional.

Um importante fator contribuinte na destruição do notável e sem precedentes consenso estabelecido por Venizelos entre 1910 e o período das guerras balcânicas foi a disputa fundamental entre Venizelos e o rei Constantino em torno da questão da participação na guerra mundial. Venizelos tinha uma forte ligação emocional com a Grã-Bretanha e a França, que, com a Rússia, constituíam as potências da *Entente*. Ele via ambas como as prováveis vitoriosas e como as mais prováveis de ver favoravelmente a realização das ambições territoriais remanescentes do país. Constantino, porém, marechal de campo honorário no exército alemão e casado com

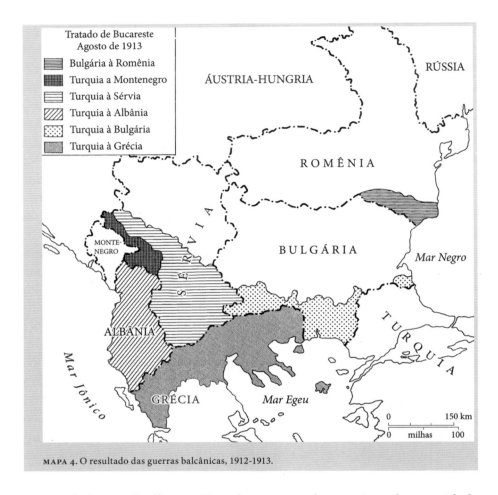

MAPA 4. O resultado das guerras balcânicas, 1912-1913.

a irmã do kaiser Guilherme II, tinha um grande respeito pela capacidade militar das potências centrais, Alemanha e Áustria-Hungria. Consciente, contudo, da vulnerabilidade da Grécia ao poder naval britânico, o rei defendia a neutralidade. Desde o início da guerra, Venizelos estava ansioso de investir tropas gregas ao lado das da *Entente*. O secretário do exterior britânico, *Sir* Edward Grey, declinou a oferta, pois ele desejava manter o Império Otomano e a Bulgária fora da guerra. Aceitar a Grécia, que era hostil a ambos, como aliada, poderia ter precipitado seu alinhamento com as potências centrais.

De fato, em novembro de 1914, o Império Otomano uniu-se à Alemanha e à Áustria-Hungria (provocando, *inter alia*, a anexação formal do Chipre pela Grã-Bretanha). Mas isso serviu apenas para aumentar a importância estratégica da Bulgária. Desse modo, em janeiro de 1915, Grey propôs que a Grécia cedesse à Bulgária as recém-adquiridas regiões de Cavala, Drama e Serres em retorno por compensação no norte do Epiro e a ainda mais atraente, embora vaga, promessa de "importantes concessões territoriais na costa da Ásia Menor", que, com sua grande população grega, era um importante foco de ambição irredentista. Grey estava relutante em ser mais específico, pois ele estava também namorando a Itália, que do mesmo modo lançava um olhar cobiçoso sobre partes da Ásia Menor. Venizelos, não obstante, estava disposto a aceitar a proposta de Grey. O rei e seus conselheiros militares, contudo, queriam garantias mais concretas antes de concordar em desistir de território tão recentemente ganho. A questão foi ulteriormente complicada quando, em fevereiro de 1915, os aliados da *Entente* lançaram a malfadada campanha dos Dardanelos. Venizelos estava ansioso para participar, embora Constantinopla, o objetivo eventual dos desembarques, já tivesse sido prometida à Rússia no caso de sucesso. O rei, tendo inicialmente concordado com a participação grega, mudou de ideia, influenciado pela renúncia de seu chefe de gabinete interino, coronel Ioannis Metaxas, um futuro ditador militar, que temia que a Bulgária tirasse vantagem de qualquer envolvimento grego.

Confrontado por essa reviravolta da parte de um rei cujos poderes constitucionais eram substanciais mas mal definidos, Venizelos renunciou em 6 de março de 1915. Assim, foi iniciado um processo que resultaria, 18 meses depois, na existência de dois governos rivais. Venizelos via a clara maioria que recebera em novas eleições realizadas em junho como um mandato para sua política pró-*Entente*. Quando retornou ao posto, porém, ele novamente se viu embarcado em uma rota de colisão com o rei, pois, em setembro de 1915, a Bulgária, agora alinhada com as potências centrais, atacou a Sérvia. Isso levantava a questão de se a Grécia estava comprometida, como Venizelos e seus partidários insistiam, a ajudar a Sérvia sob os termos do tratado de junho de 1913. Venizelos convidou a Grã-Bretanha e a França a enviarem uma força expedicionária a Salônica em apoio aos sérvios. Novamente, esse era um lance que o rei havia originariamente sancionado, para apenas subsequentemente mudar de ideia. Como consequência, Constantino, pela segunda vez em seis meses, exortou Venizelos a renunciar como primeiro-ministro.

IMAGEM 28. Uma *laiki gravoura*, uma gravura popular tal como teria adornado as paredes de cafeterias e casas de patriotas, retratando a captura da ilha de Chios em 24 de novembro de 1912, durante a primeira guerra balcânica. A guerra estava em andamento em outubro, quando Montenegro, Sérvia, Bulgária e Grécia, esmorecendo suas rivalidades territoriais e desafiando tentativas das grandes potências de manter a paz, se combinaram para tirar o Império Otomano da Europa. Desfrutando de uma massiva superioridade numérica, os aliados balcânicos fizeram rápidos avanços. As hostilidades irromperam em 18 de outubro e dentro de poucos dias, Elasson (23 de outubro) e Kozani (25 de outubro) haviam sido capturadas. Em 8 de novembro, festa de Santo Dimitrios, santo padroeiro da cidade, tropas gregas entraram no porto de Salônica, o maior prêmio na Macedônia, apenas poucas horas antes de um grande contingente búlgaro. O domínio grego do mar levou à captura das ilhas do leste do Egeu, enquanto Creta foi formalmente anexada ao reino.

O hiato separando o rei e seu carismático ex-primeiro-ministro era agora total. Venizelos e seus partidários clamavam que o rei havia excedido gritantemente seus poderes constitucionais. Eles, por conseguinte, se abstiveram das novas eleições realizadas em dezembro de 1915, na qual o comparecimento foi apenas um quarto daquele em junho anterior. Mas havia outras dimensões no "Cisma Nacional". Venizelos estava agora inteiramente identificado com uma política agressiva voltada para a "Grande Ideia", enquanto o rei e seus partidários eram defensores de "uma pequena mas honorável Grécia", que deveria primeiro consolidar sua posse sobre

CAPÍTULO 2 – CONSTRUÇÃO DA NAÇÃO, A "GRANDE IDEIA" E O CISMA NACIONAL (1831-1922) | 93

os novos territórios antes de se engajar em incertas aventuras irredentistas. Os realistas, também, mais fortemente arraigados à "antiga" Grécia, a área central original do reino independente, estavam temerosos da identificação de Venizelos com a modernização capitalista e a reforma social. Reacionários, eles representavam o grande eleitorado que temia a perspectiva e o ritmo da mudança.

> Havia nacionalistas venizelistas e nacionalistas antivenizelistas, marxistas venizelistas e marxistas antivenizelistas. E era mil vezes mais fácil para um nacionalista venizelista chegar a um entendimento com um marxista venizelistas do que com um nacionalista antivenizelista.
>
> Georgios Theotokas, *Argo* (1936)

A deterioração das relações entre Constantino e Venizelos era paralela à crescente discórdia entre a *Entente* e o governo realista. A frente de Salônica havia sido estabelecida por tropas britânicas e francesas em outubro de 1915 em um país que era ainda neutro, como permaneceu sendo o caso quando a *Entente* ocupou a ilha de Corfu em janeiro de 1916 para providenciar um refúgio seguro para o exército sérvio em retirada através da Albânia. A crise aumentou quando o governo de Atenas recusou permitir que os sérvios atravessassem por terra de Corfu a Salônica para reformar sua frente e quando a Grécia rendeu aos búlgaros, sem resistência, o estrategicamente importante Fort Rupel na Macedônia.

Em agosto, oficiais do exército pró-venizelistas em Salônica, apoiados pela organização pró-*Entente Ethniki Amyna*, ou Defesa Nacional, desferiram um golpe contra o governo realista. Poucas semanas mais tarde, Venizelos deixou a capital e rumou para sua fortaleza nativa de Creta e, subsequentemente, após uma procissão triunfante através das recém-libertadas ilhas, foi para Salônica. A cidade principal da "Nova" Grécia, Salônica, como o resto dos territórios recentemente libertos dos turcos, estava passionalmente comprometida com a causa venizelista. Ali Venizelos tornou a divisão irrevogável ao estabelecer um governo provisório completo com seu próprio exército. Embora esse movimento desfrutasse da bênção da *Entente*, o governo de Salônica não foi, de início, formalmente reconhecido por temor de provocar imediatamente uma guerra civil. Nesse meio--tempo, crescente pressão era colocada sobre o governo real em Atenas. Em dezembro de 1916, forças britânicas e francesas desembarcaram no Pireu e Atenas para implementar a neutralidade das áreas controladas pelo governo realista no sentido de respaldar demandas por materiais de guerra e asse-

IMAGEM 29. Uma cena de uma das duas eleições realizadas em 1915. Um membro da grande comunidade judaica da cidade deposita seu voto numa seção eleitoral temporária erigida na igreja de *Aghia Sophia* (Santa Sabedoria) em Salônica. Alguns dos circunstantes usam o *fez* (tipo de chapéu), pois a cidade havia sido incorporada ao Estado grego fazia apenas três anos durante a primeira guerra balcânica. Não se vê nenhuma mulher, pois o direito de votar só foi concedido às mulheres em 1952. O sistema de votação aqui retratado esteve em vigor entre 1864 e 1920. O eleitor inseria a mão no tubo e soltava uma cédula de chumbo na seção do "sim" (branca) ou do "não" (preta) de uma caixa. Alguns partidários entusiastas de Venizelos eram dados a demonstrar sua devoção chegando às urnas com votos de ouro (se eles realmente os depositavam é uma outra questão). O eleitor podia votar a favor ou contra todos os candidatos, e cada um dos quais tinha uma caixa. Dependendo do número de cadeiras alocadas a cada distrito eleitoral, os candidatos triunfantes eram aqueles com o maior número de votos "sim". Representantes dos candidatos ficavam atrás da fileira de caixas. Seu papel era convencer o eleitor a apoiar seu candidato particular e tentar determinar em qual seção o voto devia ser depositado. Isso não era especialmente difícil, de modo que o caráter secreto do voto era, de certa forma, imaginário, particularmente em áreas rurais onde todos os eleitores eram conhecidos dos representantes na eleição. Desde 1922, quando a cédula de chumbo foi abandonada, o sistema eleitoral foi mudado com desconcertante frequência, pois governos de qualquer cor política procuravam manipulá-lo para sua vantagem própria.

CAPÍTULO 2 – CONSTRUÇÃO DA NAÇÃO, A "GRANDE IDEIA" E O CISMA NACIONAL (1831-1922) | 95

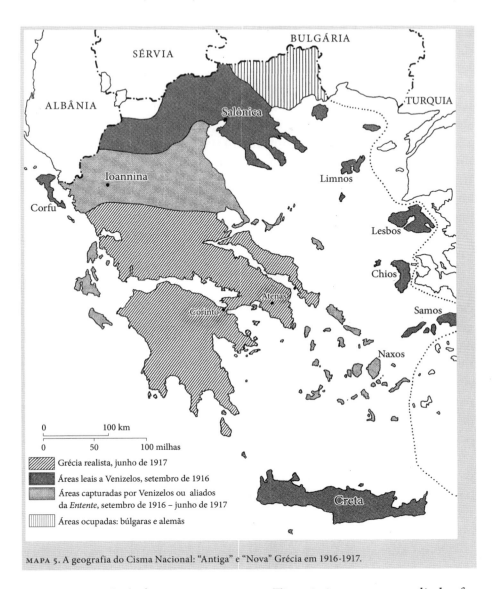

MAPA 5. A geografia do Cisma Nacional: "Antiga" e "Nova" Grécia em 1916-1917.

gurar o controle da ferrovia para o norte. Tiroteio irrompeu e os aliados foram forçados a uma retirada ignominiosa. Isso foi seguido por expurgos de conhecidos partidários de Venizelos na "antiga" Grécia, sul de Roumeli e Peloponeso, que permaneceram leais ao rei.

Os aliados, dando-se ao trabalho de humilhar os realistas, exerceram uma severa desforra reconhecendo o governo provisório de Venizelo, exigindo reparações e instituindo um bloqueio que causou severa provação nas áreas controladas pelos realistas. Essas crescentes violações flagrantes da soberania da Grécia culminaram, em junho de 1917, na exigência peremptória de que o rei Constantino deixasse o país com base em que ele havia violado seu juramento como monarca constitucional. Constantino partiu no devido tempo, sem abdicação formal, sendo sucedido não por seu filho mais velho, George, mas por seu segundo filho, Alexander. Venizelos tornou-se então primeiro-ministro de uma Grécia imaginariamente unificada, mas ainda amargamente dividida. Um de seus primeiros atos foi trazer de volta o Parlamento de junho de 1915, no qual ele gozava de uma larga maioria, argumentando que a câmara eleita em dezembro daquele ano era fraudulenta. Previsivelmente, a "câmara Lázaro", assim chamada porque havia sido erguida de entre os mortos, recompensou Venizelos com um massivo voto de confiança.

Partidários proeminentes do rei deposto foram exilados como "germanófilos". Juízes, servidores públicos e professores foram inteiramente descartados. Os expurgos mais sensíveis tiveram lugar nas forças armadas ao ganhar poder, removendo-o das forças armadas venizelistas ou realistas, conforme fosse o caso abrindo um precedente para a praga de entreguerras de expurgos e contraexpurgos com facções rivais. Como um sinal de seu compromisso com a causa da *Entente*, Venizelos enviou nove divisões para a frente macedônica, onde elas fizeram parte na triunfante ofensiva lançada em setembro de 1918. Isso ajudou a precipitar o colapso na frente ocidental que resultou no armistício de 11 de novembro. Venizelos enviou também duas divisões para a malfadada tentativa dos aliados de esmagar a revolução bolchevique, que, por retirar a Rússia da guerra em 1917, havia simultaneamente retirado o único competidor da Grécia pela hegemonia sobre o leste cristão. Uma outra razão para o envio dessas tropas era que havia cerca de 600 mil gregos no sul da Rússia e no Pontos.

Como líder da delegação de seu país à conferência de paz em Paris em 1919, Venizelos procurou colher a recompensa pela sua resoluta devoção à causa da *Entente*. Seu objetivo prioritário era Esmirna (uma cidade com mais habitantes gregos que Atenas) e seu interior. Essa era uma área que mais ou menos abrangia a *vilayet* (província) otomana de Aydin e um objetivo há longo tempo ansiado pelos nacionalistas gregos, embora as estatísticas não concordassem quanto a se gregos ou turcos constituíam a maioria. A Grécia também favoreceu o controle internacional (na forma da Liga das Nações ou de mandato americano) de Constantinopla e procurou obter o todo do oeste e leste da Trácia até a vizinhança da capital otomana.

CAPÍTULO 2 – CONSTRUÇÃO DA NAÇÃO, A "GRANDE IDEIA" E O CISMA NACIONAL (1831-1922)

IMAGEM 30. A *Parthenagogeion*, ou escola feminina grega, em Ushak, no interior da Ásia Menor, em 1921, pouco antes da presença grega na região, seria para sempre extinta. Foi para liberar os gregos "irredimidos" da Ásia Menor que a Grécia se envolveu em seu malfadado emaranhado anatólio entre 1919 e 1922. Fora da própria capital otomana, havia três áreas importantes de assentamento grego: as regiões costeiras do Mar de Marmara e o Egeu; a Capadócia, onde muitos eram turcofalantes, embora o grego sobrevivesse precariamente em algumas comunidades; e Pontos, nas margens orientais do Mar Negro, cujo dialeto grego estava, em torno de 1922, a caminho de se separar do corpo principal da língua. No início de 1915, os aliados da *Entente* ofereceram à Grécia importantes, mas não especificadas, concessões territoriais na Ásia Menor em troca pela cessão de partes da Macedônia à Bulgária. Venizelos, o primeiro-ministro na época, ficou intoxicado pela visão de dobrar novamente o território de uma Grécia que já havia quase dobrado de tamanho durante as guerras balcânicas. O rei Constantino e seus conselheiros eram mais pessimistas quanto aos formidáveis obstáculos geográficos e militares. Quando Venizelos mais uma vez se tornou primeiro-ministro em 1917, ele foi rápido em alinhar a Grécia aos britânicos e franceses, que haviam arquitetado seu retorno ao poder. Em 1919, as potências aliadas vitoriosas, temerosas das ambições italianas na área, deram sua bênção à ocupação grega da região de Esmirna (Izmir). Em agosto de 1920, o Tratado de Sèvres deu sanção formal à ocupação e os partidários de Venizelos falavam triunfalmente da emergência da "Grécia dos dois continentes [Europa e Ásia] e dos cinco mares [Jônico, Egeu, Mediterrâneo, Mármara e Negro]". Mas críticos da aventura anatólia provaram estar certos, e a campanha terminaria em desastre.

Se essas demandas pudessem ser conseguidas, Venizelos estava preparado para ser flexível quanto a reivindicações sobre as Dodecanesas, sobre as quais a soberania italiana havia sido reconhecida pelo Tratado de Londres de 1915, e sobre o norte do Epiro, a região parcialmente habitada por gregos que havia sido incorporada à Albânia em 1913.

Antes que qualquer acordo pudesse ser alcançado, contudo, contingentes de tropas italianas desembarcaram em Antalya, no sudoeste da

Ásia Menor, e começaram a se deslocar na direção da região de Esmirna. Isso alarmou não só os gregos, mas também os governos britânico, francês e americano. Antecipadamente a qualquer entendimento claro entre os aliados a como o Império Otomano em geral deveria ser liquidado ou quanto ao futuro da Ásia Menor em particular, Grã-Bretanha, França e América concordaram com o desembarque de tropas gregas em Esmirna. Em 15 de maio de 1919, uma substancial força grega, protegida por belonaves aliadas, ocupou a cidade. O propósito ostensivo era proteger a população grega local de represálias turcas. Mas, em um ominoso pressentimento de futuros problemas, os desembarques foram marcados por atrocidades gregas, com cerca de 350 turcos mortos ou feridos em luta com tropas gregas. A despeito da severa punição dos gregos culpados e da chegada poucos dias depois do alto comissário grego Aristeides Stergiadis, um austero disciplinador com um compromisso genuíno para com o tratamento imparcial de gregos e turcos, o dano havia sido feito. Os desembarques em Esmirna haviam agido como o catalisador para um nacionalismo turco redivivo sob o comando de Mustafa Kemal (subsequentemente Atatürk), que repudiava o passivo governo grego centrado em Istambul. Antes, longas guerras irregulares haviam irrompido entre forças rivais gregas e turcas.

Em agosto de 1920, mais de um ano após os desembarques em Esmirna, o Tratado de Sèvres, que continha os termos do acordo de paz com o Império Otomano, foi assinado. A provisão mais importante no tratado da perspectiva grega era que sua administração da região de Esmirna devia continuar por mais cinco anos. A soberania turca deveria ser mantida, mas, após cinco anos, a região poderia ser formalmente anexada à Grécia se o Parlamento local que deveria ser criado assim requeresse, e nesse caso a Liga das Nações poderia requerer um plebiscito. Venizelos estava confiante em que a maioria requerida poderia ser assegurada através de migração de gregos vindos de outras regiões da Ásia Menor e como consequência da maior taxa de natalidade dos gregos anatólios em comparação com seus vizinhos turcos. O tratado foi saudado com muito entusiasmo na Grécia. Os partidários de Venizelos diziam excitantemente terem criado uma Grécia "de dois continentes e cinco mares", os dois continentes sendo a Europa e a Ásia e os cinco mares sendo o Mediterrâneo, o Egeu, o Jônico, o mar de Mármara e o mar Negro. Mas, ominosamente para a Grécia, o Tratado de Sèvres nunca chegou a ser ratificado pelos turcos, e todo o grandioso edifício irredentista na Ásia Menor logo ruiria.

CAPÍTULO 2 – CONSTRUÇÃO DA NAÇÃO, A "GRANDE IDEIA" E O CISMA NACIONAL (1831-1922) | 99

IMAGEM 31. Refugiados aglomerados na orla em Esmirna em 13 de setembro de 1922, após o fogo ter devastado boa parte dos bairros grego, armênio e francês (europeu) da cidade que os turcos haviam chamado de *Gâvur Izmir*, ou "Izmir Infiel", tão grande era sua população não muçulmana. Apenas os bairros turco e judeu sobreviveram ao holocausto. O fogo fora ateado pelos turcos após terem retomado a cidade em seguida à caótica derrota das forças gregas que ocupavam a Ásia Menor. No início, a ocupação turca da cidade na esteira das tropas gregas em retirada havia sido relativamente ordenada. Mas lei e ordem se romperam quando tropas turcas buscaram sua vingança, inicialmente contra os armênios. No banho de sangue que se seguiu, no qual cerca de 30 mil cristãos pereceram, o arcebispo Chrysostomos de Esmirna morreu esfaqueado após ser entregue a uma população turca, encontrando uma morte de mártir um século após a execução do patriarca ecumênico Grigorios V. Poucos minutos depois de esta fotografia ser tirada, o barco superlotado à esquerda virou. O veleiro no primeiro plano com a bandeira americana é provavelmente o *USS Simpson*. Testemunhas relataram terem visto refugiados em pânico jogarem-se na água para escapar das chamas, e seus gritos aterrorizados podiam ser ouvidos a quilômetros de distância. De tal ignominiosa maneira, uma presença grega de 2.500 anos chegou a um abrupto fim. A visão ilusória da *Megali Idea*, ou Grande Ideia, seria consumida nas cinzas de Esmirna.

Dois meses após a assinatura do tratado, o rei Alexander morreu de envenenamento sanguíneo causado por uma mordida de um macaco de estimação. Sua morte reviveu a questão constitucional e com ela todas as paixões do "Cisma Nacional" e transformou as eleições marcadas para o mês seguinte, novembro, em uma disputa entre Venizelos e o exilado rei Constantino, pai de Alexander. Nessas eleições, Venizelos, o arquiteto triunfante, ou assim parecia, de uma "Grande Grécia" foi redondamente derrotado, perdendo ignominiosamente sua própria cadeira no processo.

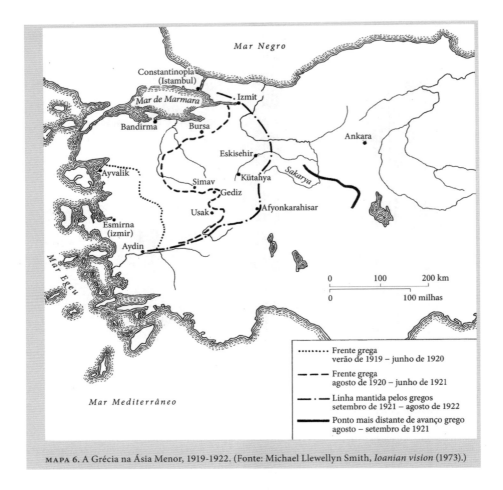

MAPA 6. A Grécia na Ásia Menor, 1919-1922. (Fonte: Michael Llewellyn Smith, *Ioanian vision* (1973).)

Os antivenizelistas, em sua maioria partidários do rei Constantino, asseguraram 246 entre 370 cadeiras. A derrota pode ter vindo como uma surpresa para virtualmente todos os observadores, mas era claro que o resultado refletia preocupação com a guerra (o país estivera em guerra pela maior parte de oito anos), ao lado de sentimentos de ressentimento e humilhação diante da flagrante intromissão nos negócios internos do país pela Grã-Bretanha e França e do comportamento vingativo e arbitrário de alguns dos partidários de Venizelos durante seu segundo período no poder entre 1917 e 1920. Durante a campanha eleitoral, os realistas, como protagonistas de uma "pequena mas honorável Grécia", haviam criticado o prolongamento da guerra. Mas uma vez no poder ficou claro que eles pretendiam continuar com a campanha na Ásia Menor.

Grã-Bretanha, França e Itália deram voz à sua oposição ao retorno do rei, mas em um plebiscito patentemente fraudado houve 999.960 votos para a restauração da monarquia e apenas 10.383 contra. Uma vez de volta ao poder, os realistas se vingaram sobre os venizelistas, e o inexorável ciclo de vitimar oponentes políticos mais uma vez entrou em vigor. Mudanças inspiradas politicamente na estrutura do comando das forças na Ásia Menor nada fizeram para melhorar suas capacidades de luta. Itália e França encontraram na restauração realista um pretexto útil para fazer a paz com Mustafa Kemal e abandonar suas próprias reivindicações a partes da Ásia Menor. Em abril de 1921, todos os aliados declararam sua estrita neutralidade, embora nem os italianos nem os franceses tivessem escrúpulos sobre vender armas aos nacionalistas turcos. Embora eles tivessem encorajamento injustificável das declarações do primeiro--ministro britânico, Lloyd George, os gregos eram incapazes de obter suprimentos ou assegurar empréstimos.

Uma importante ofensiva lançada em março de 1921 estancou no rio Sakarya, tentadoramente próximo da fortaleza kemalista de Ankara, e deixando perigosamente expostas as linhas de comunicação. Depois disso, as situações militar e política gregas deterioraram constantemente. Em março de 1922, os gregos declaram sua disposição de aceitar uma proposta britânica para um compromisso de paz baseado na retirada de suas forças e no estabelecimento de um protetorado da Liga das Nações sobre os gregos da Ásia Menor. Mas os turcos, plenamente conscientes de que a maré militar havia virado em seu favor, buscaram um cálculo militar. O fim, quando veio, foi rápido e devastador. Mustafa Kemal lançou uma maciça ofensiva em 26 de agosto, que rapidamente levou à derrota grega. As forças gregas retiraram-se desordenadamente para a costa, evacuando Esmirna em 8 de setembro. A ocupação turca da cidade foi acompanhada por um massacre de cerca de 30 mil cristãos gregos e armênios. No grande incêndio que se seguiu, apenas os bairros turcos e judeus sobreviveram. A "Izmir Infiel", como os turcos chamavam Esmirna por conta de sua enorme população não muçulmana, foi consumida no holocausto, enquanto refugiados em pânico procuravam escapar para as ilhas gregas vizinhas.

capítulo 3

Catástrofe e ocupação
e suas consequências (1923-1949)

A caótica derrota das forças gregas na Ásia Menor nas mãos dos nacionalistas turcos sob Mustafa Kemal (Atatürk) sinalizou o colapso da "Grande Ideia" e um fim ignominioso à "missão civilizatória" da Grécia no Oriente Médio. Enquanto os remanescentes desmoralizados dos exércitos gregos, acossados por dezenas de milhares de refugiados destituídos e tomados de pânico, inundavam as ilhas do Egeu e o continente, um grupo de oficiais venizelistas tomava o poder. À sua cabeça estava o coronel Nikolaos Plastiras, que deveria permanecer um jogador importante na cena política até a década de 1950. O rei Constantino abdicou, sendo em seguida substituído por seu filho mais velho, que reinou como rei George II. Um novo governo civil foi instalado, mas não podia haver dúvida de que o poder efetivo estava nas mãos do comitê revolucionário. O exército, de fato, viria a ser um fator crítico na vida política do país através de todo o período entreguerras.

A amargura e o caos da derrota eram agravados pelo sentimento de que a Grécia havia sido abandonada em seu momento de maior necessidade pelos amigos tradicionais. Era talvez inevitável que deveria haver também uma caça a bodes expiatórios internos. Oito políticos e soldados, inclusive o comandante militar na Ásia Menor, general Hadzianestis, foram submetidos à corte marcial sob acusações de alta traição, embora fosse claro que não teria havido traição deliberada. Essa charada judiciária culminou na execução por pelotão de fuzilamento de seis dos acusados. Estes incluíam Hadzianestis, que havia mostrado sinais de ser mentalmente desequilibrado, e Dimitrios Gounaris, o ex-primeiro-ministro, que estava tão enfermo de tifo que teve de ser levado até o local da execução. O "Julgamento dos

Seis", agravando a já venenosa contenda entre partidários e oponentes de Venizelos, envenenaria o clima político do período entreguerras.

Por um tempo, o comitê revolucionário contemplou lançar uma ofensiva na frente trácia, onde suas forças estavam ainda em boa forma. Entretanto, logo ficou aparente que a paz só poderia vir através de um acordo negociado com a nova república turca, que via a guerra greco-turca de 1919-1922 como sua própria guerra de independência. Uma conferência de paz foi convocada em Lausanne, na qual o caso grego foi colocado com sua costumeira fineza diplomática por Venizelos. Mas ele foi incapaz de evitar que virtualmente todos os ganhos territoriais do Tratado de Sèvres fossem perdidos. A mudança de populações que fazia parte do acordo de Lausanne não era uma solução inteiramente nova para o antagonismo greco-turco, pois Venizelos havia ele mesmo proposto tal medida, embora em uma escala mais limitada, na véspera da Primeira Guerra Mundial. A base da troca era religião, em vez de língua ou "consciência nacional". Isso tinha algumas consequências anômalas, pois, por exemplo, assim como muitos dos cristãos ortodoxos da Ásia Menor eram turcofalantes, muitos dos muçulmanos da Grécia, e particularmente de Creta, eram grecofalantes. Os gregos de Istambul e das ilhas de Imvros e Tenedos, que dominavam a entrada para o Dardanelos, junto com o patriarcado ecumênico, o patriarcado sênior no mundo ortodoxo, eram isentos da mudança, como o eram os muçulmanos, predominantemente turcos, habitantes da Trácia grega.

Malgrado suas temíveis consequências em termos de miséria humana, não havia provavelmente nenhuma alternativa realista para tal desarraigamento. Os eventos dos anos recentes, o ciclo de atrocidade e vingança, haviam descartado a possibilidade de simbiose pacífica de gregos e turcos. Cerca de 1,1 milhão de gregos mudaram-se para o reino, em consequência da "catástrofe", como o desastre da Ásia Menor veio a ser conhecido, e da troca que se seguiu. Em retorno, cerca de 380 mil muçulmanos foram transferidos para a Turquia. Em acréscimo, havia aproximadamente 100 mil refugiados gregos da Rússia revolucionária e da Bulgária. Entre os refugiados, havia uma taxa desproporcionalmente alta de mulheres (e de viúvas) e de órfãos (dos quais havia cerca de 25 mil em uma população de aproximadamente 6 milhões) em consequência dos deslocamentos consequentes da guerra, fuga e deportação. Muitos dos refugiados sabiam apenas turco. Se conheciam grego, era ou frequentemente o dialeto da região de Pontos nas costas do sul do Mar Negro, que era dificilmente inteligível para os habitantes do reino, ou o grego artificial *katharevousa* (puri-

CAPÍTULO 3 – CATÁSTROFE E OCUPAÇÃO E SUAS CONSEQUÊNCIAS (1923-1949) | 105

IMAGEM 32. O general Georgios Hadzianestis testemunhando no "Julgamento dos Seis" em novembro de 1922. Os outros acusados podem ser vistos na fileira da frente de costas para a câmera. A "catástrofe" de setembro de 1922 precipitou um golpe militar. O rei Constantino foi para o exílio, sendo logo sucedido por seu irmão mais velho, George II. O novo comitê revolucionário submeteu à corte marcial o último comandante militar na Ásia Menor, general Hadzianestis, junto com sete proeminentes políticos e figuras militares, incluindo dois primeiro-ministros, Dimitris Gounaris e Petros Protopapadakis (quarto e quinto a partir da esquerda na fileira da frente), acusando-os de alta traição. Essa era uma acusação absurda, pois quaisquer que tenham sido suas falhas, não tinham sido traição deliberada. A corte marcial foi presidida pelo general Othonaios, e quando ele e seus companheiros oficiais foram selecionados havia pouca dúvida sobre o resultado do que era essencialmente uma farsa judiciária. Às 6h30 de 28 de novembro, o general Othonaios pronunciou a sentença de morte sobre seis dos oito acusados. Pelas 10h30 ela foi levada a cabo. Gounaris, que durante o julgamento, havia se adoentado com tifo, teve que ser ajudado ao local de execução, enquanto Hadzianestis pareceu por algum tempo ter enlouquecido. Acreditava-se popularmente que ele pensava que suas pernas eram feitas de vidro, que poderiam quebrar se ele ficasse em pé. Num julgamento separado, o príncipe Andrew (o pai do duque de Edinburgh), que havia por um tempo comandado o Segundo Corpo do Exército, foi julgado por insubordinação em circunstâncias similarmente bizarras. Ele foi sentenciado ao banimento e foi despojado de seu posto militar. O "Julgamento dos Seis" deveria lançar uma longa sombra sobre a política do período entreguerras e criou algo como uma rivalidade sangrenta na amarga animosidade entre venizelistas e realistas.

ficado) das escolas. Eles encontraram um considerável grau de preconceito da parte dos nativos, que derrisoriamente se referiam aos chegados, entre outros epítetos, como *giaourtovaptismenoi*, ou "batizados em iogurte", uma referência ao seu uso extensivo de iogurte em sua (notavelmente melhor) cozinha. Outrossim, muitos dos gregos anatólios de grandes cidades otomanas, como Esmirna, depreciavam o que viam como as maneiras provincianas dos *palaioelladites*, os habitantes da "antiga" Grécia.

IMAGEM 33. Como Georgios Theotokas observou em seu romance *Argo* (do qual uma tradução inglesa (Londres, 1951) é disponível), Eleftherios Venizelos era, para metade da Grécia, líder, salvador e símbolo; para a outra metade ele era Satanás. Estes dois cartões-postais de propaganda refletem tal visão maniqueísta. O primeiro data do período do Cisma Nacional durante a Primeira Guerra Mundial. Baseado nos bustos frenológicos populares no século XIX, e intitulado "O GRANDE CÉREBRO", ele aponta para as características malignas atribuídas a Venizelos por seus inimigos, a saber, FALSIDADE, PILHAGEM, TRAIÇÃO, FALTA DE CONTEÚDO, ASTÚCIA, INTRIGA, DESONRA, CONSPIRAÇÃO, IMBECILIDADE, COVARDIA, OBSTINAÇÃO, MEGALOMANIA, INSOLÊNCIA. O segundo foi impresso em seguida à inesperada derrota de Venizelos na eleição de novembro de 1920, meses após o Tratado de Sèvres, que, ao menos no papel, representava um espantoso triunfo diplomático. Publicado como uma lembrança de

reproche para aqueles que haviam votado contra NOSSO GRANDE LÍDER, ele foi enviado aos milhares a Venizelos em seu dia de nome por gregos de Esmirna, a esmagadora maioria dos quais o via como seu libertador. O impressor foi preso por causar desafeição entre as tropas no *front*. O texto superior cita as palavras de Cristo na cruz: "Pai, perdoai-vos; pois eles não sabem o que fazem". O texto sob a imagem de Cristo diz "Cristo para o Pai Celestial", aquele sob a imagem de Venizelos diz "E eu para o Pai Terrestre". O cartão é testemunha do fervor quase religioso que figuras políticas carismáticas podiam, nessa época, inspirar. No museu ligado ao Clube Liberal em Atenas, que constitui uma espécie de capela à memória de Venizelos, o carro baleado no qual ele sobreviveu a uma tentativa de assassinato em 1933, as *sphairidia* ou cédulas de ouro depositadas por seus devotos na eleição de novembro de 1920 e até seu charuto meio fumado estão reverentemente preservados.

As tensões ocasionadas pela integração dos territórios recém-adquiridos nas guerras dos Bálcãs foram um fator significativamente contribuinte para o desenvolvimento do Cisma Nacional. Este deveria ser exacerbado pelo massivo influxo de refugiados, com sua nostalgia pelas suas *khamenes patrides*, ou pátrias perdidas, e passariam muitas décadas antes que eles fossem trazidos à corrente central da sociedade. Os enormes problemas práticos de seu reassentamento foram supervisionados de modo notavelmente eficaz por uma Comissão de Assentamento de Refugiados, que era dirigida por um americano e levantou empréstimos (em termos um tanto desvantajosos) nos mercados internacionais. As grandes propriedades remanescentes, incluindo aquelas pertencentes aos monastérios de Monte Atos, foram divididas para fornecer minifúndios. Muitos dos refugiados, contudo, provaram ser um excesso no mercado de trabalho e foram obrigados a vegetar uma existência empobrecida nas periferias das grandes cidades, onde os decrépitos bairros de refugiados mantinham sua identidade distintiva e etos político radical até bem depois da Segunda Guerra Mundial. Alguns dos refugiados conseguiram trazer algum capital, ou ao menos seu espírito empreendedor, consigo e injetaram um novo elemento de dinamismo na economia. A chegada de escritores e poetas, como Georgios Theotokas e Georgios Seferis, e de pintores, como Photis Kontoglou, deveria fazer uma distintiva contribuição para a vida cultural do país.

O influxo de refugiados em tais números e seu reassentamento principalmente nas terras recém-adquiridas da "nova" Grécia alteraram significativamente o equilíbrio étnico do país. Os gregos, que haviam estado em minoria na Macedônia grega em consequência das guerras dos Bálcãs, eram agora nítida maioria. O censo de 1928 registrava que quase metade dos habitantes da Macedônia eram refugiados de origem. No fim da Primeira Guerra Mundial, os gregos constituíam menos de 20% da população da Trácia ocidental, com seu grande elemento muçulmano. Quando a troca estava completa, eles perfaziam mais de 60%.

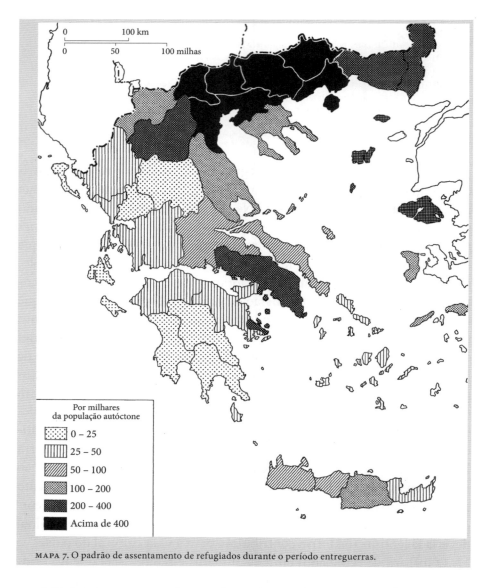

MAPA 7. O padrão de assentamento de refugiados durante o período entreguerras.

A Grécia tornou-se assim um dos países etnicamente mais homogêneos nos Bálcãs, ainda que a questão de suas minorias muçulmana (predominantemente turca), judaica, eslava, macedônica, valáquia e albanesa permanecesse sensível. Ademais, quase todas as populações gregas no Oriente Médio estavam agora contidas dentro das fronteiras do Estado grego. Além das pequenas minorias na Turquia e Albânia, ambas com cerca de 100 mil habitantes e com direitos teoricamente protegidos por tratado, as

CAPÍTULO 3 – CATÁSTROFE E OCUPAÇÃO E SUAS CONSEQUÊNCIAS (1923-1949) | 109

únicas outras populações gregas significativas fora das fronteiras do Estado eram aquelas das ilhas Dodecanese (a ocupação "temporária" italiana de 1912 deveria durar até 1947), perfazendo cerca de 110 mil habitantes, e do Chipre, onde cerca de 80% da população, totalizando 310 mil habitantes, era grega. Chipre, que havia ficado sob administração britânica em 1878 na época do Congresso de Berlim, foi formalmente anexado em 1914, quando o Império Otomano alinhou-se às potências centrais e se tornou uma colônia da Coroa em 1925.

Os refugiados, para o desgosto manifesto dos elementos mais conservadores nas populações autóctones, eram suficientemente numerosos e compactamente assentados para atuar como os árbitros da vida política durante o período entreguerras. Alguns entre os despossuídos eram atraídos pelas doutrinas revolucionárias do recentemente fundado (em 1918) Partido Comunista da Grécia (KKE – Kommounistikó Kómma Elládas), que contava com líderes de origem anatólia. Mas, a despeito da privação generalizada, a atração do comunismo seria criticamente dificultada pela insistência do Commitern (entre 1924 e 1935) para que o partido grego apoiasse a ideia de um Estado macedônico separado, cuja criação teria implicado a separação de uma grande área do norte da Grécia. Poucos entre os refugiados recém-assentados, tendo tido seus mundos virados de cabeça para baixo uma vez, estavam inclinados a repetir a experiência.

Em sua esmagadora maioria, os refugiados permaneceram fiéis a Eleftherios Venizelos, o carismático protagonista de uma "Grande Grécia" e aspirante a seu libertador. Sua visão irredentista havia agora sido despedaçada, mas isso era explicado pela traição da reação interna e pela maquinação de potências estrangeiras. Essa lealdade sobreviveu à aproximação de Vanizelos com Kemal Atatürk em 1930, que apenas foi conseguida através de substanciais concessões gregas sobre compensação pela grande porção de propriedade imóvel deixada para trás na Turquia pelos refugiados retirantes. Os refugiados votaram maciçamente pela abolição da monarquia no referendo de 1924, que resultou em uma votação de 70% (758.472 a 325.322) pela república. Desde a abdicação do rei Constantino em setembro de 1922, o rei George II havia sido grandemente ignorado e fora obrigado a deixar a Grécia em dezembro de 1923. Sua partida foi seguida de eleições realizadas após um contragolpe abortado dirigido contra Plastiras e seu comitê revolucionário.

As eleições de 1923 foram para uma assembleia empossada para revisar a Constituição. Como fora boicotada pelo campo antivenizelista, a assembleia foi esmagadoramente dominada pelos partidários de Venizelos. Estes estendiam-se através do espectro político de conservadores a moderadamente socialistas. Embora a monarquia fosse abolida em 1924, e o almirante Koundouriotis, um herói das guerras balcânicas, fosse eleito presidente, uma Constituição republicana, estabelecendo um Parlamento de duas câmaras, não foi formalmente instituída até 1927. Por parte do período intermediário, o país foi governado por uma bombástica ditadura militar, encabeçada pelo general Pangalos. O ditador ameaçou guerra contra a Turquia e chegou a invadir a Bulgária, para a qual a Grécia foi obrigada a pagar uma indenização pela inexperiente Liga das Nações. A derrubada de Pangalos em 1926 por um golpe militar foi seguida por eleições, as primeiras a serem realizadas sob um sistema de representação proporcional. A partir do novo Parlamento, um governo "ecumênico" foi estabelecido, assim chamado porque tirou seus membros dos blocos venizelista e antivenizelista.

Quando Venizelos se tornou primeiro-ministro em 1928, ele convocou novas eleições sob um sistema de maioria, inaugurando a prática que continuaria até os dias de hoje, pela qual governos incumbidos têm raramente sido capazes de resistir à tentação de manipular o sistema eleitoral para sua própria vantagem. A "engenharia eleitoral" de Venizelos (os 47% dos votos dados ao seu Partido Liberal traduziram-se em 71 das cadeiras no Parlamento) alienou poderosos antigos aliados. A defecção de um destes, o general Kondylis, para o campo antivenizelista, viria a ter sérias consequências a longo prazo para os venizelistas. Venizelos, desfrutando do apoio dos interesses dos negócios e da classe operária emergente durante suas duas administrações anteriores (1910-1915 e 1917-1920), havia sido uma força poderosa para a modernização política e econômica. Mas este já não era o caso. Agora com 64 anos de idade, seu crescente conservadorismo foi refletido na lei *idionym* de 1929. Dirigida aos comunistas, cuja maior percentagem de votos em eleições até então havia sido de 4%, a lei fazia tentativas de solapar a ordem social existente ilegal e foi adotada entusiasticamente por governos subsequentes para fustigar oponentes.

As aptidões de Venizelos como estadista foram aproveitadas para uma política de melhores relações com países vizinhos. Tratados de amizade foram assinados com a Itália e com o recém-criado Estado da Iugoslávia. A Itália havia explorado a fraqueza da Grécia na esteira da "catástrofe" ao renegar seu compromisso de ceder as ilhas Dodecanese à Grécia e havia ocupado brevemente Corfu em 1923. As relações com a Bulgária e a

CAPÍTULO 3 – CATÁSTROFE E OCUPAÇÃO E SUAS CONSEQUÊNCIAS (1923-1949) | 111

Albânia também melhoraram. Venizelos esteve centralmente envolvido nos preliminares para a negociação do Pacto Balcânico de 1934, que reuniu os Estados "antirrevisionistas" dos Bálcãs (Grécia, Iugoslávia, Romênia e Turquia) em uma garantia mútua das fronteiras existentes. Indubitavelmente, a maior realização de Venizelos na política externa durante seu período foi a reconciliação com a Turquia. Esta foi assegurada pela Convenção de Ankara de 1930, embora somente ao preço de consideráveis concessões por parte da Grécia. No mesmo ano, Venizelos prestou uma visita oficial à Turquia e se tornou o primeiro primeiro-ministro grego a visitar o patriarcado ecumênico em Fanar. Em seu zelo por melhores relações, ele chegou ao ponto de propor, sem sucesso, o presidente turco, Kemal Atatürk, para o prêmio Nobel.

Essas realizações promissoras na política externa tomaram lugar contra o pano de fundo da depressão massiva na economia mundial que havia sido deflagrada pela Grande Depressão de 1929. Embora a Grécia não tenha sido tão danosamente afetada como alguns de seus vizinhos, sua economia, pesadamente dependente como era de exportações agrícolas "de luxo", como tabaco, óleo de oliva e passas, e de embarcações e remessas de migrantes, provou-se vulnerável. Em 1933, ela foi obrigada, como em 1893, à inadimplência sobre seus substanciais empréstimos estrangeiros. Venizelos estava mal equipado por temperamento e experiência a lidar com uma crise econômica de tal magnitude.

Unicamente no período entreguerras, o governo de Venizelos eleito em 1928 serviu plenamente seu termo parlamentar de quatro anos. As eleições de 1932, contudo, conduziriam a um período de instabilidade política e crescente polarização que culminaria, quatro anos mais tarde, na imposição de uma ditadura absoluta. O Partido Liberal saiu-se mal em comparação com 1928 e Venizelos reteve apenas a mais estreita liderança sobre o Partido do Povo. Um retorno à representação proporcional resultou em um impasse parlamentar. Mas em eleições no ano seguinte, 1933, realizadas sob um sistema de maioria, o Partido do Povo, liderado por Panayis Tsaldaris e seus aliados, assegurou uma confortável maioria sobre os venizelistas.

Isso foi demasiado para devotos venizelistas como o coronel Plastiras, o principal protagonista do golpe de 1922. Ele agora procurava conseguir por meio da força o que seu herói, Venizelos, havia sido incapaz de conseguir nas urnas eleitorais. Embora a tentativa de golpe de 5/6 de março de 1933 tenha sido um total fracasso e Plastiras fosse forçado ao exílio,

IMAGEM 34. Eleftherios Venizelos (1864-1936) dominou a vida política durante a maior parte do primeiro terço do século XX. Após deixar sua marca na política de sua Creta nativa, ele foi projetado na cena da política nacional pelo golpe militar de 1909, tornando-se primeiro-ministro entre 1910 e 1915. Ele primeiro alcançou proeminência internacional como o arquiteto das espetaculares vitórias da Grécia nas guerras balcânicas de 1912-1913. Sua contenda com o rei Constantino I durante a Primeira Guerra Mundial precipitou o Cisma Nacional, que dividiu o país em dois campos rivais. Primeiro-ministro novamente entre 1917 e 1920, ele apresentou o caso de seu país com tal discernimento que um diplomata britânico o situou com Lenin como as duas figuras políticas mais importantes na Europa. Primeiro-ministro novamente entre 1928 e 1932, ele foi forçado ao exílio em 1935 em seguida a uma tentativa de golpe por seus partidários.

CAPÍTULO 3 – CATÁSTROFE E OCUPAÇÃO E SUAS CONSEQUÊNCIAS (1923-1949) | 113

> Aqui ele é mostrado em sua velhice com um neto. Na tradição do forte elemento dinástico na política grega, os filhos e netos de Venizelos ingressaram na política. Outras dinastias políticas bem conhecidas nos tempos modernos são aquelas das famílias Rallis e Papandreou. Tanto o avô paterno (Dimitrios Rallis) como o materno (Georgios Theotokis) de Georgios Rallis, o primeiro-ministro da Nova Democracia em 1980-1981, foram eles mesmos primeiros-ministros. Georgios Papandreou foi primeiro-ministro em 1944 e 1963-1965. Seu filho, Andreas, foi ministro no segundo governo de seu pai e, como primeiro-ministro entre 1981 e 1989, por sua vez, designou seu próprio filho, um deputado representando o antigo distrito eleitoral de seu avô, como ministro da Educação. Conexões de família têm toda importância em política, assim como em muitos aspectos da vida na Grécia.

seu papel na política estava longe de ter acabado. O golpe de 1933 trouxe um fim abrupto ao período de relativa estabilidade que havia se seguido à derrubada da ditadura de Pangalos em 1926. As paixões do Cisma Nacional haviam agora sido reacordadas em toda sua antiga intensidade. Quer Venizelos estivesse ou não implicado no golpe, seus oponentes suspeitavam o pior. Em junho de 1933 ele escapou milagrosamente quando seu carro (cujo chassi marcado de balas é ainda preservado) foi alvejado. Um segurança foi morto e sua segunda esposa, a milionária Helena Schilizzi, foi ferida. Agora era a vez dos venizelistas suspeitarem de envolvimento do governo na tentativa de assassinato, um dos onze atentados conhecidos contra a vida de Venizelos durante sua longa carreira política.

Tsaldaris, o primeiro-ministro do Partido do Povo, havia inicialmente declarado sua aceitação da Constituição republicana. Mas a pressão por uma restauração realista aumentava. Alarmado com a perspectiva de expurgos de republicanos nas forças armadas, um grupo de oficiais venizelistas, dessa vez com a indiscutível conivência de Venizelos, lançou outro golpe em março de 1935. Embora com bases mais amplas do que o golpe de 1933, esse também acabou em fracasso. Venizelos uniu-se a Plastiras no exílio na França. Dois dos oficiais rebeldes foram executados, enquanto muitas centenas de outros foram excluídos do exército em circunstâncias humilhantes. Civis com conhecida simpatia venizelista foram do mesmo modo expurgados do serviço público.

Os antivenizelistas não demonstrariam agora maior respeito pelas propriedades constitucionais do que haviam tido seus oponentes. O senado, ainda sob controle venizelista, foi peremptoriamente abolido, e eleições foram realizadas em junho de 1935, com o país ainda sob lei marcial. A abstenção dos venizelistas em protesto tornou uma vitória avassaladora do Partido do Povo inevitável: 65% dos votos resultaram em 96% das cadeiras no Parlamento. Embora os comunistas recebessem sua maior quantidade de votos no período entreguerras, quase 10%, o sistema de maioria asse-

IMAGEM 35. O casamento de Anna Marcellas (nascida no Pireu) e Nicholas Mouskondis (nascido em Aghia Marina, Creta) no Paradise Café na "Cidade Grega" em Salt Lake City, em 1921. A grande comunidade grega em Utah estava principalmente empregada, nos primeiros anos do último século, na mineração e construção de ferrovias. Se nenhuma igreja estava disponível, casamentos e batismos eram realizados em casas e restaurantes. A *xeniteia*, ou permanência em partes do estrangeiro, era uma parte fundamental da experiência histórica do povo grego e a emigração tradicionalmente atuava como uma válvula de segurança para condições econômicas pobres em casa. Onde quer que assentassem, os gregos procuravam tenazmente reter sua identidade através do estabelecimento de igrejas, escolas, *kapheneia*, ou cafeterias, e associações baseadas em seu lugar de origem. Eles têm, na maior parte, mantido laços íntimos com o antigo país, e a existência de um ministro para gregos no estrangeiro é testemunho do interesse do Estado grego em encorajar contato com, e onde possível mobilizar o apoio de, gregos no estrangeiro. No século XVIII, comunidades gregas estabeleceram-se na Europa central, no sul da Rússia, na Itália, na Holanda, na França, no Egito e mesmo na Índia e, embora brevemente, em New Smyrna, na Flórida. No século XIX, uma próspera comunidade grega foi estabelecida na Inglaterra, principalmente em Londres, Manchester e Liverpool. A partir da década de 1890, emigração em grande escala, de início predominantemente do Peloponeso, se dirigia aos Estados Unidos. Estima-se que cerca de um quarto de todos os homens gregos com idade entre 15 e 40 anos procuraram sua fortuna na América entre 1900 e 1915, muitos deles pretendendo retornar à sua pátria. Durante as décadas de 1920, 1930 e 1940, o fluxo foi severamente restringido pela legislação dos Estados Unidos, mas, por volta de 1980, mais de meio milhão de gregos (sem contar aqueles de origem étnica grega de áreas fora do Estado grego) haviam emigrado para os Estados Unidos. Os gregos constituem o mais ascendentemente móbil grupo de imigrantes na América, e no governador Michael Dukakis, de Massachusetts, de uma segunda geração de imigrantes, produziu o candidato democrata para a presidência em 1988. No período após a Segunda Guerra Mundial, novos padrões de emigração para a Austrália e o Canadá emergiram. Cerca de mais de 12% da população emigrou entre 1951 e 1980. Grandes números procuravam emprego como *Gastarbeiter* na Alemanha. Muitos deles, diferentemente daqueles que haviam emigrado para mais longe de casa, retornaram à Grécia para estabelecer pequenos negócios assim que adquiriram algum capital.

CAPÍTULO 3 – CATÁSTROFE E OCUPAÇÃO E SUAS CONSEQUÊNCIAS (1923-1949) | 115

gurava que eles não recebessem cadeiras. Os ultrarrealistas, liderados pelo outrora lugar-tenente de Venizelos, Kondylis, não estavam preparados para prestar um mínimo de atenção aos procedimentos constitucionais. Em outubro, um grupo de oficiais de alta patente exigiu do primeiro-ministro, Tsaldaris, que ele estabelecesse uma imediata restauração da monarquia ou renunciasse. Ele escolheu a segunda opção e foi substituído por Kondylis, que, por sua vez, decretou a abolição da república. Isso foi seguido com brevidade por um patentemente farsesco plebiscito em favor de uma restauração (1.491.992 votos a favor e 32.454 contra).

O rei George II, que passara a maior parte de seu exílio de 12 anos na Inglaterra, ascendeu no devido tempo ao trono pela segunda vez. Aparentemente disposto à reconciliação, ele designou um professor de direito na Universidade de Atenas para liderar um governo interino encarregado de realizar novas eleições sob um sistema de representação proporcional. Como em 1932, estas criaram um impasse entre os dois principais campos políticos. Num Parlamento de 300 cadeiras, o Partido do Povo e seus aliados realistas controlaram 143 cadeiras, e o Partido Liberal (agora liderado por Themistoklis Sophoulis) e seus aliados, 141. Isso deixava os comunistas, até então uma força insignificante no espectro político, como o fiel da balança política – seus 6% de votos lhes davam o controle de críticas 15 cadeiras.

Os líderes dos dois principais partidos, Tsaldaris (Partido do Povo) e Sophoulis (Liberal), lutaram para encontrar uma saída do impasse, embora sua liberdade de manobra estivesse restrita pelos membros indefectíveis em seus respectivos partidos. Um obstáculo importante à cooperação era a insistência dos liberais na readmissão dos oficiais venizelistas cassados na esteira do golpe de 1935. Ambos os blocos engajaram-se simultaneamente em negociações secretas para ganhar o apoio dos comunistas. Num país onde segredos são raramente guardados por muito tempo, notícias desses contatos vazaram, despertando inquietação no exército então inteiramente expurgado de elementos republicanos. Quando o ministro interino da Guerra, general Papagos, deu voz às preocupações do exército ao rei, ele foi substituído pelo general Ioannis Metaxas, o líder do Partido dos Livre--Pensadores, um partido de ultradireita ainda mais marginal em termos de apoio eleitoral do que os comunistas. Com a morte do primeiro-ministro interino em abril, o rei designou Metaxas como seu sucessor, pendendo uma resolução do impasse político.

IMAGEM 36. Constantino Cavafy (1863-1933), talvez o mais conhecido e mais traduzido poeta grego nos tempos modernos. Ele é mostrado em seu apartamento na rua Lepsius em Alexandria. Seu pai era um rico mercador no Egito, mas, com sua morte, a família passou por tempos difíceis. Sua viúva levou a família para a Inglaterra, e o jovem Constantino falou inglês como sua primeira língua. Ele subsequentemente passou três anos em Constantinopla, antes de assentar de vez em Alexandria, em 1885, com a idade de 22 anos. Ele ganhava a vida como burocrata na Repartição de Irrigação, mas sua poesia, que ele trabalhava e retrabalhava com cuidado minucioso, era sua vida. A fonte de boa parte de sua inspiração era o mundo helenístico em seu declínio e o conflito entre paganismo e cristianismo. Ao ser indagado por sua sobrinha por que não se mudava dos arredores indigentes da rua Lepsius, ele respondeu que não podia pensar em um lugar melhor para viver do que em meio a "esses três centros de existência: um bordel, uma igreja para perdão e um hospital onde você morre".

IMAGEM 37. Oficiais do exército venizelistas sendo julgados por sua participação no golpe abortado de 1º de março de 1935. Essa era a segunda tentativa de golpe (a primeira foi em março de 1933) lançada na década de 1930 por oficiais do exército que não estavam preparados para aceitar a rejeição de seu herói, Eleftherios Venizelos, nas urnas. Venizelos, que estava ele mesmo diretamente implicado no golpe de 1935, foi forçado ao exílio na França, onde se uniu a um de seus mais fortes partidários, o coronel Nikolaos Plastiras, um destacado protagonista no golpe de 1922 e organizador do golpe fracassado de 1933. Embora apenas um punhado tenha morrido na tentativa de golpe de 1935, 60 dos implicados (inclusive Venizelos e Plastiras) foram condenados à morte, dos quais dois foram executados, a maioria dos restantes tendo fugido para o estrangeiro. Mais de mil foram julgados por cumplicidade e vários dos oficiais condenados foram publicamente despojados de suas insígnias de posto. Cerca de 1.500 oficiais do exército, marinha e aeronáutica foram cassados. Não apenas o golpe falhou, como precipitou aquilo que os que estavam por trás dele mais temiam, uma restauração da monarquia, seguindo-se a um plebiscito manipulado em novembro de 1935. A intervenção militar tem sido uma característica recorrente da vida política. O exército forçou o rei Otto a outorgar uma Constituição em 1843; ele trouxe Venizelos ao poder na esteira do golpe de Goudi de 1909; e ele desgovernou espetacularmente a Grécia entre 1967 e 1974. O corpo de oficiais, permeado por redes de apadrinhamento e com estreitos laços com políticos, atuava como um dos principais árbitros da vida política durante o período de entreguerras, quando houve numerosos golpes, bem-sucedidos ou não, e pronunciamentos.

A atmosfera de crise foi exacerbada pela perturbação trabalhista generalizada. Como consequência da depressão mundial, o mercado para uma importante exportação, o tabaco, havia sido duramente atingido, e uma greve de trabalhadores do tabaco em Salônica resultou na morte de 12 dos grevistas pela polícia. Metaxas, que não fazia segredo de seu desprezo pelo "mundo político", conseguiu jogar com a aparente inabilidade dos políticos em acertar suas diferenças e com as sérias perturbações trabalhistas para predispor o rei a aceitar suas propostas para um governo "forte". O rei, tendo rejeitado um acerto de última hora entre os liberais e o Partido do Povo, aquiesceu na suspensão por Metaxas, em 4 de agosto de 1936, de artigos-chave da Constituição sob o pretexto de frustrar uma greve geral de 24 horas convocada pelos comunistas para o dia seguinte. Isso foi visto, sem convicção, por Metaxas como o prelúdio de uma tomada do poder.

O estabelecimento do "Regime do Quatro de Agosto de 1936", como Metaxas gostava de chamar sua ditadura, fazia parte da tendência geral a ditaduras reais que ocorria nos Bálcãs durante o final da década de 1930, quando regimes parlamentares inseguramente estabelecidos se provaram incapazes de responder às tensões ocasionadas pela depressão. Embora seus críticos denunciassem a ditadura de Metaxas como fascista, ela carecia inteiramente do dinamismo do nazismo alemão ou do fascismo italiano. Ela era antes uma ditadura autoritária, reacionária e paternalista, recoberta com uma pátina de retórica e estilo quase fascistas, devendo não pouco ao Estado corporativo de Salazar em Portugal. Incomumente para um ultraconservador, Metaxas, que não era filisteu, defendia a forma de língua demótica ou falada. Ao comissionar a primeira gramática própria da língua demótica, ele caracteristicamente o fez na crença de que regras gramaticais ajudariam a moderar o que ele via como o desabrido individualismo dos gregos. À maneira dos ditadores gregos antes e a partir de si, Metaxas, de fato, era obcecado pela ideia de instilar "disciplina" em seus refratários compatriotas. Emprestando do Terceiro Reich alemão de Hitler e com a costumeira falta de um senso de proporção do ditador, ele pregou a "Terceira Civilização Helênica". Esta, sob sua orientação, iria de alguma forma sintetizar os valores pagãos da Grécia antiga, e particularmente de Esparta, com os valores cristãos do império medieval de Bizâncio. Denominando-se "Primeiro Camponês", "Primeiro Operário", "Líder" e "Pai Nacional", sua retórica populista, antiplutocrática, embora não carecendo de sinceridade, era raramente combinada com a prática. Ele forçou os jovens a ingressarem em sua Organização da Juventude Nacional, que ele pretendia que fosse o veículo para perpetuar seus ideais após sua morte, e despejou sua maldade sobre todo o espectro do "mundo político", reservando uma carga particular para a extrema esquerda.

CAPÍTULO 3 – CATÁSTROFE E OCUPAÇÃO E SUAS CONSEQUÊNCIAS (1923-1949) | **119**

IMAGEM 38. O general Ioannis Metaxas, o diminuto ditador da Grécia entre 1936 e 1941, recebendo a saudação fascista de membros de seu batalhão do trabalho e um padre. A alta figura em pé atrás dele é Kostas Kotzias, o "ministro-governador" de Atenas. A ditadura de Metaxas, que ele gostava de dignificar com o título de "Regime do Quatro de Agosto de 1936", manifestava vários dos adornos externos do fascismo. Em imitação do Terceiro Reich de Hitler, Metaxas elaborou a noção da "Terceira Civilização Helênica". A primeira era a da Grécia antiga; a segunda, a de Bizâncio medieval; e a terceira, um amálgama de valores essencialmente contraditórios de ambas que iria proteger e perpetuar os valores de seu regime. Ele também escolheu se denominar *Protos Agrotis* ("Primeiro Camponês") e *Protos Ergatis* ("Primeiro Operário"). Mas, embora ele compartilhasse do ódio de Hitler e Mussolini pelo comunismo, liberalismo e parlamentarismo, seu regime carecia do dinamismo e radicalismo do verdadeiro fascismo e não era racista. A Organização da Juventude Nacional (EON), através da qual, na ausência de qualquer base de apoio popular, Metaxas pretendia institucionalizar seu poder, não passava de uma pálida imitação da Juventude Hitlerista. Embora, até certo ponto, ele imitasse as práticas internas dos ditadores fascistas, ele nunca questionou a conexão britânica, que era fortemente defendida pelo rei George II, e, em outubro de 1940, ele aderiu ao estado de espírito popular ao enfrentar as provocações de Mussolini. Essencialmente, Metaxas era um paternalista autoritário, inclinado, como os "coronéis" cerca de 30 anos mais tarde, a "disciplinar" o que ele considerava ser o caráter turbulento de seus compatriotas.

> [Nós devemos subordinar] nossos apetites, nossas paixões e nosso arrogante egoísmo diante da totalidade do interesse nacional... então seremos um povo que é verdadeiramente livre. Caso contrário, sob o falso manto da liberdade, a anarquia e a indisciplina nos governarão.
>
> General Ioannis Metaxas (1939)

Embora seu regime carecesse de legitimidade ou de qualquer tipo de base popular, Metaxas e seu formidavelmente eficaz ministro da Ordem

Pública, Konstantinos Maniadakis, tiveram pouca dificuldade em neutralizar a oposição tal como existia. Os comunistas, com sua disciplina e experiência de atividade clandestina, constituíam uma ameaça potencialmente maior do que os políticos burgueses e suas organizações partidárias vestigiais. Mas a extrema esquerda tinha uma longa história de facciosismo, e Maniadakis foi capaz de infiltrar e semear discórdia na organização subterrânea comunista com notável facilidade. Um ardil particularmente bem-sucedido era extrair, à força se necessário, "declarações de arrependimento", nas quais os comunistas renunciavam não apenas às suas crenças políticas mas também a seus antigos camaradas. Pelos padrões do totalitarismo do século XX, os métodos autoritários de Metaxas não eram particularmente cruéis e ele não eliminava fisicamente seus oponentes. Mas ele era capaz, através de uma eficiente rede policial, de instilar um clima de medo que ajudava a neutralizar a ameaça de oposição ativa.

Se Metaxas foi capaz de criar um simulacro passável da superfície de um regime fascista, nem ele, muito menos o rei mostraram qualquer sinal de procurar abandonar a tradicional orientação pela Grã-Bretanha em política externa. Seguindo o padrão de outras partes do sudeste da Europa, a penetração alemã da economia cresceu depressa na segunda metade da década de 1930, mas na Grécia isso não trouxe em sua esteira aumento de influência política. De fato, Metaxas, em 1938, propôs um tratado formal de aliança com a Grã-Bretanha, mas esta, temerosa de novos compromissos, não respondeu. Não obstante, Grã-Bretanha e França, na esteira da ocupação italiana da Albânia em abril de 1939, ofereceram uma garantia de integridade territorial à Grécia (e Romênia), desde que ela escolhesse resistir à agressão externa.

Na irrupção da Segunda Guerra Mundial em setembro de 1939, Metaxas esperava ser capaz de manter a Grécia fora das hostilidades, enquanto mantinha uma benevolente neutralidade em relação à Grã-Bretanha. Mussolini, contudo, estava ansioso para demonstrar a seu parceiro no Eixo, Hitler, que ele também podia obter vitórias espetaculares e escolheu a Grécia como, ou assim ele pensava, um alvo fácil. Em agosto de 1940, um submarino italiano torpedeou o cruzador *Elli*, com considerável perda de vidas. Dois meses depois, nas primeiras horas da manhã de 28 de outubro de 1940, o ministro italiano em Atenas entregou um ultimátum humilhante a Metaxas, que foi rejeitado. Dentro de horas, forças italianas cruzaram a fronteira greco-albanesa e a Grécia estava na guerra. Ao resistir às provocações italianas, Metaxas capturou o humor nacional, e, encorajadas por

CAPÍTULO 3 – CATÁSTROFE E OCUPAÇÃO E SUAS CONSEQUÊNCIAS (1923-1949) | 121

uma grande onda de exaltação nacional, tropas gregas estavam logo no contra-ataque. Dentro de uma questão de dias, elas haviam empurrado os invasores de volta para o território albanês, pois essa não era somente uma campanha para defender a pátria. Ela visava também a "libertação" da grande, e parcialmente habitada por gregos, área do sul da Albânia que, aos olhos gregos, constituía o norte do Epirus e que, durante a breve ocupação grega, foi administrada como uma parte da Grécia. Korytsa, Aghioi Saranda e Argyrokastro (para usar seus nomes gregos) foram capturadas com facilidade, e Valona parecia estar ao alcance antes que um severo inverno viesse e com ele o impasse militar.

A Grã-Bretanha, nesse estágio da guerra, sem nenhum aliado ativo exceto a Grécia, forneceu limitado apoio aéreo. Mas Metaxas declinou da oferta de Churchill de tropas com medo de provocar Hitler, esperando ainda evitar envolvimento na guerra mais ampla através de mediação alemã entre Grécia e Itália. Quando Metaxas morreu, no fim de janeiro de 1941, seu sucessor, Alexandros Koryzis, não teve tais inibições. Uma força expedicionária britânica composta de tropas australianas e neozelandesas foi enviada à Grécia. Mas mal-entendidos entre as autoridades militares gregas e britânicas retardaram criticamente a concentração de tropas na linha do rio Aliakmon no oeste da Macedônia, que proporcionava a melhor possibilidade de conter a ainda mais provável invasão alemã. Esta foi lançada em 6 de abril de 1941, com eficácia devastadora através da Iugoslávia e Bulgária, por um Hitler que estava ansioso para assegurar seu flanco balcânico em adiantamento da invasão da União Soviética.

As forças gregas e britânicas foram rapidamente derrotadas e, no caos da derrota, o primeiro-ministro cometeu suicídio, sendo sucedido por Emmanouil Tsouderos, um banqueiro conhecido pela sua oposição ao regime de Metaxas. Três dias antes da queda de Atenas, em 23 de abril, o general Tsolakoglou, sem autorização do governo, negociou um armistício com os alemães. Boa parte da força expedicionária britânica foi, contudo, evacuada com sucesso, e o rei George II, seu governo e algumas forças gregas foram retirados para Creta, ali se unindo a forças britânicas substanciais mas mal equipadas na defesa da ilha. Pretendia-se manter Creta como uma base de onde lançar ataques aéreos contra os campos petrolíferos romenos, que eram uma fonte vital alemã de suprimento de combustível. Malgrado o fato de os planos alemães serem sabidos graças à interceptação da rádio "Enigma", as ilhas caíram no fim de maio após ferrenha luta entre as forças defensivas e tropas aerotranspor-

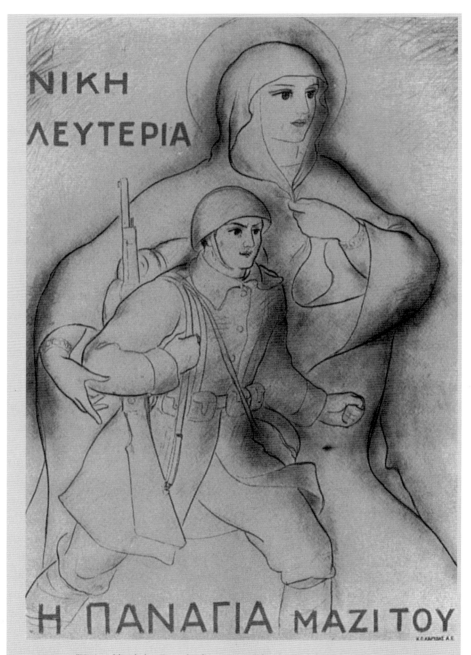

IMAGEM 39. "Vitória, liberdade: a Panaghia [Virgem Maria] está com ele". Um famoso cartaz de propaganda de Georgios Gounaropoulos, datando do período da guerra greco-italiana de 1940-1941. O cartaz capta o estado de espírito de exaltação quase religiosa que se seguiu ao dignificado desafio ao ultimátum de 28 de outubro de 1940, exigindo que a Itália pudesse a ocupar pontos estratégicos do território grego. Este

CAPÍTULO 3 – CATÁSTROFE E OCUPAÇÃO E SUAS CONSEQUÊNCIAS (1923-1949) | 123

foi o ponto culminante de uma série de provocações, a mais clamorosa das quais fora o torpedeamento do cruzador *Elli* quando ele deixava a ilha de Tinos, com seu ícone milagroso da Virgem Maria, para a Festa do Dormition [Assunção] da Virgem em 15 de agosto. O desafio grego ao ultimátum italiano é marcado todo ano em 28 de outubro por um feriado nacional, dia do *"Okhi"* [Não]. Em questão de dias as forças invasoras italianas foram repelidas em uma cruzada pela libertação do que os gregos chamavam norte do Epirus, uma área do sul da Albânia com uma grande minoria grega. O espetáculo do Davi grego derrotando o Golias italiano despertou admiração mundial, e nesse estágio da guerra a Grécia e a Grã-Bretanha eram os únicos dois países resistindo ativamente às potências do Eixo na Europa. Pelo início de dezembro, as três principais cidades do sul da Albânia – Korysta, Argyrokastro e Aghioi Saranda – tinham sido capturadas, e as áreas ocupadas eram administradas como parte do Estado grego. Comunicações precárias e mau tempo, todavia, impediram avanço subsequente, e as tropas no *front* albanês foram forçadas a se retirar desordenadamente no momento da invasão-relâmpago alemã da Grécia em abril de 1941.

tadas alemãs, a margem de vitória tendo sido, na verdade, estreita. O rei e seu governo, os símbolos da legitimidade constitucional, retiraram-se para o Oriente Médio junto com contingentes das forças armadas. Na Grécia propriamente, um governo colaboracionista, chefiado inicialmente pelo general Tsolakoglou, foi estabelecido.

Por volta do início de junho de 1941, a Grécia toda estava sob uma ocupação tripartite alemã, italiana e búlgara. Os alemães ocuparam Atenas e Salônica, Creta e várias ilhas do Egeu, junto com a sensível fronteira com a Turquia neutra. Aos búlgaros, tradicionais inimigos dos gregos, foi permitido ocuparem o oeste da Trácia e partes da Macedônia, onde eles assentaram migrantes búlgaros e perseguiram a população grega. Os italianos controlavam o resto do país. Desde o início, os alemães, que faziam pouco segredo de seu desprezo pelos aliados italianos, impuseram um severo regime de ocupação, pilhando os recursos agrícolas do país, a indústria existente e, em um gesto particularmente perverso, exigindo que a Grécia pagasse pelos custos da ocupação. Uma consequência inicial dessas políticas foi a fome devastadora do inverno de 1941-1942, que fez cerca de 100 mil vítimas.

Carência de alimentos, inflação massiva, o mercado negro e a luta cotidiana pela sobrevivência eram as principais preocupações da maioria da população. Mas logo se tornou aparente que a derrota e a privação deliberada não haviam de modo algum amortecido a disposição de resistir. Já em 31 de maio de 1941, a suástica nazista foi arrancada da Acrópole em Atenas. Atos isolados de resistência ganharam coesão quando o partido comunista, imediatamente após a invasão nazista da União Soviética em junho de 1941, mudaram da visão da guerra como "imperialista" para a convocação dos comunistas leais a fazerem tudo em seu alcance para con-

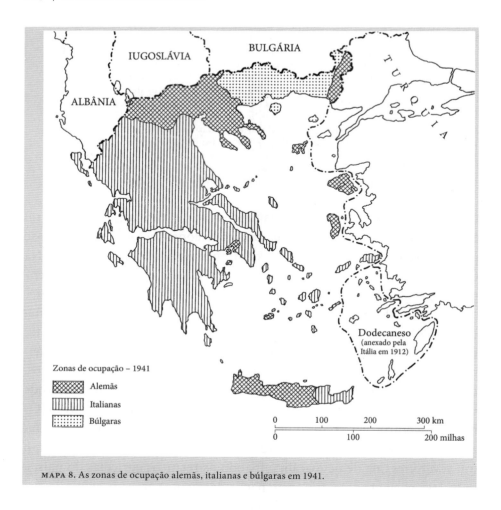

MAPA 8. As zonas de ocupação alemãs, italianas e búlgaras em 1941.

tribuir para a defesa da pátria soviética. Tal ajuda podia ser melhor levada a cabo de dentro da Grécia pela resistência à ocupação fascista.

Com tal objetivo em vista, os comunistas movimentaram-se rapidamente para estabelecer, em setembro de 1941, a Frente de Libertação Nacional (EAM – Ethniko Apeleftherotiko Metopo). Esta tinha dois principais objetivos: a organização da resistência e uma livre escolha como a forma de governo na eventual libertação do país. Embora os líderes dos antigos partidos políticos rejeitassem o chamado dos comunistas para a cooperação e permanecessem amplamente alheios à luta da resistência, alguns pequenos e insignificantes grupos agrários e socialistas fizeram também parte do estabelecimento da EAM. Esta foi criada como o braço

CAPÍTULO 3 – CATÁSTROFE E OCUPAÇÃO E SUAS CONSEQUÊNCIAS (1923-1949) | 125

político de um movimento de resistência baseado na massa, enquanto o Exército de Libertação Nacional do Povo, cujo acrônimo grego, ELAS (Ellinikós Laïkós Apeleftrotikós Stratós), soava como a palavra grega para Grécia, foi estabelecido como seu braço militar. A EAM estava também por trás da formação de outras organizações, como a Solidariedade Nacional, que proporcionava alívio para as vítimas da ocupação, e um movimento de juventude conhecido pelas iniciais EPON [Organização Nacional da Juventude Grega].

A incapacidade ou falta de vontade do "mundo político" tradicional para oferecer liderança perpetuou sob a ocupação do vazio político que se havia desenvolvido durante a ditadura de Metaxas. Os comunistas, uma força marginal durante o período entreguerras, no entanto, com uma experiência de atividade política clandestina de que os partidos burgueses careciam inteiramente, foram rápidos em preencher esse vazio. Através do exemplo, disciplina e propaganda, eles foram capazes de oferecer uma visão de um futuro melhor e mais justo que estava bem além dos políticos, cujos velhos antagonismos pareciam irrelevantes na miséria da ocupação. A EAM tinha um apelo particular aos jovens e às mulheres, aos quais eles acenavam com a perspectiva de emancipação em uma sociedade que, nas áreas rurais, era ainda patriarcal. Embora a liderança do partido mantivesse um firme domínio da liderança de ambos (EAM e ELAS), a grande maioria dos postos e fileiras não era de comunistas. Ademais, vários grupos de resistência de não comunistas também vieram à existência, o mais importante dos quais era a Liga Grega Republicana Nacional (EDES), cuja base do poder estava no noroeste da Grécia. O que esses grupos tinham em comum, além de sua determinação de resistir à ocupação do Eixo, era uma forte antipatia para com o exilado rei George, a quem eles responsabilizavam pelos rigores da ditadura de Metaxas e pelos horrores da ocupação que se seguiu.

O rei e o governo no exílio, baseados primeiro em Londres e a partir de março de 1943 no Cairo, tinham pouco contato com a Grécia ocupada e geralmente assumiam a visão de que sabotagem e resistência não podiam ser justificadas à luz das cruéis represálias infligidas sobre civis inocentes. Os alemães decretaram que, para cada um de seus soldados mortos, 50 gregos deviam ser fuzilados, enquanto a destruição de aldeias em um esforço para deter a atividade de resistência era um lugar-comum. Como em outros lugares na Europa ocupada, os nazistas procuraram exterminar a população judaica. No início de 1943, no espaço de umas poucas sema-

IMAGEM 40. Na imagem superior, um homem idoso fotografado por Dimitris Kharisiadis em uma cozinha de sopa no Pireu durante a terrível fome do inverno de 1941-1942. A ocupação havia se seguido por uma requisição em grande escala. Isso teve consequências desastrosas para um país que era importador de trigo. Fontes alemãs registraram que, em dezembro de 1941, 300 pessoas por dia estavam morrendo de

> fome em Atenas, enquanto o consumo *per capita* de pão caiu de 179 quilos, em 1939, para 40 quilos, em 1942. Tão aterrador era o predicamento dos habitantes da cidade que o governo britânico, após alguma hesitação inicial, levantou seu bloqueio, e suprimentos de víveres, importados e administrados pela Cruz Vermelha, evitaram uma repetição do pior da fome no primeiro inverno da ocupação. A vida para a maioria permaneceu muito dura, e a luta cotidiana pela existência era exacerbada pelos níveis astronômicos da inflação. Uma *oka* (cerca de 3 libras) de pão, que custava 10 dracmas na época da invasão italiana, havia alcançado 34 milhões na altura da retirada alemã em outubro de 1944. O preço do queijo subiu de 60 dracmas por *oka* para um 1,16 bilhão durante o mesmo período. A hiperinflação nessa escala resultou no soberano de ouro britânico tornar-se a moeda corrente efetiva pelo fim da ocupação. O mercado negro florescia. A fartura de alimentos a que tinham acesso aqueles com poder aquisitivo é espantosamente demonstrada pela fotografia de um armazém ateniense (imagem inferior), *To Agrotikon*, tirada pelo fotógrafo da *Life*, Dimitri Kessel, no início de novembro de 1944. Esse era um período, logo após a retirada alemã, em que a escassez de alimentos ainda era desesperadora. Alimentos americanos, britânicos, franceses e alemães estavam à venda nesta bem abastecida loja. Muitos observadores chamavam a atenção para o agudo contraste entre os artigos de luxo disponíveis para os ricos e as privações da massa da população.

nas, virtualmente toda a comunidade de judeus sefarditas de Salônica, que contava com quase 50 mil habitantes, constituindo aproximadamente um quinto da população da cidade, foi deportada para Auschwitz. Apenas um punhado sobreviveu. Uma comunidade que, em seu apogeu, havia sido conhecida como *Malkah Israel*, a "rainha de Israel", deixara de existir.

Bandos armados, comunistas e não comunistas, tomaram as montanhas na primavera e no verão de 1942 e o potencial militar da resistência foi demonstrado pela destruição, em novembro de 1942, do viaduto de Gorgopotamos, por onde passava a linha ferroviária Salônica-Atenas. Isso, uma das mais espetaculares realizações em qualquer parte da Europa ocupada, foi conseguido por sabotadores lançados de paraquedas na Grécia pela Executiva de Operações Especiais britânica, junto com guerrilheiros tanto da ELAS como da EDES. A tentativa subsequente dos britânicos de coordenar as atividades da resistência seria criticamente impedida pela política oficial de apoio ao retorno do rei quando da libertação, pelo qual havia pouco entusiasmo na Grécia ocupada. O primeiro-ministro britânico, Winston Churchill, estava particularmente comprometido com a causa do rei, vendo o rei George como um especialmente leal aliado durante o sombrio inverno de 1940-1941, quando a Grécia fora a única aliada ativa da Grã-Bretanha na Europa. Quase desde o início havia fricção entre os bandos dominados pelos comunistas e os bandos não comunistas, pois a maioria dos protagonistas no drama da resistência, como em outras partes da Europa ocupada, tinha objetivos políticos de longo prazo. A EAM desfrutava de apoio popular genuíno, mas não recuava do uso de terror contra seus oponentes em sua competição para monopolizar a atividade da resistência. Sua força amplamente maior foi reconhecida pelo acordo

IMAGEM 41. Três *andartisses*, ou mulheres guerrilheiras, fotografadas em 1944 por Costas Couvaras. Couvaras, um grego que havia estudado na América, fora enviado à Grécia pelo Departamento de Serviços Estratégicos (OSS), o equivalente americano da Executiva de Operações Especiais britânica (SOE), para fazer contato com a liderança da EAM (Frente de Libertação Nacional). A mulher no centro é Melpomene Papaheliou (cujo nome de guerra era *Thyella*, ou "Tempestade"). Ela foi ulteriormente morta na luta entre a ELAS e os britânicos em dezembro de 1944. A EAM havia sido fundada em setembro de 1941 por iniciativa comunista e desenvolveu-se rapidamente no maior dos movimentos de resistência na Grécia ocupada. Estimativas de seus aderentes em 1944 vão de 500 mil a 2 milhões. A EAM tinha vários ramos. O mais importante deles era seu braço militar, o ELAS (Exército de Libertação Nacional do Povo), que, quando da retirada alemã em outubro de 1944, contava com cerca de 60 mil combatentes. Como muitos de outros protagonistas no drama da Grécia ocupada, a EAM aspirava ao poder no pós-guerra. Impiedosa em seu tratamento de seus oponentes internos, a EAM/ELAS na mesma época desfrutava de uma base considerável de apoio popular. Ela desenvolveu esse apoio demonstrando uma visão de um futuro melhor que se revelava além da capacidade do antigo estabelecimento político. Ela se esforçava em melhorar o nível educacional de comunidades em montanhas isoladas; dar aos camponeses um senso de envolvimento político; e, em particular, melhorar o *status* das mulheres. A primeira eleição grega na qual as mulheres tiveram direito de voto foi aquela organizada em abril de 1944 para um Conselho Nacional em áreas substanciais da Grécia montanhosa então sob controle da EAM.

dos "Bandos Nacionais" de julho de 1943. Isso criou um quartel-general unido no qual os nomeados da EAM/ELAS gozavam de uma considerável superioridade numérica sobre aqueles da resistência não comunista e da missão militar britânica.

As (nunca fortes) perspectivas para cooperação entre os vários grupos da resistência e seus mentores britânicos seriam fatalmente comprometidaspelo fracasso de uma delegação guerrilheira no Cairo em agosto de 1943. O fato de que essa delegação foi capaz de voar de uma improvisada

CAPÍTULO 3 – CATÁSTROFE E OCUPAÇÃO E SUAS CONSEQUÊNCIAS (1923-1949) | **129**

pista de decolagem e pouso é testemunho de que grandes áreas da Grécia montanhosa estavam por essa época sob o controle da resistência. Não havia concordância entre as guerrilhas, as autoridades militares e políticas britânicas, o rei e o governo no exílio. A delegação da guerrilha tinha duas exigências básicas: que eles exercessem os poderes de vários ministérios-chave (inclusive os do interior e da justiça) no governo do exílio naquelas consideráveis áreas da Grécia agora sob seu controle e que o rei se comprometesse a não retornar até que um plebiscito fosse votado em seu favor. Ambas as exigências foram rejeitadas, e a delegação retornou sumariamente às montanhas, convencida de que era a política britânica realizar uma restauração da monarquia a despeito dos desejos do povo.

Logo após o fiasco do Cairo, as tensões no interior da resistência se intensificaram, como em outubro de 1943 com a ELAS atacando a EDES, alegando colaboração com as autoridades de ocupação. Era claro que, como na Iugoslávia e na Albânia, os comunistas estavam procurando assegurar que seriam a única força armada organizada no país quando viesse a libertação, em cujo caso eles estariam claramente bem situados para assumir o controle das alavancas do poder. Na luta intestina do inverno de 1943-1944, os britânicos procuraram apoiar a EDES cortando os suprimentos da ELAS. Mas tal movimento foi de efeito limitado, pois a ELAS conseguiu se apossar de boa parte do armamento das forças italianas na Grécia, seguindo-se o armistício italiano de setembro de 1943 e a rendição subsequente de milhares de soldados italianos. As autoridades alemãs de ocupação, naturalmente satisfeitas com a irrupção de uma guerra civil dentro da resistência, criaram "batalhões de segurança" armados sob a autoridade do governo colaboracionista para o qual atraíam colaboradores e aqueles cujo temor ao comunismo sobrepujava sua antipatia pelos nazistas. Apenas com dificuldade foi uma trégua negociada entre os grupos da resistência em luta, em fevereiro de 1944, com a EDES sendo confinada à sua base de poder regional de Epirus.

A EAM de modo algum abandonou seus objetivos políticos, contudo, e logo depois anunciou o estabelecimento de um Comitê Político de Libertação Nacional, que exerceria funções governamentais na Grécia "montanhosa" livre. O estabelecimento do Comitê Político constituía um desafio direto ao encurralado e impotente "governo no exílio" e deflagrou motins de simpatizantes da EAM nas forças armadas gregas estacionadas no Egito. Os amotinados, que foram violentamente subjugados por tropas britânicas, contribuíram fortemente para a crescente

IMAGEM 42. Quatro jovens judeus gregos (Alberto/Avraam Nahmias, David Sion, Isaac Algava, em pé da esquerda para a direita; a figura ajoelhada é desconhecida) fotografados no final de fevereiro de 1943, no gueto temporário estabelecido na unidade do Hospital Baron Hirsh em Salônica. Não apenas os judeus eram obrigados a ostentar a estrela de Davi, mas a comunidade era obrigada a fazê-lo. Logo em seguida, os quatro, com cerca de 46 mil membros da outrora florescente comunidade judaica da cidade, aproximadamente um quarto de toda sua população, foram deportados para Auschwitz. Quase todos eles pereceram. Dos quatro fotografados, apenas David Sion sobreviveu. Ao todo, cerca de 67 mil judeus

CAPÍTULO 3 – CATÁSTROFE E OCUPAÇÃO E SUAS CONSEQUÊNCIAS (1923-1949) | 131

gregos perderam a vida durante a ocupação pelo Eixo, 87% do total da população judaica no país. Alguns judeus conseguiram escapar para a Turquia, outros lutaram junto com a guerrilha *andartes* nas montanhas. Outros ainda foram protegidos por famílias ortodoxas e o arcebispo de Atenas, Damaskinos, e o chefe de polícia, Angelos Evert, corajosamente fizeram seu melhor para aliviar a situação da comunidade judaica grega. Na época em que Salônica foi incorporada ao reino grego, em 1912, quase metade da população era de judeus. Aproximadamente outro terço era de gregos, sendo o restante da população composta de búlgaros, turcos e outros. Esses judeus sefarditas eram descendentes dos judeus expulsos da Espanha em 1492, aos quais foi oferecido refúgio no Império Otomano. Eles praticavam sua religião em mais de 30 sinagogas na cidade e falavam ladino, ou judeu espanhol, essencialmente o espanhol do século XV, que eles escreviam com caracteres hebraicos. Em outras partes da Grécia havia pequenas comunidades de judeus "romaniot", cujas raízes no país remontavam à Antiguidade.

obsessão de Churchill com a perspectiva de uma tomada do poder na Grécia pelos comunistas no pós-guerra. Isso foi reforçado pelo assassinato, por um bando (provavelmente político independente) da ELAS, do coronel Psaros, o líder de um pequeno grupo de resistentes não comunistas, e pelo fato de que o Exército Vermelho estava inclinado a descer sobre os Bálcãs. Esses desenvolvimentos incentivaram Churchill a contemplar algum tipo de negociação com o líder soviético, Stalin, pelo qual a preponderância britânica na Grécia do pós-guerra seria assegurada em troca pela aceitação da hegemonia russa sobre a Romênia. A essência desse arranjo foi negociada em maio de 1944 e, a despeito das reservas americanas, foi consolidada no famoso acordo das "porcentagens" alcançado por Churchill e Stalin em Moscou em outubro de 1944. Essa negociação em alto nível era inteiramente desconhecida pelos protagonistas no drama grego. Como tão frequentemente em sua história, a direção dos eventos na Grécia seria determinada pelos interesses das grandes potências em vez do que pelo que estava acontecendo localmente no país.

> Vamos concordar sobre nossos negócios nos Bálcãs. Suas tropas estão na Romênia e Bulgária... Não vamos resolver nossas controvérsias timidamente. Até onde diz respeito à Grã-Bretanha e à Rússia, que tal seria para vocês terem 90% de predominância na Romênia, e nós termos 90% na Grécia e ficarmos em meio a meio na Iugoslávia?
>
> Churchill a Stalin, Moscou, outubro de 1944

Uma consequência direta dos levantes foi a nomeação como primeiro-ministro do "governo no exílio" de Georgios Papandreou, um político recentemente escapado da Grécia. Para os britânicos, ele tinha a grande virtude de antecedentes venizelistas aliados a um anticomunismo militante. Papandreu, sob a égide britânica, se lançou então a construir um governo de unidade nacional em uma conferência no Líbano reunindo representantes de todas as forças políticas e da resistência. Os comunistas estavam muito sub-representados em relação à sua força real militar e política, e seus delegados, na defensiva após os levantes, foram intimidados a aceitar cinco ministérios insignificantes para nomeados da EAM no novo governo. Suas concessões foram, contudo, logo repudiadas nas montanhas pela liderança comunista, que exigia ministérios-chave e a cabeça de Papandreou como o preço da participação no governo.

O impasse foi subitamente rompido quando, em agosto, a liderança da EAM recuou e concordou em aceitar a essência do acordo do Líbano. Como essa súbita reviravolta ocorreu em uma questão de dias após a chegada inesperada às montanhas de em uma missão militar soviética, tem sido plausivelmente suposto, na ausência de maior evidência, que a missão trouxera conselho, que teria sido oriundo dos entendimentos de Stalin com Churchill, para moderar sua linha intransigente. Tivesse ou não sido esse o caso, ao aceitar uma posição subordinada no governo de Papandreou e ao concordar em colocar suas forças militares sob o comando britânico, junto com as forças muito menores da EDES, a liderança comunista da EAM, como alguns quadros importantes argumentaram na época, jogou fora sua melhor oportunidade de tomar o poder na confusão da retirada alemã da Grécia em outubro de 1944.

O governo de Papandreou voltou à Atenas libertada em 18 de outubro, tendo retardado sua chegada por 24 horas para evitar chegar em uma terça-feira, sempre de mau agouro no mundo grego, como o dia em que Constantinopla havia caído para os turcos. Ele era acompanhado por uma pequena força britânica que havia sido estabelecida para assegurar seu retorno em vista de temores de um golpe comunista. Com a entrada dos comunistas nomeados, Papandreou podia retratar plausivelmente seu gabinete como um verdadeiro governo de união nacional. Os problemas que o confrontavam, porém, eram muitos. A guerra civil dentro da resistência havia criado um clima de medo e suspeita; a economia havia sido devastada pelos anos de ocupação; as comunicações estavam danificadas através de todo o país, impedindo criticamente a distribuição de suprimentos de emergência; a frota mercante estava quase inteiramente destruída; alimentos (exceto para aqueles com acesso a dinheiro) estavam em suprimentos desesperadamente pequenos; doenças (particularmente a tuberculose) estavam disseminadas, consequência de anos de má nutrição; a inflação, que já havia atingido proporções astronômicas durante a ocupação, estava no-

CAPÍTULO 3 – CATÁSTROFE E OCUPAÇÃO E SUAS CONSEQUÊNCIAS (1923-1949) | 133

IMAGEM 43. Os membros do Comitê Político de Libertação Nacional (PEEA), fotografados com Ioakheim, o metropolitano de Kozani e fervoroso adepto da EAM. O PEEA foi estabelecido em março de 1944 para administrar as grandes áreas da Grécia montanhosa controlada pelas forças guerrilheiras da EAM/ELAS. Da esquerda para a direita: Kostas Graviilidis (agricultura), secretário do Partido Agrícola; Stamatis Khatzibeis (economia nacional), liberal de esquerda; Angelos Angelopoulos (negócios econômicos), professor de economia na Universidade de Atenas; general Manolis Mandakas (exército); Georgios Siantos (interior); Petros Kokkalis (bem-estar social), professor de medicina na Universidade de Atenas; Alexandros Svolos, presidente do comitê (negócios estrangeiros, educação e religião, iluminismo popular), professor de direito constitucional na Universidade de Atenas; coronel Evripidis Bakirtzis, vice-presidente (suprimento); Ilias Tsirimokos (justiça), secretário da União da Democracia Popular; Nikolaos Askoutsis (transporte), liberal de esquerda. Dos membros do PEEA, apenas Siantos era um membro explícito do partido comunista. Mas Kokkalis e Mandakas, e possivelmente também Bakirtzis (o "coronel Vermelho"), eram membros encobertos e a EAM, que era dominada pelos comunistas, exercia controle efetivo sobre o comitê. O PEEA organizou as eleições para o Conselho Nacional, que se reuniu na aldeia de Koryschades na Evrytania em maio de 1944. Embora o PEEA não se colocasse formalmente como um governo alternativo ao "governo no exílio", sua própria existência constituía um desafio à autoridade do governo. O chamado do PEEA para um governo de unidade nacional e maior cooperação com as forças de resistência de esquerda provocou levantes por parte de elementos simpáticos à EAM e à PEEA nas forças gregas no Oriente Médio.

vamente em espiral ascendente e fora de controle (o único dinheiro com algum valor era o soberano de ouro britânico).

Quando a euforia da libertação começou a esmaecer, problemas práticos foram acrescidos por problemas políticos. Demandas pela punição

134 | HISTÓRIA CONCISA DA GRÉCIA

de colaboradores não receberam uma alta prioridade por Papandreou (ou, de fato, por seus mentores britânicos). Mas um problema avultava acima de todos. Era a desmobilização dos exércitos guerrilheiros e sua substituição por um exército nacional regularmente constituído. Embora as forças da ELAS, contando com cerca de 60 mil homens (e mulheres) e de longe a mais ampla formação armada, estivesse em princípio sob comando britânico, sua mera existência constituía uma ameaça potencial à autoridade do governo de Papandreou. Um acordo parecia ter sido alcançado sobre essa espinhosa questão, mas a esquerda, com alguma justificação, acusou então Papandreou de voltar atrás em sua palavra e recusou-se a se desmobilizar. Numa atmosfera de crise crescente, os nomeados da EAM renunciaram do gabinete no início de dezembro. Três dias mais tarde, em 3 de dezembro, a EAM organizou uma demonstração de massa, o prelúdio a uma greve geral, no centro de Atenas. A mal disciplinada polícia atirou nos manifestantes na Praça da Constituição, no centro da cidade, deixando cerca de 15 mortos.

Unidades da ELAS começaram então a atacar estações policiais e dentro de dias havia um furioso combate de rua entre unidades da ELAS e forças britânicas em Atenas. Mas a ELAS não mobilizou suas consideráveis forças fora da capital e parecia estar voltada não tanto para uma tomada direta do poder, mas para uma desestabilização do governo de Papandreou. Caracteristicamente obcecado com a crise grega, Churchill voou no dia de Natal para Atenas, com seu secretário do exterior, Anthony Eden. Sua intervenção teve pouco resultado imediato, mas ele estava agora ao menos avisado da necessidade de estabelecer uma regência até um plebiscito sobre a questão constitucional. Com alguma dificuldade, ele persuadiu o rei George, que ainda não havia retornado à Grécia, a ficar a favor do arcebispo Damaskinos de Atenas como regente. Papandreou foi substituído como primeiro-ministro pelo veterano venizelista general Plastiras. Tropas britânicas gradualmente ganharam vantagem na Batalha de Atenas, mas apenas com dificuldade e somente após terem sido pesadamente reforçadas a partir da Itália. Um cessar-fogo em meados de janeiro de 1945 foi seguido em meados de fevereiro pelo acordo de Varkiza, que buscava um entendimento político para a crise desencadeada pela insurgência comunista.

A ELAS comprometeu-se em se desarmar e em troca recebeu a promessa de uma anistia para aqueles que foram denominados crimes "políticos". Foi também concordado que um plebiscito sobre a monarquia deveria ser seguido por eleições, mas as paixões despertadas pelos combates de

CAPÍTULO 3 – CATÁSTROFE E OCUPAÇÃO E SUAS CONSEQUÊNCIAS (1923-1949) | 135

dezembro se revelaram difíceis de ser contidas. Ultradireitistas, incensados pelo assassinato de alguns dos reféns tomados pela ELAS, e com lembranças do terror esquerdista contra oponentes políticos durante a ocupação, exerceram então uma brutal e indiscriminada vingança sobre a esquerda. Uma sucessão de governos fracos revelou-se indisposta a enfrentar a polarização ou incapaz de fazê-lo. Perto do fim de 1945, em consequência da pressão britânica, um governo aparentemente mais estável foi estabelecido sob Themistoklis Sophoulis, o líder octogenário do Partido Liberal e herdeiro político de Venizelos.

Sophoulis anunciou que eleições, as primeiras desde aquelas de 1936, seriam realizadas em 31 de março de 1946. Estas deveriam ser seguidas por um plebiscito, invertendo assim a ordem acordada em Varkiza. A extrema esquerda protestou que eleições justas não poderiam possivelmente ser realizadas no clima prevalecente de desordem. Os comunistas, mais uma vez sob a liderança de Nikos Kakhariadis, que havia passado a guerra em um campo de concentração alemão, decidiram, após alguma hesitação, abster-se. O mesmo também fizeram alguns membros do gabinete de Sophoulis. Sophoulis, contudo, estava sob forte pressão para persistir por parte de uma Grã-Bretanha exaurida pela guerra e ansiosa para encerrar seu oneroso compromisso grego. As eleições foram realizadas, observadas por uma missão aliada que continha membros britânicos, americanos e franceses (a União Soviética declinara de participar). A abstenção da esquerda, o desarranjo do centro e a contínua desordem, particularmente em áreas rurais, contribuíram para uma esmagadora vitória (55% do voto popular) de uma coalizão de direita dominada pelo Partido do Povo. Os observadores estrangeiros declararam que as eleições haviam sido "no geral" livres e justas e avaliaram as abstenções em meros 9% de eleitores registrados. Esse número era claramente muito baixo, mas apenas a participação nas eleições pela extrema esquerda poderia ter dado uma indicação mais clara do verdadeiro nível de seu apoio. A liderança comunista admitiu subsequentemente que a decisão de se abster havia sido equívoca.

> A Grécia é o único país da Europa no campo dos vitoriosos onde colaboradores fascistas com os ocupantes, quislings e traidores estão novamente sufocando a democracia. O movimento de resistência está em um estado de perseguição terrorista geral. Centenas foram assassinados e estão sendo assassinados. Dezenas de milhares estão na prisão. Centenas de milhares estão sendo perseguidos.

> Comitê Central do Partido Comunista da Grécia (1945)

IMAGEM 44. Winston Churchill fotografado em Atenas com o arcebispo Damaskinos de Atenas em 26 de dezembro de 1944 durante a *Dekemvriana*, o amargo combate entre unidades do exército de resistência controlado pelos comunistas, ELAS, e tropas britânicas apoiando o governo de Georgios Papandreou, que havia voltado à Grécia dois meses antes com a retirada alemã. A mera presença do primeiro-ministro britânico na capital grega nessa particular junção é testemunho de sua crescente obsessão com o desenvolvimento político na Grécia durante a última parte da guerra e de sua determinação de impedir uma tomada do poder pelos comunistas. Isso se refletira em seu acordo prévio, finalizado em Moscou em outubro de 1944, com o líder soviético, Joseph Stalin, para negociar a predominância russa na Romênia e Bulgária pela predominância britânica na Grécia, o famoso acordo das "porcentagens". Para a consternação de seu pessoal, Churchill havia embarcado em um arriscado voo para a Grécia com seu secretário do exterior, Anthony Eden, no dia de Natal, em uma época em que a guerra na frente ocidental estava em um estágio crítico. A despeito das prolongadas reuniões com as partes em conflito, Churchill, com todo seu imenso prestígio, foi incapaz de chegar a um acordo. Ele, porém, retornou a Londres muito mais consciente da força do sentimento contra o retorno do rei George II antes da realização de um plebiscito. Ele também veio a admirar o arcebispo Damaskinos, o clérigo sênior da Igreja Ortodoxa na Grécia, a quem ele até então desprezava como um "padre pestilento, um sobrevivente da Idade Média". Churchill prevaleceu então sobre o rei George, cuja causa ele tinha até então firmemente defendido, para designar Damaskinos como regente até a resolução da questão constitucional. Um cessar-fogo entre a ELAS e as forças britânicas foi negociado em 11 de janeiro de 1945, dois meses após a dramática intervenção de Churchill.

O novo governo do Partido do Povo, liderado por Dino Tsaldaris, adiantou então o plebiscito sobre a questão constitucional, originariamente marcado para março de 1948, para setembro de 1946. Como a eleição de março de 1946, este foi realizado em circunstâncias anômalas e com base em re-

CAPÍTULO 3 – CATÁSTROFE E OCUPAÇÃO E SUAS CONSEQUÊNCIAS (1923-1949) | 137

gistros eleitorais obsoletos, embora a abstenção tenha sido muito maior. O resultado foi de 68% dos votos para o retorno do rei, um resultado dúbio, mas que parecia ter refletido a visão de números significativos de ex-republicanos de que o retorno do rei era um mal menor do que a possibilidade do estabelecimento de um regime comunista. Republicanos moderados viram-se impiedosamente espremidos entre os extremos de esquerda e direita. As eleições de março de 1946 foram uma virada crítica, pois representavam a última oportunidade de uma evolução pacífica do pesadelo da ocupação e desordem civil. Um vingativo governo de direita exacerbou uma situação política já polarizada. Mesmo antes das eleições, repressão da direita havia levado ex-partisans da ELAS de volta às montanhas. Esse processo agora ganhava impulso, embora houvesse ainda confusão dentro da liderança comunista quanto a se deviam lutar pelo poder através de meios constitucionais ou militares.

Enquanto o país rumava na direção de uma guerra civil aberta, o governo de Tsaldaris declarou, em agosto de 1946, que os bandos guerrilheiros comunistas recebiam suprimentos a partir da Iugoslávia e da Bulgária. Em outubro, os comunistas anunciaram a formação do Exército Democrático sob a liderança de Markos (Vafiadis), um ex-líder da ELAS, embora o próprio partido comunista não fosse declarado uma organização ilegal até dezembro de 1947. Como a situação deteriorava rapidamente, o governo britânico renunciou efetivamente à influência preponderante que havia até então exercido sobre os negócios do país. O papel de principal patrono externo era agora assumido por um Estados Unidos que havia no passado sido altamente crítico do emaranhado grego da Grã-Bretanha. Em março de 1947, o presidente Truman prevaleceu sobre o Congresso dos Estados Unidos para conceder substancial ajuda de emergência para a Grécia como parte de um programa de apoio para "povos livres" ameaçados por subversão interna que veio a ser conhecido como "Doutrina Truman".

Levou algum tempo antes que os efeitos da ajuda americana se fizessem sentir, e, entrementes, o Exército Democrático, fazendo uso efetivo de táticas de guerrilha, conseguiu sucessos notáveis sobre o exército regular. Mas Markos fracassou em sua tentativa de assegurar a cidade de Konitsa, perto da fronteira com a Albânia, para funcionar como a capital do Governo Democrático Provisório, cuja formação foi anunciada no fim de 1947. O Exército Democrático foi beneficiário de substancial apoio logístico vindo dos regimes comunistas das vizinhas Iugoslávia, Bulgária e Albânia. Mas isso de pouco valia diante da escala da ajuda econômica e militar dos Es-

IMAGEM 45. Uma fotografia de propaganda mostrando o rei Paulo e a rainha Frederica sendo levados nos ombros por ex-comunistas "reformados" durante uma visita à ilha-prisão de Makronisos durante a guerra civil de 1946-1949. Na época, o rei Paulo havia sucedido no trono com a morte de seu irmão George II em 1947 e a guerra civil, que tinha suas origens na política da resistência na época da guerra, estava em pleno andamento. Makronisos era notória pelo duro tratamento de partidários do Exército Democrático comunista, e esforços particulares eram feitos para extrair "declarações de arrependimento" nas quais comunistas não apenas renunciavam às suas crenças, mas também denunciavam seus antigos camaradas. Um observador oficial britânico, em declarações características, considerou as condições no campo como "contrárias ao conceito britânico e americano de humanidade e justiça". O Exército Democrático, de sua parte, engajava-se em recrutamento forçado e era não menos brutal em seu tratamento de dissidentes. O Exército Democrático podia contar com ajuda limitada dos vizinhos comunistas da Grécia, Iugoslávia, Albânia e Bulgária, mas Stalin estava cauteloso em provocar um confronto direto com os Estados Unidos, cujo apoio logístico do exército nacional foi vital à sua eventual vitória. Inevitavelmente, a sangrenta guerra civil, além de retardar demasiadamente o processo de reconstrução de pós-guerra, criou amargas divisões que a sociedade levou uma geração ou mais para cicatrizar. Durante a guerra civil, o exército tornou-se identificado com um visceral anticomunismo e seus estreitos laços com a monarquia duraram até a imposição da ditadura militar em 1967. Durante o período de pós-guerra, a rainha Frederica, nascida na Alemanha e determinada, revelou-se uma figura controversa, cujas relações com Konstantinos Karamanlis durante seu primeiro mandato como primeiro-ministro, entre 1955 e 1963, foram frequentemente tempestuosas.

tados Unidos que era administrada através de missões norte-americanas cujos poderes eram muito consideráveis e frequentemente invocados. Gradualmente a maré militar virou. Nesse processo, o total comando aéreo desfrutado delas forças do governo foi vital. O Exército Democrático per-

CAPÍTULO 3 – CATÁSTROFE E OCUPAÇÃO E SUAS CONSEQUÊNCIAS (1923-1949) | 139

deu uma crucial vantagem quando o líder do partido comunista, Zakha-riadis, prevaleceu sobre Markos e insistiu para que o Exército Democrático abandonasse as táticas de guerrilha e lutasse como um exército regular. Markos foi expurgado e substituído como comandante por Kakhariadis.

Sob crescente pressão governamental, o Exército Democrático dependia cada vez mais de conscrição forçada, tanto de mulheres como de homens, nas áreas que controlava. As crianças eram retiradas da zona de guerra para os países do bloco oriental, segundo os comunistas para sua própria prote-ção, segundo seus oponentes para serem doutrinadas como um novo recru-tamento janízaro. Em torno de 1949, 40% dos postos e fileiras do Exército Democrático eram compostos por macedônios eslavos, um fato que levou o partido comunista mais uma vez a defender o direito de autodetermina-ção para os macedônios. Essa inversão da política impopular do período de entreguerras mais uma vez deixou os comunistas abertos a acusações de estarem preparados a ceder territórios recente e duramente conquistados a inimigos tradicionais.

A situação internacional estava também mudando para a desvantagem dos comunistas gregos. Leais como sempre à pátria do comunismo mun-dial, eles tomaram partido de Moscou quando a Iugoslávia foi expulsa do Cominform em 1948. Em consequência, os iugoslavos, preocupados com a ameaça da União Soviética e seus aliados, interromperam sua ajuda ao Exército Democrático e finalmente fecharam a fronteira para as guerrilhas em 1949. Mesmo depois da divisão, Stalin havia deixado clara sua visão de que, dado o domínio naval britânico e americano no Mediterrâneo, a causa comunista na Grécia estava perdida. Embora tivesse claramente recebido bem uma vitória do Exército Democrático, ele não iria arriscar um con-fronto com os Estados Unidos no sentido de assegurá-la, não menos talvez porque a União Soviética não era ainda uma potência nuclear. A "punha-lada nas costas" iugoslava provou ser um álibi conveniente para a derro-ta do Exército Democrata, mas o fator decisivo foi o massivo influxo de ajuda militar americana na forma de equipamento e treinamento. Isso transformou o exército regular em uma efetiva força de combate, cujo mo-ral foi elevado quando, em janeiro de 1949, o general (mais tarde Marshal) Papagos, o comandante militar durante a campanha albanesa, mais uma vez tornou-se comandante em chefe. Pelo fim do verão de 1949, os rema-nescentes do Exército Democrático, derrotados em batalhas ferrenhas nas áreas acidentadas de Grammos e Vitsi, foram empurrados pela fronteira para a Albânia. A liderança comunista em outubro declarou uma cessa-

IMAGEM 46. O general James van Fleet quebrando ovos de Páscoa com o general Alexandros Papagos no domingo de Páscoa de 1949. Descrito pelo general Dwight Eisenhower como sendo "direto e enérgico", embora "definitivamente *não* o tipo intelectual", van Fleet foi designado em janeiro de 1948 como o líder do Grupo de Planejamento Militar Conjunto dos Estados Unidos, cuja tarefa era coordenar a ajuda militar ao exército nacional durante a guerra civil. Desde a proclamação da Doutrina Truman em março de 1947, grandes quantidades de ajuda militar e econômica dos Estados Unidos foram fornecidas. Isso foi reforçado por conselheiros militares e pela criação de uma equipe geral conjunta grega-americana, embora os americanos não participassem do combate. Van Fleet chegou em um ponto baixo nas fortunas do exército nacional. Melhor equipamento, treinamento incrementado, números superiores e domínio aéreo total, contudo, ajudaram a virar a maré. O moral do exército nacional recebeu um reforço ulterior quando o general (mais tarde Marshal) Papagos, herói da campanha albanesa de 1940, foi designado comandante em chefe. Como vários dos oficiais em serviço, Papagos tinham um registro de envolvimento em política. Ele foi um dos três oficiais sêniores cujo pronunciamento forçou a renúncia do primeiro-ministro Panays Tsaldaris, em outubro de 1935, preparando o caminho para a restauração do rei George II. Uma vez encerrada a guerra civil, ele fundou seu próprio partido, modelando-se em De Gaulle. Favorecido pelos americanos, ele foi primeiro-ministro entre 1952 e 1955, ano de sua morte.

ção temporária de hostilidades. Malgrado o fato de que os remanescentes derrotados do Exército Democrático iriam por alguns anos permanecer em estado de guerra em seu desolado exílio na Europa do leste e Rússia, a guerra civil estava na realidade encerrada.

---

capítulo 4

O LEGADO DA GUERRA CIVIL
(1950-1974)

A década de 1940 foi a mais sombria na história da independência da Grécia. As glórias de sua resistência na época das invasões italiana e alemã
durante o inverno de 1940-1941 e o heroísmo da resistência, coletiva e
individual, às bárbaras ocupações alemã, italiana e búlgara haviam trazido em sua esteira privações em uma escala sem precedentes. Além disso, fome, represálias e destruição material deliberada, junto com a virtual
destruição da comunidade judaica grega, haviam sido acompanhadas por
luta intestina que culminaria na guerra civil entre 1946 e 1949. A guerra
de independência da década de 1820 e o Cisma Nacional do período da Primeira Guerra Mundial haviam deixado profundas clivagens na sociedade.
Mas essas manifestações anteriores de uma sociedade dividida contra si
mesma não podiam se comparar com a ferocidade da selvagemente lutada
guerra civil, que prolongaria as agonias da ocupação até o fim da década.
Ademais, as atrocidades cometidas por ambos os lados assumiram uma
dimensão a mais de horror no que eram infligidas por gregos sobre gregos.
A velha disputa havia sido entre venizelistas e antivenizelistas, de modo
geral entre partidários da república e da monarquia, mas esse cisma havia
sido agora superado por uma divisão ainda mais fundamental, aquela entre comunistas e anticomunistas.

Durante a segunda metade da década, os parcos recursos do depaupe-
rado Estado não foram devotados, como em outros lugares, para reparar
as destruições da guerra e ocupação, mas, em vez disso, para a contenção do "inimigo dentro". Em torno de 1949, o governo militar e as forças de segurança perfaziam aproximadamente um quarto de milhão. Boa
parte da ajuda americana que na Europa ocidental estava sendo devotada

ao desenvolvimento econômico era canalizada para objetivos militares. A ordem burguesa, embora às vezes gravemente ameaçada, sobreviveria. Mas a dependência do governo, para sua sobrevivência política e militar, de patrocínio externo efetivamente tornou a Grécia um Estado cliente dos Estados Unidos. Poucas decisões importantes militares, econômicas ou mesmo políticas podiam ser tomadas sem a aprovação americana, testemunho de um grau de penetração externa que dificilmente existiu mesmo quando a hegemonia britânica estava em seu apogeu.

A esmagadora derrota da insurgência comunista, ou "guerra de bandidos" como a direita insistia em chamá-la, assegurava que, única entre os países dos Bálcãs, a Grécia emergiria das dores do parto e deslocamentos da Segunda Guerra Mundial sem um regime comunista. Mas a Grécia pós-guerra civil dificilmente constituía uma democracia modelo. A amargura engendrada pela guerra civil, talvez inevitavelmente, deveria lançar uma longa sombra sobre a política das décadas de 1950 e 1960, muito como as paixões despertadas pelo Cisma Nacional durante a Primeira Guerra Mundial haviam distorcido todo o curso político entreguerras do desenvolvimento político do país.

Logo tornou-se aparente que o objetivo primário dos governos pós-guerra civil era a contenção do comunismo, tanto no plano interno quanto internacional, em vez de qualquer esforço sério para reformar ou reestruturar a sociedade. Não obstante, na esteira imediata da guerra civil, havia esperançosas indicações de que conselhos mais moderados poderiam prevalecer. Em fevereiro de 1950, a lei marcial, que havia estado em vigor desde 1947, foi erguida, e as eleições do mês seguinte foram realizadas sob o sistema de representação proporcional que havia sido usado em 1936 e 1946.

Uma pletora de partidos disputou as eleições de 1950. O direitista Partido do Povo de Tsaldaris, vitorioso em 1946, emergiu como o maior partido. Mas três partidos de centro, cada um reivindicando o manto do venizelismo, juntos conquistaram mais da metade das 250 cadeiras. Estes eram os Liberais, liderados por Sophocles Venizelos, filho e pretenso herdeiro político de Eleftherios Venizelos; a União do Centro Progressista Nacional, sob a liderança do general Nikolaos Plastiras, o veterano dos golpes venizelistas de 1922 e 1933 e o breve primeiro-ministro na esteira da insurgência de dezembro de 1944; e o Partido Georgios Papandreou, liderado, não surpreendentemente, pelo político com este nome. Nenhum desses políticos podia ser descrito como simpático à extrema esquerda. Não obstante, constituía um sinal esperançoso que uma maioria do eleitorado havia votado em partidos que estavam comprometidos em certa medida com a reconciliação e que havia rejeitado o estridente revanchismo do Partido do Povo.

Os primeiros governos do pós-guerra civil, coalizões de centro e centro-direita, estavam divididos quanto ao grau de leniência a ser concedido aos vencidos na guerra civil e foram de curta duração. Duas novas formações disputaram as eleições seguintes, aquelas de setembro de 1951. A primeira era a Reunião Grega, liderada por Marshal Papagos, o comandante em chefe durante os últimos estágios da guerra civil. Ele havia renunciado do exército sobre o qual ele exercera incontestada autoridade, em circunstâncias que ainda não são claras, após desentendimentos com o rei Paulo. A segunda era a Esquerda Democrática Unida, que era essencialmente uma fachada para o partido comunista na ilegalidade. A Reunião Grega desalojou o Partido do Povo na direita e ganhou uma quantidade de votos maior, proporcionalmente, que qualquer dos outros partidos. Significativamente, a proporção dos votos do exército em Papagos separadamente registrada foi notavelmente mais alta do que no país em geral. O resultado era ainda inconclusivo, contudo, e uma outra coalizão de centro foi formada. Isso contrariou o embaixador americano, que ameaçou publicamente uma redução na ajuda dos Estados Unidos (da qual a Grécia fora o recipiente de quase 1 bilhão de dólares durante os cinco anos anteriores), a menos que o sistema eleitoral fosse mudado de proporcional para maioria. Tal mudança beneficiaria claramente Papagos que, no clima de elevada tensão internacional seguindo-se à irrupção da Guerra da Coreia, era visto pelos americanos como o melhor garantidor de estabilidade política e de uma firme linha contra a esquerda. Os políticos protestaram diante de tão flagrante interferência, mas a mudança foi devidamente feita a tempo para as eleições de novembro de 1952.

Essas eleições produziram uma massiva vitória para a Reunião Grega. O sistema de maioria transladava 49% do voto popular em 82% das cadeiras. Começava agora um período de governo de direita que deveria durar até 1963. Embora uma nova Constituição concedesse garantias de liberdades políticas básicas, estas eram frequentemente negadas na prática por legislação de emergência introduzida durante a guerra civil. A Lei nº 509, de 1947, por exemplo, permanecia em vigor e providenciava severas penalidades para a defesa da derrubada da ordem social existente, enquanto a polícia de segurança, armada com montanhosas fichas sobre visões reais ou imaginárias do populacho, mantinha uma severa vigilância sobre aqueles suspeitos de simpatias esquerdistas. Um instrumento-chave de

144 | HISTÓRIA CONCISA DA GRÉCIA

controle político era o requerimento de apuração policial para aqueles que procuravam emprego público, um passaporte ou mesmo uma carteira de motorista. Por mais repressivas que fossem essas medidas, elas eram não obstante leves em comparação com o tratamento dispensado aos "inimigos de classe" nos vizinhos do norte da Grécia. Em abril de 1952, a maioria das sentenças de morte ainda vigentes da guerra civil foi comutada, e muitos daqueles condenados por ofensas políticas foram libertados ou tiveram suas sentenças reduzidas.

Se a reconciliação política não figurava no alto da agenda do governo Papagos, progressos foram feitos na direção da reconstrução econômica. Tentativas que haviam sido consideradas no início do período de pós-guerra para desviar a economia da agricultura para a indústria, com o Estado assumindo a liderança em tal reestruturação, foram efetivamente abandonadas. Mas um considerável esforço foi despendido na restauração da credibilidade da moeda corrente, que havia sido fatalmente solapada pela assombrosa inflação da ocupação e dos anos imediatos da pós-libertação. A desvalorização de 1953, associada a uma política monetária apertada e algum afrouxamento das frequentemente desajeitadas algemas do controle estatal, estimulou empreendimento privado e conduziu a um período de 20 anos de notável estabilidade monetária e crescimento econômico. Isso ajudou a restaurar a confiança no dracma, embora o preço da terra e da habitação continuasse a ser cotado em soberanos de ouro até bem adiantado na década de 1950.

Continuou a haver uma marcante relutância em investir em qualquer coisa que não tijolos e, particularmente, em cimento. Blocos de apartamentos construídos de concreto reforçado cortavam uma desagradável faixa através de Atenas, Salônica e, cada vez mais, muitas cidades provincianas, dando às vezes a impressão de que o país era um vasto canteiro de obras. Não é por acidente que uma das maiores fábricas de cimento do mundo estivesse localizada em Volos. Entre 1961 e 1980, não menos que 65% do investimento era em construção, muito do qual na forma de habitação para populações urbanas em rápido crescimento. Durante a guerra civil, cerca de 700 mil pessoas, aproximadamente 10% da população, havia sido forçada a abandonar suas casas, o início de uma fuga do campo para as cidades tendo sido uma notável característica do período de pós-guerra. Entre 1951 e 1971, as proporções de populações urbana e rural foram revertidas, de 38% e 48% respectivamente, para 53% e 35%. O resto era categorizado como semiurbano. Entre 1961 e 1971, a população da Grande

CAPÍTULO 4 – O LEGADO DA GUERRA CIVIL (1950-1974) | **145**

Atenas cresceu 37% e, durante a década seguinte, outros 19%. Despesas militares muito altas agiam como um freio no investimento produtivo. Com umas poucas notáveis exceções, tais empreendimentos industriais, quando existiam, tendiam a ser pequenos, baseados na família e concentrados em setores de baixa tecnologia, como alimentos, bebidas, têxteis e tabaco. O setor de serviços, porém, florescia.

A economia continuava a ser pesadamente dependente da ajuda dos Estados Unidos e de tais tradicionais fulcros da balança de pagamentos, como remessas de emigrantes e receitas de embarque. O chamariz da *xeniteia*, ou estadia, em partes do estrangeiro continuou através de muito do período de pós-guerra, com cerca de 12% da população emigrando entre 1951 e 1980. Até que as restrições de cota dos Estados Unidos fossem erguidas, em meados da década de 1960, boa parte dessa emigração era para a Austrália (pela década de 1970, Melbourne tinha uma das maiores populações gregas de qualquer cidade no mundo), Canadá e, a partir do fim da década de 1950, para a Alemanha, onde *Gastarbeiter* gregos (e mais ainda turcos) davam conta dos trabalhos mais servis evitados pela população autóctone. Uma significativa proporção desses "trabalhadores convidados" eventualmente voltava para casa para estabelecer pequenos negócios no setor de serviços. As fundações de muitas fortunas gregas de pós-guerra no setor de embarcações residem na engenhosa compra de navios Liberty dos Estados Unidos no fim da guerra, e muitos dos supertanques construídos nas décadas de 1950 e 1960 eram de donos gregos, ainda que o grosso deles navegasse sob bandeiras de conveniência. Essa marinha mercante "grega" emergiria como a maior do mundo. Antes da guerra, o turismo havia sido um fator negligenciável na economia. Os padrões de vida em rápida ascensão na Europa ocidental, associados ao desenvolvimento de viagem aérea em massa e as muito melhoradas comunicações, em parte uma consequência da guerra civil, levaram o turismo a alcançar um estágio de decolagem pelos fins da década de 1950, um desenvolvimento que teria um significativo impacto sobre os hábitos e costumes do país bem como sobre a balança de pagamentos. Com o tempo, as devastações infligidas pela guerra e pela guerra civil sobre a economia estavam cicatrizadas, e mesmo os frutos da recuperação tendo sido distribuídos de modo não uniforme, não obstante os padrões de vida subiram constantemente através das décadas de 1950 e 1960. A renda *per capita* quase dobrou entre 1955 e 1963, enquanto os preços subiram apenas 17%.

Durante a guerra civil, a Grécia havia sido uma área-chave de confronto na Guerra Fria. Isso, associado com o fato de que três vizinhos ao norte, Albânia, Iugoslávia e Bulgária, haviam caído sob o controle comunista, asseguraria que ela era proveitosa para o sistema de defesa ocidental. Em 1952, Grécia e Turquia foram admitidas na aliança da OTAN, embora nenhuma das duas pudesse ser descrita como do "Atlântico Norte". Percepções compartilhadas de perigo externo comum tinham, durante o fim da década de 1940, levado a boas relações entre os dois países, que foram acrescentados em uma aliança formal em 1953 por uma Iugoslávia isolada desde seu rompimento de 1948 com Moscou. Esse improvável Pacto Balcânico logo desintegrou-se quando as relações entre Iugoslávia e Rússia melhoraram enquanto aquelas entre Grécia e Turquia atingiram proporções de crise seguindo-se violentos tumultos dirigidos contra a minoria grega em Istambul em setembro de 1955.

O final abrupto da breve lua de mel entre os dois aliados que guardavam o flanco sudeste da OTAN havia sido precipitado pela crescente crise no Chipre, a última área de substancial população grega na região a permanecer fora das fronteiras do Estado grego. No decorrer dos anos, desde que a ilha havia ficado sob a administração britânica em 1878 (ela foi formalmente anexada em 1914 e tornou-se uma colônia da Coroa em 1925), houve vociferantes exigências por parte da comunidade grega, que constituía 80% da população, de *enosis*, ou união, com a pátria grega. Enquanto a Grã-Bretanha fora o patrono externo da Grécia, os sucessivos governos em Atenas deram pouco encorajamento a essas aspirações unionistas. Agora que os americanos, que eram vistos como mais simpáticos ao desejo dos cipriotas de se livrarem do domínio colonial, haviam substituído os britânicos, e que estes estavam ocupados desmantelando seu império, essas inibições diminuíram e o primeiro-ministro Papagos estava preparado para dar algum apoio às aspirações dos cipriotas gregos.

Após a Grã-Bretanha ter, perversamente, parecido descartar qualquer cessão de soberania sobre a ilha, o general Georgios Grivas, um oficial do exército grego nascido no Chipre, que havia liderado uma insípida organização anticomunista (conhecida como "Chi") durante a ocupação e, em sua esteira, desencadeou, em abril de 1955, uma campanha de desobediência civil embasada com violência política. Isso foi coordenado através de sua Organização Nacional de Combatentes Cipriotas (EOKA) e tinha a conivência tácita do arcebispo do Chipre, Makarios III. Como um contrapeso às demandas dos cipriotas gregos, o governo britânico encorajou a

CAPÍTULO 4 – O LEGADO DA GUERRA CIVIL (1950-1974) | **147**

Turquia a declarar um interesse na disputa. Esse foi o pano de fundo para os tumultos altamente destrutivos de setembro de 1955, que precipitariam um dramático declínio na comunidade grega em Istambul. Não demorou muito para que os turcos opusessem às reivindicações gregas por *enosis* suas próprias exigências por *taksim*, ou partição.

No apogeu dessa crescente crise nas relações greco-turcas, o idoso Papagos morreu. O rei Paulo escolheu Konstantinos Karamanlis como seu sucessor, para o desagrado manifesto de concorrentes mais óbvios. Embora não tirado do charmoso círculo da elite política ateniense, Karamanlis havia feito seu nome como um ministro forte condutor de obras públicas. Esse blefe macedônico seria a força dominante na política, dentro ou fora do cargo, pelos 35 anos seguintes. Após reconstituir a Reunião Grega como a União Radical Nacional, Karamanlis realizou novas eleições em fevereiro de 1956, as primeiras eleições nacionais nas quais as mulheres tiverem direito de voto. Uma lei eleitoral de verdadeira complexidade bizantina, aprovada, como era de costume, pelo governo em vigor, alcançou o efeito desejado de favorecer o próprio partido de Karamanlis. Embora a União Radical Nacional recebesse uma proporção marginalmente menor do voto popular do que o principal bloco de oposição, ela não obstante assegurou uma clara maioria no Parlamento. As idiossincrasias da prática eleitoral pelas quais os partidos governantes, do matiz que fosse, sentiam-se livres para manipular a lei eleitoral para sua própria vantagem foram ulteriormente salientadas em eleições realizadas dois anos mais tarde, em maio de 1958, seguindo-se uma divisão de curta duração dentro do partido governante da União Radical Nacional. Nessa ocasião, malgrado a substancial queda em sua proporção do voto popular, a maioria de Karamanlis no Parlamento na verdade aumentou.

Não obstante, a direita e, também, o centro sofreram um severo choque quando a Esquerda Democrática Unida, essencialmente uma cobertura para o ilegal e exilado partido comunista, emergiu das eleições de 1958 como o principal partido de oposição, com quase um quarto do voto popular. Essa elevação do apoio para e extrema esquerda podia apenas ser parcialmente explicada pelo desarranjo no centro. Pois a Esquerda Democrática Unida havia explorado habilmente o disseminado ressentimento pelo fracasso de seus aliados da OTAN em apoiar a causa grega sobre o Chipre. Mas o resultado contribuiu significativamente para romper o impasse sobre o Chipre, pois tanto Karamanlis como os Estados Unidos estavam preocupados com a aparente ascensão de sentimento neutralista. E mais, na esteira da desastrosa aventura de Suez em 1956, a Grã-Bretanha havia tardiamente se dado conta de que seus interesses estratégicos no leste do Mediterrâneo poderiam ser bem servidos por bases soberanas na ilha. A possibilidade de progresso real rumo a um acordo tornou-se aparente quando, no outono do mesmo ano, 1958, o arcebispo Makarios, então no exílio em Atenas, deixou ser sabido que ele estaria preparado para considerar a independência para a ilha como uma alternativa à *enosis*.

O caminho agora estava aberto para uma resolução do conflito, desde que ela ficasse aquém da união da ilha com a Grécia continental. Tal acordo foi rapidamente feito no início de 1959 em um encontro em Zurique entre Karamanlis e sua contraparte turca, Adnan Menderes. Num encontro subsequente em Londres, o esboço do acordo foi apresentado como um *fait accompli* pelos governos britânico, grego e turco ao arcebispo Makarios e Fazil Kütchük, os líderes das comunidades grega e turca na ilha. Makarios assinou apenas com considerável relutância, enquanto Grivas estava claramente insatisfeito com a traição da sagrada causa da *enosis*, pela qual ele lutara com habilidade e tenacidade. O acordo dispunha que o Chipre se tornaria uma república independente dentro da Commonwealth britânica, com a Grã-Bretanha retendo soberania, em perpetuidade, sobre duas bases aéreas. Grécia e Turquia tinham permissão de estacionar dois pequenos contingentes militares na ilha e, com a Grã-Bretanha, tornarem-se cogarantidores do acordo. A cautela de Makarios era justificada, pois o novo Estado era dotado de uma confusa e essencialmente inviável constituição. Esta outorgava 30% das cadeiras no Parlamento e posições nos serviços governamentais (40% da polícia) a uma minoria turca que constituía 18% da população total.

Karamanlis ficou sob o fogo da oposição por trair a causa do helenismo nos interesses da OTAN e dos americanos. Mas o acordo lhe concedeu folga para voltar sua atenção, que havia estado grandemente preocupada com o Chipre durante seus primeiros quatro anos no cargo, para outras coisas. Ele foi bem-sucedido em negociar, em 1961, um acordo de associação, o primeiro de sua espécie, com a Comunidade Econômica Europeia. Isso abria a possibilidade de se tornar membro pleno em torno de 1984. Os termos providenciavam uma periódica redução de tarifas e obrigações alfandegárias e prometiam uma necessária competição para indústrias ineficientes que haviam até então sido protegidas por trás de barreiras de altas tarifas. Mas por certo que os motivos de Karamanlis eram tanto políticos como econômicos: a associação foi percebida sem demora como um meio de ancorar a Grécia ainda mais firmemente na aliança ocidental e de legitimar sua ainda um tanto incerta identidade europeia.

Desde então, o domínio da cena política interna por Karamanlis se deu sem sérios desafios. Mas sua sorte mudaria com sua decisão de convocar eleições em outubro de 1961, um tanto em adiantamento do termo normal de quatro anos. Pois, na esteira de seu desempenho pouco brilhante mostrado nas eleições de 1958, os partidos de centro haviam sido unidos para formar a União do Centro pelo veterano político liberal Georgios Papandreou, que ficou menos alarmado que o próprio Karamanlis pelo aumento de apoio para a extrema esquerda.

O novo alinhamento de centro, contudo, indo desde direitistas dissidentes com ojeriza contra Karamanlis até ex-adeptos da extrema esquerda, esteve sempre inclinado a tendências centrífugas, que, no fim, se romperiam em partes. Papandreou foi capaz de alcançar um de seus principais objetivos na eleição de 1961 ao reduzir o tamanho da Esquerda Democrática Unida e empurrá-la para o terceiro lugar, mas não conseguiu fazer muito progresso contra Karamanlis, cuja proporção de votos cresceu substancialmente em comparação com o resultado de 1958. Mal foram anunciados os resultados da eleição, tanto a União de Centro como a Esquerda Democrática Unida a denunciaram como fraudulenta, resultado de manipulação e pressões impróprias pelo exército, a gendarmaria, os batalhões de segurança rural e outras "forças obscuras". Certamente ocorreram algumas extraordinárias flutuações nos padrões de votação entre as eleições de 1958 e 1961 que dificilmente poderiam ser explicadas em termos de fluxo e refluxo rotineiros de apoio político.

Os partidos de oposição alegavam que o exército havia implementado um plano da OTAN, com o nome em código de Péricles e designado para lidar com ameaças à segurança interna, para preservar a permanência da direita no poder. Isso nunca foi provado (embora o coronel Georgios Papadopoulos, o ditador da Grécia entre 1967 e 1973, tenha ulteriormente reconhecido que o exército havia sido envolvido), nem houve responsabilidade pessoal de Karamanlis pelo que Papandreou denominou um "putsch eleitoral". O líder da oposição, um brilhante orador, lançou prontamente o que ele denominou uma "luta inflexível" para anular os resultados das eleições. Isso se provou um efetivo grito de união que ajudou a dar maior coerência à sua recentemente fundada União do Centro. E foi também útil para angariar o apoio de uma nova geração de migrantes recentes às cidades (a população da Grande Atenas havia aumentado de tamanho entre

IMAGEM 47. "Fraternização por números". O estado intranquilo das relações greco-turcas através de boa parte da história da Grécia independente é refletido nesta fotografia de propaganda da OTAN (imagem superior) tirada durante manobras na Trácia grega em 1953. Ela mostra pelotões turcos (à direita em uniformes de estilo britânico) e gregos (em uniformes de estilo americano) fraternizando um tanto hesitantemente para as câmeras. Na época, as relações entre os dois países, recém-admitidos na aliança

CAPÍTULO 4 – O LEGADO DA GUERRA CIVIL (1950-1974) | **151**

> da OTAN, estavam no seu melhor durante o período de pós-Segunda Guerra Mundial. A hábil diplomacia de Venizelos havia iniciado um clima muito melhorado nas relações greco-turcas durante a década de 1930, embora a minoria grega em Istambul sofresse pesadamente pela imposição de taxação discriminatória durante a Segunda Guerra Mundial. A percepção compartilhada da ameaça soviética reuniu os dois países no fim da década de 1940 e início da de 1950. Mas dois anos após esta fotografia ser tirada, as relações deterioraram agudamente no esteiro de tumultos inspirados pelo governo turco contra a comunidade grega de Istambul. Houve várias mortes e o dano a propriedades foi em uma escala massiva. Mais de 4 mil lojas, 100 hotéis e restaurantes e 70 igrejas foram danificados ou destruídos. Na imagem inferior o patriarca ecumênico, Athinagoras, percorre de cabeça descoberta as ruínas da igreja da *Panaghia Veligradiou*. Os tumultos provocaram um processo de emigração que levaria à virtual extinção da minoria turca no fim da década de 1990. Em contraste, a minoria turca na Grécia soma cerca de 120 mil. Os tumultos de 1955 foram provocados pela exigência da maioria cipriota grega no Chipre pela união com o continente. Desde 1955, a questão do Chipre tem se provado um permanente "pomo da discórdia" entre os dois países, com as relações atingindo seu nadir na época da invasão turca do norte do Chipre em julho de 1974, quando uma guerra aberta greco-turca foi apenas estreitamente evitada. Desde então, a ocupação turca do norte da ilha e todo um complexo de diferenças bilaterais entre os dois países têm levado a um quase permanente estado de tensão.

1951 e 1961 em 35%) que se sentiam excluídos da crescente prosperidade do país, queriam maiores oportunidades educacionais para seus filhos e já não estavam convencidos da necessidade da pilha de legislação repressiva datando do período da guerra civil.

A percepção de que o governo Karamanlis havia perdido seu rumo foi salientada pelo assassinato, em maio de 1963, em uma manifestação pacífica em Salônica, de Grigorios Lambrakis, um deputado da Esquerda Democrática Unida. Seus assassinos, saídos do sinistro submundo da extrema direita, o "para-Estado", como era conhecido, foram subsequentemente descobertos como tendo vínculos com oficiais sêniores da gendarmaria. Karamanlis havia também colidido com o palácio e, mais particularmente, com a alemã de nascimento e determinada rainha Frederica, um desenvolvimento um tanto irônico, dado que havia sido o rei Paul que inesperadamente tirara Karamanlis da obscuridade para suceder Papagos em 1955. Karamanlis ressentia-se dos vínculos especiais que haviam sido forjados entre as forças armadas e o palácio, cuja relativa extravagância ofendia seu austero temperamento provinciano. A última gota em um relacionamento crescentemente carregado foi a recusa do casal real, no verão de 1963, em dar atenção ao conselho do primeiro-ministro para adiar sua visita de Estado a Londres, onde eles tendiam a deparar com violentos protestos por manifestantes exigindo a libertação de comunistas presos. Homem de certa inclinação autoritária, Karamanlis havia também por algum tempo se irritado sob uma Constituição que a seu ver dava demasiado poder ao Parlamento às expensas do primeiro-ministro.

IMAGEM 48. O arcebispo Makarios do Chipre fotografado em uma reunião em Rodes com o general Giorgios Grivas e Nikos Sampson (centro) em 1959, logo após ter sido alcançado um acordo entre Grã-Bretanha, Grécia e Turquia de que o Chipre seria declarado independente em 1960. Isso era um resultado desapontador para todos os três, particularmente para Grivas. Um cipriota que havia servido no exército grego, ele havia organizado a campanha de terror e desobediência civil lançada em 1955 para levar ao fim o domínio colonial britânico, datando de 1878, através da união com o Estado grego do Chipre, a última área substancial de população grega no Oriente Médio a permanecer fora de suas fronteiras. Makarios, relutantemente, aceitou a independência como a única alternativa à partição do Chipre entre Grécia e Turquia, cujo interesse na ilha derivava do fato de que 18% da população era de turcos. Bem na tradição ortodoxa, Makarios combinou a liderança política com a religiosa de seu rebanho, tornando-se presidente da nova República do Chipre. Grivas nunca se reconciliou com o tratado que, até a sua morte, em 1974, ele procurou solapar. Nikos Sampson, que havia recentemente sido libertado da prisão pelas autoridades britânicas quando a fotografia foi tirada, era um dos mais impiedosos e efetivos membros da EOKA (Organização Nacional de Combatentes Cipriotas) de Grivas. Quando o presidente Makarios foi brevemente deposto em 1974 em um golpe lançado pelo regime militar em Atenas, Sampson foi instalado como presidente do Chipre. Ele manteve o cargo por apenas uma semana, mas a imposição de um partidário linha-dura da união foi um dos fatores que precipitaram a invasão turca de 20 de julho de 1974, que resultou na ocupação de quase 40% da ilha.

Karamanlis renunciou em exasperação e deixou o país, voltando apenas para disputar eleições em novembro de 1963 sob um governo interino preocupado em evitar uma recorrência das irregularidades de 1961. Georgios Papandreou foi capaz de explorar habilmente as fraquezas de uma direita que parecia ter perdido sua autoconfiança, enquanto há indicações de que dois dos principais árbitros da cena política, o palácio e a embaixada dos Estados Unidos, estavam então preparados para favorecer um governo

CAPÍTULO 4 – O LEGADO DA GUERRA CIVIL (1950-1974) | **153**

de centro levemente reformista como a melhor defesa contra uma possível ressurgência da extrema esquerda como ocorrera em 1958. Papandreou assegurou uma estreita vitória sobre Karamanlis, desmentindo alegações da parte de seus críticos mais extremos de que a direita jamais entregaria voluntariamente sua posse do poder. Um Karamanlis mortificado partiu para a França e para um exílio do qual ele não deveria retornar por 11 anos e então na mais dramática das circunstâncias.

O fato de que a balança do poder no novo Parlamento pendia para a Esquerda Democrática Unida era, contudo, inaceitável para um político que era tão suspeitoso da extrema esquerda como oposto à direita, e Papandreou logo renunciou, forçando uma nova eleição três meses mais tarde, em fevereiro de 1964. Seu jogo deu certo e sua União do Centro foi recompensada com uma proporção de 53% dos votos, um número apenas uma vez (estreitamente nas circunstâncias excepcionais de 1974) excedido no período de pós-guerra, e uma maioria parlamentar aparentemente intacável.

Mas as altas (e talvez irrealistas) esperanças que haviam sido despertadas pela vitória da União de Centro não foram preenchidas e Papandreou sobreviveu no cargo por apenas 18 meses. Uma importante nova crise sobre o Chipre formou um contínuo pano de fundo para seu governo e, como tão frequentemente na história do país, a primazia da política externa sobre a interna iria criticamente impedir a implementação de suas promessas eleitorais. Assim que ele assumiu o cargo, o elaborado sistema de partilha de poder que havia sido resguardado no tratado de Chipre de 1960 ruiu, como, mais cedo ou mais tarde, estava fadado a acontecer. Em novembro de 1963, o presidente Makarios, que, muito de acordo com a tradição ortodoxa, combinava a liderança política com a espiritual de seu rebanho, exigiu uma redução nos poderes que haviam sido concedidos à minoria turca. Suas propostas, significativa e ominosamente, foram rejeitadas imediatamente pelo governo turco em favor da minoria cipriota turca. No fim de dezembro, ferrenha luta intercomunal irrompeu, e a ameaça de intervenção direta turca na ilha se agigantou. Isso foi evitado no verão de 1964 apenas por uma fala muito dura do presidente americano Lyndon Johnson.

> (...) seu Parlamento e sua Constituição. A América é um elefante. Chipre é uma pulga. A Grécia é uma pulga. Se essas duas pulgas continuarem a dar coceira no elefante, elas podem simplesmente ser golpeadas pela tromba do elefante, bem golpeadas.
>
> Presidente Lyndon Johnson ao embaixador
> grego em Washington (1964)

Uma paz intranquila foi mantida por uma força de paz da ONU, que tem mantido uma presença na ilha desde então, e uma considerável proporção de uma população turca que até então estava espalhada através da ilha foi reunida em enclaves dos quais cipriotas gregos eram excluídos. Papandreou se fez altamente impopular com a administração dos Estados Unidos ao rejeitar uma forma de *enosis* "dupla", que visava a união do Chipre com a Grécia em troca pela criação de cantões turcos autogovernados na ilha, o estabelecimento de bases controladas pela Turquia continental e a cessão à Turquia, como um gesto de boa vontade, da pequena ilha grega de Kastellorizo.

Esses desenvolvimentos lançaram sombras sobre boa parte do curto governo de Papandreou, mas ele foi capaz de dar um início em seu programa de reformas. Alguns, mas não todos, daqueles que estavam ainda na prisão por atividades durante a guerra civil foram libertados, e o congelamento de relações com países do bloco oriental foi parcialmente derretido. Importantes reformas educacionais foram decretadas, as quais, se tivesse havido tempo para implementá-las, teriam conduzido de alguma forma na direção da modernização de um sistema escolar arcaico e teriam posto ênfase na forma "demótica" de língua falada às expensas da *katharevousa* purista. Nunca a par dos detalhes de política econômica, Papandreou dependia pesadamente de aconselhamento de seu filho Andreas, que havia recentemente retornado após muitos anos passados nos Estados Unidos como economista acadêmico. Ele havia se tornado ministro no governo de seu pai, para a manifesta contrariedade de vários partidários da União de Centro que o viam como uma ameaça às suas próprias chances de eventualmente liderar o partido. Um destes era Konstantinos Mitsotakis. A rivalidade entre Mitsotakis e o jovem Papandreou viria novamente à tona 20 anos mais tarde, quando Mitsotakis, em 1984, tornou-se líder do partido conservador Nova Democracia, a meio caminho através do governo inicial de oito anos de Andreas Papandreou.

As políticas econômicas brandamente inflacionárias de Georgios Papandreou alarmaram a oligarquia econômica e financeira do país, pois elas pareciam ameaçar a notável estabilidade de preços que havia sido conseguida durante a primeira era de Karamanlis (os preços ao consumidor haviam realmente caído em 1962). Mais ominosamente, tornou-se aparente que elementos no exército educados para se verem como os guardiões dos valores nacionais sob a ameaça dos comunistas dentro e fora viam o governo Papandreou como uma espécie de cavalo de Troia, ameaçando

CAPÍTULO 4 – O LEGADO DA GUERRA CIVIL (1950-1974) | 155

IMAGEM 49. *Marinheiro em um fundo rosa* (1955), de Yannis Tsarouchis (1910-1990), pintor, projetista de palco e ilustrador de livros. Discípulo de Photis Kontoglou, sua obra reflete a mesma intensa preocupação com a tradição grega.

abrir o país para perigosas influências esquerdistas. O particular bicho-papão de elementos de ultradireita no exército era Andreas Papandreou, que esposava visões que eram brandas comparadas com algumas de suas posi-

156 | HISTÓRIA CONCISA DA GRÉCIA

ções posteriores, mas eram notavelmente mais radicais que aquelas de seu pai. As suspeitas da extrema direita foram abastecidas por alegações que o jovem Papandreou era visto como líder por um grupo de conspiradores dentro do exército, conhecido como *Aspida* (Escudo), uma vagamente esquerdista contraparte do ultradireitista IDEA (Laço Sagrado de Oficiais Gregos), que havia sido fundado entre as forças gregas no Oriente Médio durante a Segunda Guerra Mundial.

O Papandreou mais velho tinha pouca opção a não ser tentar exercer pleno controle político sobre as forças armadas, mas nisso ele era frustrado por seu próprio ministro da Defesa. Este não apenas bloqueou mudanças propostas na estrutura de comando do exército como recusou a exigência de Papandreou para que renunciasse, mesmo depois de ter sido formalmente expulso da União de Centro. A crise alcançou um clímax em julho de 1965, quando o primeiro-ministro procurou assentimento real à sua posse como ministro da Defesa em acréscimo ao cargo de primeiro-ministro. O rei, Constantino II, havia sucedido seu pai, o rei Paulo, no trono com a idade de 24 anos em março do ano anterior, 1964.

O palco estava agora montado para um confronto entre o jovem e politicamente inexperiente rei e seus conselheiros e o septuagenário primeiro-ministro, cuja carreira política se estendia até a Primeira Guerra Mundial. O rei Constantino recusou a requisição de Papandreou para assumir o ministério da Defesa com base em que seria impróprio quando o próprio filho do primeiro-ministro estava sob investigação por seu suposto papel na conspiração do *Aspida*. Seguindo-se uma acrimoniosa e pública troca de correspondência, Papandreou ofereceu sua renúncia, não esperando realmente que fosse aceita. Mas o rei não aceitou seu blefe e passou a implementar uma estratégia de tentativa de dividir a União de Centro. Esta fora sempre uma coalizão intranquila de elementos centristas, radicais e conservadores, como todos os partidos burgueses, carecendo de qualquer estrutura apropriada. Depois de muito esforço, o rei triunfou, contra um pano de fundo de demonstrações massivas pelos partidários de Papandreou, que denominaram os eventos de julho de 1965 "putsch real", em alusão ao "putsch eleitoral" de Karamanlis, de 1961.

O rei Constantino podia estar agindo dentro de seus direitos constitucionais, mas se sua estratégia era politicamente sensível é outra questão. Mesmo se o apoio da União Radical Nacional conservadora era suficiente para fornecer a mais estreita das maiorias no Parlamento, o governo formado por desertores da União de Centro, os "apóstatas" como eram

CAPÍTULO 4 – O LEGADO DA GUERRA CIVIL (1950-1974) | **157**

amargamente denunciados pelos leais ao partido, claramente carecia de legitimidade. Constantemente sob o fogo de Papandreou, sempre mais à vontade na oposição do que no poder, o governo do "apóstata" Stephanopoulos podia claramente fazer um pouco mais do que marcar passo. Além disso, a contínua agitação e incerteza política servia para alimentar a paranoia da direita extraparlamentar e criar um perigoso clima de desilusão para com os políticos entre a população em geral.

Papandreou havia consistentemente alegado que novas eleições ofereciam a única maneira de sair da mais séria crise política até então no período de pós-guerra. Eventualmente, estas foram agendadas para ter lugar, sob um governo "interino" não político, em maio de 1967, seguindo-se a um acordo entre Papandreou e Panayiotis Kanellopoulos, que havia sucedido Karamanlis na liderança da União Radical Nacional. Mas a campanha foi obscurecida por exigências de que a imunidade parlamentar de Andreas Papandreou fosse levantada de modo que ele pudesse ser acusado de cumplicidade no caso do *Aspida*. A disputa sobre essa questão levou à queda do governo "interino", e o rei, incomumente, encarregou Kanellopoulos da supervisão das eleições. Mas, em uma questão de dias, em 21 de abril, um grupo de oficiais relativamente júniores montou um golpe eficazmente executado, cujo propósito era antecipar uma quase certa vitória da União de Centro nas urnas.

Não houve virtualmente resistência a essa primeira intervenção aberta dos militares na arena política no período de pós-guerra. O rei, os políticos da direita à esquerda e, na verdade, as fileiras mais altas das forças armadas foram todos apanhados de surpresa. A natureza fragmentada dos sindicatos e a virtual falta de estrutura nos partidos políticos, combinadas ao manifesto fracasso do "mundo político" em superar a crise dos 18 meses anteriores, tudo contribuía para a facilidade com que o exército era capaz de tomar o poder. Ignorando os pedidos de seu legítimo primeiro-ministro, Kanellopoulos, o rei concedeu um reconhecimento de má vontade a um governo civil indefinido que servia como uma fachada para a *troika* de dois coronéis, Georgios Papadopoulos e Nikolaos Makarezos, e um brigadeiro, Stylianos Pattakos, que havia arquitetado o golpe.

A junta militar, que escolheu dignificar-se, ridiculamente, como a "Revolução de 21 de abril de 1967", justificou inicialmente sua ação, à maneira de ditadores militares consagrada pelo tempo e seguindo o precedente estabelecido pelo general Metaxas em 1936, pela necessidade de prevenir uma iminente tomada de poder pelos comunistas. Mas nenhuma prova de tal intriga comunista foi jamais apresentada. Na verdade, era claro que a esquerda foi pega tão despreparada pelo golpe quanto os partidos burgueses. Além disso, esse próprio despreparo foi um dos fatores que precipitaram a divisão na liderança exilada do partido comunista no ano seguinte (1968) em duas facções, uma determinadamente leal à União Soviética, a outra (o Partido Comunista da Grécia do Interior) largamente de orientação "eurocomunista".

Alguns membros do regime militar indubitavelmente levavam a sério sua autoproclamada missão de defender os valores tradicionais da civilização "heleno-cristã" das influências ocidentais e seculares consequentes do rápido andamento da mudança social e econômica no período de pós-guerra. Havia numerosos ecos em sua propaganda ideológica dos preceitos autoritários e paternalistas do regime de Metaxas, ainda que estes fossem raramente reconhecidos explicitamente. Logo tornou-se claro, contudo, que a motivação primária dos "coronéis", como eles vieram a ser conhecidos, era menos elevada. Aterrorizados com a perspectiva da volta ao poder de um governo da União de Centro no qual Andreas Papandreou poderia ser esperado como tendo ainda maior influência, eles temiam um expurgo dos elementos de ultradireita nas forças armadas que estavam por trás do golpe. Em sua maior parte com antecedentes sociais camponeses ou de baixa classe média, eles se ressentiam do estilo de vida privilegiado da elite política tradicional, que, como eles a viam, jogava seus elaborados jogos políticos na afluência urbana de Atenas enquanto eles, no tédio de guarnições provincianas, defendiam as fronteiras contra os inimigos da nação, os comunistas e os eslavos.

> Jovem povo da Grécia... Vocês abraçaram a Grécia em seus peitos e seu credo é o significado do sacrifício, do tempo do "Venham e terão" de Leônidas, mais tarde do "Não vou lhes entregar a cidade" de Constantino Palaiologos, do "Não" de Metaxas e, finalmente, do "Alto ou eu atiro" de 21 de abril de 1967... A cerimônia de hoje é um rebatizado dos mananciais da tradição ancestral; uma expressão da crença nacional na raça dos gregos que é a maior e melhor sob o Sol.

> Brigadeiro Stylianos Pattakos (1968)

Eles não puderam encontrar virtualmente nenhum aliado político dentre os antigos políticos a quem eles tanto desprezavam. De fato, a direita tradicional reciprocou essa aversão tanto quanto os políticos de centro e esquerda. Em contraste com a maior parte das instâncias anteriores de pretoria-

CAPÍTULO 4 – O LEGADO DA GUERRA CIVIL (1950-1974) | **159**

nismo, os coronéis não intervieram em favor de nenhuma dada *parataxis* ou família política, apenas para se retirar da arena política uma vez que seus clientes políticos favorecidos estivessem estabelecidos no poder. Em vez disso, eles se vingaram do "mundo político" através do espectro da direita para a esquerda, nutrindo, como Metaxas antes deles, uma particular animosidade em relação aos comunistas, reais ou supostos. Milhares, com dossiês indicando simpatias de esquerda, foram mandados para exílio interno e vários políticos e outros dissidentes foram presos, exilados ou postos sob prisão domiciliar. Andreas Papandreou foi libertado da prisão e pôde deixar o país depois de intensa pressão americana. Georgios Papandreou passou muito do tempo até sua morte, em novembro de 1968, sob prisão domiciliar, e seu funeral, assistido por cerca de meio milhão de atenienses, um quinto de toda a população da cidade, foi uma massiva, embora implícita, indicação da impopularidade do regime.

Seguindo-se ao fracasso de um amadorístico contragolpe lançado pelo rei em dezembro de 1967, a *troika* governante de coronéis descartou qualquer intenção de governar através de fantoches civis. Eles estabeleceram uma regência para substituir o rei, que havia fugido para o exílio. O coronel Papadopoulos emergiu então às luzes da ribalta como o homem forte do regime, tornando-se primeiro-ministro. Um astucioso operador político, ele subsequentemente acumulou cada vez mais poderes, assumindo, em acréscimo ao cargo de primeiro-ministro, os ministérios de Negócios Estrangeiros, Defesa, Educação e política Governamental, eventualmente combinando essas pastas com a regência. Em 1968, em um nítido esforço para institucionalizar a posse do poder pelos militares dando-lhes uma voz permanente e determinante no governo do país, uma Constituição altamente autoritária foi introduzida e ratificada em um plebiscito fraudulento.

A incapacidade do regime de conseguir algum grau de apoio popular logo ficou aparente, e sua relutância em aprovar eleições, mesmo dentro dos parâmetros restritivos de sua própria constituição antidemocrática, era a confirmação disso. Embora vários pequenos grupos de resistência viessem a existir – e uma tentativa foi feita de assassinar Papadopoulos em 1968 –, havia pouca oposição organizada. Muitos daqueles que resistiam eram duramente tratados por um brutal e eficaz aparato de segurança. Ademais, o regime, através de uma política de pródigos empréstimos e oferecendo generosos incentivos a investidores estrangeiros e nacionais, foi amplamente capaz de manter, ao menos até a crise mundial do petróleo de 1973, o impulso de um crescimento econômico que havia se desenvolvido sob os governos democráticos do fim da década de 1950 e início da de 1960. Isso inibia o desenvolvimento de oposição em massa.

Os modos brutais e frequentemente absurdos do regime atraíam comentário hostil no estrangeiro, mas, geralmente, os parceiros da Grécia na aliança da OTAN estavam indispostos a traduzir condenações retóricas, onde eles eram obrigados a fazê-las, em ação concreta. Além disso, a administração americana, vista por muitos gregos como tendo sido instrumental na instalação da ditadura em primeiro lugar (embora não haja provas disso), estava preparada para oferecer ajuda e conforto a um regime que ela via como um bastião de estabilidade flexível em um crescentemente volátil leste do Mediterrâneo. Um dos poucos dignitários estrangeiros a visitar o país que por sete anos tornou-se uma espécie de pária internacional, foi o vice-presidente dos Estados Unidos, Spiro Agnew (nascido Anagostopoulos), filho de pai imigrante grego. A junta, por sua vez, era cuidadosa em não ofender seu patrono americano e levar adiante lealmente seus compromissos na OTAN, particularmente após um confronto humilhante com a Turquia sobre o Chipre no outono de 1967, logo após a tomada do poder. Essa crise assinalou o início de uma constante deterioração nas relações entre o regime militar e o presidente Makarios, que culminaria na catástrofe de julho de 1974, quando a Turquia invadiu o Chipre.

Em 1973, sérias rachaduras começaram a aparecer na aparentemente estável, ainda que opressiva, fachada do regime. Não foi coincidência que, nesse ano, a taxa de inflação, tendo sido muito baixa nos 20 anos precedentes, disparou para dois dígitos. Os estudantes assumiram a liderança na oposição ao regime e em março ocuparam a Faculdade de Direito da Universidade de Atenas. Um abortado motim naval em maio demonstrou que bolsões antirregime haviam sobrevivido dentro das forças armadas, a despeito de repetidos expurgos nos corpos de oficiais. Papadopoulos prontamente declarou o rei Constantino deposto, acusando-o de ter estado envolvido no motim naval de seu exílio em Roma, e proclamou o estabelecimento de uma "república parlamentar presidencial". Um referendo farsesco seguiu-se como esperado, no qual Papadopoulos, o único candidato, foi eleito presidente para um mandato de oito anos. Ele então convocou Spyros Markezinis, um político menor, para supervisionar eleições, o proposto primeiro estágio na introdução de uma democracia "orientada".

Antes que essas eleições pudessem se materializar elas foram surpreendidas por demonstrações estudantis em grande escala, que culminaram na ocupação da Politécnica de Atenas em novembro de 1973. Essa ação foi

CAPÍTULO 4 – O LEGADO DA GUERRA CIVIL (1950-1974) | 161

IMAGEM 50. A ocupação estudantil da Politécnica de Atenas em novembro de 1973. No letreiro na balaustrada próximo à bandeira grega lê-se "Não à junta". O grafite conclama para a derrubada do fascismo e iguala os Estados Unidos aos nazistas. A inquietação estudantil foi a primeira manifestação de oposição em grande escala à ditadura militar estabelecida após o golpe dos coronéis em abril de 1967. Ela começou com a ocupação da Faculdade de Direito da Universidade de Atenas em março de 1973. Isso foi seguido por um malsucedido motim naval em maio. Isso, por sua vez, estimulou o coronel Papadopoulos, o líder da junta, a mover-se na direção de uma democracia "orientada" sob as provisões da Constituição autoritária de 1968. Esses planos foram frustrados por uma ulterior ocupação estudantil de prédios da universidade em Atenas e Patras e da Politécnica de Atenas em novembro. As autoridades militares ficaram seriamente preocupadas com as manifestações de apoio público aos estudantes quando uma rádio clandestina começou a irradiar apelos para uma aliança operário-estudantil para derrubar a junta. Na noite de 16/17 de novembro, soldados e policiais, encabeçados por tanques, puseram um fim à ocupação. Os números exatos das causalidades nunca foi estabelecido, mas parece ter havido ao menos 12 mortes, muito mais feridos e ainda mais prisões. Embora os estudantes fossem esmagados por força avassaladora, sua ação ajudou a precipitar a derrubada de Papadopoulos. Isso já havia sido planejado por oficiais da linha-dura encabeçados pelo brigadeiro Ioannidis, o comandante da odiada polícia militar, que desaprovava os passos hesitantes na direção de uma maior liberalização. Após a queda de Papadopoulos, o poder efetivamente ficou com o incendiário Ioannidis, cujo golpe contra o arcebispo Makarios no Chipre em julho de 1974 conduziu à queda da ditadura.

brutalmente reprimida pelo exército, e a perda de vidas decorrente resultou na deposição de Papadopoulos e seu primeiro-ministro fantoche por membros ainda mais linha-dura da junta, liderados pelo brigadeiro Dimitrios Ioannidis, o chefe da temida polícia militar. O tenente-general Phaidon Gizikis foi instalado como presidente. A mudança de guarda de 1973 dentro da junta coincidiu com uma deterioração, tão aguda quanto súbita, nas relações com a Turquia. Isso foi ocasionado por reivindicações turcas ao direito de explorar petróleo em partes do Mar Egeu reclamadas pela Grécia como fazendo parte de sua plataforma continental. Esse interesse turco foi gerado pela descoberta de petróleo em quantidades exploráveis na região da ilha grega de Thasos.

Contra o pano de fundo da disputa no Egeu, o regime de Ioannidis adotou uma linha crescentemente ameaçadora em relação ao Chipre, procurando forçar um relutante presidente Makarios a aceitar Atenas como o "centro nacional" do helenismo. Quando Makarios, no início de julho de 1974, exigiu a remoção de quase todos os oficiais gregos continentais da Guarda Nacional do Chipre e protestou que a junta estava tentando destruir o Estado do Chipre, a resposta impensada do brigadeiro Ioannidis foi lançar um golpe contra o presidente, que foi forçado a fugir da ilha. Parece que Ioannidis estava procurando desesperadamente favorecer a popularidade de seu regime obtendo um espetacular triunfo nacionalista, a saber, a união do Chipre com a Grécia. Temendo precisamente que o golpe pressagiava a *enosis* que havia sido especificamente excluída sob os termos do acordo constitucional de 1960, a Turquia lançou uma invasão da parte norte da ilha em 20 de julho.

Tanto a Grécia como a Turquia se mobilizaram e, por um tempo, houve a real possibilidade de guerra aberta entre os dois países. Mas a mobilização grega se provou desordenada, e os comandantes militares se recusaram a obedecer as ordens de Ioannidis para atacar a Turquia. Carecendo de qualquer tipo de apoio interno ou legitimidade e sem nenhum amigo à vista na cena internacional, o regime de Ioannidis começou a desintegrar-se, o *coup de grâce* sendo dado pela exigência de poderosos elementos dentro do exército para uma volta ao governo civil. Uma reunião de líderes militares e membros sêniores do antigo estabelecimento político foi convocada por Konstantinos Karamanlis para supervisionar o desmembramento da ditadura e o retorno ao governo democrático. Karamanlis voltou à Grécia de seu exílio francês pela primeira vez em 11 anos como um *deus ex machina* e, em meio a cenas de desenfreado júbilo, foi empossado como primeiro-ministro às quatro horas da manhã de 24 de julho de 1974.

capítulo 5

A CONSOLIDAÇÃO DA DEMOCRACIA E A DÉCADA POPULISTA (1974-1990)

Em julho de 1974, Karamanlis foi forçado em uma crise que deveria testar até o limite suas habilidades políticas. O chauvinismo insensato dos militares havia provocado a invasão turca do Chipre, trazendo Grécia e Turquia à beira da guerra e precipitando um colapso sem precedentes na autoridade civil. Entretanto os recursos à disposição do primeiro-ministro eram mínimos em face da estrutura do poder militar que por mais de sete anos havia ficado sem efetiva restrição ou desafio. Ela ainda continha elementos significativos que não estavam inclinados a abrir caminho para políticos pelos quais não havia professado nada a não ser desprezo. Mas a falência manifesta da junta e sua demonstrável impopularidade, junto com a imensa elevação no apoio a Karamanlis, combinadas à sua própria mão firme, assegurariam uma transição notavelmente tranquila do governo militar para uma democracia pluralista. Pelos sete anos seguintes, o sistema político funcionou mais efetivamente que em qualquer tempo antes. Que Karamanlis estava se equilibrando sobre uma delicada corda bamba foi demonstrado pelo fato de que por várias semanas em seguida ao seu retorno ele dormiu a bordo de um iate, vigiado por um destróier.

A prioridade predominante de Karamanlis era desativar o risco de guerra com a Turquia, jamais uma opção realista dado o desiquilíbrio entre as forças armadas dos dois países e a desordem da mobilização ordenada pelo brigadeiro Ioannidis nas horas crepusculares da ditadura militar. Em meados de agosto, o exército turco, em seguida ao colapso das negociações de paz em Genebra, manobrou de sua cabeça de praia inicial no norte do Chipre. Ele estabeleceu uma zona de ocupação delimitada pela linha Attila estendendo-se de Morphou, no oeste, a Famagusta, no leste, que cobria perto de 40% da ilha. A despeito disso, Karamanlis deixou claro que rejeitava uma solução militar para a crise. Ele podia, além disso, esperar pouco apoio de imaginários aliados. Os Estados Unidos estavam convulsionados pela renúncia do presidente Nixon sob a ameaça de *impeachment* e o dr. Henry Kissinger, o secretário de estado, que estivera inclinado a descartar o presidente Makarios como o "Castro" do leste do Mediterrâneo, foi lento para reagir à crise. A Grã-Bretanha, cuja política colonial havia criado o problema do Chipre e que, com a Grécia e a Turquia, era um fiador do acordo constitucional de 1960, efetivamente lavou as mãos do imbróglio.

No Chipre propriamente, o trauma da invasão, a fuga de 185 mil refugiados gregos para o sul da ilha, combinados a percepções de que os Estados Unidos haviam "se inclinado" para a Turquia, provocaram violentas demonstrações nas quais o embaixador dos Estados Unidos foi baleado e morto. Na Grécia, Karamanlis foi rápido em responder a uma elevação no sentimento antiamericano, ocasionado tanto pela tolerância benevolente estendida ao regime militar por sucessivas administrações americanas como pelo fracasso em exercer restrição sobre a Turquia, pondo em questão o futuro das bases americanas e retirando a Grécia da ala militar da aliança da OTAN.

Durante os sete anos de ditadura, os políticos haviam mantido uma frente unida em sua oposição à junta, que era mais notável à luz do clima político polarizado dos anos pré-golpe. Os comunistas, como sob a ditadura pré-guerra de Metaxas, haviam recebido o grosso da repressão. Experiências compartilhadas de oposição e perseguição haviam amortecido animosidades datadas do período da guerra civil. Karamanlis respondeu a esse clima de maior tolerância movendo-se rapidamente para legalizar o partido comunista. Ele havia sido proscrito em 1947, e desde o fim da guerra civil em 1949 havia tanto mantido uma precária presença subterrânea dentro da Grécia, abrigando-se por trás da fachada da Esquerda Democrática Unida, como uma existência fragmentada entre os muitos milhares de refugiados políticos vivendo em frequentemente soturno exílio em países do leste europeu e na União Soviética. O conflito entre uma velha guarda stalinista e reformistas havia, na esteira da invasão da Tchecoslováquia pelo Pacto de Varsóvia em 1968, estourado em uma divisão aberta. Os dissidentes reformistas, que esposariam amplamente a política "eurocomunista", se designavam como Partido Comunista do Interior, um título que refletia a visão de que a liderança exilada do partido havia perdido o contato com as realidades políticas e sociais cambiantes dentro do país. A corrente central

CAPÍTULO 5 – A CONSOLIDAÇÃO DA DEMOCRACIA E A DÉCADA POPULISTA (1974-1990) | **165**

do partido comunista manteria não obstante as lealdades da grande massa daqueles na extrema esquerda do espectro político.

Havia uma certa ironia no fato de que era Karamanlis, um bicho-papão dos comunistas no período pré-golpe, que agora procurava incorporar a extrema esquerda dentro do sistema político. Mas sua disposição de legalizar os comunistas era sintomática de um balanço para a esquerda entre o eleitorado em geral. As experiências da ditadura e do desastre do Chipre haviam minado a confiança nos lemas anticomunistas, pró-americanos e pró-OTAN das décadas de 1950 e 1960. Embora não houvesse dúvida da ampla base de apoio popular desfrutado por Karamanlis ao limpar os estábulos de Augias* deixados pela junta, ele logo tornou claro que queria legitimar seu poder, o qual ele até então exercera pela graça e favor de um setor do exército, realizando eleições.

Estas se realizaram em meados de novembro de 1974, apenas quatro meses após o colapso da ditadura. Elas foram disputadas, pela primeira vez no período de pós-guerra, por partidos que atravessavam o espectro político todo, da direita autoritária aos comunistas. Nunca houve muita dúvida de que o partido Nova Democracia, de Karamanlis (essencialmente uma versão reconstituída da União Radical Nacional do pré-golpe), iria vencer espetacularmente. Ele de fato o fez, com virtuais sem precedentes 54% dos votos. Isso se traduzia em uma massiva maioria de 219 dentre 300 cadeiras no Parlamento. O eleitorado havia claramente votado para um par de mãos seguras no elmo e fora impressionado pelo *slogan* implícito de "Karamanlis ou os tanques". O que mais surpreendeu foi o colapso da União do Centro, o único partido pré-golpe a concorrer em suas antigas cores. Sua parte dos votos despencou de 53% nas eleições de 1964, a última a ser realizada antes do golpe de 1967, para 21%.

Um presságio de coisas por vir foi o respeitável desempenho do Movimento Socialista Pan-Helênico (PASOK) de Andreas Papandreou, uma nova formação política, diferentemente da Nova Democracia ou do União de Centro. O núcleo do PASOK compreendia membros do Movimento de Libertação Pan-Helênico (PAK), o um tanto ineficiente grupo de resistência antijunta dirigido do estrangeiro por Papandreou, e de outro grupo de resistência de centro-esquerda, a Defesa Democrática, muitos de cujos membros logo se rebelariam contra a liderança autoritária de Papandreou. O desempenho do PASOK (14%) na eleição de 1974 era uma

---

* Expressão referente a um dos 12 trabalhos de Hércules na mitologia grega. (N.T.)

realização considerável, dado que Papandreou não dispunha de nenhuma organização preexistente sobre a qual basear seu novo partido. Claramente um considerável número de eleitores havia sido atraído pela sua utilização do nacionalismo na retórica do socialismo e pelo seu *slogan* de "Independência Nacional, Soberania Popular, Libertação Socialista e Estruturas Democráticas".

A eleição foi seguida um mês mais tarde por um referendo sobre o futuro da monarquia. O rei Constantino havia imprudentemente não retornado à Grécia com a queda da junta. Vivendo na Grã-Bretanha, ele conseguiu defender sua causa em uma série de emissões televisivas. Os partidos de centro e esquerda moveram ativa campanha contra seu retorno, mas Karamanlis manteve uma atitude de estudada neutralidade. Ele havia jogado sua grande autoridade em prol de uma restauração, portanto é provável que seu voto seria a favor do rei. Claramente, porém, as feridas dos embates de Karamanlis com o palácio no início da década de 1960 não haviam cicatrizado. Apenas 30% do eleitorado, principalmente concentrado no coração realista tradicional do Peloponeso, votou pela monarquia.

Esse referendo foi certamente o mais justo dos seis realizados sobre a questão da monarquia *versus* república no curso do século XX, e a divisão de 70 a 30 a favor da república replicava quase exatamente o resultado do único outro plebiscito realizado sob condições razoáveis, o de 1924. Desde 1974, a questão da monarquia estava efetivamente morta afora breves lufadas de excitação, como quando foi permitido ao rei deposto voltar à Grécia por umas poucas horas para assistir ao funeral de sua mãe no mausoléu da família em Tatoi, em fevereiro de 1981; como quando, em 1988, Konstantinos Mitsotakis, o líder do partido Nova Democracia, publicamente questionou a "justeza" (ele usou a palavra inglesa "*fairness*") do plebiscito de 1974; ou quando, durante o impasse político de 1989, Constantino expressou sua disposição de retornar se o povo assim o quisesse.

Dentro do notavelmente curto espaço de cinco meses, Karamanlis havia não apenas legitimado sua autoridade através de eleições honestas, como havia, através do referendo, resolvido, permanentemente como parecia, o debate sobre a monarquia. Esta era uma instituição que havia sido uma fonte de atrito desde que fora imposta como o preço da independência pelas potências protetoras. Por um período de 30 anos depois do Cisma Nacional da Primeira Guerra Mundial, ela fora uma fonte de instabilidade política crônica. Karamanlis era agora capaz de usar sua maciça maioridade parlamentar para promulgar, em 1975, uma nova Constituição. Ela

CAPÍTULO 5 – A CONSOLIDAÇÃO DA DEMOCRACIA E A DÉCADA POPULISTA (1974-1990) | 167

incorporava muitas de suas ideias sobre a necessidade de corrigir a balança a favor do executivo à custa da legislatura. Mas os consideráveis poderes concedidos ao presidente sob a nova Constituição nunca foram exercidos na prática, nem pelo primeiro presidente eleito, Konstantinos Tsatsos (1975-1980), um filósofo acadêmico e político conservador, nem pelo próprio Karamanlis quando, em 1980, sem surpresa para ninguém, renunciou ao cargo de primeiro-ministro pela presidência.

Nos primeiros meses após a *metapolitefsi*, a transição da ditadura para a democracia no verão de 1974, Karamanlis teve que seguir um percurso delicado. Por um lado, ele tinha que ser visto respondendo às demandas – que eram particularmente insistentes da parte dos estudantes, cuja resistência à ditadura havia sido instrumental em sua desestabilização – para a severa punição dos tiranos e para a *apohountopoiisi* ou "de-juntificação" de todo o aparelho de Estado dos nomeados pelo e colaboradores do regime militar. Por outro lado, a vingança indiscriminada poderia facilmente ter provocado uma reação por parte de simpatizantes da junta ainda firmemente entrincheirados nas forças armadas. Que estes representavam um perigo real é indicado pela descoberta, em fevereiro de 1975, de um complô cujas verdadeiras dimensões foram, por razões óbvias, descartadas na época. Este visava a derrubada de Karamanlis e Makarios (que havia sido restaurado na presidência do Chipre em dezembro de 1974). Com essa ameaça em mente, Karamanlis confiou o posto-chave de ministro da Defesa a Evangelos Averoff, cujas impecáveis credenciais conservadoras e anticomunistas foram calculadas para reassegurar elementos linha-dura nas forças armadas.

Durante o curso de 1975, foram realizados vários julgamentos, cujo impacto público foi maior por terem sido televisionados, daqueles com responsabilidade primária pelo estabelecimento da ditadura, pelos disseminados maus-tratos e tortura de dissidentes e pela brutal repressão da ocupação pelos estudantes da Politécnica de Atenas em novembro de 1973. Aqueles considerados culpados receberam longas sentenças de prisão. Eles incluíam o brigadeiro Ioannidis, o ex-chefe da muito temida polícia militar, que recebeu sete sentenças de prisão perpétua pelo seu envolvimento nas mortes na Politécnica. A *troika* original por trás do golpe, coronéis Papadopoulos e Makarezos e brigadeira Pattakos, foram condenados à morte. A pressa com que o governo comutou essas sentenças de morte por prisão perpétua sugere que Karamanlis estava alerta quanto aos perigos inerentes a qualquer repetição das execuções de líderes políticos e militares que havia se seguido ao desastre da Ásia Menor em 1922 e que havia envenenado fatalmente a vida política do entreguerras. O fato de que os principais conspiradores militares permanecessem na prisão, em alguns casos até morte, indica não obstante que as sentenças traduziam a intenção de dar um salutar aviso a outros voltados à subversão das instituições democráticas. Em outras esferas, os mais notórios dos colaboradores da junta foram removidos, e os expurgos, em deferência à pressão dos estudantes, foram particularmente pronunciados nas universidades.

O processo de consolidação democrática foi realizado contra um pano de fundo de contínua tensão com a Turquia. Embora a crise imediata do verão de 1974 tivesse sido desativada, o antagonismo subjacente permanecia. À disputa original que havia sido desencadeada em 1973 sobre o delineamento das respectivas plataformas continentais da Grécia e Turquia no Egeu (e, portanto, seus direitos a qualquer petróleo que pudesse ser ali descoberto) foi acrescentado um inteiro complexo de questões derivadas da crise de 1974. Na esteira da invasão turca do Chipre, a Grécia havia fortificado pesadamente suas ilhas no Egeu, muitas das quais ficavam a apenas poucos quilômetros da costa turca. A Turquia argumentou que isso estava em desacordo com os tratados de Lausanne (1923) e Paris (1946), que reconheciam formalmente a soberania grega sobre as ilhas desde que elas fossem desmilitarizadas. A Grécia contestou a continuação da validade dessas provisões à luz da convenção de Montreux de 1936, argumentando que, em qualquer caso, nenhum Estado soberano pode abdicar de seu direito à autodefesa.

Havia disputas, também, sobre o controle de tráfego aéreo no Egeu, com a Turquia contestando o *statu quo* existente; sobre o direito teórico da Grécia (não até então exercido e não uma perspectiva provável) de estender o limite de suas águas costeiras de seis para as mais usuais 12 milhas, um movimento que, na visão turca, transformaria o Egeu em um lago grego e constituía uma *casus belli*; e sobre o tratamento de suas respectivas populações minoritárias. A continuada ocupação turca do norte do Chipre envenenava ainda mais as relações entre os dois aliados da OTAN, embora Karamanlis sempre insistisse que o Chipre não era estritamente um problema em relações bilaterais. Impacientes observadores externos que consideravam os temores gregos de agressão turca exagerados não levavam em conta a extensão na qual o fardo do passado e a lembrança de erros passados, reais ou imaginados, influenciavam as percepções mútuas. Além disso, a emergência de uma *détente* entre as superpotências amainou

CAPÍTULO 5 – A CONSOLIDAÇÃO DA DEMOCRACIA E A DÉCADA POPULISTA (1974-1990) | 169

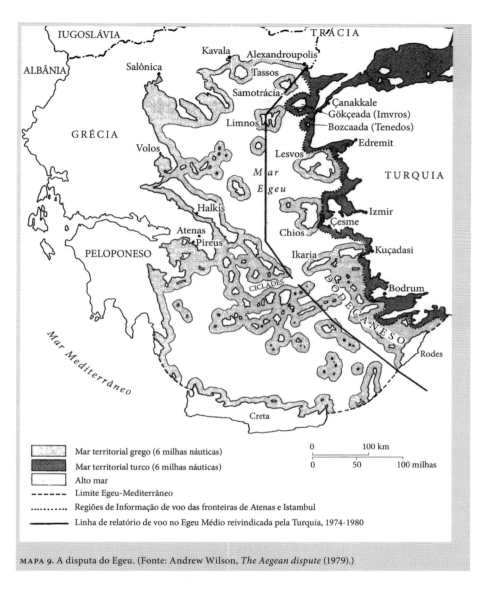

MAPA 9. A disputa do Egeu. (Fonte: Andrew Wilson, *The Aegean dispute* (1979).)

os temores de que Grécia e Turquia tinham de seus vizinhos comunistas e removeu o que havia sido uma poderosa força para a manutenção de boas relações entre os dois países no fim da década de 1940 e início da de 1950, a saber, o temor de que, se eles não cooperassem juntos, seriam enforcados separadamente.

O potencial para a crise cozinhando em fogo brando nas relações greco-turcas eclodir a qualquer momento foi demonstrado no verão de

1976, quando o governo turco enviou um navio de sondagem, o *Sismik I*, para verificar sondarezas (espécie de cabos marítimos) em águas disputadas. Andreas Papandreou, o líder do PASOK, exigiu o afundamento do *Sismik*, uma ação que sem dúvida precipitaria a guerra. Karamanlis, por sua vez, preferiu recorrer ao Conselho de Segurança da ONU e à Corte Internacional de Justiça em Haia. Mas nenhuma das instituições foi capaz de contribuir construtivamente para uma resolução do conflito.

O que dava um gume particular à disputa no Egeu era e esperança de achar petróleo sob o leito do mar, pois ambos os países dispunham de poucas fontes autóctones de energia e ambos haviam sido particularmente atingidos pela crise de energia do início da década de 1970. Quantidades comerciais de petróleo haviam sido descobertas na ilha de Tassos, mas, em seu pico, a produção de petróleo desse campo nunca excedera 5% do consumo total da Grécia. Permanece para ser visto se o leito do mar Egeu produzirá as esperadas reservas de petróleo. As percepções gregas da ameaça turca têm tido sérias consequências econômicas, pois os gastos realçados nas forças armadas têm consumido um quinto das despesas do orçamento, embora tivesse tido a vantagem incidental de dar ao corpo de oficiais um senso genuíno de missão e o distraído de atividades políticas. Gastos maciços em *hardware* militar significam que as reformas infraestruturais em, por exemplo, educação e saúde, que exigiam atenção urgente, receberam uma baixa prioridade. A herança econômica da junta não foi promissora. O impulso do período pré-golpe havia sido mantido durante os primeiros anos da ditadura, mas tiveram que ser sustentados apenas por empréstimos indiscriminados e excessiva generosidade para com investidores estrangeiros. Pelos últimos anos da junta, a inflação, a praga da década de 1940 que havia sido amplamente contida através de políticas monetárias prudentes das décadas de 1950 e 1960, mais uma vez tornou-se um problema importante. A Nova Democracia exibia uma curiosa propensão a assumir bancos e outros empreendimentos sob a propriedade do Estado, aumentando os números já muito grandes de empregados, direta ou indiretamente, pelo Estado.

Mas relativamente poucas das energias de Karamanlis podiam ser desviadas para lidar com questões de política interna, um fato que teria sérias consequências para as futuras fortunas da direita. Através de todos seus seis anos como primeiro-ministro, suas visões estariam firmemente concentradas em questões de política externa. Sua prioridade predominante era o acelerado acesso da Grécia à Comunidade Europeia. O tratado

CAPÍTULO 5 – A CONSOLIDAÇÃO DA DEMOCRACIA E A DÉCADA POPULISTA (1974-1990) | 171

de associação de 1961 previra a possibilidade de adesão em 1984. Mas Karamanlis estava determinado a acelerar esse processo, vendo, na participação na Comunidade compensação para a deterioração nas relações com o tradicional patrono da Grécia, os Estados Unidos, salvaguardas para suas recém-estabelecidas instituições democráticas e proteção contra a ameaça turca. Era significativo que relativamente pouca ênfase fosse posta sobre os potenciais benefícios econômicos da participação, embora esses, no caso, tenham se revelado suficientemente reais. Uma suposição não externada subjacente ao entusiasmo de muitos gregos pela Europa era que a participação de alguma forma colocaria o selo de legitimação sobre a identidade europeia do país, de certo modo incerta: afinal, todos os gregos habitualmente falavam de viajar para a Europa como se a Grécia não formasse parte da mesma entidade cultural.

A Comissão Europeia em Bruxelas tinha algumas dúvidas quanto a se a economia (e a inflada e complicada burocracia) estava pronta para suportar os rigores competitivos do Mercado Comum. Mas Karamanlis explorou habilmente sentimentos de culpa pela inércia da Europa durante a ditadura, e os membros existentes estavam logo caindo em si para facilitar o caminho de entrada do país que eles gostavam de saudar como a fonte da civilização europeia. A persistência de Karamanlis compensou quando, em maio de 1979, o tratado providenciando a participação plena na Comunidade a partir de 1º de janeiro de 1981 foi assinada no edifício Zappeion, em Atenas. Mas quando, no mês seguinte, a ratificação do tratado foi debatida no Parlamento, tanto o PASOK como o partido comunista boicotaram os procedimentos.

Uma outra importante dimensão para a política externa durante a era Karamanlis – e aqui ele seguia políticas iniciadas pelos coronéis – era a "abertura" para os Bálcãs, uma região na qual Karamanlis viajava frequentemente. Embora tivesse havido alguns sinais de degelo nas relações com os vizinhos comunistas da Grécia no início da década de 1960, as relações na esteira da guerra civil haviam sido geralmente, e inevitavelmente, más, com a parcial exceção daquelas com a Iugoslávia, com a qual a Grécia teve um tratado de aliança de curta duração em meados da década de 1950. Claramente, um propósito dessas iniciativas era ganhar apoio para o caso grego sobre o Egeu e o Chipre. Embora houvesse uma notável melhora em relações bilaterais, pouco emergiu em termos concretos da reunião de cúpula balcânica realizada em Atenas em 1976 sob a égide de Karamanlis.

A primazia das preocupações de política externa sobre as questões internas, característica de boa parte da história do país independente, foi refletida na decisão de realizar eleições em 1977, um ano mais cedo do que o prazo constitucionalmente prescrito. Os resultados demonstraram que Karamanlis havia sido até certo grau a vítima de seu próprio sucesso na restauração do equilíbrio político do país. Enquanto em 1974 ocorrera uma ampla percepção de que apenas ele se situava entre democracia e ditadura, em 1977 não houve tais restrições no comportamento dos eleitores. A parte dos votos da Nova Democracia caiu 12 pontos percentuais, de 54 para 42. Sob o sistema prevalecente de representação proporcional "reforçada", isso era mais do que suficiente para dar ao partido uma confortável maioria operante no Parlamento (172 em 300 cadeiras). Mas o resultado deu um claro aviso de que o partido não podia depender indefinidamente do carisma e da autoridade pessoal de Karamanlis para se manter no poder.

A surpresa da eleição de 1977 foi a virtual duplicada votação para o PASOK de Papandreou, de 14% em 1974 para 25% em 1977, um balanço conseguido amplamente à custa da União de Centro Democrático (a União de Centro de 1974). Esta, carecendo da disciplina interna da Nova Democracia ou do PASOK, rapidamente se desintegrou em facções antagônicas. O PASOK, com 60 cadeiras no Parlamento, era agora a oposição oficial. Parte do declínio da Nova Democracia era claramente explicada pela mudança de alguns de seus partidários de 1974 para o direitista Campo Nacional, um grupo diversificado de realistas, partidários da ditadura para cujos líderes presos ele exigia uma anistia, e daqueles que viam Karamanlis, improvavelmente, como em grande parte um socialista. A emergência desse grupo testava o sucesso dos esforços de Karamanlis para definir sem ambiguidade as fronteiras entre a direita democrática e a autoritária, fronteiras que haviam sido distintamente embaçadas na década de 1950 e 1960. Na extrema esquerda, os comunistas asseguraram 9% dos votos e os comunistas "do interior", agora em aliança com alguns pequenos partidos de esquerda, 3%.

O sucesso do PASOK, para um partido fundado tão recentemente como em 1974, era impressivo. Claramente, a defesa do nacionalismo e, em particular, de uma política de não compromisso em relação à Turquia, combinada com retórica socialista, embora uma retórica agora despojada dos slogans radicais libertários do "Terceiro Mundo" dos anos iniciais, havia tocado um acorde receptivo em um significativo segmento do eleitora-

CAPÍTULO 5 – A CONSOLIDAÇÃO DA DEMOCRACIA E A DÉCADA POPULISTA (1974-1990) | **173**

do. Mais importante, talvez, que a retórica era a organização. O PASOK foi o primeiro partido fora da extrema esquerda a desenvolver uma estrutura organizativa, se não necessariamente muito democrática, de alcance nacional. Sua dramática emergência como a oposição oficial alertou a Nova Democracia de que ela, também, devia se modernizar, organizar e igualar o apelo ideológico do PASOK se o certo era manter um quase inquebrantável domínio do poder no período de pós-guerra.

> A Grécia pertence ao Ocidente. (Konstantinos Karamanlis)

> A Grécia pertence aos gregos. (Andreas Papandreou)

Karamanlis mostrou-se incapaz de fazer isso. Embora bem-sucedido em distanciar seu partido dos elementos autoritários que haviam manchado sua imagem nas décadas de 1950 e 1960 e estabelecendo um compromisso da Nova Democracia com um sistema político genuinamente pluralista transparente, seus esforços para modernizar e democratizar a estrutura do partido e desenvolver uma base ideológica verossímil foram menos certos. Sua adoção, no primeiro congresso do partido da Nova Democracia em 1979 (o primeiro congresso pleno do PASOK não foi realizado até 1984), de uma política de "liberalismo radical" meramente confundiu seus partidários. Provisões foram, contudo, feitas para a eleição de seu sucessor pelo grupo parlamentar da Nova Democracia, uma inovação audaciosa para um partido burguês. Boa parte do tempo de Karamanlis continuava a ser ocupada com negócios externos, em particular com negociações dos termos finais da entrada na Comunidade Europeia. Uma inconclusiva reunião de cúpula em 1978 com Bülent Ecevit, o primeiro-ministro turco, levou a alguma melhoria no clima das relações bilaterais, mas nenhuma das diferenças fundamentais dividindo os dois países chegou de alguma forma perto de uma solução.

Uma vez que o objetivo predominante de participação na Comunidade Europeia havia sido assegurado, Karamanlis, como era amplamente esperado, elevou-se à presidência em maio de 1980, no fim do mandato de cinco anos de Konstantinos Tsatsos, assegurando apenas três votos a mais no Parlamento acima do mínimo constitucional de 180. Numa apertada disputa pela então vaga liderança da Nova Democracia, Georgios Rallis, um candidato azarão cujos avós paterno e materno haviam ambos sido primeiro-ministro, assegurou uma estreita vitória sobre seu rival mais conservador, Evangelos Averoff. A convicção de Rallis de que Karamanlis deveria ter servido até a eleição seguinte, marcada para outubro de 1981, provou-se bem fundada, pois sob sua decente, mas sem brilho, liderança a Nova Democracia, privada da presença carismática de Karamanlis, recaiu no facciosismo e clientelismo que ele lutara para reformar. Isso ulteriormente enfraqueceu a capacidade de o partido prevenir o desafio representado por Papandreou. A elevação de Karamanlis à presidência beneficiaria o PASOK de outra, e mais significativa, maneira. O fato de que a presidência era agora ocupada por uma personalidade forte e carismática, de credenciais impecavelmente conservadoras, e armada com considerável reserva de poderes sob a Constituição de 1975, era uma confirmação para eleitores vacilantes atraídos, por um lado, pela intrépida mistura de nacionalismo, demagogia populista e retórica socialista oferecida por Papandreou mas, por outro, temerosos de que as coisas pudessem ficar fora de controle sob um governo radical do PASOK.

O próprio Papandreou estava alerta à necessidade de reassegurar eleitores amplamente no centro do espectro político que podiam ser tentados a passar da Nova Democracia para o PASOK. Se houve uma perceptível moderação na política do PASOK antes da eleição de 1977, esse processo tornou-se ainda mais pronunciado durante o período entre aquelas de 1977 e 1981. Cínicos apelidavam essa como a "era da gravata", durante a qual Papandreou abandonou seu suéter de gola rulê por um mais respeitável colarinho e gravata. Não apenas a insistência inicial de que o PASOK era um partido marxista baseado em classe abandonada, como também a ênfase no socialismo foi descartada, um meio sensível de evitar defraudar expectativas em uma sociedade onde cerca de 60% da população economicamente ativa trabalhava por sua própria conta e apenas cerca de 40% era de assalariados. Papandreou oferecia ao grego "médio", o proprietário de uma casa, uma loja e um carro, e, talvez mais importantemente, àqueles que aspiravam a tal *status*, a confirmação de que uma vitória do PASOK nas urnas não representava nenhum tipo de ameaça. Clamando representar os interesses dos "não privilegiados" contra aqueles dos "privilegiados", ele definia estes últimos como um punhado de famílias que constituíam a oligarquia financeira e econômica, sempre pronta para vender seu país a interesses estrangeiros.

Confirmação semelhante era dada de que uma vitória do PASOK não levaria a nenhuma mudança drástica nas orientações da política externa. Idos eram os dias em que a Comunidade Europeia era denunciada como um clube capitalista, uma fachada para multinacionais à procura de países para explorar tais como a Grécia, que estavam na periferia

CAPÍTULO 5 – A CONSOLIDAÇÃO DA DEMOCRACIA E A DÉCADA POPULISTA (1974-1990) | 175

capitalista. Agora a demanda era por um referendo sobre o estatuto de membro da Comunidade. Nunca houve de fato uma perspectiva realista, pois a convocação de um referendo era uma prerrogativa presidencial, e Karamanlis, tendo investido tanto de seu prestígio pessoal em assegurar o ingresso, estava dificilmente inclinado a sancionar um referendo se houvesse qualquer possibilidade da votação ser contra a Europa. Do mesmo modo, os chamados iniciais para uma retirada precipitada da aliança da OTAN foram abandonados. Agora a retirada era posta como sendo um objetivo estratégico, contingente da configuração internacional de poder. O futuro das bases dos Estados Unidos seria similarmente uma questão para negociação em vez de fechamento precipitado. Uma nota ulterior de confirmação para centristas indecisos era a adesão ao PASOK de Georgios Mavros, por breve período o suporte-padrão do centro tradicional no período pós-golpe.

Se Papandreou foi cuidadoso em reter sua liberdade de manobra sobre questões como essas, ele não obstante acenou com a perspectiva de transformação social radical, combinada com uma determinação de frear o ciclo de dependência que havia caracterizado a história do país como um Estado teoricamente soberano. Seu programa, exposto detalhadamente no "Contrato com o Povo", ia de um compromisso de assegurar o ensino "objetivo" de história à eliminação do *nefos*, ou nevoeiro com fumaça que assolava Atenas por boa parte do ano. Todas essas promessas eram sumarizadas no *slogan* abrangente do PASOK de *Allagi*. Isso era dificilmente uma novidade no contexto político grego, mas "Mudança" era claramente algo pelo que os eleitores mais jovens em particular ansiavam, dado o domínio da direita durante o período de pós-guerra.

Uma Nova Democracia aparentemente cansada, sob a valiosa mas não carismática liderança de Rallis, provou-se absolutamente incapaz de responder ao desafio lançado pelo PASOK. Ela, também, tinha que apelar aos eleitores flutuantes do centro se fosse para ter alguma chance de permanecer no poder. Mas ao mesmo tempo ela tinha que tentar atrair de volta aqueles ultradireitistas insatisfeitos que, em 1977, haviam desertado para o Campo Nacional. Isso se provaria um ato de equilíbrio impossível. Enormes recursos foram gastos na campanha, que seria a mais cara até então na história eleitoral do país. O PASOK gozava de uma maior vantagem, já que os jornais que o apoiavam tinham quase o dobro da circulação da imprensa pró-Nova Democracia. Conforme se aproximava o dia da eleição, a cobertura jornalística tornava-se ainda mais polarizada, e uma curiosa nota de imagem religiosa emergiu, com a entrada de Andreas Papandreou em Pátras sendo comparada à entrada de Cristo em Jerusalém no Domingo de Ramos. Quando o "Dia Santo" da eleição, como um outro jornal pró-PASOK o pôs, chegou, em outubro de 1981, o PASOK realizou o assombroso feito de mais uma vez virtualmente dobrar sua votação de 25% em 1977 (14%, em 1974) para 48%, o que lhe deu o controle de 172 cadeiras no Parlamento de 300 cadeiras. Em contraste, a votação da Nova Democracia caiu de 42% para 36%, com a votação comunista em 11% permanecendo quase estática.

Embora, em seus dias iniciais, tenha havido uma tendência a considerar o PASOK como a voz do protesto rural, a distribuição de sua votação em 1981 foi notavelmente uniforme entre áreas urbanas e rurais e entre homens e mulheres. A "curta marcha" do PASOK ao poder desde sua fundação em 1974 foi um notável testemunho do carisma político de Andreas Papandreou, de sua capacidade de articular as aspirações e, mais particularmente, talvez, as frustrações e os preconceitos de uma considerável proporção do eleitorado, especialmente os mais jovens, em um período de rápida mudança econômica e social. Em particular, ele falava para as centenas de milhares de pessoas que haviam migrado para as cidades no período de pós-guerra e que se empenhavam em uma dura luta para fazer face às despesas em uma era de alta inflação, em um ambiente de deterioração física e com provisão de educação, bem-estar e saúde inadequada. Ao culpar pelos seus problemas, de uma maneira populista, a sinistra maquinação da reação externa e interna, ele claramente tocava em uma corda sensível. Ele era um desafio e um apelo que atravessavam diferenças de classe e aos quais os políticos de direita, desprovidos da liderança de seu líder carismático, Karamanlis, se provaram incapazes de responder. A Nova Democracia podia apenas oferecer mais do mesmo e enquanto era verdade que os padrões gerais de vida haviam subido acentuadamente durante o período de hegemonia da direita, a nova prosperidade havia sido desigualmente distribuída. Muitos se sentiam excluídos dos frutos da crescente prosperidade do país e da emergência de uma sociedade de consumo e formavam um eleitorado natural para o PASOK.

A lisura da transferência de poder da direita para o centro-esquerda foi testemunho, ou assim parecia, de uma crescente maturidade no sistema político e do genuíno compromisso da direita pós-golpe com a democracia pluralista. Poder-se-ia também dizer que, em 1981, a evolução

CAPÍTULO 5 – A CONSOLIDAÇÃO DA DEMOCRACIA E A DÉCADA POPULISTA (1974-1990) | 177

do sistema político reverteu para o curso no qual se situava em meados da década de 1960 e do qual havia sido brutalmente desviada pelo golpe militar de 1967. Fosse ou não esse o caso, Papandreou havia certamente despertado altas expectativas. Ele procurou mitigá-las argumentando, com certa justificação, que a política econômica indiscriminada do governo da Nova Democracia no poder e a fraqueza estrutural subjacente da economia circunscreviam sua liberdade de manobra e que ele iria precisar do mandato inteiro de quatro anos para levar a cabo seu ambicioso programa.

Ele foi capaz, contudo, de rapidamente sinalizar uma mudança no estilo de governo implementando várias reformas, a maioria das quais sem nenhum custo econômico e muitas das quais estavam havia muito atrasadas. Sua política de "reconciliação nacional" abrangia o reconhecimento oficial da resistência à ocupação pelo Eixo durante a Segunda Guerra Mundial; a concessão de permissão para voltarem aos comunistas que haviam fugido para países do bloco oriental no fim da guerra civil (o fato é que essa concessão era limitada àqueles de origem étnica grega, excluindo um grande número de macedônios eslavos que haviam constituído uma quase maioria do Exército Democrático comunista durante os últimos estágios da guerra civil); e o fim das cerimônias comemorando a vitória do exército nacional sobre os comunistas na guerra civil.

O *monotoniko*, ou sistema de acento único, foi adotado, simplificando drasticamente o sistema de acentos empregado na linguagem escrita. O casamento civil foi introduzido, contra forte oposição da Igreja, assim como o divórcio por consentimento. O adultério foi removido do catálogo de ofensas criminais, e o sistema de dote foi, ao menos em teoria, abolido. Algum progresso real foi feito em emendas de direito de família e na melhora da posição das mulheres, ainda que a representação feminina no grupo parlamentar do PASOK não fosse significativamente maior do que na Nova Democracia. Reformas foram introduzidas com o propósito de democratizar as universidades, cuja estrutura foi modelada em protótipos alemães, aumentando o poder do quadro de estudantes contra um até então todo-poderoso professorado. Na prática isso tendia a compor uma já caótica situação e a acrescentar uma dimensão ulterior de politização. Esforços foram feitos para estimular a vida cultural nas províncias, acompanhados por tentativas de levar a cabo a descentralização administrativa e a quebrar o domínio sobre a administração do país exercida a partir de Atenas. Houve pouco sucesso, contudo, pois os corpos administrativos

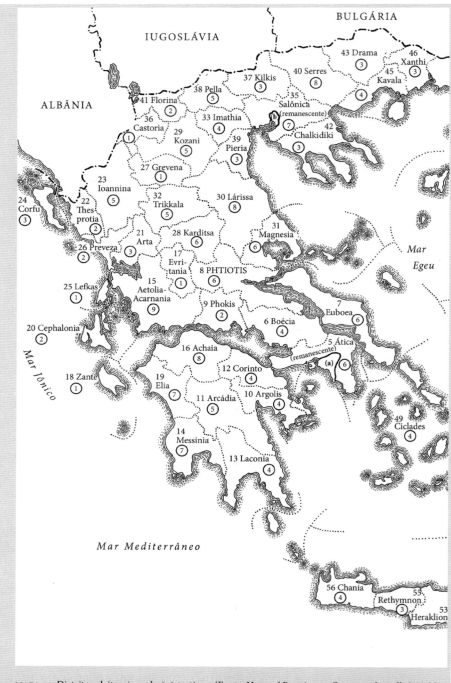

MAPA 10. Distritos eleitorais e administrativos. (Fonte: Howard Penniman, *Greece at the polls* (1981).)

CAPÍTULO 5 – A CONSOLIDAÇÃO DA DEMOCRACIA E A DÉCADA POPULISTA (1974-1990) | 179

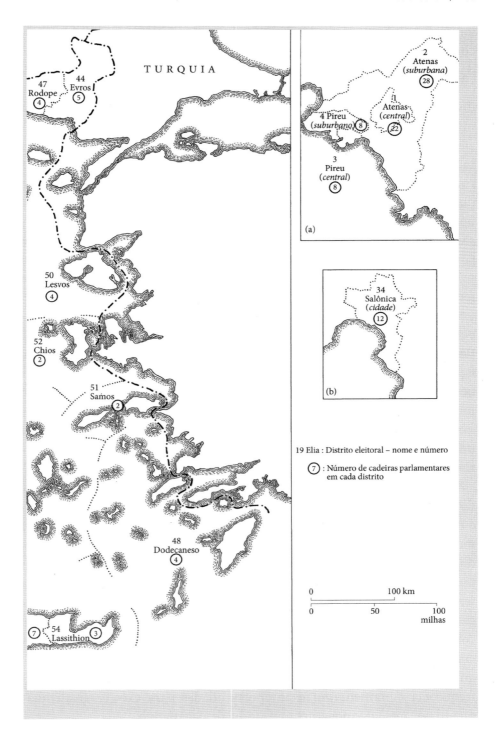

locais não tinham meios de arrecadar fundos. As várias medidas, porém, combinadas com a piora da poluição e uma deterioração geral na qualidade de vida na capital (o *nefos*, ou neblina esfumaçada, não desapareceu, como prometido, junto com a direita), resultaram em uma ligeira, mas discernível, tendência a reverter o aparentemente inexorável processo de migração das províncias para as principais áreas urbanas. Um serviço nacional de saúde foi introduzido, em face de ferrenha oposição da profissão médica. A construção de clínicas e hospitais (e centros culturais) nas áreas rurais ajudou a fortalecer a tendência que se tornou ainda mais acentuada durante os oito anos iniciais do governo do PASOK para o apoio ao partido ser maior nas áreas rurais do que nas urbanas. Embora a Grécia tivesse mais médicos por cabeça da população do que qualquer outro país na Comunidade Europeia, aqueles que tinham condições (inclusive o próprio primeiro-ministro quando desenvolveu sérios problemas cardíacos) ainda tendiam a procurar tratamento médico no estrangeiro.

Embora muitas dessas medidas fossem de baixo custo, qualquer esperança de criar um moderno estado de bem-estar, um dos objetivos do PASOK, dependia criticamente de pôr a economia em melhor andamento, e particularmente em incrementar produtividade. O PASOK, uma vez no poder, não perdeu tempo em aumentar as remunerações e os salários no já inchado setor estatal herdado da direita. A prometida indexação de remunerações e salários em um país que havia por muitos anos experimentado uma inflação de dois dígitos logo deu lugar a políticas de contenção salarial e a circunscrever o direito de greve no setor estatal.

Na oposição, o PASOK havia prometido um socialismo descentralizado baseado na "socialização" de setores-chave da vida econômica do país e na autoadministração. A socialização diferia da mera nacionalização (e mesmo sob a direita uma significativa proporção da economia havia ficado sob direto ou indireto controle do Estado) no que ela visava a um grau mais elevado de participação trabalhista. Um conceito algo indefinido em teoria, ele revelou-se ainda mais indefinido na prática. A maior parte das candidatas à socialização tendia a ser escolhida entre as assim chamadas companhias "problemáticas", já pesadamente endividadas com os bancos em grande parte controlados pelo Estado. Longe de trazer consigo qualquer melhoria perceptível em produtividade, a socialização com muita frequência meramente fornecia oportunidades para exercer apadrinhamento por meio do inchamento da folha de pagamento.

CAPÍTULO 5 – A CONSOLIDAÇÃO DA DEMOCRACIA E A DÉCADA POPULISTA (1974-1990) | 181

IMAGEM 51. Andreas Papandreou sendo empossado como primeiro-ministro em outubro de 1981 pelo arcebispo Serapheim de Atenas na presença do presidente Konstantinos Karamanlis. Líderes carismáticos tinham um papel crucial no sistema político, com Karamanlis e Papandreou dominando a cena política durante a segunda metade do século XX, assim como Kharilaos Trikoupis e Theodoros Deliyannis dominaram a política do fim do século XIX. Karamanlis, um conservador, foi primeiro-ministro entre 1955 e 1963 e entre 1974 e 1980, presidente entre 1980 e 1985 e foi reeleito para um ulterior mandato de cinco anos em 1990. Papandreou, um socialista populista, foi primeiro-ministro entre 1981 e 1989, e entre 1993 e 1996. O mais formidável teste das habilidades políticas de Karamanlis deu-se em 1974, quando ele foi encarregado de superar o desastroso legado da ditadura militar que havia desgovernado a Grécia entre 1967 e 1974. A melhor medida de seu sucesso foi a pacífica transmissão do poder em 1981 pela direita para o primeiro governo socialista na história do país. Este era liderado por Andreas Papandreou. Papandreou tinha 74 anos quando ganhou a eleição de 1993, e Karamanlis tinha 83 quando reeleito presidente em 1990. Idade avançada nunca foi um obstáculo para a ambição política na Grécia. Themistoklis Sophoulis tinha 88 anos quando morreu no cargo de primeiro-ministro em 1948, enquanto o primeiro-ministro do governo multipartidário que emergiu da segunda eleição em 1989, Xenophon Zolotas, tinha 85. Os três líderes partidários na época, Konstantinos Mitsotakis, do conservador Nova Democracia; Andreas Papandreou, do socialista PASOK; e Kharilaos Florakis, da Aliança comunista, eram todos septuagenários.

Se as mudanças trazidas pelo PASOK em questões de política interna eram mais em estilo do que em substância, isso se aplica igualmente a questões de política externa. Não houve ruptura substantiva nas orientações tradicionais da política externa. A retórica do PASOK na oposição sobre a retirada da aliança da OTAN e da Comunidade Europeia e o fechamento das bases americanas não foi igualada na prática. A exigência inicial de Papadreou, uma vez no poder junto à OTAN, para uma garantia da fronteira com a Turquia não teve resposta e foi tacitamente descartada. A Grécia se recusou a participar de alguns exercícios da OTAN no leste do Mediterrâneo em protesto contra as repetidas invasões turcas de seu espaço aéreo no Egeu e contra a exigência da Turquia de que a ilha de Lemnos fosse desmilitarizada sob os termos do Tratado de Lausanne de 1923. Mas uma retirada efetiva da aliança nunca se deu.

Com vistas à participação na Comunidade Europeia, a inicial demanda por um referendo sobre o princípio de participação foi tacitamente abandonada, embora a Grécia se movimentasse para tentar renegociar os termos de acesso, alcançando algumas concessões no processo. Mas no congresso do PASOK de 1984, Papandreou declarou explicitamente que a saída da Comunidade Europeia teria consequências deletérias para a economia. Com o passar dos anos, tornou-se crescentemente claro que a Grécia era uma significativa beneficiária dos subsídios agrícolas da Comunidade Europeia, e observadores atribuíam a relativamente grande força do PASOK nas áreas rurais nas eleições de 1985 e 1989 em parte aos efeitos de tais subvenções. As bases dos Estados Unidos na Grécia, estabelecidas na década de 1950 fundamentadas em vários acordos bilaterais, também sobreviveram ao PASOK. Na verdade, um novo acordo foi alcançado em 1983 que determinava que as quatro bases continuassem em operação por um período de cinco anos até 1988. Na época em que o acordo foi assinado, houve confusão quanto a se o acordo "terminaria" em 1988 ou se ele era meramente "terminável", com cada parte dando o prazo apropriado. Com o prazo de 1988 se aproximando houve negociações prolongadas e tortuosas para a renovação do acordo. Este eventualmente resultou em uma significativa diminuição da presença militar americana na Grécia.

Se a promessa de uma reorientação radical nas relações externas do país que caracterizava a retórica do PASOK na oposição não se materializou, houve não obstante uma clara mudança no estilo segundo o qual a política externa do país era conduzida. Ao manter a prometida adoção de uma estância de "orgulho nacional", em contraste com a pretensa subserviência dos predecessores conservadores do PASOK, o governo deste ficou ostensivamente fora de sin-

CAPÍTULO 5 – A CONSOLIDAÇÃO DA DEMOCRACIA E A DÉCADA POPULISTA (1974-1990) | **183**

tonia com os parceiros da Grécia na OTAN e na Comunidade Europeia sobre várias questões. Papandreou defendia o conceito de uma zona desnuclearizada nos Bálcãs e estimulou adiamento nos planos da OTAN para o estabelecimento de mísseis cruise e Pershing na Europa, para dar mais tempo para negociações de desarmamento. A Grécia também divergiu espetacularmente da Comunidade Europeia em diversos assuntos. A recusa de Papandreou em se unir às sanções contra o regime militar na Polônia seguido de lei marcial foi combinada com uma atitude benigna em relação à ditadura militar do general Jaruzelski. Papandreou foi o primeiro líder ocidental a romper o isolamento da Polônia fazendo uma visita oficial em 1984.

O mais extravagante exemplo de divergência com os parceiros europeus ocorreu durante a presidência da Grécia na Comunidade Europeia na segunda metade de 1983. O ministro do Exterior, Yannis Haralambopoulos, foi capaz de abafar as críticas quando a União Soviética abateu um avião 747 de passageiros da Korean Airlines. A defesa pelo PASOK de causas radicais mundiais foi simbolizada pela presença no congresso do partido de 1984 de Hortênsia Allende, a viúva de Salvador Allende, do Chile, e de representantes dos sandinistas nicaraguenses. Papandreou foi direto, também, em sua crítica da invasão israelense do Líbano de 1982 e em seu apoio a Yasser Arafat e à Organização para a Libertação da Palestina. As relações com os Estados Unidos foram ulteriormente abaladas pelas alegações de que o governo do PASOK estava preparado para fazer vista grossa às atividades de grupos terroristas árabes em Atenas e por seu fracasso em eliminar um grupo terrorista doméstico, o "17 de novembro", cujo número de vítimas incluía funcionários americanos, bem como proeminentes homens de negócios e políticos gregos.

O mau estado de relações com a Turquia continuava a dominar as relações externas e a ser o fator determinante na política de defesa sob o PASOK assim como havia sido durante os sete anos de governo conservador seguindo-se à derrubada da junta militar em 1974. Enquanto na oposição, Papandreou havia sido um ferrenho crítico de seus predecessores de direita, acusando-os de disposição para negociar os direitos soberanos do país no Egeu. Ele alegara que negociações com a Turquia eram essencialmente supérfluas porque não havia nada a ser discutido. Ademais, era digno de menção que ao passo que, na perspectiva da eleição de 1981, houvera uma moderação na linha do PASOK sobre várias questões de política externa, não houvera relaxamento igual na posição intransigente sobre a Turquia. Isso havia sido simbolizado pela exigência de Papandreou para afundar o navio de sondagem turco *Sismik* em 1976. Em 1982, ele sinalizou a prioridade que dava ao confronto com a Turquia ao visitar o Chipre, a primeira visita à ilha até então por um primeiro-ministro grego em suas funções. Em novembro de 1983, o já avariado estado de relações com a Turquia deu uma aguda guinada para pior quando a assembleia cipriota turca declarou unilateralmente uma independente "República Turca do Norte do Chipre". Esta foi formalmente reconhecida, porém apenas pela Turquia.

Quatro meses mais tarde, em março de 1984, eclodiu uma crise renovada seguindo-se a alegações que belonaves turcas em exercício haviam disparado salvas na direção de um destróier grego que observava de águas territoriais gregas. A Grécia pôs suas forças armadas em alerta e chamou seu embaixador em Ankara para consultas. Esta crise particular dissipou-se, mas a seriedade subjacente da situação foi enfatizada pela promulgação, no final de 1984, de uma nova doutrina de defesa, pela qual a principal ameaça à integridade territorial do país foi declarada vir não do Pacto de Varsóvia, mas da aliada da Grécia na OTAN, a Turquia.

Em dezembro de 1986, um incidente entre patrulhas fronteiriças gregas e turcas no rio Evros resultou na morte de três soldados, dois turcos e um grego. Isso foi seguido, três meses mais tarde, em março de 1987, pela mais séria crise nas relações entre os dois países desde a crise do *Sismik* em 1976. Por um breve período houve ameaça de guerra direta. Como em 1976, em 1987, o incidente eclodiu sobre a proposta de exploração turca de petróleo em águas disputadas do Egeu. As forças armadas de ambos os países foram postas em estado de alerta e Papandreou declarou que todas as medidas necessárias seriam tomadas para salvaguardar os direitos soberanos do país. Apontando a OTAN e, em particular, os Estados Unidos como responsáveis pela crise, Papandreou deu o passo sem precedentes de ordenar a suspensão dos meios de comunicações na base americana de Nea Makri e de enviar seu ministro do Exterior a Sofia para discutir a crise com o líder comunista búlgaro, Todor Zhivkov. Num calculado ato de desconsideração, os embaixadores dos países do Pacto de Varsóvia em Atenas foram informados antes que suas contrapartes da OTAN. O confronto só foi desarmado quando o primeiro-ministro turco, Turgut Özal, afirmou que o navio de sondagem turco operaria apenas em águas territoriais turcas, enquanto a Grécia igualmente se comprometia a evitar sondagens em águas disputadas.

A crise de março de 1987 havia mais uma vez demonstrado o potencial explosivo da disputa do Egeu e a intratabilidade de diferenças que estavam tão enraizadas em lembranças históricas. Menos de um ano depois, contudo, ocorreu o que foi saudado na época como um avanço histórico nas relações

CAPÍTULO 5 – A CONSOLIDAÇÃO DA DEMOCRACIA E A DÉCADA POPULISTA (1974-1990) | 185

entre os dois países. O acordo de Davos de janeiro de 1988, o "tratado de não guerra" como foi caracteristicamente chamado pelo PASOK, seguiu-se a um encontro na Suíça entre Papandreou e sua contraparte turca, Özal. Com vistas a inaugurar um clima bastante melhorado em relações bilaterais, os dois líderes concordaram em estabelecer uma "linha de emergência" entre Atenas e Ankara, comprometeram-se a se encontrar ao menos uma vez por ano e a visitar cada um o país do outro. Eles providenciaram uma intensificação de contatos em todos os níveis, com particular ênfase em turismo e intercâmbio cultural. Comitês conjuntos foram estabelecidos para trabalhar no sentido de relações políticas e econômicas mais próximas.

Nos primeiros meses após o *rapprochement* [reaproximação] de Davos pareceu ter se desenvolvido um dinamismo considerável. O governo turco rescindiu um decreto de 1964 restringindo os direitos de propriedade de cidadãos gregos na Turquia, enquanto a Grécia reciprocou levantando objeções para reativar o acordo de associação de 1964 entre Ankara e a Comunidade Europeia que havia sido congelado desde o golpe militar de 1980 na Turquia. A abolição de exigência de vistos para cidadãos gregos levou a um enorme crescimento no número de gregos visitando a Turquia. Visitas recíprocas pelos primeiros-ministros grego e turco foram seguidas pela visita oficial de Özal a Atenas, a primeira tal visita por um primeiro-ministro turco em 36 anos.

Não demorou muito, contudo, para que as velhas tensões emergissem. A Grécia fez repetidos protestos contra as violações turcas de seu espaço aéreo, e pelo fim de 1988 havia claros sinais de que o apregoado "espírito de Davos" estava desfalecendo. Num contratempo público em novembro, a Turquia contestou a declaração da Grécia de que a única questão pendente entre os dois países era a delineação de suas respectivas plataformas continentais no Egeu, afirmando que a extensão do espaço aéreo grego, a militarização das ilhas do Egeu e o *status* da minoria turca no oeste da Trácia estavam também em contenda. Tensões ulteriores na relação desenvolveram-se durante a primeira campanha eleitoral de 1989, quando a Grécia reclamou que o governo turco estava dando encorajamento aberto a determinados candidatos fazendo campanha entre a minoria turca. A eleição de dois deputados independentes turcos ia contra o precedente existente pelo qual candidatos saídos da minoria turca deveriam concorrer por partidos estabelecidos. O impasse político que se desenvolveu em 1989 inibiu iniciativas subsequentes no campo das relações greco-turcas.

Depois das eleições de 1981, a oposição conservadora havia sido rápida em chamar a atenção para o hiato entre as aspirações do PASOK e suas realizações, apelidando o que o PASOK denominara seu "encontro com a história" como um encontro com a realidade. Ela aproveitou a oportunidade oferecida pelas eleições para o Parlamento europeu em 1984 para exigir que elas não fossem disputadas sobre questões especificamente europeias mas "sobre todo o programa". Porém os resultados não deram crédito às esperanças da Nova Democracia de empurrar o PASOK para o segundo lugar, embora sua parte dos votos tivesse crescido por 7% enquanto a do PASOK declinasse por uma quantidade similar em relação às eleições nacionais de 1981. O fracasso da Nova Democracia em fazer significativas invasões entre os partidários do PASOK em 1984 levou à renúncia de seu líder, Evangelos Averoff, de 75 anos, que havia liderado o partido desde a renúncia de Georgios Rallis após a derrota de 1981. Seu conservadorismo tradicional não havia se provado páreo para o apelo carismático de Papandreou.

Se a eleição europeia de 1984 fora disputada em uma atmosfera política polarizada, então a temperatura foi ulteriormente elevada pela eleição de Konstantinos Mitsotakis como líder da Nova Democracia em sucessão a Averoff. Mitsotakis, cujos antecedentes políticos residiam no centro, havia sido um dos principais rivais de Papandreou para a futura liderança do governo da União de Centro de seu pai e havia sido proeminente entre os assim chamados "apóstatas" cuja defecção havia derrubado o governo na grande crise política de julho de 1965. A memória política na Grécia é de longo alcance e, quando da assunção de Mitsotakis da liderança da Nova Democracia, Papandreou o acusou de ser um traidor, que havia traído seu pai e arcava com uma responsabilidade importante pelos sete anos seguintes de ditadura militar e pela invasão do Chipre. A antipatia mútua entre os dois homens teria sérias consequências no empate político que emergiu do impasse das duas eleições de 1989.

A campanha eleitoral devida para 1985 efetivamente estava em andamento com a eleição europeia de 1984. Em seu manifesto da eleição de 1981, o PASOK havia prometido introduzir um sistema de representação proporcional simples, o qual a extrema esquerda, o mais óbvio beneficiário de tal mudança, havia muito demandava. Mas o PASOK não pôde resistir à tentação de seguir o exemplo de seus predecessores de direita e manipular a lei eleitoral para sua própria vantagem. Ele, portanto, adotou um sistema que era projetado para assegurar que um partido com uma pequena pluralidade de votos podia não obstante assegurar uma maioria operante no Parlamento. Não surpreendentemente, a Nova Democracia ficou satisfeita em ceder seu apoio, embora os comunistas fossem enfáticos em sua condenação do que viam como uma confortável costura entre os dois principais

CAPÍTULO 5 – A CONSOLIDAÇÃO DA DEMOCRACIA E A DÉCADA POPULISTA (1974-1990) | 187

partidos. Antes das eleições terem lugar, contudo, o país seria convulsionado por uma importante crise constitucional. Esta emergiu do fato de que o mandato de cinco anos no poder de Karamanlis chegava a um fim em março de 1985. Era geralmente suposto que ele seria candidato a um segundo mandato, a despeito do fato de que ele agora estava com 78 anos. O apoio da Nova Democracia podia ser tido como garantido, enquanto Papandreou em várias ocasiões louvara a condução da presidência por Karamanlis e afirmara que estaria contente em vê-lo continuar no cargo.

No início de março, a Nova Democracia anunciou seu apoio para a candidatura de Karamanlis. Era amplamente esperado que o PASOK a seguisse, quando Papandreou anunciou, para seus manifestamente surpresos, mas claramente entusiásticos partidários, que o candidato do PASOK não seria Karamanlis, mas Khristos Sartzetakis. Mais de 20 anos mais jovem e juiz da Suprema Corte, Sartzetakis havia ganho fama no início da década de 1960 como o jovem investigativo magistrado que havia trazido à justiça os assassinos do deputado de esquerda Grigorios Lambrakis em 1963. Papandreou elevou ainda mais a temperatura política declarando sua intenção de emendar a Constituição de 1975 de modo a enfraquecer as prerrogativas reservadas ao presidente. O fato de que estas até então não tivessem sido implementadas, seja por Karamanlis ou por seu predecessor, Konstantinos Tsatsos, não excluía, assim ele argumentava, que elas fossem usadas por um presidente politicamente motivado para frustrar a vontade de um Parlamento eleito.

Por que Papandreou teria lançado iniciativas que tendiam a atrapalhar suas chances de reeleição não estava claro, embora elas se provassem populares com as hostes do partido e refletissem seu criticismo na época quanto à Constituição de 1975 como totalitária. Elas certamente fortaleceram sua afirmação de que o PASOK era um partido radical que não estava em dívida com o *establishment*. O próprio Karamanlis, aferroado por essa inesperada reviravolta de eventos, renunciou em seguida, poucos dias antes de encerrado seu mandato. A batalha era agora assegurar a eleição do indicado pelo PASOK para a presidência. Isso não era de modo algum uma conclusão prévia, pois o PASOK controlava menos do que o mínimo de 180 votos parlamentares estipulado pela Constituição de 1975. Ele poderia, contudo, estar certo do apoio dos 13 deputados comunistas que tinham poucos motivos para favorecer um velho e determinado inimigo político.

Foi apenas na terceira rodada de votação que a eleição de Sartzetakis foi conseguida com o mínimo preciso constitucional de 180 votos. O voto efetivo foi aquele do (PASOK) presidente do Parlamento, que havia se tornado

IMAGEM 52. Em 1797, Rigas Velestinlis, o protomártir da independência grega, declarou em sua Constituição para um império grego revivido que "aquele que fala grego antigo ou moderno, mesmo se ele vive nas Antípodas... é um grego e um cidadão". Ele não podia ter a menor ideia de que dentro de 200 anos uma população grega de mais de 300 mil pessoas estaria estabelecida na Austrália. Pela década de 1980, Melbourne havia se tornado um dos maiores centros de população grega no mundo. A fotografia mostra o primeiro-ministro australiano, Bob Hawke, como qualquer político trabalhista esperto, ansioso por manter bons contatos com comunidades étnicas, comparecendo ao festival grego em Coburg, um subúrbio de Melbourne, em 1988. À sua direita está o bispo Ezequiel de Melbourne e à sua esquerda, Stelios Papathemelis, o ministro do PASOK para o norte da Grécia, junto com seu predecessor da Nova Democracia, Nikolaos Martis. Sua presença na Austrália em bases bipartidárias não apenas reflete o fato de que muitos dos migrantes de pós-guerra vieram da Macedônia grega, mas também preocupação com as atividades na Austrália de uma vociferante comunidade macedônica eslava que afirma que muito do norte da Grécia faz parte de uma "Macedônia egeia" eslava. Onde quer que comunidades gregas tenham se estabelecido no estrangeiro, elas tendem a trazer com elas não apenas suas divisões políticas internas, mas também as rivalidades nacionais de sua terra natal.

presidente atuante do país com a renúncia de Karamanlis. A Nova Democracia, alegando que isso tornava seu voto inválido e opondo-se às pressões postas sobre os deputados do PASOK para assegurar que eles não quebrassem fileiras, boicotou o juramento de Sartzetakis como presidente. O caminho agora estava livre para o PASOK introduzir suas emendas constitucionais, que foram promulgadas no Parlamento seguinte e que realçavam devidamente os poderes do primeiro-ministro em relação àqueles do presidente.

CAPÍTULO 5 – A CONSOLIDAÇÃO DA DEMOCRACIA E A DÉCADA POPULISTA (1974-1990) | **189**

Dado esse pano de fundo da crise constitucional, não surpreende que as eleições de 1985 devessem ser disputadas em uma atmosfera altamente polarizada. Um ministro sênior do PASOK deu o tom quando, em uma muito citada frase, descreveu a eleição sendo não sobre "laranjas e tomates" mas "um confronto entre dois mundos". Esses dois mundos, Papandreou explicou, eram a luz do Sol (o logotipo do PASOK é um Sol verde um tanto mistificador) e as forças das trevas e subserviência (Nova Democracia). Ele pintou um quadro sinistro de uma direita não regenerada tramando sua vingança contra as forças progressistas do país ao reviver a bateria de medidas repressivas que haviam sido usadas para assediar a esquerda na década de 1950, uma imagem brutal que levou até os comunistas a protestarem que a direita de 1980 era uma criatura diferente daquela da década de 1950. Mitsotakis não foi menos apocalíptico ao argumentar que a eleição representava a última chance de preservar instituições políticas pluralistas e de evitar um inevitável deslocamento rumo a um Estado autoritário de partido único. Sua defesa de políticas econômicas "neoliberais" e a diminuição do setor estatal, contudo, tiveram um apelo limitado em um país em que o Estado, direta ou indiretamente, era o maior empregador.

Com 46%, a cota do PASOK dos votos na eleição de junho de 1985 foi apenas marginalmente (2%) abaixo de seu desempenho em 1981, uma realização considerável dado o desgaste inevitável no cargo. A Nova Democracia foi capaz de aumentar sua cota de votos por 5 pontos para 41%. O fraco estado da economia não figurou muito amplamente na campanha, mas, com a eleição fora do caminho, o PASOK foi forçado a introduzir um duro programa de austeridade. Ele visava reduzir os enormes déficits externo e interno do país desencorajando importações, cortando despesas públicas e aumentando os rendimentos do governo. Essas medidas, que foram reforçadas por um massivo empréstimo de emergência da Comunidade Europeia, provocaram várias greves importantes pelos empregados do setor público, e a crescente inquietação foi refletida nos significativos ganhos da oposição nas eleições municipais de outubro de 1986. Estes resultaram na eleição de prefeitos da Nova Democracia nas três principais áreas urbanas: Atenas, Salônica e Pireu.

Contra o pano de fundo de uma constante deterioração da situação econômica, o governo do PASOK em seu segundo mandato carecia do ímpeto reformista dos anos iniciais e havia significativas indicações de dissenção interna em um partido fortemente controlado pelo próprio Papandreou. Não obstante, a Nova Democracia sob a liderança de Mitsotakis parecia incapaz de oferecer uma alternativa convincente, enquanto (com a exceção do numericamente insignificante Partido Comunista do Interior) a extrema esquerda mostrava poucos sinais de ser capaz de romper o gueto político ao qual havia sido confinada pela guerra civil e suas decorrências. Quando, portanto, o acordo de Davos de janeiro de 1988 demonstrou (por um tempo ao menos) manter a promessa de um avanço nas relações greco-turcas, Papandreou parecia pronto para um sem precedentes terceiro mandato.

No verão de 1988, contudo, houve uma dramática mudança na sorte de Papandreou e, portanto, do PASOK. Em agosto, ele subitamente partiu para tratamento médico em Londres, onde permaneceu no hospital ou convalescendo por dois meses. Houve uma corrente contínua de visitantes ministeriais ao seu leito hospitalar em Londres, enquanto o fracasso de Papandreou em delegar poder formalmente a um vice levou a zombarias da oposição sobre "governo por fax" e à criação de um vazio de poder. Havia confusão sobre a seriedade de sua condição e as coisas ficaram ainda mais complicadas pelo anúncio do Harefield Hospital de que o primeiro-ministro de 69 anos estava buscando o divórcio de sua esposa americana de 37 anos, Margaret, ela própria uma figura de certa posição política, no sentido de desposar uma comissária de bordo da Olympic Airways de 34 anos que havia se tornado uma figura influente na comitiva do primeiro-ministro. As aparições públicas de Papandreou na companhia de Dimitra Liani provocaram maciça publicidade da imprensa e levaram a discussões ásperas com sua família.

Após cirurgia bem-sucedida, Papandreou retornou à Grécia. O que era pretendido como um retorno triunfal, porém, foi obscurecido pelo desdobramento de um escândalo financeiro com fortes tons políticos em uma escala monumental sem precedentes na história do país. Ele se centrava nas atividades de George Koskotas, um greco-americano que havia construído, em misteriosas circunstâncias, um enorme império bancário e editorial. Logo após o retorno de Papandreou, Koskotas, sob vigilância policial 24 horas por dia, com acusações de desvio, transações ilegais de moeda e fraude, escapou para os Estados Unidos. Um rombo equivalente a pelo menos 132 milhões de dólares foi descoberto nos livros de seu Banco de Creta. Revelações e alegações em conexão com esse e outros escândalos voaram rápida e furiosamente por uma imprensa notoriamente desinibida.

Foi alegado que corporações estatais haviam sido encorajadas a depositar suas reservas em dinheiro no Banco de Creta a taxas de juros artificialmente baixas, a diferença entre as baixas taxas e as taxas de mercado sendo subtraída. Houve afirmações que funcionários do PASOK haviam bloqueado investigações das fraudes e que um havia sido pago com uma caixa de fraldas cheia

CAPÍTULO 5 – A CONSOLIDAÇÃO DA DEMOCRACIA E A DÉCADA POPULISTA (1974-1990) | **191**

com notas de 5 mil dracmas. Houve alegações ulteriores de comissões ilegais na assim chamada "compra do século" (a aquisição de 60 aviões de combate franceses Mirage e 40 F-16 americanos); de irregularidades nas vendas pela indústria estatal de armamentos; e de fraudes à custa da Comunidade Europeia. Foi também alegado que o primeiro-ministro havia autorizado a escuta dos telefones de inimigos e amigos políticos, inclusive aqueles da Srª. Liani.

Em meio a uma quase diária litania de novas alegações de escândalo, alguns ministros foram demitidos, outros renunciaram e ainda outros foram reposicionados. Numa tentativa de consertar o moral baixo de seu partido, Papandreou afirmou que seus problemas resultavam das atividades de não especificados "centros estrangeiros de desestabilização". Essa foi uma acusação que ele repetiu quando Koskotas, lutando contra tentativas de extradição, alegou em uma amplamente divulgada entrevista para a revista *Time* que Papandreou estava diretamente implicado nos escândalos. Os partidos de oposição foram unânimes em exigir eleições imediatas como a única maneira de sair do impasse. Papandreou, contudo, tendo sobrevivido facilmente a um voto de confiança no Parlamento em dezembro de 1988 e outro em março de 1989 continuou a aguentar a tormenta até o final de seu segundo mandato de quatro anos. Dando-se conta de que o número de votos do PASOK tendia a cair, um de seus últimos atos no governo foi introduzir um sistema eleitoral mais puramente proporcional, calculado para tornar o mais difícil possível para a Nova Democracia obter uma maioria atuante sem uma cota de voto popular substancialmente aumentada.

Essa manobra tradicional teve o efeito desejado, pois, a despeito da cota de 44% dos votos, a Nova Democracia assegurou apenas 144 cadeiras, 7 a menos de uma maioria geral, nas eleições de junho de 1989 (a cota de 46% dos votos do PASOK em 1985 havia produzido uma clara maioria atuante de 11 cadeiras). Não obstante os problemas pessoais e médicos do primeiro-ministro e a crescente onda de escândalos, o PASOK registrou uma cota de 39% dos votos. Nas circunstâncias, isso era impressivo e traduziu-se em 125 cadeiras. Isso deixou a "Aliança da Esquerda e do Progresso", consistindo no partido comunista e da Esquerda Grega (anteriormente o Partido Comunista do Interior), com 13% dos votos e 28 cadeiras, mantendo o equilíbrio de poder. Dez dias de febril negociação seguiram-se até o presidente Sartzetakis confiar o mandato aos líderes dos três partidos em revezamento, começando com Mitsotakis como o líder do maior partido.

Em circunstâncias comuns, a coalizão PASOK/Aliança contra a direita poderia ter parecido o resultado lógico. Mas as circunstâncias estavam longe de ser comuns. Após Mitsotakis ter fracassado em reunir uma maioria viável, o mandato passou a Papandreou. Ele estava disposto a oferecer vários ministérios aos comunistas, mas, não surpreendentemente, não estava preparado para atender sua principal exigência de que ele abandonasse o cargo. Foi então a vez do líder da Aliança, Kharilaos Florakis, um veterano comunista, de 75 anos, da resistência da época da guerra (como o era Mitsotakis) e da guerra civil seguinte, que havia passado 18 anos em exílio ou na prisão. Florakis, igualmente, não teve êxito e devolveu o mandato ao presidente.

Parecia que novas eleições teriam que ser convocadas, em cujo caso não haveria possibilidades de pressionar as acusações contra aqueles quadros do PASOK acusados de implicação nos escândalos. Na última hora, entretanto, foi alcançado um acordo entre Mitsotakis e Florakis para formar um governo de duração limitada, consistindo principalmente em políticos da Nova Democracia com alguns comunistas nomeados. Num curioso eco da exigência dos delegados da resistência no Cairo em 1943, os comunistas detinham agora as pastas-chave do interior e da justiça. Mitsotakis, enquanto permanecendo líder do partido, cedeu para que Tzannis Tzannetakis, deputado da Nova Democracia e ex-oficial naval amplamente respeitado por sua oposição à ditadura militar, se tornasse primeiro-ministro. A nova coalizão professava um único objetivo, a saber, a "catarse", ou seja, levar à justiça aqueles implicados nos escândalos dos últimos anos do governo do PASOK, após o que novas eleições seriam realizadas. Dado o hiato que existia entre os dois partidos sobre uma inteira gama de questões, qualquer cooperação de longo prazo estava claramente fora de questão. Mas a coalizão de curto prazo funcionou surpreendentemente bem e o envolvimento direto dos comunistas ao lado dos conservadores no governo pôde realmente ser dito como simbolizando a cicatrização das feridas abertas pela guerra civil 40 anos antes. O processo de reconciliação foi ulteriormente acelerado quando ao menos parte do enorme volume de fichas mantidas pela polícia de segurança foi queimada, para o desconsolo de alguns historiadores. Foi digno de nota, contudo, que pareceu ser a geração mais velha que estava mais disposta à reconciliação. Elementos substanciais no movimento comunista jovem, por exemplo, permaneceram teimosamente opostos a um acordo que eles viam como rendição à odiada direita. Eles haviam achado difícil se reconciliar com a um tanto hesitante recepção pelos comunistas ortodoxos das doutrinas da *glasnost* e *perestroika*. Havia uma certa ironia no fato de que os comunistas entraram no governo pela primeira vez na Grécia exatamente quando o comunismo como um credo político estava sendo massivamente rejeitado através de toda a Europa oriental.

CAPÍTULO 5 – A CONSOLIDAÇÃO DA DEMOCRACIA E A DÉCADA POPULISTA (1974-1990) | **193**

Uma vez que o processo de "catarse", na forma do estabelecimento de comissões parlamentares para investigar os escândalos, estava firmemente em andamento, eleições subsequentes foram convocadas para 5 de novembro de 1989. A campanha, a segunda em cinco meses, foi um processo de pouca intensidade, com uma breve lufada de excitação emergindo da adesão à cédula da Nova Democracia de Mikis Theodorakis, o compositor politicamente independente. As eleições foram realizadas sob o mesmo sistema de representação proporcional como aquelas em junho, pois o governo havia prometido não emendar a lei eleitoral. Elas apresentaram um resultado similarmente inconclusivo. A soma dos votos aumentada marginalmente (46% em oposição a 44%) lhe deu 148 cadeiras, faltando tantalizantes três para uma maioria parlamentar geral. A verdadeira surpresa da eleição, contudo, foi que o PASOK, em face de alegações de corrupção nos mais altos níveis do partido, foi na realidade capaz de aumentar sua soma de votos de 39% para 41%, um tributo, se tal fosse necessário, à habilidade de Andreas Papandreou em inspirar ferrenha lealdade em igual medida que apaixonada aversão. Sua soma de cadeiras cresceu de 125 para 128. Inversamente, a soma dos votos assegurados pela Aliança de esquerda caiu de 13% para 11%, suas cadeiras de 28 para 21. Parecia que os votos que a Nova Democracia fora capaz de atrair do PASOK haviam sido mais do que compensados pelas defecções da parte dos partidários da Aliança, descontentes com a temporária acomodação de seu partido com a direita seguindo-se a eleição de junho. Três independentes foram também eleitos: um largamente alinhado com o PASOK, um Verde e um membro da minoria turca.

Mitsotakis, o líder da Nova Democracia, foi rápido em salientar que, mesmo sem ter tido maioria geral, ele havia conseguido uma maior porcentagem do voto popular do que qualquer outro político governante na Europa ocidental, e que, estivesse a lei eleitoral de 1985 em vigor, então a Nova Democracia teria assegurado uma clara maioria operante. Papandreou, por sua vez, manteve que o PASOK havia alcançado a maior cota do voto de qualquer partido socialista na Europa e que o nível combinado de apoio para o PASOK e a Aliança demonstrava uma clara maioria para as forças "progressivas" no país. Mais uma vez, o presidente Sartzetakis consultou com os líderes partidários para ver se uma coalizão gozando de maioria parlamentar poderia ser costurada, sem o que novas eleições teriam que ser realizadas.

Cada partido, por sua vez, recebeu um mandato exploratório para formar um governo mas, após complexas negociações, nenhuma coalizão possível emergiu. Uma terceira eleição dentro do espaço de pouco mais de seis meses parecia inevitável. Diante dessa perspectiva desanimadora, contudo, um acordo foi alcançado na última hora para formar um governo pluripartidário sob uma figura não política, Xenophon Zolotas, um ex-governador do Banco da Grécia. O fato de que Zolotas tinha 85 anos e que os três líderes partidários eram todos em septuagenários, fornecia confirmação ulterior de que idade em si nunca havia sido um obstáculo ao progresso político na Grécia. Foi alcançado um acordo de que esse governo "de necessidade nacional" permaneceria no cargo até abril de 1990, quando novas eleições eram quase certas se não pudesse ser alcançado um acordo quanto ao sucessor do presidente Sartzetakis quando seu mandato de cinco anos expirasse em março de 1990. Oito ministros foram alocados à Nova Democracia, sete ao PASOK e três à Aliança. Ministérios-chave, tais como negócios estrangeiros, defesa e economia nacional, foram administrados em uma base interpartidária, e arranjos foram feitos para os três líderes partidários, Mitsotakis, Papandreou e Florakis, se reunirem regularmente para monitorar o progresso do governo.

Eleições, as terceiras em menos de um ano, foram devidamente realizadas em abril de 1990, novamente sob o mesmo sistema eleitoral. O crescimento marginal da Nova Democracia em sua cota dos votos para 47% deu-lhe 150 cadeiras, precisamente metade do total no Parlamento. A cota do PASOK caiu para ainda respeitáveis 39% (123 cadeiras). Estava claro que a hábil exploração do PASOK de seus poderes de apadrinhamento durante os oito anos precedentes lhe deram uma substancial e leal clientela de cerca de 40% do eleitorado. Os votos da Aliança caíram marginalmente para 10% (19 cadeiras). O compromisso da única cadeira que coube à Renovação Democrática, um partido conservador dissidente, foi suficiente para assegurar à Nova Democracia uma estreita maioria no Parlamento. Um mês após as eleições, Konstantinos Karamanlis foi eleito presidente para um segundo mandato de cinco anos. Assim, a era do PASOK, para o porvir, chegara a um fim. Mitsotakis, durante o curso das três campanhas de 1989-1990, não fez segredo do fato de que a situação econômica que o país enfrentava era calamitosa e que as políticas "neoliberais" que ele defendia não lhe permitiam opções fáceis para trazer sob controle imensos déficits no setor público e fazer face ao maciço fardo dos empréstimos externos. Estava claro que seria difícil impor suas medidas de austeridade com uma maioria simples no Parlamento.

capítulo 6

TUMULTO NOS BÁLCÃS E MODERNIZAÇÃO POLÍTICA: A GRÉCIA NA DÉCADA DE 1990

As circunstâncias dramáticas nas quais a primeira era do PASOK terminou em 1989 estimularam o ex-presidente, Konstantinos Karamanlis, a declarar, com característica franqueza, que se sentia às vezes como se estivesse vivendo em um "enorme hospício". O prosseguimento do tumulto e a realização de três eleições em menos de um ano serviram para distrair a atenção das momentosas mudanças que estavam ao mesmo tempo ocorrendo nos países das fronteiras do norte da Grécia, Albânia, Iugoslávia e Bulgária, todos os quais haviam estado sob governo comunista desde o fim da Segunda Guerra Mundial. O fim da era comunista nos Bálcãs inevitavelmente tinha implicações importantes para a Grécia, embora sucessivos governos lentos para apreciar isso, e uma oportunidade única para a Grécia, o único país politicamente estável e relativamente próspero na península, exercer uma influência positiva na região foi amplamente perdida.

O gradual degelo nas até então rigidamente stalinistas políticas do regime albanês focou atenção no que fora uma vez, geograficamente, a mais próxima, embora até recentemente a mais politicamente isolada, área de assentamento grego fora das fronteiras do Estado grego. Reivindicada pelas autoridades gregas como contando mais de 300 mil (o número albanês oficial era de 60 mil), a minoria grega no sul da Albânia estava em sua maior parte compactamente assentada no que na Grécia é denominado "Epiro do norte", uma área contígua à fronteira albano-grega. O súbito êxodo de milhares de gregos étnicos no início de 1991 fez crescerem os temores de que o governo albanês estava pressionando os membros da minoria a partir e estimulou o governo grego a solicitar que eles permanecessem na Albânia

IMAGEM 53. "Como você embarca para Ítaca": uma mochileira norueguesa espera por uma balsa para a ilha. Já em meados da década de 1950, um escritor bem familiarizado com o país pôde observar que "se a Grécia fosse menos remota, não haveria lugar mais perfeito para o turista inglês". Naquela época, a viagem para a Grécia era um tanto difícil e custosa. Mas, em uma questão de poucos anos, padrões de vida em rápido crescimento na Europa ocidental, junto com viagem aérea barata, transformaram a Grécia em uma das principais destinações turísticas na Europa. No espaço de 40 anos, o número de turistas passou

> por um crescimento de perto de 50 vezes. Em 1958, houve apenas pouco mais de um quarto de milhão de visitantes. Por 1998, o número era de quase 11 milhões, o que *grosso modo* significa um visitante estrangeiro para cada habitante nativo do país. Enquanto visitantes iniciais eram primariamente atraídos por sua herança arqueológica, a maioria dos visitantes na segunda metade do século XX estava mais interessada no mar e no sol. Por meados da década de 1990, a indústria turística empregava quase 10% da força de trabalho e gerava ganhos no câmbio estrangeiro de quatro bilhões de dólares. Muitos dos visitantes, contudo, vinham em pacotes turísticos de baixo custo e o gasto *per capita* não acompanhou a inflação. Mais recentemente, os governos têm procurado melhorar as instalações na esperança de atrair turistas mais afluentes. O influxo massivo de turistas contribuiu significativamente para a crescente prosperidade do país, mas não foi apenas uma bênção. Em muitas das mais populares destinações turísticas, tais como as ilhas de Corfu e Rodes, a costa tem sido desfigurada por construções sem critérios de hotéis, para não mencionar o grande número de residências construídas fora das regulamentações de planejamento. A beleza natural da Grécia sofre uma ameaça ulterior vinda do lixo sempre presente e dos incêndios que a cada ano consomem dezenas de milhares de acres de florestas.

na esperança de melhores tempos por vir. Como todos os albaneses, os membros da minoria grega haviam sofrido severa repressão durante a era comunista e visitas de família através da fronteira tinham estado fora de questão. Embora direitos básicos linguísticos, educacionais e culturais fossem concedidos, havia ocorrido tentativas de dispersar a minoria e seus membros haviam sido pressionados a adotar nomes autenticamente ilírios. Albaneses cristãos ortodoxos, como seus compatriotas muçulmanos e católicos, haviam estado sujeitos a uma proibição contra todas as formas de atividade religiosa. Um esperançoso precedente foi que, no Natal de 1990, membros da minoria grega puderam comparecer abertamente a serviços religiosos pela primeira vez desde 1967.

Durante a década de 1990, grandes números de albaneses que não eram gregos étnicos igualmente cruzaram a fronteira, a maioria ilegalmente, do mesmo modo que imigrantes de outros lugares da Europa oriental. Os albaneses eram periodicamente detidos e enviados de volta através da fronteira. Por meados da década, havia cerca de meio milhão de estrangeiros trabalhando na Grécia, a maioria deles sem autorização de trabalho. Na visão popular, eles eram frequentemente responsabilizados pelas crescentes taxas de criminalidade.

Os gregos albaneses empreenderam o que, nos primeiros meses ao menos, era uma arriscada viagem através de uma fronteira que durante todo o período de pós-guerra havia estado hermeticamente fechada. Na Grécia, eles se uniam a outro influxo de gregos étnicos refugiados, um fenômeno incomum em um país historicamente associado muito mais com emigração (o grande influxo do início da década de 1920 à parte) do que com imigração. Esta consistia de gregos da antiga União Soviética, outra até então amplamente submergida minoria. De acordo com o último censo soviético, de 1989, estes perfaziam cerca de 356 mil, um número que provavelmente estava abaixo do número real. Muitos deles eram os descendentes de gregos do Pontos. Durante o século XIX e início do XX, eles haviam migrado, frequentemente na esteira de guerras recorrentes entre os impérios russo e otomano, para o mais receptivo Cáucaso e margens norte do Mar Negro, onde ficavam sob o governo de seus correligionários ortodoxos, os russos.

Durante os primeiros anos do regime soviético, os gregos haviam desfrutado de um considerável grau de autonomia cultural e podiam publicar livremente em seu dialeto grego pôntico, que era pouco inteligível para aqueles na Grécia. Mas eles tiveram o infortúnio de ser considerados por Stalin como uma das minorias nacionais "desleais". Sua liderança intelectual foi dizimada, e a maioria deles foi deportada para as paragens inóspitas das repúblicas da Ásia central. Com o fim da guerra civil na Grécia em 1949, outro considerável número de gregos, dessa vez refugiados comunistas que haviam fugido para trás da Cortina de Ferro, foram assentados em Tashkent, no Uzbequistão. Essa nova onda de exilados políticos foram defrontados com o problema, que eles superaram com êxito, de manter sua identidade étnica e a de seus filhos sem poder se apoiar na Igreja, que desempenhava um papel significativo na preservação de um senso de "grecidade" em outras comunidades da diáspora.

Com a morte de Stalin, os deportados, diferentemente dos refugiados comunistas, puderam voltar a seus lugares originais de residência na Geórgia, Abkhazia e outros lugares, embora fossem frequentemente incapazes de recuperar suas propriedades confiscadas. Os gregos étnicos na União Soviética emergiriam da obscuridade em consequência do aumento geral da consciência étnica, que foi uma das principais consequências da política de *glasnost* do presidente Mikhail Gorbachev. O prefeito de Moscou no início da década de 1990, Gavriil Popov, era um desses antigos gregos soviéticos. Houve algo como uma revivescência da cultura e educação gregas e mesmo impetuosas, mas irrealistas, falas sobre estabelecer uma região grega autônoma no sul da Rússia. No caos que se seguiu ao colapso do Império Soviético, contudo, os gregos eram uma minúscula minoria e muitos se sentiram ameaçados pela nova assertividade de grupos étnicos maiores entre os quais viviam. Esses temores, unidos ao desejo de melhorar seu *status* econômico, estimulou números substanciais a tomar o rumo da emigração. De modo algum todos esses imigrantes mantinham sua língua ancestral (os gregos de Tsalka, na Geórgia, por exemplo, eram, paradoxalmente, turcofalantes). Quando a Geórgia invadiu a Abkhazia no verão de 1992, a população grega da região foi apanhada na guerra e um número considerável de gregos étnicos foi evacuado da capital da Abkhazia, Sukhum, pelo governo grego na "Operação Velocino de Ouro". Ao chegar à Grécia, muitos dos antigos gregos soviéticos, para seu manifesto desagrado, foram assentados nas sensíveis e remotas regiões do oeste da Trácia, próximas da fronteira com a Turquia e longe das luzes brilhantes de Atenas e Tessalônica.

O repatriamento de gregos da Albânia e ex-União Soviética à Grécia, uma "terra natal" da qual eles podiam ter apenas a mais vaga ideia, coincidiu com renovada sensibilidade entre os gregos a respeito de suas minorias. Por padrões balcânicos, as minorias gregas eram negligenciáveis em tamanho, pois o sistema educacional havia se provado ser um poderoso instrumento para a "helenização" de populações de origem étnica não grega quando elas foram incorporadas no Estado grego no curso de sua gradual expansão. Uma significativa, embora submersa, minoria religiosa (mas certamente não étnica) é constituída pelos Antigos Calendaristas. Autodenominando-se "Verdadeiros Cristãos Ortodoxos", eles haviam recusado aceitar a adoção pelo Estado e pela Igreja da Grécia do calendário gregoriano em 1923-1924. Eles têm sua própria hierarquia religiosa paralela, incluindo monastérios e conventos, e abrangem 5% da população. Há uma pequena minoria católica, centrada principalmente nas ilhas egeias de Syros e Tinos, e uma minúscula comunidade protestante, composta em grande parte pelos descendentes daqueles convertidos na Ásia Menor no século XIX por missionários protestantes americanos. A esmagadora maioria da uma vez substancial comunidade judaica da Grécia foi exterminada pelos nazistas, mas pequenas comunidades sobrevivem em Atenas, Tessalônica e algumas poucas aldeias provincianas.

Há apenas uma minoria oficialmente reconhecida, a minoria "muçulmana" do oeste da Trácia. As autoridades, invocando a terminologia do Tratado de Lausanne, insistem em chamá-la muçulmana e não turca. É claro, contudo, que, pela década de 1990, a maioria de seus membros veio a se considerar a si mesma como étnica turca. Muçulmanos na Grécia (incluindo um punhado nas Dodecanese) perfazem cerca de 120 mil. Em contraste, a minoria grega na Turquia, em Istambul e nas ilhas de Imvros e Tenedos, escarranchadas na entrada dos Dardanelos, minguou ao ponto de extinção. Enquanto na década de 1950 a minoria perfazia mais de 100 mil,

200 | HISTÓRIA CONCISA DA GRÉCIA

ela era, no início da década de 1990, de cerca de 3 mil gregos étnicos na Turquia e pelo fim da década dificilmente 2 mil. Dada a insistência do governo turco em que o patriarca ecumênico, o líder espiritual dos cristãos ortodoxos do mundo, seja um cidadão turco, é difícil ver como uma tal pequena comunidade possa manter o patriarcado ecumênico. Uma queixa específica da minoria grega na Turquia é sobre a recusa das autoridades turcas em permitir a reabertura do seminário teológico de Halki, que eles haviam fechado em 1971. A única esperança para a sobrevivência do patriarcado ecumênico, cujas origens se estendem até o século VI, e de fato da minúscula comunidade grega como um todo, pareceria residir na distante perspectiva do ingresso da Turquia na União Europeia, quando normas da UE relativas aos direitos de minorias teriam que ser respeitados.

Havia também queixas de discriminação contra os muçulmanos da Grécia: sobre o direito de eleger seus líderes religiosos, sobre posse de propriedade e sobre sua autorização de se autodenominarem turcos. Quando, em 1991, um relatório do Departamento de Estado dos Estados Unidos alegou que os muçulmanos do país eram sujeitos a discriminação econômica e social, houve uma forte reação na Grécia. O governo Mitsotakis do início da década de 1990, contudo, instituiu medidas para melhorar a sorte da minoria. Em geral, o tratamento de suas respectivas minorias étnicas pela Grécia e Turquia dependiam criticamente do estado geral de relações entre os dois países.

Um furor semelhante se seguiu quando o mesmo relatório do Departamento de Estado pareceu reconhecer a existência de uma pequena minoria macedônica eslava na Grécia. Existem certamente eslavofalantes no norte da Grécia, embora seus números sejam difíceis de quantificar. Muitos da geração mais jovem, por exemplo, têm apenas um conhecimento passivo do idioma eslavo de seus pais. Um número muito pequeno desses falantes de eslavo se identifica com os habitantes do que era conhecida como a República Federal Iugoslava da Macedônia, até ela declarar sua independência em 1991 como a República da Macedônia. Com a saída da Iugoslávia, propaganda emanando de Skopje, a capital do novo Estado, reclamava do mau tratamento dos eslavofalantes no que era chamada "Macedônia egeia", isto é, uma considerável área do norte da Grécia incluindo a Tessalônica, e reivindicava fronteiras abertas e o que era de modo mistificador denominado a "unificação espiritual" da Macedônia. Os gregos ressentiram-se da adoção da Estrela de Vergina de 16 pontas, que havia sido encontrada no que é amplamente visto como o túmulo de

Felipe da Macedônia em Vergina, como o emblema nacional da nova república e queixaram-se de que artigos na Constituição macedônica implicavam ambições territoriais à custa da Grécia. A objeção fundamental era quanto ao próprio nome "Macedônia". Na visão grega, o nome só podia ser legitimamente usado por sua própria província nortista da Macedônia, e Antonis Samaras, ministro do Exterior do governo Mitsotakis, repetidamente afirmou que a Grécia nunca reconheceria um Estado denominando a si mesmo Macedônia. Andreas Papandreou, na oposição, proclamou que mesmo falar com a liderança política macedônica era equivalente ao reconhecimento. Enormes demonstrações pediam o boicote da Macedônia, e a disputa foi conduzida com particular vigor na Austrália e no Canadá, que tinham grandes números de migrantes da Macedônia grega, alguns deles eslavo-falantes, e um número muito menor da ex-República Iugoslava da Macedônia (Former Yugoslav Republic of Macedonia – FYROM), sob cujo título o Estado recém-independente foi provisoriamente admitido nas Nações Unidas com resolução pendente da disputa sobre seu nome. Alarme subsequente foi causado pela alacridade com que a Bulgária e a Turquia concederam reconhecimento ao novo Estado. Temores começaram a ser expressos de um "arco islâmico" nas fronteiras do norte da Grécia estendendo-se da Albânia, no oeste, à Turquia no leste, pois a grande maioria de albaneses era muçulmana, havia uma substancial minoria albanesa muçulmana na Macedônia e uma considerável minoria turca na Bulgária.

Os parceiros da Grécia na UE estavam intrigados com o por que tal microestado, empobrecido e sem saída para o mar como o FYROM, com sérios problemas de minoria, podia ser percebido como uma ameaça a um país como a Grécia, com um sistema político estável, uma economia relativamente forte, forças armadas bem equipadas e participação como membro da OTAN e da UE. A propaganda do governo grego era focada em demonstrar que a Macedônia, como uma entidade política, havia sido "grega por 4 mil anos" e procurar provar a reivindicação anterior da Grécia à região por referência às glórias da era de Felipe da Macedônia e Alexandre, o Grande, aos quais, um tanto improvavelmente, os macedônios eslavos também reivindicavam. Em consequência havia pouca compreensão fora da Grécia de que os temores da maioria dos gregos sobre a questão fossem estimulados muito mais por eventos que haviam ocorrido dentro da memória viva do que na antiguidade remota. Grandes números de refugiados da Ásia Menor e de outras partes haviam sido reassentados na Macedônia grega na década de 1920. Havia muitos vivendo no norte da Grécia

202 | HISTÓRIA CONCISA DA GRÉCIA

na década de 1990 que tinham pais, avós ou bisavós cujas vidas viraram de pernas para o ar no processo. Isso os tornava agudamente sensíveis a qualquer sugestão de reivindicações contra a integridade territorial da Grécia.

Além disso, durante a Segunda Guerra Mundial, o oeste da Trácia e uma parte da Macedônia grega haviam sido submetidos à severa ocupação búlgara. Os gregos tinham sido massacrados e sofrido "limpeza étnica" na região e os búlgaros estabeleceram-se em seu lugar. Ademais, tão recentemente quanto em 1949, o Partido Comunista Grego, sob crescente pressão durante a guerra civil e precisando do apoio dos eslavosfalantes do norte da Grécia que na época compreendiam quase metade da força de combate do Exército Democrático, havia exigido autodeterminação para os macedônios eslavos. Tal declaração parecia apontar para a criação de uma Macedônia bastante ampliada, que combinaria território que havia sido dividido entre Grécia, Sérvia e Bulgária em 1913, um plano que o presidente Tito da Iugoslávia certamente favoreceu no fim da década de 1940. Tivesse tal "Grande Macedônia" vindo a existir então ela necessariamente estaria vinculada a desistir de território tão recentemente e tão duramente conseguido pela Grécia durante as guerras balcânicas. Konstantinos Karamanlis, cuja segunda presidência terminou em 1995, havia nascido na Macedônia em 1907 quando a região ainda fazia parte do Império Otomano. Durante sua (admitidamente longa) vida, a região havia sido convulsionada pelas sangrentas guerras balcânicas de 1912-1913, pela selvageria da ocupação durante a Segunda Guerra Mundial e pela luta intestina da guerra civil que se seguiu. Eram esses recentes horrores que subjaziam às sensibilidades gregas sobre a questão macedônica mais do que disputas arcanas sobre o passado antigo da região. Tal como se deu, o tratamento inepto da questão macedônica pela Grécia no nível internacional e sua cara, mas mal dirigida, campanha de propaganda causaram a perda de muita credibilidade e boa vontade internacional.

A controvérsia macedônica ocorreu contra o pano de fundo do crescentemente sangrento conflito na Bósnia que se seguiu à desintegração da Federação Iugoslava. Num nível popular na Grécia, havia um considerável grau de simpatia pela Sérvia como a mais antiga aliada do país e um país próximo (e uma vez vizinho) contra o qual a Grécia nunca havia lutado e com o qual tinha sido aliado em ambas as guerras mundiais. A primeira aliança da Grécia com outro Estado havia sido acordada com a Sérvia em 1867. Os sérvios eram um povo igualmente ortodoxo e, muito como ocorria com os gregos, se viam como um povo "sem irmãos". De fato, o

IMAGEM 54. "Devolva-nos nossos mármores": o príncipe Charles e o ministro grego da Cultura na Acrópole em Atenas, em novembro de 1998. Se uma peregrinação à Acrópole, o mais óbvio símbolo das antigas glórias da Grécia, está no topo do itinerário de qualquer visitante oficial à Grécia, essa visita particular tinha uma especial ressonância. Pois a Grécia tinha uma reivindicação de longa data para o retorno dos mármores removidos do Parthenon no início do século XIX por Thomas Bruce, sétimo conde de Elgin, enquanto servia como embaixador britânico para o Porte Otomano em Constantinopla, e subsequentemente alojados no British Museum. Em *Childe Harold*, Byron denunciou as atividades de Elgin como "a última mísera pilhagem de uma terra ensanguentada". A controvérsia sobre o retorno dos mármores "Elgin" foi revivida não muito depois da visita de Charles pela renovação de alegações de que eles haviam sido danificados por limpeza agressiva enquanto em custódia do Museu. O ministro da Cultura, Evangelos Venizelos (visto aqui à esquerda) expressou a esperança de que a visita do príncipe teria sido um primeiro passo simbólico para o retorno dos mármores, enquanto o prefeito de Atenas, Dimitris Avramopoulos, ao fazer de Charles um cidadão honorário de Atenas, solicitou que ele resolvesse a questão no dia em que se tornasse rei. Caracteristicamente, o presidente dos Estados Unidos, Bill Clinton, deliciou seus anfitriões ao solicitar o retorno dos mármores quando visitou a Acrópole um ano mais tarde, em 1999, em meio de uma – entre outros aspectos – tempestuosa visita à Grécia. A visita do príncipe de Gales foi uma rara visita oficial à Grécia por um membro da família real britânica que tem estreitos laços familiares com o rei anterior da Grécia. O príncipe Philip, o duque de Edinburgh, é filho do príncipe Andrew da Grécia, tio-avô do ex-rei Constantino. Quando o príncipe Charles desposou Lady Diana Spencer em 1981, o presidente da Grécia, Konstantinos Karamanlis, declinou de comparecer ao casamento porque Constantino, no exílio desde 1967, havia sido convidado como "rei dos Helenos".

patriarca ecumênico Vartholomaios, no curso de uma visita a Belgrado, declarou que era o dever de todos cristãos ortodoxos unirem-se em apoio dos sérvios no conflito na ex-Iugoslávia. Alguns observadores chegaram ao ponto de falar da emergência de um "eixo ortodoxo" nos Bálcãs que reuniria Grécia, Sérvia, Bulgária e Romênia. Mas o apoio dos gregos aos sérvios era expresso no nível da retórica, e as políticas governamentais, qualquer que fosse o partido no poder, pouco ofereceu em termos de ajuda prática aos sérvios.

Foi contra esse pano de fundo de turbulência nos Bálcãs que o governo Mitsotakis de 1990-1993 lutou para encaminhar o legado econômico dos dissolutos anos de Papandreou. Preços de utilidades públicas foram aumentados, como o foram taxas sobre o petróleo, álcool e a taxa do imposto de venda. Tais medidas foram inevitavelmente impopulares, como o foram as propostas de Mitsotakis para a privatização das pesadamente endividadas e com excesso de pessoal companhias "problemáticas". Suas medidas de austeridade, apelidadas "Thatcherismo Balcânico" por seus oponentes políticos, foram amargamente criticadas pela oposição, e mesmo o presidente conservador, Konstantinos Karamanlis, foi levado a protestar que o fardo da diminuição de gastos não estava sendo dividido equitativamente. Além disso, quando Mitsotakis lançou sua mal concebida proposta de vender 35 ilhotas na baía de Argolis e no golfo Sarônico, ela teve que ser abandonada em face da oposição de dentro de seu próprio partido e em meio a rumores de interesse por parte de um multimilionário turco em comprar uma das ilhotas.

Em março de 1991, o mais importante de uma série de julgamentos emergentes do escândalo do Banco de Creta estava em andamento. Cinco ex-ministros do PASOK, inclusive Andreas Papandreou (que se recusou a comparecer na Corte), foram indiciados. O principal acusado era Agamemnon Koutsogiorgas que, como ministro da Justiça e vice-primeiro-ministro, havia sido um dos mais próximos associados de Papandreou. Ele fora acusado de aceitar um suborno de 1,3 milhão de dólares em troca de legislação protegendo George Koskotas, o ex-proprietário do Banco de Creta, mas morreu de um ataque cardíaco antes que um veredito pudesse ser alcançado. Papandreou foi eventualmente absolvido. Dois ex-ministros do gabinete foram sentenciados a termos de prisão por seu envolvimento nos escândalos do fim da década de 1980.

Em julho de 1992, em uma rara demonstração de quase unanimidade entre os dois principais partidos, o acesso da Grécia ao tratado de Maastricht, um marco significativo no caminho para uma união europeia "mais profunda", foi ratificado por uma maciça maioria (286 em 300 deputados) no Parlamento. A Grécia deveria se beneficiar por adicionais 2 milhões de ecus em um período de cinco anos. Talvez de maior significado foi a simultânea admissão da Grécia ao pleno estatuto de membro da União da Europa ocidental. Embora ambos os principais partidos políticos fossem entusiastas dos princípios constantes no tratado de Maastricht, as perspectivas para a participação grega na união monetária europeia que ela visava pareciam remotas, pois não apenas era a Grécia o membro mais pobre da Comunidade, como seu registro de inflação, déficit orçamentário e nível de taxas de juros eram mais altos do que os de qualquer um de seus parceiros.

Num lance para assegurar sua perigosamente pequena maioria parlamentar, Mitsotakis distribuiu postos no governo para um terço dos deputados da Nova Democracia. Isso não evitou dissenção interna dentro do partido. Em outubro de 1991, por exemplo, Miltiades Evert, um potencial rival de Mitsotakis, foi deslocado de seu posto de ministro para o de primeiro-ministro. Uma crise muito mais séria dentro do partido foi precipitada pela demissão, por Mitsotakis, em 1992, de seu jovem ministro do Exterior, Antonis Samaras, que havia consistentemente assumido uma linha intransigente sobre o reconhecimento da Macedônia. Em junho de 1993, Samaras fundou seu próprio partido, Primavera Política. Quando ele conseguiu persuadir três deputados da Nova Democracia a desertar, isso deixou o governo Mitsotakis sem uma maioria e provocou amargas acusações de "apostasia".

Eleições foram convocadas em outubro de 1993, cerca de 15 meses antes do prazo normal. Seguiu-se uma eleição plena de acusações caluniosas. Embora já avançado nos seus 70, Mitsotakis jogou, ainda que apenas por implicação, com seu relativo vigor, em contraste com a demonstrável fragilidade de Papandreou e, *inter alia*, insinuou que o retorno do PASOK aumentaria a probabilidade de a Grécia se ver emaranhada em um conflito balcânico mais amplo. Ele procurou também jogar com os temores do radicalismo passado de Papandreou. De sua parte, Papandreou foi amargamente crítico das medidas de austeridade introduzidas pelo governo Mitsotakis e, em particular, de seu programa de privatização. Ele também acusou Mitsotakis de fraqueza diante da questão macedônica. Não obstante, ele se distanciou do radicalismo da década de 1970 e início da de 1980 e agora procurava projetar o PASOK como um partido social democrata no modelo europeu.

A campanha careceu de alguma da turbulência das disputas prévias, enquanto a dimensão da vitória do PASOK apanhou a maioria dos observadores de surpresa. Papandreou voltou para o poder com uma porcentagem de votos apenas marginalmente menor que aquela alcançada em seu grande triunfo de 1981. Além disso, embora a porcentagem dos votos, em 47%, fosse virtualmente idêntica à alcançada pela Nova Democracia em 1990, ele recebeu uma vigorosa maioria atuante de 20 (170 cadeiras), enquanto o governo Mitsotakis, com 150 cadeiras, exatamente a metade do número de cadeiras no Parlamento, tenha sido sempre vulnerável a defecções. A revisão por Mitsotakis de 1990 da lei eleitoral havia saído pela culatra contra os interesses de seu próprio partido, cuja soma de 39% dos votos lhe dava 111 cadeiras no novo Parlamento. A Primavera Política de Samara, com uma cota de 5% dos votos, assegurava 10 cadeiras, empurrando o Partido Comunista da Grécia, com 5% dos votos e 9 cadeiras, para o quarto lugar. Os comunistas eram agora liderados por Aleka Papariga que, ao suceder Kharilaos Florakis em 1991 como secretária-geral, havia, no início de seus 40, se tornado a primeira mulher líder do partido. Na esteira da derrota, Mitsotakis foi substituído como líder da Nova Democracia por Miltiades Evert, um persistente crítico de Mitsotakis e populista que havia adquirido o apelido de "o bulldozer" durante um energético mandato como prefeito de Atenas. No novo governo do PASOK, o filho de Papandreou, Giorgios, foi encarregado dos negócios dos gregos no estrangeiro, e a sempre crescente influência da terceira esposa de Papandreou, Dimitra Liani, ficou manifesta em sua nomeação como chefe do gabinete privado do primeiro-ministro, de onde ela controlava o acesso ao primeiro-ministro, cuja capacidade para esforço permanente era crescentemente questionada.

O retorno ao poder de Papandreou claramente ocasionou alarme entre os parceiros da Grécia na UE. Preocupados pela perspectiva da presidência da Grécia da UE durante a primeira metade de 1994, ele se moveram rapidamente para abrir relações diplomáticas com o novo Estado macedônico. Eles foram seguidos logo depois pelos Estados Unidos. Esses movimentos despertaram uma explosão de ira, que incluiu uma manifestação de massa defronte o consulado geral dos Estados Unidos em Tessalônica. Em fevereiro de 1994, Papandreou aumentou ainda mais a temperatura anunciando um bloqueio da Macedônia do qual apenas remédios e alimentos estavam isentos. A Comissão da UE queixou-se à Corte Europeia de Justiça que o embargo estava em contravenção da lei da comunidade. Talvez o ponto mais baixo em todo o imbróglio macedônico tenha sido alcançado em janeiro de 1995, quando o ministro do Exterior, Karolos Papoulias, não compareceu à cerimônia para comemorar o 50º aniversário da libertação do campo de concentração de Auschwitz, onde a maior parte da comunidade judaica grega havia perecido. Isso foi porque a bandeira macedônica

CAPÍTULO 6 – TUMULTO NOS BÁLCÃS E MODERNIZAÇÃO POLÍTICA (...) | 207

seria hasteada junto com as de outros países cujos cidadãos haviam sido mandados para a morte no campo.

Do mesmo modo, as relações gregas com a Albânia continuaram tumultuadas, alcançando seu nadir no período pós-comunista quando, em fevereiro de 1994, um bando de grecofalantes atacou uma unidade do exército albanês perto da fronteira, matando dois conscritos. O incidente levou a alegações albanesas, subsequentemente retiradas, de envolvimento do governo grego. O caso foi catalisador para uma séria deterioração nas relações entre os dois países, com Atenas continuando a se queixar de discriminação contra membros da minoria grega no sul da Albânia e de restrições postas à liberdade religiosa dos cristãos ortodoxos. Essa guerra de palavras culminou, em maio, na prisão pelas autoridades albanesas de seis membros da Omonoia, a principal organização da minoria grega na Albânia. Em seu subsequente julgamento, cinco dos seis receberam sentenças de prisão de entre seis e oito anos por defesa traiçoeira da secessão do "Epiro do Norte" para a Grécia e porte ilegal de armas. Vários jornalistas gregos que cobriam o julgamento foram expulsos. A Grécia respondeu com a detenção e deportação de milhares de imigrantes albaneses ilegais. Por sua vez, a Albânia declarou que seus diplomatas na Grécia estavam sendo assediados.

Em 1995, todavia, parcialmente como resultado de pressão dos Estados Unidos, as relações da Grécia com a Macedônia e a Albânia passaram por uma significativa melhora. A Grécia havia sido encorajada pela recomendação do advogado-geral da Corte Europeia de Justiça de que a acusação contra a Grécia sobre o embargo contra a Macedônia fosse descartada como estando fora da competência da Corte. No outono de 1995, eram discerníveis movimentos na longa disputa entre Atenas e Skopje. Seguindo-se a prolongadas negociações e uma reunião dos ministros do Exterior dos dois países em Nova York, um "acordo de ínterim" foi assinado pelo qual a Macedônia concordava em cessar de usar a Estrela de Vergina como emblema nacional e afirmava que sua constituição não implicava reivindicações territoriais contra a Grécia. Embora nenhuma decisão fosse alcançada quanto à questão do nome, a Grécia concordou em levantar o bloqueio.

Houve também melhoria nas relações com a Albânia. Seguindo-se à libertação no início dos membros presos da Omonoia, o ministro do Exterior grego visitou Tirana e foi alcançado um acordo sobre o estabelecimento de comitês conjuntos para discutir questões problemáticas, tais como o tratamento da minoria grega e o *status* das muitas dezenas de milhares de albaneses trabalhando ilegalmente na Grécia. Que problemas não resolvidos permaneceram, contudo, foi indicado pela rejeição pelo ministro do Exterior albanês das demandas gregas pelo estabelecimento de um número de escolas gregas privadas na Albânia feitas durante o curso de sua visita à Grécia no início de setembro de 1995.

Se as relações com a Macedônia e a Albânia passaram por melhorias, aquelas com a Turquia permaneciam difíceis. O clima melhor resultante do acordo de Davos de 1988 provou ser uma de muitas falsas auroras na história das relações greco-turcas. Ocorreram repetidas violações turcas do espaço aéreo de 10 milhas reivindicado pela Grécia: estas subiram de cerca de 240 intrusões, registradas em 1991, para 700, em 1995. As relações se tornaram particularmente frágeis quando, em meados de novembro de 1994, a Convenção da ONU sobre a Lei do Mar, da qual a Grécia era signatária, deveria entrar em funcionamento. Isso despertou na Turquia temores de que a Grécia estenderia suas águas territoriais de 6 para as costumeiras 12 milhas, pelo que, dada a multiplicidade de ilhas gregas, colocaria a maior parte do Egeu sob o controle grego. Como os turcos viam, o Egeu se tornaria, com efeito, um lago grego, e o Parlamento turco deixou claro que quaisquer tais extensões seriam vistas como uma *casus belli* e tratadas pela força. De sua parte, as autoridades gregas deixaram claro que se reservavam o direito de efetuar tal extensão no futuro.

As relações entre Atenas e Ankara foram postas sob ulterior estresse quando, em dezembro de 1994, a Grécia vetou propostas para uma união alfandegária entre a União Europeia e a Turquia, embora o veto fosse subsequentemente retirado. As questões voltaram a piorar quando o Parlamento grego proclamou 19 de maio como um dia de lembrança para o que foi denominado o genocídio de dezenas de milhares de gregos pônticos durante a Primeira Guerra Mundial e após. Em julho de 1994, um diplomata turco foi assassinado em Atenas pelo sombrio e elusivo grupo de extrema esquerda "17 de novembro", que durante um período de mais de 20 anos se havia engajado em assassinatos e ataques terroristas com impunidade. Em fevereiro de 1995, dois caças Mirage F-1 gregos interceptaram quatro caças F-16 turcos, os quais a Grécia afirmava terem invadido seu espaço aéreo. Um dos aviões turcos subsequentemente caiu sobre a ilha de Rodes, embora o piloto tivesse se ejetado com segurança. Em maio do mesmo ano, uma supostamente privada visita ao oeste da Trácia por um ministro júnior do governo turco provocou vários incidentes. No curso da visita, o ministro declarou que turcos étnicos na Grécia sofriam discriminação e descreveu o Tratado de Lausanne de 1923, que falava de uma minoria muçulmana em vez de turca, como ultrapassado. Papandreou declarou as obser-

CAPÍTULO 6 – TUMULTO NOS BÁLCÃS E MODERNIZAÇÃO POLÍTICA (...) | 209

vações do ministro inaceitáveis, e seu carro foi apedrejado por manifestantes gregos, cipriotas, armênios e curdos.

Embora Papandreou tenha sido um duro crítico das medidas de austeridade de Mitsotakis, durante seu terceiro mandato como primeiro-ministro, com vistas a preparar o caminho para a união monetária europeia, ele deu suas bênçãos às políticas para cortar o maciço endividamento da Grécia, restringir os déficits do setor público e trazer a inflação sob controle. Essas medidas, que essencialmente continuavam um processo iniciado por Mitsotakis, surtiram algum efeito. No início de 1995, por exemplo, a taxa anual de inflação havia caído abaixo de 10% pela primeira vez em 20 anos. No mesmo ano, regulamentações de controle de câmbio foram levantadas para alinhar a Grécia a seus parceiros europeus. Quando o governo do PASOK, em novembro de 1994, declarou sua intenção de privatizar 25% da OTE, a empresa de telecomunicações nacional, foi expressa forte oposição pelo movimento sindical e um grupo de deputados da esquerda do partido governista. Medidas para trazer os fazendeiros para dentro do sistema de impostos desencadearam uma irada resposta em áreas rurais e, em março de 1995, o ministro da Ordem Pública, Stelios Papathemelis, renunciou em protesto contra a pressão para usar força contra fazendeiros que haviam bloqueado comunicações rodoviárias e ferroviárias entre o norte e o sul do país por cerca de dez dias. Tal era o nível de descontentamento na esquerda do partido que Dimitris Tsovolas, uma liderança populista, desertou do PASOK para formar o Movimento Socialista Democrático, que afirmava conservar as aspirações socialistas radicais dos primeiros anos do PASOK.

Certamente havia pouco sinal da retórica radical (que era raramente levada para a prática) das primeiras administrações de Papandreou. Manifestamente frágil, o primeiro-ministro era capaz de trabalhar apenas poucas horas por dia. O poder estava cada vez mais concentrado nas mãos da Sra. Liani e de uma pequena camarilha de sequazes. O descontentamento começou a crescer dentro do partido PASOK governante, ocasionado pelo fracasso do primeiro-ministro em tratar da questão da sucessão e pelas crescentemente abertas ambições políticas de sua esposa. A construção por Papandreou de uma extravagante vila, apelidada de "palácio rosa", em Ekali, um caro subúrbio no norte de Atenas, foi ocasião de cínicos rumores. Estes apenas foram alimentados ainda mais pela declaração do primeiro-ministro de que a vila havia sido fundada com empréstimos livres de juros de membros de seu gabinete. O clima político ficou ainda mais turvado no fim de 1994, quando, em retaliação pelo indiciamento de Papandreou em conexão com os escândalos Koskotas, Mitsotakis foi acusado de receber propinas em conexão com a venda de uma enorme companhia estatal de cimento para uma firma italiana. Aproveitando, ele foi também acusado de autorizar escuta telefônica de oponentes políticos e da aquisição ilegal de antiguidades. As acusações foram subsequentemente retiradas.

Em março de 1995, a Grécia ganhou um novo presidente quando Konstantinos Karamanlis, com 88 anos, abdicou pouco antes do fim de seu segundo mandato de cinco anos. Ele foi substituído por Kostis Stephanopoulos, um não carismático, mas amplamente respeitado, advogado. Anteriormente um deputado na Nova Democracia, em cujo governo ele teve cargo ministerial, Stephanopoulos havia formado um minúsculo partido dissidente de direita, a Renovação Democrática, em 1985. Ele foi proposto para a presidência pelo pequeno partido de direita de Antonis Samaras, a Primavera Política, com cujo apoio e, crucialmente, o do PASOK, ele foi eleito presidente no terceiro turno de votação no Parlamento, com 181 votos em 300, um a mais do que o mínimo constitucional. O nomeado da Nova Democracia era Athanasios Tsaldaris, um ex-relator do Parlamento.

Durante o verão de 1995, rumores de descontentamento dentro do partido governante PASOK, provocados pela manifesta falta de controle de Papandreou sobre os negócios do Estado, vieram à luz. Em setembro, Kostas Simitis, um proeminente "modernizador" e importante concorrente para a futura liderança do PASOK, renunciou e aderiu às crescentes demandas para a renúncia do primeiro-ministro. Por esse estágio, Papandreou, visivelmente com a saúde muito fraca, foi declarado incapaz de trabalhar mais de duas horas por dia. Em setembro, ele fora forçado a abandonar as celebrações realizadas na ilha de Patmos para assinalar o aniversário de 1.900 anos da composição do Livro da Revelação por São João, o Divino, uma das peregrinações religiosas às quais a Sra. Liani gostava de levar seu marido. A dignidade do governo foi dificilmente realçada pela repetida publicação de fotografias impúdicas da Sra. Liani tiradas antes de sua associação com Papandreou.

Perto do fim de novembro de 1995, Papandreou foi levado ao hospital sofrendo de pneumonia, acompanhada de problemas renais. Ligado a um maquinário médico, por longos períodos ele era incapaz de respirar sem a ajuda de uma máscara de oxigênio. A mídia de massa mantinha uma vigília de 24 horas no hospital e relatava suas condições médicas em detalhe a cada minuto. Quando especialistas estrangeiros foram chamados para ajudar em seu tratamento, todos com exceção dos familiares foram mantidos fora do quarto hospitalar do primeiro-ministro. Foi relatado que Dimitra

CAPÍTULO 6 – TUMULTO NOS BÁLCÃS E MODERNIZAÇÃO POLÍTICA (...) | 211

Liani estava invocando a ajuda de óleo santo, ícones milagrosos e astrólogos em seus esforços para a recuperação de seu marido. Fora do hospital, partidários entusiastas chegavam a oferecer seus órgãos para transplante.

Com o governo do país mais ou menos paralisado, seu andamento cotidiano foi temporariamente assumido por Akis Tsokhatzopoulos, o ministro do Interior, ordem pública e descentralização e uma proeminente figura na ala populista do PASOK. O primeiro-ministro negava-se a indicar que estava preparado a renunciar e recusou resolutamente dizer sobre quem ele desejava que caísse o manto da sucessão. Essa incerteza inevitavelmente estimulava especulação febril quanto a quem poderia suceder na liderança se Papandreou, como parecia cada vez mais ser o caso, não conseguisse se recuperar suficientemente para retomar as rédeas do cargo. A oposição exigia que a questão da sucessão fosse tratada, assim como elementos dentro do próprio PASOK, incluindo o próprio filho de Papandreou, Giorgos, o ministro da Educação, que disse que seu pai deveria renunciar "para o bem do país". Eventualmente, em meados de janeiro de 1996, após sete semanas durante as quais ele havia se apegado ao poder enquanto quase morto, Papandreou foi persuadido a renunciar como primeiro-ministro, embora retivesse a liderança do partido. Sua indisposição de renunciar antes e o desagradável circo da mídia ocasionado por sua hospitalização contribuíram para um indigno e desalentador fim de uma extraordinária carreira política. Seis meses mais tarde, com a idade de 77 anos, ele estava morto.

Com o fim da presidência Karamanlis em 1995 (ele morreu em 1998 com 91 anos de idade) e a renúncia de Papandreou em 1996, a era dos "dinossauros", como os gregos não muito afetuosamente apelidavam sua casta governante tradicionalmente gerontocrática, efetivamente chegou a um fim. Entre eles, Karamanlis e Papandreou haviam dominado a política da segunda metade do século XX, muito na maneira em que o austero Kharilaos Trikoupos e o demagógico Theodoros Deliyannis haviam dominado a política do último terço do século XIX. Seu próprio carisma pessoal havia sido essencial ao sucesso dos partidos com os quais eles eram associados. Alguns observadores, por exemplo, expressaram dúvida quanto a se o PASOK sobreviveria muito tempo à morte de seu fundador, Andreas Papandreou. O final da era Karamanlis/Papandreou também refletia o término político daqueles que haviam vivido através dos anos formativos da Segunda Guerra Mundial, cujas consequências haviam sido tão traumáticas para a Grécia. Enquanto em outros países europeus, como a França ou a Iugoslávia, a participação na resistência na época da guerra havia sido uma chave para a promoção política, esse não foi o caso da Grécia. A nova geração que agora vinha à frente dificilmente estava nascida na época da ocupação. Sua experiência política, além disso, derivava principalmente do período da *metapolitefsi*, as mudanças políticas consequentes da queda da ditadura dos coronéis em 1974. Isso era particularmente verdade para Kostas Karamanlis, que em 1997 foi eleito líder da Nova Democracia em sucessão a Miltiades Evert. Com 41 anos, ele era o político mais jovem a ter assumido a liderança de um importante partido político na Grécia. O fato, contudo, de que ele era sobrinho do fundador da Nova Democracia, Konstantinos Karamanlis, indicava que os costumes políticos tradicionais com sua ênfase nas conexões de família haviam se sobreposto.

A batalha pela alma do PASOK e, portanto, por suas perspectivas de sobrevivência a longo prazo já estava, com efeito, em andamento antes da renúncia de Papandreou, embora de uma maneira um tanto codificada. Ela agora começava abertamente e o "modernizador" Simitis conseguiu superar um desafio por três tradicionalistas do PASOK para emergir como primeiro-ministro. Com 60 anos, Simitis era relativamente jovem pelos padrões da política grega. Ele não havia emergido do semi-hereditário *politikos kosmos*, a casta política tradicional, e, por sua vez, havia mantido sua família fora da política. Seu estilo de vida era de fato modesto quando contrastado com o de Papandreou da era do "palácio rosa". Mas ele carecia inteiramente do carisma pessoal de Papandreou. Seu estilo preferido não era a oratória demagógica de seu predecessor, mas mais o monólogo entediante do meio acadêmico tecnocrata do qual ele emergira. Ele estava notavelmente desconfortável com a imprensa.

Simitis mal havia assumido as rédeas do governo quando sua liderança foi severamente testada na mais séria crise nas relações greco-turcas desde a invasão turca do norte do Chipre, em 1974. O confronto, que levou os dois países à beira da guerra, tinha suas origens na ancoragem forçada, no fim de dezembro de 1995, de um navio turco na minúscula ilhota rochosa de Imia (turca Kardak), situada entre a ilha grega de Kalymnos e a Turquia continental. Inicialmente, o barco turco recusou a ajuda de veleiros de salvamento gregos com base em que Imia era uma ilha turca, pelo que o prefeito de Kalymnos enviou um grupo, que incluía um padre, para erguer a bandeira grega sobre a ilhota. Em resposta, um jornal turco fortemente nacionalista enviou jornalistas e um fotógrafo por helicóptero para rasgar a bandeira grega e içar a turca. A imprensa em ambos os países inflamou a opinião pública, e, de eventos inicialmente um tanto farsescos, desenvolveu-se um confronto potencialmente de extrema gravidade. Um esquadrão de comandos gregos aterrissou na ilhota disputada e içou a bandeira grega no lugar da turca, enquanto comandos turcos aterrissaram em uma ilhota adjacente. O caso alcançou seu clímax no fim de janeiro de 1996, quando belonaves prontas para combate dos dois países cercaram as ilhotas de maneira ameaçadora. Um choque armado parecia uma distinta possibilidade.

A crise foi desarmada apenas por meio da intervenção direta do presidente Clinton, dos Estados Unidos. A pressão americana foi instrumental para persuadir ambos os lados a se retirar das ilhotas. Tal retirada foi sentida na Grécia como uma humilhação nacional, e Simitis, que mal havia se instalado no gabinete do primeiro-ministro, foi submetido a ferrenho criticismo interno. O chefe da equipe de defesa, almirante Khristos Lymberis, foi demitido. O sentimento antiamericano, nunca muito distante da superfície na Grécia, a despeito do fato de que tantos gregos tinham parentes nos Estados Unidos, ressurgiu e focou particularmente no assistente da Secretaria de Estado dos Estados Unidos Richard Holbrooke, que foi acusado de ter defendido a Turquia durante o confronto. No início de fevereiro, Simitis recusou aceitar uma visita de Holbrooke. A ira grega foi igualmente dirigida a seus parceiros europeus, que foram acusados de não ter dado apoio suficiente na crise. Subsequentemente, a Grécia fez árduos, e aparentemente eficazes, esforços para persuadir os europeus da validade de sua reivindicação à soberania das ilhotas contestadas.

O que era particularmente ameaçador sobre a crise de Imia é que ela não girava em torno da delineação da plataforma continental, a extensão das águas territoriais ou o espaço aéreo, tráfego aéreo ou a fortificação das ilhas, mas, pela primeira vez desde que a disputa do Egeu irrompera havia mais de 20 anos, era sobre a questão de reivindicações de território. A tensão foi ulteriormente realçada pelo subsequente questionamento turco da soberania grega sobre a ilha de Gavdos ao sul de Creta e por sugestões de Ankara de que permaneciam "áreas cinzentas" no Egeu sobre as quais a soberania nunca havia sido definitivamente estabelecida. No curso de uma entrevista na televisão em maio de 1997, o presidente Süleyman Demirel da Turquia suscitou iras na Grécia ao declarar que a soberania sobre cerca de 130 ilhas no Egeu era questão de debate. Os gregos tinham razão em acreditar que a Turquia estava armando um desafio ao havia muito estabelecido *statu quo* no Egeu.

Uma causalidade da crise de Imia foi o abandono pelos Estados Unidos de um compromisso de dar alta prioridade em 1996 para uma resolução da demorada disputa do Chipre. Esta havia sido exacerbada pela decisão

IMAGEM 55. A despeito de sua condição comum de membros da aliança da OTAN, as relações entre Grécia e Turquia têm permanecido intranquilas. Em janeiro de 1996, os dois países chegaram próximos da guerra em uma disputa a respeito da soberania sobre a árida ilhota de Imia (turca Kardak), a poucas milhas da costa turca. Após o prefeito de Kalymnos, a mais próxima ilha habitada, ter enviado um grupo, que incluía um padre, para içar a bandeira grega, um jornal turco enviou jornalistas de helicóptero para rasgar a bandeira grega e içar a bandeira turca em seu lugar (imagem da esquerda). Com a opinião pública tornando-se inflamada, ambos os países enviaram belonaves e comandos para a ilhota, e apenas através da intervenção pessoal do presidente dos Estados Unidos, Bill Clinton, um confronto extremamente ameaçador foi desativado. O governo turco continuou a insistir que ainda havia "áreas cinzentas" no Egeu sobre as quais a soberania não havia sido ainda definitivamente estabelecida. Em 1999, contudo, houve uma dramática melhora nas relações entre os dois países. Quando ambos foram atingidos por terremotos, a resposta do público em cada país aos problemas do outro foi imediata e generosa. A "diplomacia do terremoto", como veio a ser conhecida, despertou muitas expressões de amizade e crescente cooperação em vários setores, ainda que pouco progresso tenha sido feito para achar uma solução aos problemas substantivos que dividiam os dois países. Mas ao menos sérios esforços estavam sendo feitos para a compreensão dos pontos de vista e perspectivas um do outro na história da região. Na fotografia (imagem da direita), um professor turco fala a seus alunos sobre os destrutivos tumultos antigregos de 1955 em Istambul, conhecidos em turco como os Alti-Yedi Eylül Olaylari (os eventos de seis/sete de setembro) e em grego como Septemvriana (os eventos de setembro) (ver p. 146-7). O pôster sobre o qual ele está falando era parte de uma exibição para assinalar o 130º aniversário da fundação da municipalidade de Beyoğlu (Pera) em Istambul. Ele mostra um tanque enviado a Istiklal Caddesi (anteriormente a Grande Rua de Pera) para dar um fim à violência da multidão. Na época dessa exibição, no fim de 2000, a comunidade grega de Istambul, outrora pesadamente concentrada em Beyoğlu ou Pera e ainda considerável em 1955, havia minguado à beira da extinção.

da UE de abrir negociações para a adesão do Chipre antes que houvesse uma solução para a divisão da ilha que datava de 1974. Em resposta, o governo da Turquia e da "República Turca do Norte do Chipre" deixaram claro que se a República do Chipre ingressasse na UE antes que houvesse um acordo político então o norte do Chipre ocupado pelos turcos seria com efeito anexado pela Turquia, pondo assim um fim em qualquer esperança da reunificação da ilha. Uma série de incidentes, levando a cinco mortes (quatro de gregos cipriotas, uma de um turco cipriota), na linha de cessar-fogo patrulhada pela ONU no verão de 1996, elevou ainda mais a temperatura. Em particular, o brutal e televisionado assassinato de dois primos cipriotas gregos em protestos assinalando o aniversário da invasão turca de 1974, foi seguido por um período de "chocalhar de sabres" pela Grécia e Turquia. Quando, perto do final de 1996, o governo cipriota anunciou que estava comprando mísseis russos terra-ar S-300, o governo turco ameaçou destruir os locais dos mísseis uma vez que eles fossem instalados, afirmando que eles eram capazes de atingir território turco. As implicações desse aumento na tensão e de tais ameaças explícitas eram muito sérias para a Grécia. Pois, sob os termos da "doutrina de defesa unificada" acordada por Papandreou e o presidente Clerides do Chipre em 1993, a Grécia se comprometia a ir em ajuda do Chipre no evento de qualquer conflito na ilha. Quando o vice-ministro do Exterior, Khristos Rozakis, sugeriu uma moratória sobre os voos militares gregos e turcos no Egeu como um meio de reduzir a tensão, a celeuma que se seguiu resultou em sua renúncia.

A crise de Imia e a tensa situação no Chipre estavam por trás do anúncio, em novembro de 1996, de que a Grécia estava para embarcar em um programa de dez anos de modernização de suas forças armadas ao custo de 4 trilhões de dracmas (16,8 milhões de dólares). Essa enorme soma deveria ser gasta em novos navios de guerra, submarinos, caças, helicópteros e sistemas de defesa aérea. A 4,6% do PIB, o orçamento de defesa era proporcionalmente o mais elevado de qualquer país da OTAN. Os aliados da Grécia na OTAN esporadicamente expressavam alarme quanto à corrida armamentista que se desenvolvia entre Grécia e Turquia. Isso não os impedia, e particularmente ao governo dos Estados Unidos, de encorajar a venda de tecnologia militar de ponta para a Grécia e a Turquia no conhecimento de que se esta chegasse a ser utilizada era muito mais provável que fosse usada pelos dois aliados da OTAN um contra o outro em vez de contra um terceiro país.

A morte de Papandreou em junho de 1996, que foi a ocasião de um imponente funeral, havia necessitado de uma eleição para a liderança do PASOK, pois Papandreou, para a manifesta decepção de Simitis, havia retido a liderança do partido ao renunciar como primeiro-ministro. Simitis, que havia deixado claro que renunciaria como primeiro-ministro se não se tornasse líder do partido, foi devidamente eleito ao posto no congresso do partido realizado no fim de junho. Tendo derrotado um forte desafio de Akis Tsokhatzopoulos, o principal porta-bandeira do velho PASOK populista e um daqueles que haviam sido particularmente próximos de Papandreou, Simitis procurou reforçar sua autoridade através de uma eleição geral.

No curso de uma incaracteristicamente moderada campanha, Simitis jogou com sua imagem como tecnocrata e distanciou-se do populismo e demagogia de seu predecessor. Ele adotou uma linha moderada em política externa e não tentou ocultar o fato de que difíceis decisões teriam de ser tomadas se a economia não fosse alinhada com os critérios de Maastricht. Evert, o líder da Nova Democracia, distanciou-se por sua vez da política "neoliberal" esposada por Mitsotakis entre 1990 e 1993 e prometeu que a ND descartaria as reformas de imposto e bem-estar às quais o PASOK, sob a sóbria liderança de Simitis, estava agora comprometido. Ele também criticou o primeiro-ministro por não ter assumido uma linha mais dura na época da crise de Imia. Pela primeira vez em uma eleição grega, debates televisionados assumiram maior importância que reuniões de massa como o meio principal de tentar ganhar eleitores.

Nas eleições de setembro de 1996, o "Novo PASOK", como alguns chamavam o PASOK sob a liderança de Simitis, assegurou 162 das 300 cadeiras em disputa. Isso deu a Simitis uma útil maioria atuante e reforçou sua posição no partido e no país em geral, embora a cota geral de votos do PASOK a 41% era a mais baixa assegurada por um partido vencedor desde 1977. A Nova Democracia, com 38% dos votos, venceu 108 cadeiras. Se houve um elemento de surpresa no resultado, foi o relativo sucesso dos partidos de esquerda, que entre si ganharam 15% dos votos e 30 cadeiras. O fracasso da Primavera Política, de direita, em ser representada no Parlamento refletia o grau no qual as paixões incitadas pela questão macedônica no início da década de 1990 haviam diminuído pelo meio da década. Se o carisma político estava em baixa no "Novo PASOK" seguindo-se à morte de Papandreou, outro elemento-chave da "antiga" política, o clientelismo, continuou a florescer. Além disso, com toda sua ênfase na modernização, Simitis estava hesitante em assumir os sindicatos que eram tão poderosos em monólitos estatais, como a Olympic Airways, ou em procurar reformar um sistema de pensões de complexidade bizantina.

Ao suceder Papandreou como primeiro-ministro, Simitis havia deixado claro que o objetivo prioritário da política econômica do governo era capacitar a Grécia a unir-se à moeda única europeia por 2001, dois anos após a data visada pela maioria de seus parceiros europeus. Esta era certamente uma meta ambiciosa, mas, na esteira da eleição, ele pôde argumentar que o eleitorado havia endossado, ainda que dificilmente em larga escala, as duras medidas implicadas por tal política. Inevitavelmente, estas encontraram resistência, e séria inquietação irrompeu no fim de 1996. Fazendeiros em protesto interromperam comunicações rodoviárias e ferroviárias entre o norte e o sul do país por mais de três semanas. Funcionários públicos uniram-se ao movimento, inclusive policiais e diplomatas, estes últimos queixando-se do nível de seus descontos na hospitalidade em postos no estrangeiro. A despeito do dano à economia estimado em 100 milhões de dólares, o governo Simitis recusou-se a capitular às demandas dos grevistas, e as greves foram encerradas pouco antes do Natal. Greves e demonstrações no setor público, contudo, continuaram a ser uma característica do governo no "Novo PASOK". Entre os insatisfeitos estavam professores, seus alunos, policiais e, sobretudo, fazendeiros, que se opunham amargamente às tentativas de trazê-los ao sistema de impostos. Duras medidas foram também introduzidas, com resultados variáveis, para assegurar que os profissionais da classe média, e particularmente médicos e advogados, fizessem uma contribuição proporcional ao sistema de impostos. Havia queixas sobre o comportamento de mão pesada dos "Rambos" do imposto em uma sociedade em que obrigações de imposto haviam até então tendido a ser vistas como opcionais.

Esforços para tornar mais competitivas ou privatizar em parte ou todas as empresas estatais como a Olympic Airways e o Banco Jônio e Popular encontraram cerrada resistência de poderosamente entrincheirados sindicatos, ansiosos por proteger a segurança de emprego. Uma prolongada greve dos empregados do Banco Jônio e Popular resultou em violência física contra seu governador. Repetidas operações tartaruga na Olympic Airways foram usadas por pequenas e agressivas linhas aéreas privadas que eram impedidas de desafiar o monopólio até então desfrutado pela Olympic. Tentativas de introduzir reformas em um sistema educacional cujas inadequações haviam forçado os pais a recorrer à educação privada ou à ubíqua *phrontistira*, estabelecimentos "apertados" depois do expediente, levaram a prolongadas ocupações por alunos. O alto valor imposto para assegurar qualificações educacionais, que eram vistas, com certo otimismo, como uma garantia de um emprego seguro, combinada à ferrenha competição para ingressar em subfinanciadas e superlotadas universidades, levava muitos estudantes gregos a estudar no estrangeiro. No fim da década de 1990, por exemplo, havia cerca de 30 mil estudantes gregos estudando apenas na Grã-Bretanha. Os custos incorridos por esse recurso à educação no estrangeiro eram um severo dreno na balança de pagamentos. As medidas de diminuição de gastos impostas pelo governo de Simitis encontraram oposição não só no país em geral mas dentro de seu próprio partido. Quando, em 1998, 11 deputados do PASOK criticaram abertamente as políticas de Simitis, ele solicitou um voto de confiança no Parlamento, ameaçando expulsar os dissidentes se eles se recusassem a apoiá-lo, o que eles devidamente fizeram. A impopularidade das medidas do governo foi demonstrada pela forte demonstração do partido de oposição Nova Democracia nas eleições municipais realizadas em outubro de 1998.

Um novo desenvolvimento na década de 1990 foi a tentativa por sucessivos governos de mobilizar a diáspora mundial grega em um esforço para promover a *ethnika zitimata* ou "questões nacionais" do país. Muitos dos descendentes de gregos, particularmente nos Estados Unidos com sua comunidade grega estabelecida havia muito, mas cada vez mais também em comunidades de origem mais recente como as da Austrália e no Canadá, tinham alcançado posições de poder e influência, econômica e política, em seus países de adoção. De fato, observadores frequentemente chamaram a atenção para a maneira pela qual emigrantes gregos encontraram terreno para seus talentos, capacidade para trabalho duro e habilidades de empreendimento nos países da diáspora, terreno que lhes havia sido frequentemente negado em seu país de origem, onde ter a conexão certa era de importância crítica. Um grande orgulho era derivado do fato de que o (embora sem sucesso) candidato desafiante do Partido Democrata para a presidência dos Estados Unidos em 1988, Michael Dukakis, previamente um bem-sucedido governador de Massachusetts, era um greco-americano de segunda geração, como também do fato de que durante os primeiros anos da administração Clinton, um dos conselheiros-chave do presidente era George Stephanopoulos, um greco-americano filho de um padre ortodoxo. A tentativa de capitalizar sobre o sucesso fora da Grécia daqueles de ancestralidade grega encontrou expressão na instalação de um ministro júnior no ministério de Assuntos Estrangeiros a cargo do "helenismo no estrangeiro" e no estabelecimento do Concílio Mundial de Helenos.

Gregos da diáspora, assentados em cerca de 141 países, eram calculados em 7 milhões, embora não seja claro como se chegou a esse número ou que critério foi usado para definir etnia grega, enquanto a população do país natal, de acordo com o censo de 1991, somava cerca de 10,25 milhões. Na primeira convenção do Concílio Mundial de Helenos, o ministro da Cultura, Evangelos Venizelos, declarou que, embora a Grécia pudesse ser um país pequeno, ela tinha todas as características de uma "superpotência cultural". Nem todos os que compareceram à convenção estavam enamorados da politiquice que acompanhou a criação do Concílio Mundial. Não obstante, ela foi capaz de arrecadar dinheiro para ajudar comunidades gregas empobrecidas na ex-União Soviética e para facilitar comunicação entre comunidades da diáspora com o país natal e entre si. Comunicações de massa e, particularmente, o crescimento de viagem aérea barata, tornavam tais esforços mais viáveis e alguns dos descendentes de gregos mudaram-se da diáspora para uma Grécia cujo nível de prosperidade estava havia muito afastado da pobreza que havia impelido seus ancestrais a seguir o caminho da *xeniteia*, ou estadia em lugares estrangeiros.

Em 1997, ocorreu uma das periódicas falsas auroras que pareciam anunciar uma melhora nas relações com a Turquia: o chefe do Estado-maior turco fez uma visita de surpresa para a recepção da data nacional, 25 de março, à embaixada grega em Ankara. Isso era claramente pretendido como um gesto de boa-vontade e também talvez, dado o poder político mantido pelos militares na Turquia, como um aviso cifrado aos políticos turcos que as forças armadas eram menos entusiastas de confronto com a Grécia do que políticos demagogos e jornalistas sensacionalistas e mais conscientes das devastadoras consequências de qualquer irrupção de hostilidades. Um mês mais tarde, ambos os países concordaram em estabelecer comitês de "homens sábios" para ajudar a fazer sugestões para uma resolução do conflito no Egeu. Isso foi seguido pela assinatura em julho, seguindo-se a pressão dos Estados Unidos, em uma reunião de cúpula da OTAN em Madri, de um acordo de "convergência de vistas". Isso comprometia os dois países a respeitar os direitos soberanos um do outro no Egeu e, com a crise Imia/Kardak claramente em mente, a renunciar ao uso da força para acertar suas diferenças. O compromisso solenemente assinado para "paz, segurança e o contínuo desenvolvimento de relações de boa vizinhança" durou parcos três meses, porém, antes que o governo grego declarasse nulo o acordo de Madri. Isso se seguiu a um incidente muito sério na época, quando, sob os termos da política de defesa comum Grécia-Chipre, unidades das forças armadas gregas estavam participando de manobras no Chipre. A Grécia afirmou que o avião transportando o ministro de Defesa para a ilha e de volta dela havia sido interceptado por aviões de guerra turcos, os quais, contrariamente a acordos existentes, estavam plenamente armados. De sua parte, a Turquia afirmou que uma belonave grega havia tentado atingir um submarino turco e, além disso, que a Grécia estava dando ajuda a separatistas curdos. As relações dificilmente melhoraram quando os líderes da UE, reunidos em Luxemburgo, tomaram a decisão de que a Turquia não deveria ser vista como candidata para a próxima rodada de ampliação da UE, enquanto prosseguindo com as negociações de acesso com o Chipre embora não tivesse ainda havido acordo político na ilha. Os sentimentos feridos da Turquia não foram abrandados pela subsequente declaração de Simitis de que a Grécia não procurava excluir a Turquia de participação na UE, desde que ela jogasse pelas regras da UE, particularmente em assuntos referentes a direitos humanos.

Houve ulterior tensão nas relações greco-turcas no verão de 1998, quando a Grécia enviou quatro caças F-16 e dois transportes C-130 para a base aérea de Paphos, no Chipre. Esta havia sido nomeada por Andreas Papandreou, e a Grécia havia previamente declarado que qualquer ataque a ela promoveria retaliação imediata. Em resposta, a Turquia enviou seis F-16s para a base aérea de Gecitkle no norte da ilha, perto de Famagusta. Tão séria era a situação que o governo dos Estados Unidos despachou um porta-aviões para perto da ilha. Esse perigoso jogo de olho por olho entre Grécia e Turquia foi conduzido contra o pano de fundo da intenção declarada do governo do Chipre de enviar mísseis S-300 feitos na Rússia para a ilha e da ameaça turca de destruir estes pela força se necessário. O governo turco recusou aprovar uma proposta grega para que a ilha fosse desmilitarizada. Após tempestuosas negociações entre Simitis e o presidente do Chipre, Glafcos Clerides, o governo cipriota aceitou a proposta de Atenas de que os mísseis deveriam ser enviados para a ilha de Creta, bem fora do alcance da Turquia continental. Mesmo assim, o governo turco protestou fortemente contra essa decisão.

Cedo em 1999, as relações entre Grécia e Turquia estavam mais uma vez imersas em crise. A causa foi a expressão de simpatia da Grécia, em fevereiro, para com Abdullah Ocalan, o líder do Partido Operário Curdo (PKK), havia muito uma pedra no sapato de sucessivos governos turcos. Ocalan, em consequência de pressão turca, havia sido desalojado de seu refúgio sírio e voado para Moscou antes de procurar asilo na Itália. A despeito da simpatia que existia na Grécia pela causa curda, o governo grego, não desejando acrescentar a questão curda à longa lista de diferenças bilaterais com a Turquia, deixou claro que não estava preparado para oferecer asilo a Ocalan. Não obstante, o líder do PKK foi embarcado clandestinamente para a Grécia em um avião privado por um oficial aposentado do Exército, que se aproveitou das falhas de segurança no aeroporto de Atenas. Forçado a deixar o país e portando um passaporte cipriota, Ocalan foi abrigado na embaixada grega em Nairobi enquanto aparentemente a caminho de um refúgio mais permanente nas Seychelles. O confuso desempenho dos agentes de segurança gregos encarregados da operação contribuiu para que as autoridades quenianas soubessem de sua presença em Nairobi. Quando Ocalan foi induzido a deixar a embaixada na crença de que iria embarcar em um avião para Amsterdã, ele foi levado em triunfo por agentes secretos turcos para Istambul para ser julgado. Sua captura levou a protestos em grande escala por membros da diáspora curda que dirigiram sua ira contra missões diplomáticas gregas, mais de 20 das quais foram ocupadas, inclusive a embaixada grega em Londres. O governo de Ankara acusou Atenas não apenas de abrigar Ocalan, mas de dar suporte ativo aos militantes do PKK na forma de treinamento militar na Grécia. O fiasco com Ocalan foi amplamente percebido como uma importante humilhação na Grécia e levantou questões de até que ponto o governo de Simitis havia estado no controle dos eventos. Três ministros (Interior, Ordem Pública e Negócios Estrangeiros) foram forçados a renunciar. O último, Theodoros Pangalos, havia sido um ácido crítico da política turca.

Logo após o caso Ocalan, a Grécia se viu às voltas com o bombardeio aéreo da Sérvia pela OTAN em retaliação pela opressão do presidente Slobodan Milosevic dos albaneses de Kosovo. Pesquisas de opinião na Grécia demonstraram consistentemente níveis de oposição à campanha de bombardeios que eram bem mais altos do que aqueles registrados em qualquer outro membro da aliança da OTAN. Algumas pesquisas indicavam quase 100% de oposição à guerra. As tropas da OTAN no solo seguindo via Grécia para a Macedônia para posicionamento em Kosovo encontraram demonstrações e alguma provocação. O governo Simitis, por outro lado, enquanto demonstrando certo grau de intranquilidade sobre os desenvolvimentos e estudadamente declinando comprometer a Grécia a um papel de combate, demonstrava solidariedade para com seus parceiros da OTAN e não abandonou abertamente o barco. A oposição popular à guerra no Kosovo e, em particular, ao bombardeio de alvos civis na Sérvia, emergia em parte de sentimentos de solidariedade para com os sérvios e em parte de uma forte corrente de antiamericanismo que nunca esteve longe da superfície.

Esse antiamericanismo se manifestou em tal extensão que o presidente Clinton foi forçado, em novembro de 1999, por razões de segurança, a abreviar uma planejada visita de três dias a Atenas a meras vinte horas. Violentas manifestações precederam a visita, o que foi caracterizado por extraordinárias medidas de segurança. A despeito do fato de que pesquisas de opinião demonstravam que 60% dos gregos se opunham a ela, a visita em si, embora ocasião de protestos generalizados, ocorreu sem maiores incidentes. Clinton, ao desculpar-se publicamente pelo apoio dos Estados Unidos à junta que desgovernara a Grécia entre 1967 e 1974, e por expressar, durante uma visita à Acrópole, simpatia pelas aspirações gregas pelo retorno dos mármores "Elgin" do Museu Britânico, desviou-se de seu roteiro para abrandar as sensibilidades gregas.

As relações entre Grécia e Turquia na esteira imediata do caso Ocalan estavam extremamente tensas. Mas logo ficou claro que o novo ministro do Exterior, Giorgos Papandreou, não iria prosseguir com o estilo de confronto de seu predecessor, Pangalos. Este último havia descrito a Turquia como um país que esmagava a dignidade humana e os direitos humanos sob os pés. Papandreou, em contraste, afirmou publicamente que não tinha objeção a que membros da minoria muçulmana do país se autodenominassem turcos, e não, como eram oficialmente designados, muçulmanos, uma declaração que foi pesadamente criticada, não menos dentro de seu próprio partido. Houve boa cooperação entre os dois países no tratamento dos refugiados durante a crise de Kosovo. A guerra de Kosovo, de fato, ajudou a unir os dois países, quando ambos sentiram que, a despeito de seus óbvios e diretos interesses nos negócios dos Bálcãs, eles haviam sido excluídos dos círculos internos do processo de tomada de decisão da OTAN.

O principal catalizador para um clima dramaticamente melhorado, ao menos no nível da retórica, nas relações entre Grécia e Turquia foi o devastador terremoto, de intensidade 7,4 na escala Richter, de 17 de agosto de 1999, que causou milhares de casualidades e extensa destruição no noroeste da Turquia. Entre os gregos houve uma imediata e maciça irrupção de simpatia popular por seus vizinhos atingidos, a qual foi rapidamente traduzida em várias iniciativas concretas para trazer alívio às áreas devastadas. Tal foi a velocidade da resposta que equipes de resgate gregas estavam auxiliando na busca por sobreviventes na própria noite do desastre. Políticos turcos, a imprensa e, de fato, membros da população foram rápidos em expressar sua gratidão. Em 7 de setembro, a Grécia foi ela própria atingida por um terremoto, cujo epicentro estava localizado ligeiramente ao norte de Atenas de 5,9 na escala Richter. Embora não da magnitude do terremoto turco, ele não obstante foi sério: 143 mortes foram registradas, 100 mil pessoas ficaram desabrigadas e cerca de 22 edifícios, incluindo fábricas construídas sem permissão de planejamento, foram totalmente destruídos. De acordo com uma sondagem preliminar, de 100 mil edifícios danificados,

60% foram considerados habitáveis, 32% estavam necessitados de reparos, enquanto 8% estavam condenados à demolição.

Equipes turcas de resgate não foram menos rápidas em sua resposta ao terremoto de Atenas. Assim foi estabelecido o fenômeno que logo veio a ser conhecido como "diplomacia do terremoto". Giorgos Papandreou declarou que queria que a Grécia fosse a "locomotiva" que traria a Turquia para a Europa, enquanto sua contraparte turca, Ismail Cem, com quem Papandreou havia desenvolvido uma boa relação de trabalho, referiu ao que ele denominou uma explosão de afeto e esperança em ambos os lados do Egeu. Em janeiro de 2000, Papandreou fez a primeira visita oficial à Turquia realizada por um ministro do Exterior grego em 38 anos e depositou uma grinalda no mausoléu em Ankara de Kemal Atatürk, o homem responsável pela retirada dos gregos da Ásia Menor em 1922. No mês seguinte, Cem disse que mais havia sido feito para promover boas relações entre os dois países durante os seis meses anteriores do que nos últimos 40 anos. Certamente, várias iniciativas foram lançadas para melhorar a cooperação sobre questões não contenciosas, tais como turismo e desenvolvimento tecnológico e econômico, enquanto a decisão na reunião de cúpula da UE em Helsinki em dezembro de 1999 para dotar a Turquia do *status* de candidata com respeito ao ingresso na UE foi bem-vinda na Grécia. Havia poucos sinais, contudo, de progresso substantivo para uma resolução do problema de Chipre, um perpétuo pomo de discórdia entre os dois países, ou de suas numerosas diferenças bilaterais. Havia sido amplamente esperado, por exemplo, que as autoridades turcas recebessem permissão para a reabertura do seminário teológico de Halki em Istambul durante a visita do presidente Clinton à Turquia imediatamente anterior à sua visita à Grécia em novembro de 1999. Mas mesmo essa modesta concessão não foi feita. Ademais, havia poucos sinais de qualquer abrandamento na nefasta corrida armamentista que se desenvolvera entre os dois países.

No âmbito interno, eleições foram realizadas em abril de 2000. Em termos de política, nenhum grande tema separava os dois principais partidos, pois ambos eram fortes proponentes da adesão da Grécia à união monetária europeia e estavam em geral de acordo com o como isso poderia melhor ser feito. Ambos procuravam capturar o vital terreno médio no espectro político. A eleição, portanto, dependia essencialmente das percepções de qual partido estava mais bem equipado para implementar essa política. Pesquisas de opinião conduzidas durante a eleição eram inconclusivas, e o resultado foi um dos mais estreitos na história eleitoral do país. O resultado pendeu na balança por várias horas e, de fato, alguns partidários da Nova Democracia (para não

CAPÍTULO 6 – TUMULTO NOS BÁLCÃS E MODERNIZAÇÃO POLÍTICA (...) | 225

mencionar analistas de TV na boca de urna) interpretaram os primeiros resultados como anunciando uma vitória para seu partido. No final, porém, o PASOK mal venceu com 1% à frente (representando cerca de 70 mil votos) da Nova Democracia em termos do voto popular. O sistema eleitoral traduziu isso em 158 cadeiras no Parlamento para o PASOK e 125 para a Nova Democracia. O KKE com 5% dos votos assegurou 11 cadeiras e a Coalizão da Esquerda, representando radicais e ex-comunistas, com 3% assegurou 6 cadeiras. O eleitorado havia preferido, ainda que apenas estreitamente, a tediosa competência de Simitis, cujo apelido era "Guarda-Livros", sobre Karamanlis, que permanecia algo como uma incógnita e que nunca havia ocupado um cargo no governo. Theodoros Pangalos, que havia sido forçado fora do governo em consequência do caso Ocalan, retornou ao gabinete como ministro da Cultura e prontamente declarou que sua principal prioridade era o retorno dos mármores "Elgin". O retorno dos mármores do Partenon à Grécia havia sido o tema de uma cruzada pessoal de Melina Mercouri, a atriz que fora ministra da cultura na primeira administração Papandreou.

Logo depois da eleição, a Grécia reagiu iradamente a um relatório do Departamento de Estado dos Estados Unidos que situava a Grécia como segunda apenas atrás da Colômbia em ataques terroristas antiamericanos em 1999 e revelava que os Estados Unidos gastava mais em segurança para seus diplomatas em Atenas do que em qualquer outra capital no mundo. Um mês mais tarde, o grupo "17 de novembro", uma das últimas organizações terroristas marxista-leninistas sobreviventes na Europa, reivindicava sua 22ª vítima, o adido militar britânico. A "17 de novembro" declarou que o assassinato fora em retaliação ao proeminente papel do governo britânico na guerra de Kosovo. A impunidade com que tais assassinatos eram levados a cabo levantou questões sobre a capacidade das autoridades em assegurar segurança nos Jogos Olímpicos a serem realizados em Atenas em 2004.

O compromisso do governo Simitis com a modernização política, econômica e social não estava em dúvida. Os tipos de obstáculos que ele enfrentava, contudo, foram notavelmente ilustrados pela maneira pela qual, no verão de 2000, a questão de se as carteiras de identidade, compulsórias para todos os cidadãos, deviam trazer a afiliação religiosa do portador deu origem a ferozes emoções e demonstrações de massa. A prática era mantida para discriminar aqueles que não pertenciam à fé ortodoxa que era a religião (ao menos nominalmente) de cerca de 95% da população. Quando o governo anunciou planos para alinhar a prática grega com a de seus parceiros europeus por não mais listar religião, o fortemente nacionalista arcebispo Khristodoulos de Atenas, proclamando que "nossa inspiração vem amplamente do Leste e não do Oeste", protestou que a mudança era um ataque contra os próprios fundamentos da identidade grega. Um fator que deu origem à ressurgência do nacionalismo foi o contínuo crescimento de imigração ilegal. Pelo ano 2000, havia uma estimativa de 700 mil imigrantes, a maior parte deles ilegal, em uma população de cerca de 10,25 milhões de habitantes.

Quando a Grécia entrou no terceiro milênio, um quarto de século (e nove eleições nacionais) após a queda da ditadura dos coronéis em 1974, as instituições democráticas do país estavam claramente enraizadas com firmeza. A difícil tradição de uma ditadura militar autoritária para uma democracia autenticamente pluralista havia sido realizada de uma maneira notavelmente ordenada (e sem derramamento de sangue), ainda que o povo do Chipre continuasse a pagar o preço muito alto pelas loucuras da junta na forma de uma ilha dividida. Em retrospecto, o regime dos coronéis, a única ditadura a ser estabelecida na Europa não comunista no período da pós-Segunda Guerra Mundial, parece estranhamente anacrônica, um retorno ao período de entreguerras quando os militares haviam agido como os autodenominados árbitros da vida política. Na esteira da *metapolitefsi,* a mudança política de 1974, o espectro de ditadura militar do tipo que havia assolado a Grécia entre 1967 e 1974 parecia ter sido firmemente exorcizado. O coronel Papadopoulos, que organizara o golpe de 1967, morreu em junho de 1999, tendo passado um quarto de século em custódia por seu papel na subversão das instituições democráticas do país, um raro exemplo de um usurpador militar pagando um alto preço pela sua presunção nas mãos de políticos civis que ele havia, sem cerimônia, derrubado do poder. A incorporação do Partido Comunista da Grécia no processo político depois de 1974, em contraste com sua prévia ilegalidade, contribuiu poderosamente para a cicatrização do amargo legado da guerra civil de 1946-1949, como o fez a formação da breve coalizão Nova Democracia/KKE de 1989. Ao mesmo tempo era claro que a direita havia conseguido se despojar de seus elementos autoritários, antidemocráticos, e, de fato, durante os sombrios anos da ditadura havia dado ampla evidência de seu compromisso com os valores democráticos. A pacífica transmissão de poder em outubro de 1981 de uma direita que havia dominado a política do período de pós-guerra para um governo radical que se denominava socialista, mesmo se seu socialismo fosse de um tipo idiossincrático, parecia indicar uma nova maturidade no sistema político. O ano de 1981, de fato,

CAPÍTULO 6 – TUMULTO NOS BÁLCÃS E MODERNIZAÇÃO POLÍTICA (...) | 227

pareceu na época algo como um *annus mirabilis*, pois, dentro do espaço de poucos meses, a Grécia se tornara o décimo membro da Comunidade Europeia e elegera para o poder o primeiro governo "socialista" em sua história. O socialismo, porém, se provaria elusivo em uma economia que pendia pesadamente para o setor de serviços, em que grande parte da população trabalhadora estava engajada por sua própria conta e na qual a economia "negra" contava aproximadamente 40% de toda a atividade econômica.

A campanha bem-sucedida para acelerar a participação na Comunidade Europeia, que foi alcançada em parte como consequência da culpa coletiva da Europa pela sua atitude passiva durante a ditadura de sete anos, pode ser vista como tendo selado a identidade até então algo incerta do país como europeia, ou mesmo, em desafio à lógica da geografia e ainda mais da história, um país europeu ocidental. Enquanto a Grécia certamente esperava – e no evento ganhou – significativos benefícios econômicos de sua participação na Comunidade, é claro que a força motora por trás de sua candidatura havia sido política, até psicológica. Embora os gregos possam ainda falar de viajar à Europa como se seu país não fosse propriamente uma parte dela, é difícil agora contradizer suas credenciais europeias.

No ano 2000 esperava-se por ver se o bastante melhorado clima nas relações entre Grécia e Turquia que havia emergido na segunda metade de 1999 levaria a uma superação duradoura das até então tumultuadas relações entre os dois países. Por sérios que fossem os problemas, internos e externos, confrontados pela Grécia, eles eram de pálida insignificância quando contrastados com aqueles confrontados por seus vizinhos do norte, que compartilhavam uma herança comum do domínio bizantino e grego e do cristianismo ortodoxo. A Grécia pagara um alto preço em termos de mortandade, desenvolvimento econômico atrasado e amargura na turbulência da década de 1940. Mas na década de 1990, diferentemente de seus vizinhos balcânicos, ela foi poupada do problema de ter que recriar a sociedade civil a partir do zero e ter que reconstruir a economia de uma base muito baixa. Além disso, sua posição de membro da União Europeia se provara um recurso ainda mais valioso, política e economicamente. O progresso material do país desde o fim da guerra civil em 1949 haviam sido realmente notável. Os padrões de vida para o povo grego havia melhorado incomensuravelmente durante o último meio século. No portal do novo milênio resta ser visto se a infraestrutura institucional e política da Grécia poderia demonstrar a mesma capacidade de se adaptar e modernizar.

IMAGEM 56. A Igreja Ortodoxa Militante. Demonstradores em Atenas agitando bandeiras gregas e a águia de duas cabeças do Império Bizantino, durante protesto no verão de 2000 contra a remoção da afiliação religiosa das carteiras de identidade que era compulsória para todos os cidadãos. Em comparação com seus vizinhos balcânicos, as populações minoritárias na Grécia são muito pequenas, com cerca de 95% da população aderindo, ao menos nominalmente, à fé ortodoxa. A maior minoria, e a única a gozar de reconhecimento formal, é a muçulmana, assentada no oeste da Trácia e consistindo em turcos, pomaks (muçulmanos de língua eslava) e ciganos. Há também pequenas comunidades judaicas, católicas, protestantes e armênias, junto com um pequeno número de falantes albaneses, eslavos e valáquios (uma forma de romeno). Na década de 1990, as pequenas populações minoritárias da Grécia tornaram-se algo como uma questão política. Quando, em 2000, o governo propôs remover a filiação religiosa, junto com outras informações, das carteiras de identidade, no sentido de alinhar a prática grega com a de seus parceiros europeus, o arcebispo de Atenas e de toda a Grécia, Khristodoulos, e o Santo Sínodo organizaram demonstrações de protesto em massa em Tessalônica e Atenas. Os manifestantes clamavam que a medida atingia o coração da identidade grega, que, de acordo com o arcebispo, fora moldada amplamente pelo Leste, enquanto o Oeste estava procurando solapar valores gregos tradicionais. A ênfase da União Europeia sobre direitos de minorias, ele protestava, levava à "descristianização" da Europa. Em contraste com muitos de seus predecessores, Khristodoulos adotava um alto perfil em questões políticas, e sua defesa entusiasta de causas nacionalistas era um tanto embaraçosa para o governo de Costas Simitis, que estava ansioso para demonstrar as credenciais europeias ocidentais da Grécia.

capítulo 7

A Grécia no novo milênio:
da afluência à austeridade

> A Grécia é rica mas os gregos são pobres.
>
> *Andreas Papandreou*

Durante a década de 1990, a Grécia teve uma das maiores taxas de crescimento dentro da União Europeia, e seu *status* como membro pleno da União foi selado pela aceitação na zona do euro em 2001, com o euro substituindo o dracma em 2002. Logo se tornou claro, contudo, que as regras da UE relativas à quantia máxima de déficit orçamentário haviam sido contrariadas. A população então passou a se queixar dos efeitos inflacionários da adoção da nova moeda, e cidadãos procuraram organizar, sem sucesso, um boicote de protesto junto aos consumidores.

Havia outras indicações durante os primeiros anos do novo milênio de um país em trajetória ascendente. Depois de quase 30 anos, o íncubo do grupo terrorista "17 de novembro" chegou ao fim. Durante esse período, ele havia cometido com impunidade assassinatos (23 ao todo) de militares e espiões dos Estados Unidos, diplomatas turcos e britânicos, políticos gregos, policiais, editores de jornais e membros do que o grupo denominava "grande burguesia lúmpen", donos de navios e industriais. O adido militar britânico, brigadeiro Stephen Saunders, foi a última vítima do "17 de novembro" quando, em junho de 2000, ele foi baleado enquanto seu carro estava preso no notório trânsito de Atenas. Seu assassinato incentivou a polícia britânica a ajudar as autoridades gregas a rastrear os responsáveis. Não foi a investigação policial, contudo, mas uma negligência da parte de um dos membros do grupo que levaria a seu desmantelamento dois anos depois. Em junho de 2002, Savvas Xiros foi gravemente ferido pela detonação prematura de um dispositivo explosivo que ele pretendia instalar no Pireu. Dois esconderijos, e muito armamento, foram rapidamente descobertos. Dois dos irmãos de Xiros foram descobertos como estando implicados no que se revelou ser virtualmente um empreendimento familiar (e lucrativo). Incomumente, Xiros pretendia colocar bombas com ícones religiosos pintados, mas ficou claro que a principal fonte de fundos do grupo era assalto a bancos. Depois de várias semanas em fuga, Dimitris Koufodinas, um apicultor e assassino responsável por muitas mortes, entregou-se à polícia. O líder do grupo e autor de seus manifestos bombásticos e repletos de jargão se revelou ser Alexandros Giotopoulos, educado na Sorbonne e com 58 anos de idade, que foi preso na remota ilha de Lipsi, no leste do Egeu, quando estava pronto para embarcar em um avião para a Turquia. Em dezembro de 2003, seguindo-se ao mais longo julgamento já realizado na Grécia, 15 membros do grupo foram declarados culpados. Giotopoulos recebeu 21 sentenças de prisão perpétua, uma punição sem precedentes, e Koufodinas 15.

Embora houvesse subsequentes ataques esporádicos por pequenos e sombrios grupos de esquerda, não ocorreu mais nada na escala do "17 de novembro". Um deles, denominado Luta Revolucionária, disparou um foguete com uma granada contra a embaixada dos Estados Unidos em janeiro de 2007. Houve pouco entusiasmo pela "guerra contra o terror" do presidente George W. Bush após o ataque de 11 de setembro de 2001 no World Trade Center, e a subsequente invasão do Iraque deu lugar a imensas demonstrações de protesto. A visita da secretária de Estado dos Estados Unidos, Condoleezza Rice, em abril de 2006, do mesmo modo incentivou protestos em massa.

Um importante passo na modernização da infraestrutura do país foi a inauguração, em 2001, de um moderno aeroporto no lugar do até então existente aeroporto Ellinikon, cuja única vantagem tinha sido a proximidade ao centro de Atenas. Para um país tão dependente do turismo, o aeroporto de Ellinikon se mostrava ultrapassado, enquanto o novo aeroporto Eleftherios Venizelos, embora situado muito mais distante do centro da cidade, dispunha de boas conexões de estrada e transporte público. Em 2004, o metrô de Atenas, cuja construção havia sido iniciada em 1991 e entrara em operação em 2000, foi estendido ao novo aeroporto. Esse excelente sistema, que continua a se expandir, representava uma contribuição à melhoria dos problemas crônicos de transporte (e poluição) da cidade. Várias estações têm notáveis exibições de antiguidades desenterradas no curso de suas construções.

A melhoria nas comunicações ajudou a assegurar os Jogos Olímpicos de 2004. A Grécia havia feito uma caótica e malsucedida solicitação para as Olimpíadas de 1996, o centenário dos primeiros jogos modernos que haviam sido realizados em Atenas em 1896, um evento amadorístico

IMAGEM 57. O arcebispo Khristodoulos com o Papa João Paulo II ao lado de um ícone do Apóstolo Paulo no Aeropagos em Atenas, onde se diz que Paulo pregou. A visita da papa João Paulo II à Grécia em maio de 2001, contra o pano de fundo de extraordinárias medidas de segurança, foi um evento de considerável significado simbólico, ocorrendo perto de mil anos após o "Grande Cisma" de 1054, que é convencionalmente considerado a divisão entre as Igrejas Católica Romana e Ortodoxa Oriental. O arcebispo Khristodoulos de Atenas tinha a reputação de ser um ferrenho defensor da ortodoxia, a despeito, ou talvez por causa de, sua educação em uma escola dirigida pelos Padres Maristas Católicos. O arcebispo, na presença do papa, leu uma lista de 13 maneiras pelas quais a Igreja Católica havia ofendido a Ortodoxa. A mais importante destas havia ocorrido em 1204, quando a Quarta Cruzada se desviou da Terra Santa para o saque de Constantinopla. Em resposta, o papa pediu perdão pelos atos e omissões de católicos contra seus irmãos e irmãs ortodoxos. O *status* dos uniatas, que seguem a liturgia e outras práticas das Igrejas Orientais mas estão em comunhão plena com Roma, é uma antiga causa de fricção entre o Papado e as Igrejas Ortodoxas. Firme em defesa da ortodoxia, o arcebispo Khristodoulos foi um ferrenho opositor de propostas para construir uma mesquita em Atenas para a crescente população muçulmana, consistindo principalmente em imigrantes (nem todos eles legais) do Afeganistão, do Paquistão, de Bangladesh, do Egito e da África ocidental. Somente em 2011, durante o mandato do sucessor de Khristodoulos como arcebispo de Atenas, Ieronymos II, o Parlamento destimou fundos para a construção de uma mesquita na que era a única capital da UE sem nenhuma.

em todos os sentidos do termo e a um mundo de distância da máquina supercomercializada na qual o movimento olímpico se metamorfoseou. Quando o primeiro-ministro na década de 1970, após a queda da junta, Konstantinos Karamanlis, havia sugerido que as modernas Olimpíadas deveriam ter lugar permanente perto da antiga Olímpia, essa ideia não foi considerada. Muitos observadores questionaram se um pequeno país como a Grécia poderia organizar jogos capazes de competir com as grandiosas e caras manifestações de orgulho nacional características dos jogos modernos. Uma das dúvidas era se as novas instalações seriam completadas em tempo. Elas foram, ainda que em cima da hora. Além disso, elas foram muito custosas. Elaboradas medidas de segurança colaboraram para que os Jogos Olímpicos se tornassem os mais caros realizados até então, com o custo, somente para cada atleta competidor, de 90 mil libras. No geral, o custo dos jogos de Atenas alcançou 9 bilhões de euros, quase o dobro do orçamento original. Cerca de 4 bilhões de espectadores no mundo todo sintonizaram várias vezes para assistir aos eventos na televisão, mais do que em qualquer dos jogos anteriores. A espetacular cerimônia de encerramento, focando na história grega através das épocas, atraiu uma audiência particularmente grande. Em geral, as Olimpíadas de 2004 foram um sucesso triunfante em promover uma imagem positiva do país, mas deixaram um legado de instalações de pouco uso e rápida decadência, cujo custo contribuiu significativamente para o montante da dívida que finalmente apanhou a Grécia no fim da década.

O impulso de uma melhora significativa no clima das relações com a Turquia, que haviam sido frágeis por grande parte do meio século anterior, foi mantido. Em maio de 2004, Recep Tayyip Erdogan, fez a primeira visita à Grécia por um primeiro-ministro turco em 16 anos. Em parte, isso foi estimulado pelo reconhecimento de que a Grécia era uma forte partidária da ascensão da Turquia à União Europeia. Mas a aproximação entre os dois países continuou a ser mais no nível da retórica do que de substância. Perigosas manobras envolvendo caças gregos e turcos continuavam no disputado espaço aéreo do Egeu. Em 2006, isso levou a uma colisão aérea que resultou na morte de um piloto grego.

A política externa grega teve um contratempo quando, em 2004, os cipriotas gregos rejeitaram decisivamente um plano das Nações Unidas para encerrar a duradoura divisão da ilha. Atenas havia apoiado o plano como parte de uma política de ajudar a pavimentar o caminho para a entrada da Turquia na União Europeia, um desenvolvimento que, esperava-se, colocaria as melhoradas relações greco-turcas em terreno permanentemente firme. Cinco versões do altamente complexo Plano Annan, como era conhecido, a última totalizando 9 mil páginas, foram apresentadas. Isso proporcionou a evolução do Estado comum, embora dividido, em dois Estados integrantes federais delegados, um controlado pelos gregos e o outro pelos turcos. O Estado comum determinaria questões como relações exteriores, cidadania, imigração e funcionamento do Banco Central. Outras questões seriam da responsabilidade dos dois Estados constituintes. Limites seriam postos sobre os números de cipriotas gregos que teriam permissão para viver dentro das fronteiras do Estado componente turco e de turcos cipriotas nas fronteiras

CAPÍTULO 7 – A GRÉCIA NO NOVO MILÊNIO: DA AFLUÊNCIA À AUSTERIDADE | 233

do Estado componente grego. Cerca de 85 mil dos 185 mil cipriotas gregos refugiados do norte teriam o direito de retorno. Contingentes militares gregos e turcos permaneceriam na ilha, em números menores, mas com direitos de intervenção em qualquer parte da ilha. Esse direito de intervenção militar turca através de toda a ilha foi um importante fator na rejeição do plano pelos cipriotas gregos. Forças locais cipriotas gregas e turcas seriam dispensadas.

Haveria também ajustamentos no tamanho dos territórios dos dois Estados componentes. Desde a invasão turca de 1974, os gregos controlavam quase 60% do território da ilha, os turcos 37%, com a área neutra das Nações Unidas e as áreas de base soberana britânica pouco mais que 3%. Sob o plano Annan, a entidade cipriota grega seria estendida a quase 70% da ilha, reduzindo a entidade cipriota turca a quase 28%. O *status* das duas bases aéreas soberanas britânicas, Akrotiri e Dhekelia, que haviam sido cedidas em perpetuidade no acordo de 1960 que resultara em um Chipre independente, permaneceria inalterado, embora uma oferta fosse feita para ceder quase metade das bases aéreas à República do Chipre. Em abril de 2004, a versão final do plano foi posta em um referendo. O comparecimento em ambas as comunidades foi muito alto. Mais de 75% dos cipriotas gregos rejeitaram o plano, enquanto 65% da comunidade cipriota turca, que incluía um grande número de assentados vindos da Turquia continental, aceitou-o.

No mês seguinte, maio de 2004, como já havia sido acordado, a internacionalmente reconhecida República do Chipre, controlada pela Grécia, mas não o norte da ilha controlado pela Turquia, tornou-se membro da União Europeia, ao lado de oito países da Europa central e do leste e Malta. Um desenvolvimento positivo foi que em 2003 a administração cipriota turca havia levantado parcialmente as restrições de movimento entre os setores norte e sul da ilha. Membros de ambas as comunidades (bem como não cipriotas) podiam agora atravessar a até então amplamente impermeável zona tampão e visitar seus antigos lares (exceto para aqueles em Varosha, o bairro abandonado de Famagusta que havia permanecido desocupado desde 1974) e locais religiosos e outros. Todos aqueles que atravessavam a "Linha Verde" controlada pela ONU precisavam, contudo, apresentar documentos de identidade.

A política externa grega sofreu outro reverso quando, em novembro de 2005, a administração dos Estados Unidos aceitou o nome do vizinho do norte do país como República da Macedônia, em vez daquele proposto pela Grécia, isto é, Ex-República Iugoslava da Macedônia (FYROM). Foi sob esta última designação que o novo Estado havia se tornado membro das Nações Unidas em

1993. Muitos gregos viam o nome "Macedônia" como implicando desígnios territoriais sobre a Macedônia grega. A decisão dos Estados Unidos teria sido uma recompensa pela participação da Macedônia na "guerra ao terror" do presidente Bush. A contribuição macedônica foi modesta, mas a da Grécia menor ainda: à diferença da Macedônia, a Grécia não havia contribuído com tropas de linha de frente para as guerras no Iraque e no Afeganistão. A Grécia alertou que o reconhecimento traria "múltiplas repercussões negativas", mas estava claro que a batalha sobre a nominação da Macedônia havia sido perdida, embora a Grécia, em 2008, conseguisse manobrar para vetar a entrada da Macedônia na aliança da OTAN. A despeito do continuado impasse sobre o nome, empresas gregas tornaram-se investidores importantes na Macedônia, como era em outros países ex-comunistas da região, como Bulgária, Sérvia e Romênia. A Macedônia não era o único país na região com quem a Grécia tinha diferenças: A Grécia foi um dos cinco Estados da UE que não reconheceram a declaração de independência de Kosovo em 2008.

No início de 2004, Kostas Simitis, então com 67 anos, renunciou como líder do PASOK para abrir caminho, como declarou, a uma geração mais nova, embora idade avançada nunca tenha sido um obstáculo para a manutenção de altos cargos na Grécia. Ele representava a ala modernizadora, em oposição à populista do PASOK, mas tivera êxito limitado em desafiar os interesses investidos que ficavam no caminho da reforma. Foram desde fazendeiros e motoristas de táxi a médicos e advogados. Giorgos Papandreou, o candidato único, foi eleito como o novo líder do PASOK. Papandreou era filho e neto de primeiros-ministros e era membro de uma elite política inata que seria alvo de muito criticismo durante a crise financeira e política nos anos após 2009.

A eleição de março de 2004 assinalou o fim do longo período de domínio do PASOK sobre a cena política depois de sua fundação após a queda da junta dos coronéis, em 1974, estando o partido no poder por vinte dos vinte e três anos anteriores. Com 45% do voto popular, em relação ao ND, sob a liderança de Kostas Karamanlis, obteve 165 das 300 cadeiras. O PASOK, com 41% dos votos, conquistou 117 cadeiras. Karamanlis subsequentemente propôs Karolos Papouilias, um proeminente político do PASOK, para a presidência da república quando o segundo mandato de Kostis Stephanopoulos chegou ao fim, em março de 2005. Isso tornava certo que ele receberia a maioria necessária de três quintos no Parlamento prescrita pela Constituição. Uma das razões para a derrota do PASOK em 2004 fora a crescente inquietação com o nível de corrupção.

IMAGEM 58. "Tal pai, tal filho, tal neto". Fotografias justapostas de Georgios, Andreas e Giorgos Papandreou (da esquerda para a direita). A Grécia é uma sociedade sem distinção de títulos de posto, e ainda menos hereditária. Não obstante, ela tem, em uma significativa extensão, sido governada por uma casta política quase hereditária. Numa entrevista a um jornal em 1965, um proeminente político, Konstantinos Mitsotakis, declarou que "a liderança... não é nem outorgada, nem herdada". Mas seu pai e um tio foram membros do Parlamento e ele próprio era aparentado a Eleftherios Venizelos. Membro do Parlamento por mais de 50 anos, Mitsotakis ocupou vários postos ministeriais e foi primeiro-ministro entre 1990 e 1993. Sua filha, Dora Bakoyanni, foi ministra do exterior no governo de Kostas Karamanlis, entre 2006 e 2009, o mais alto posto político já ocupado por uma mulher na Grécia. Ela fora previamente a primeira prefeita mulher de Atenas entre 2002 e 2006. Seu irmão, Kyriakos, é membro do Parlamento. Giorgos Papandreou é o primeiro exemplar dessa tendência hereditária. Em 2009, ele tornou-se primeiro-ministro, um posto que havia sido mantido por seu pai, Andreas (1981-1989, 1993-1996), em cujos governos Giorgos serviu, e por seu avô Georgios (1944-1945, 1963-1965), em cujo último governo Andreas Papandreou foi igualmente ministro. Em 1981, Andreas Papandreou sucedeu Georgios Rallis da Nova Democracia como primeiro-ministro. Os avós paterno (Dimitrios Rallis) e materno (Georgios Theotokis) haviam ambos sido primeiros-ministros. Giorgos Papandreou, ao tornar-se primeiro-ministro em 2009, sucedeu Kostas Karamanlis, sobrinho de Konstantinos Karamanlis, que havia sido primeiro-ministro nas décadas de 1950, 1960 e 1970 e presidente nas décadas de 1980 e 1990.

Mas a corrupção continuou sob o novo governo. Juízes sêniores foram pegos aceitando propina, enquanto um ministro foi forçado a renunciar após estimular fiscais alfandegários a solicitar propinas menores. Pelo fim da década, a Grécia era situada, pela Transparência Internacional, como o mais corrupto Estado na UE. Os esforços da Nova Democracia para introduzir as reformas necessárias tiveram escasso sucesso, em parte porque seus ministros tinham pouca experiência prévia de governo. Ela foi capaz de efetuar mudanças no complexo sistema de seguridade social, enquanto, em 2007, protestos contra reformas no ensino superior a forçaram a abandonar uma emenda constitucional proposta que teria permitido o estabelecimento de universidades privadas. No mesmo ano,

IMAGEM 59. Incêndio em Pikermi, na Ática, não longe de Atenas, em agosto de 2008. Visível atrás das árvores está um avião de combate ao fogo. Uma série particularmente devastadora de incêndios florestais em 2007 deixou 67 mortos e resultou na destruição de muitos milhares de acres de floresta. O crescente movimento verde na Grécia questionou se o ambiente poderia ser plenamente recuperado dessa conflagração. Havia temores de que as ondas de calor e os incêndios florestais que as acompanhavam recorrentes em quase todo verão, pudessem resultar em uma gradual desertificação do país. Isso claramente teria péssimas consequências para um país tão dependente do turismo para sobrevivência econômica. A inadequação da resposta do governo ao desastre ecológico foi muito criticada, assim como sua incapacidade de conter os incêndios provocados para criar espaço para construções ilegais de casas. Após a crise de 2009, madeireiras ilegais, em razão de grandes altas no custo de petróleo para aquecimento, começaram a explorar florestas já devastadas por anos de incêndios de verão. A poluição do ar, com a madeira substituindo a fumaça do petróleo, tornou-se um problema nas principais cidades do país.

CAPÍTULO 7 – A GRÉCIA NO NOVO MILÊNIO: DA AFLUÊNCIA À AUSTERIDADE | 237

registrou-se a mais alta temperatura dos últimos 100 anos – alcançando 46° Celsius – e isso resultou em inúmeras mortes pelo calor.

Na eleição de 2007, a cota dos votos da ND caiu de 45% para 42%, em cadeiras de 165 para 152. A votação no PASOK caiu de 41% para 38%; isso representou, em cadeiras, uma queda de 117 para 102. Houve pequenos aumentos nas cadeiras recebidas pelos partidos de esquerda. Um novo ingressante no espectro político foi a Laikos Orthodoxos Synagermos (União Ortodoxa Popular). Esta havia sido fundada por Giorgos Karatzaferis, ex-integrante da ND. Seu acrônimo, apropriado para um partido populista de direita, era LAOS, que significa "povo". Sua cota de 4% dos votos resultou em 10 cadeiras.

A contínua corrupção tornou-se pública com uma história extraordinária de prevaricação envolvendo altos postos. Ela era realmente "bizantina" em ambos os sentidos da palavra. Suas origens residem no meio bizantino da república monástica de Monte Atos, e foi, no uso corrente português da palavra, uma história de intrincada complexidade. As revelações deixaram muitos gregos horrorizados. O escândalo envolvia acordos de terra misteriosos, mas altamente lucrativos, realizados por conhecidos monges, financeiramente astutos, com amigos em altas posições e equipados com meios de comunicação de alta tecnologia nas imediações da Montanha Sagrada. A fraude emanava de Vatopaidi, uma das mais ricas fundações monásticas do país e que recebeu em anos recentes o príncipe Charles e Vladimir Putin.

Embora os monastérios atonitas tivessem sido despojados de suas extensas terras fora da península, os monges de Vatopaidi, invocando o título outorgado ao monastério no século XIV pelo imperador Bizantino João V Palaiologos, reivindicaram um lago e a terra circundante no norte da Grécia. Este foi de alguma forma trocado por 73 propriedades do Estado, no valor de várias centenas de milhões de euros. Quando o escândalo veio à luz, em 2008, dois ministros foram forçados a renunciar. A indignação pública diante das espantosas revelações e de alegações (subsequentemente provadas) de suborno pela empresa alemã Siemens foi um dos fatores que contribuíram para a queda do governo da Nova Democracia em 2009.

No mesmo ano, um notável novo museu abrigando antiguidades da Acrópole de Atenas foi aberto. Muita atenção foi focada na galeria do terceiro andar, que gozava de uma vista espetacular do Parthenon. Ele continha as métopas sobreviventes, os painéis de mármore esculpidos que haviam sido removidos do templo, junto com os moldes de gesso dos perdidos mármores "Elgin" abrigados no Museu Britânico. A mensagem era clara: muitos gregos queriam que as métopas removidas pelo conde de Elgin e levadas para Londres no início do século XIX fossem devolvidas a Atenas. Mas não houve resposta aos repetidos pedidos pelo seu retorno.

Em dezembro de 2008, Atenas foi abalada por dias de tumulto e incêndios depois de um policial ter baleado um estudante de 15 anos. A alegação da polícia de que o fato foi em seguida ao ataque a um carro da polícia por uma multidão jogando pedras provou-se falsa. Essa foi uma indicação inicial do tumulto que estava por vir quando a crise financeira mundial começou a afetar a Grécia. A eleição de outubro de 2009, que ocorrera dois anos mais cedo, resultou em uma esmagadora derrota para a ND. O partido perdeu 61 cadeiras: sua cota de votos de 33%, quase 10% a menos do que havia recebido em 2004, resultou em 91 cadeiras. O PASOK, com uma cota de 44% dos votos, obteve 160 cadeiras, um ganho de 58. O Partido Comunista, com 21 cadeiras e uma cota de 8% dos votos, perdeu uma cadeira. O LAOS teve ganhos significativos, 6% dos votos resultando em 15 cadeiras, e a Coalizão da Esquerda Radical (SYRIZA), uma coalizão de 12 grupos esquerdistas radicais, incluindo ex-comunistas, maoístas, feministas e ambientalistas, com 5%, ganhou 13 cadeiras. Esse foi o pior resultado da ND desde sua fundação, na esteira do colapso da ditadura dos coronéis em 1974, e Kostas Karamanlis, líder do partido, teve pouca opção além de renunciar. Ele foi sucedido por Antonis Samaras, que havia sido ministro do Exterior entre 1990 e 1993, quando renunciou em sinal de protesto ao que via como o fracasso do governo em tratar de modo suficientemente vigoroso o caso grego sobre a Macedônia. Ele tivera então que estabelecer seu próprio partido separado, em consequência do que o governo Mitsotakis perdeu sua maioria no Parlamento, mas subsequentemente ele retornou à Nova Democracia.

Durante a campanha eleitoral, Giorgos Papandreou havia prometido medidas para estimular a economia, inclusive aumentos salariais para o inchado setor público. Mas quase imediatamente tornou-se claro que a Grécia enfrentava uma crise financeira de proporções potencialmente catastróficas. A participação na zona do euro havia dado acesso ao financiamento barato, que era agora um dos fatores que levaram a um maciço endividamento. Isso se tornou mais evidente quando a Grécia foi apanhada no tumulto da crise financeira global de 2008. Ademais, a participação na zona do euro significava que a Grécia não podia responder à crise desvalorizando sua moeda. "Desvalorização interna" e duras medidas de austeridade pareciam ser o único remédio. Com o país afundando em recessão e com um montante de dívida de 112% do produto interno bruto, estava

CAPÍTULO 7 – A GRÉCIA NO NOVO MILÊNIO: DA AFLUÊNCIA À AUSTERIDADE | 239

claro que sem uma maciça injeção de recursos externos o país enfrentaria a perspectiva de inadimplência em seus empréstimos.

E isso não seria novidade na história da Grécia. Em 1893, por exemplo, uma declaração de falência nacional pelo primeiro-ministro, Kharilaos Trikoupis, seguida por uma esmagadora derrota na Guerra dos Trinta Dias de 1897 com a Turquia, havia levado ao estabelecimento de uma Comissão Financeira Internacional, que até a Segunda Guerra Mundial supervisionou o pagamento para acionistas estrangeiros de certos rendimentos do governo. Havia, portanto, um precedente para o grau de supervisão externa sobre a economia que se desenvolveria após 2009. Outra crise financeira, em 1932, havia forçado a suspensão de pagamentos, assim como a amortização sobre as dívidas da Grécia.

Embora o produto interno bruto da Grécia somasse pouco mais de 2% daquele da zona do euro como um todo, os problemas econômicos e financeiros do país deveriam ser o foco de boa parte da atenção da UE nos anos após 2009. Enquanto os políticos da zona do euro hesitavam sobre como lidar com os problemas do país, ficou claro que sua crise de dívida pública tinha a capacidade de causar impactos seriamente negativos na economia mundial. O dilema econômico da Grécia continuava a piorar. Bilhões de euros começaram a ser retirados dos bancos. Em 2010, os rendimentos do governo eram de cerca de 50 bilhões de euros, enquanto as despesas eram da ordem de 75 bilhões.

Isso expunha as deficiências de um sistema de taxação ineficaz, subdotado e às vezes corrupto, que havia dado lugar a um enorme acúmulo de casos de impostos não resolvidos. O rendimento do imposto de renda pessoal era, em proporção, significativamente menor que na maioria dos países da zona do euro. Um considerável número de trabalhadores autônomos, que representavam uma alta proporção da força de trabalho, via o pagamento de impostos como opcional, enquanto alguns fiscais de impostos, em troca de propina, faziam vistas grossas à sonegação de impostos. Apenas um terço dos médicos declarava rendimentos acima de 12 mil euros, e as propinas pagas por pacientes a médicos, obviamente não eram taxadas. Calcula-se que a sonegação de impostos possa ter chegado a 30 bilhões de euros em um ano. Nomear e, esperançosamente, envergonhar na imprensa celebridades e ricos que sonegavam impostos era uma arma que começou a ser usada no esforço de assegurar que as pessoas pagassem seus impostos. Havia, ainda, anomalias como um imposto de 21,5% sobre anúncios na mídia (de acréscimo ao VAT [Imposto sobre Valor Acrescentado]) que era pago não ao Estado mas ao fundo de pensão e saúde de jornalistas e editores. Outras profissões favorecidas, entre elas advogados e engenheiros, desfrutavam de violações similares.

Integrantes da UE exitavam em socorrer a Grécia. Isso era parcialmente causado pela indisposição da Alemanha, a principal pagadora dos 17 membros da zona do euro, em resgatar o que era caricaturado na imprensa sensacionalista como "gregos preguiçosos", cuja principal meta na vida se resumia a uma aposentadoria cedo e uma gorda pensão. Esse cenáro trouxe à tona lembranças da devastação provocada pela ocupação alemã na época da guerra e – junto com a queima de bandeiras alemãs e cartuns ridicularizando Angela Merkel, a chanceler alemã, como uma nazista – havia pedidos para o pagamento ulterior das reparações da Segunda Guerra Mundial, que, de acordo com uma estimativa, somavam 162 bilhões de euros.

Conforme a situação financeira do país continuava a piorar, com as agências de avaliação de crédito rebaixando os papéis do governo a sucata, a Alemanha e a UE aceitaram a ideia de um resgate em cooperação com o Fundo Monetário Internacional. Esse primeiro resgate, em 2010, somava 110 bilhões de euros. Ele vinha acompanhado por um memorando de entendimento sem precedentes que especificava, detalhadamente e com datas-limite para concretização, cerca de 200 medidas para tornar a economia mais competitiva. A adesão aos termos impostos no memorando era condição de ajuda à Grécia pelo que veio a ser conhecido como a "troika" da UE, do Fundo Monetário Internacional e do Banco Central Europeu. Foram feitas provisões para monitorar as medidas estipuladas por um grupo técnico de assistência, com os primeiros membros começando a trabalhar em Atenas na primavera de 2012. Durante os 30 anos anteriores, tentativas de reforma haviam sido torpedeadas por resistência de sindicatos ou por outros interesses investidos, inclusive por barões da mídia e seus aliados nos negócios de comunicações. Se as medidas exigidas pelo memorando fossem implementadas, como se esperava, a Grécia poderia deixar de ser um Estado próximo da falência, clientelista, excessivamente burocrático, fracamente governado e às vezes corrupto.

Essas medidas baseavam-se em um programa de estabilidade e crescimento que havia anteriormente sido introduzido pelo próprio PASOK. O imposto sobre valor agregado foi aumentado de 19% para 23%, e impostos sobre propriedades adicionais, que eram mais difíceis de sonegar que o imposto de renda ou o VAT, foram implementados, assim como taxas mais altas sobre álcool, tabaco, gasolina e artigos de luxo. Acentuadas reduções nos salários do setor público, cortes em pensões e aumentos na idade de aposentadoria

CAPÍTULO 7 – A GRÉCIA NO NOVO MILÊNIO: DA AFLUÊNCIA À AUSTERIDADE | 241

(profissões consideradas "árduas", entre elas a de cabeleireiro, tinham idades de aposentadoria particularmente baixas) foram combinados com demandas para imensas reduções no número e segurança no trabalho daqueles empregados no setor público. Medidas para aumentar a competitividade incluíram a desregulamentação do setor de frete doméstico, a remoção de impedimentos a empresários e a limitação dos privilégios das profissões. Uma importante reforma foi o estabelecimento de um serviço estatístico independente de modo a diminuir o risco de números oficiais serem manipulados.

A imposição desse programa de austeridade sem precedentes resultou em uma crescente falta de moradias, que não havia sido um problema desde a guerra civil, e na mendicância nas ruas. Falências de negócios se disseminavam. Salários em alguns casos não eram pagos. Bancas de alimento, cozinhas públicas, e, em algumas áreas, um recurso ao escambo, fizeram sua aparição. Hospitais e farmácias ficaram sem medicamentos vitais, indústrias farmacêuticas estrangeiras estavam relutantes em enviar medicamentos temendo que eles não fossem pagos. O Serviço Nacional de Saúde ficou sob grande tensão. O turismo, que tinha sido um contribuinte tão importante para a balança de pagamentos, declinou, embora tenha sido calculado que cerca de 1 milhão de turistas russos teriam visitado a Grécia em 2012. Isso ajudou a compensar a queda no número de turistas alemães, que se afastavam da Grécia em razão de desentendimentos entre os dois países durante a crise.

Em maio de 2010, um acordo sobre as condições do primeiro resgate foi aprovado no Parlamento por 172 em 300 votos, com a ND e os partidos de esquerda votando contra. Através desse e dos subsequentes anos, ocorreram greves, algumas das quais gerais, e contínuas demonstrações. Estas eram ruidosas mas geralmente pacíficas, embora algumas terminassem com "anarquistas" – grupos de jovens desempregados com ressaibos contra a polícia – enfrentando os pelotões de choque, que demonstravam pouca hesitação em responder a violência com violência. Eram esses choques, mais do que as demonstrações pacíficas, que apareciam nas telas das televisões fora da Grécia. Em maio de 2010, uma agência do Marfin Bank foi atingida por uma bomba incendiária, resultando na morte de três empregados, uma das quais estava grávida. Outro fato que contribuiu para agravar a crise foi o suicídio de um idoso farmacêutico aposentado, que havia, no verão de 2011, sido um dos *aganaktismenoi*, os "indignados", acampados da Praça da Constituição no centro de Atenas. Em abril de 2012, ele disparou contra si mesmo perto do prédio do Parlamento, deixando uma nota em que dizia não querer ser submetido a vasculhar latas de lixo para comer. O local de seu suicídio rapidamente tornou-se um memorial improvisado. As taxas de suicídio, até então as mais baixas na Europa, subiram. Uma das vistas mais tristes de Atenas era a de gregos indigentes e desempregados migrantes procurando comida em latas de lixo.

Os observadores que argumentaram que o primeiro resgate em 2010 era improvável de se revelar adequado estavam certos. Durante boa parte do ano seguinte, 2011, a Grécia esteve em um estado de turbulência política e econômica, enquanto o endividamento do governo crescia inexoravelmente. Muitos observadores externos ficaram intrigados quanto a como a Grécia havia conseguido amealhar tamanha quantia da dívida. Um óbvio fator contribuinte era o gasto inteiramente desproporcional com a defesa. Outro eram os subsídios do governo para os fundos de seguridade social, os quais, pelo fim da década de 1990, eram bem mais de 300. Com a Grécia entrando no quarto ano de recessão, o desemprego geral subiu para 21% e o desemprego entre os jovens de menos de 25 anos estava acima de 50%. Em 2012, esses números tornaram-se ainda mais altos. A *troika* exigiu, *inter alia*, um corte de 22% no salário mínimo e a eliminação de 150 mil empregos no setor público. Os políticos responsáveis pela implementação desse duro programa de diminuição de gastos tornaram-se frequentemente alvos de insultos. As cerimônias anuais para comemorar o Dia do *Ochi* (Não) de 28 de outubro de 1940, quando a Grécia havia resistido à provocação italiana, foram interrompidas em 2011, com o principal desfile em Tessalônica sendo cancelado após o presidente ter sido rotulado de traidor. Embora a elite política sofresse amargo criticismo, poucos de seus membros acusados de corrupção foram levados à justiça, e menos ainda foram condenados. Os políticos corruptos se mostraram adeptos de se abrigar por trás do estatuto de limitações e imunidade parlamentar. Em março de 2013, porém, Akis Tsokhatzopoulos, um proeminente político do PASOK que, na década de 1990, quase se tornara primeiro-ministro, recebeu uma sentença de oito anos por corrupção e enfrentou outros julgamentos. Poucos dias antes, um ex-prefeito da Tessalônica da Nova Democracia, Vasilis Papageorgopoulos, foi, com dois assistentes, sentenciado a prisão perpétua pelo desfalque de 18 milhões de euros.

Em junho de 2011, Papandreou assegurou uma estreita votação para um novo programa de austeridade: o programa de meio-termo de diminuição de gastos. Com as receitas de impostos provando-se inadequadas, um imposto único de propriedade – que, para evitar evasão, foi acrescentado a contas de eletricidade – foi introduzido. Mas malgrado essas medidas adicionais, os políticos e banqueiros europeus começaram a falar aberta-

CAPÍTULO 7 – A GRÉCIA NO NOVO MILÊNIO: DA AFLUÊNCIA À AUSTERIDADE | 243

IMAGEM 60. "A Grécia não está à venda." Seguindo-se ao início, em 2009, da crise econômica e fiscal, a pior durante o período pós-guerra, demonstrações e greves de protesto contra as duras medidas de austeridade impostas pela *troika* eram uma ocorrência regular. Esta fotografia mostra um protesto organizado em 2012 diante do prédio do Parlamento em Atenas aderido pela GSEE – a organização guarda-chuvas de organizações sindicais dos trabalhadores do setor privado, fundada em 1918 e com uma participação de 450 mil membros – e pela ADEDY, sua contraparte daqueles no setor público, com 300 mil membros. O *slogan I Ellada den poleitai* (a Grécia não está à venda) refere-se à exigência da *troika* de que recursos estatais, incluindo a ex-propriedade real de Tatoi, no valor de 50 bilhões de euros, sejam vendidos para reduzir o déficit do país. Instalações portuárias no Pireu, o porto de Atenas, haviam sido vendidas a empresas chinesas; enquanto, no início de 2013, o Emir do Qatar comprou várias pequenas ilhas no Mar Jônio. Em 2013, a casa do cônsul-geral da Grécia em Londres foi vendida por 23 milhões de libras. Mas tais vendas frequentemente encontravam obstáculos burocráticos e não se provavam fáceis de ser conseguidas na prática. Uma séria dificuldade em tais vendas de bens é a ausência de registro de terra. Uma região de terra costeira de propriedade do governo no noroeste do Peloponeso que poderia ter sido vendida a investidores estrangeiros revelou-se ter sido colonizada por 7 mil casas ilegalmente construídas. A maioria das numerosas demonstrações antiausteridade foram ordenadas, embora ruidosas, algumas tenham terminado com arremesso de pedras e bombas incendiárias por anarquistas, cuja violência provocava também violência pela polícia. Boa parte do centro de Atenas ficou desfigurada por grafites de inspiração política.

mente da possibilidade de um calote grego e de um retorno ao dracma. Além disso, o governo do PASOK começou a contemplar a tentativa de renegociar as exigências da *troika*, e, no fim de outubro, Papandreou, aparentemente sem consultar os colegas de gabinete, declarou que iria colocar as condições ligadas ao segundo (130 bilhões de euros) resgate em um referendo. Isso provocou uma crise política, e Papandreou, cuja posição nas pesquisas de opinião havia caído drasticamente, foi forçado por pressão da UE a retirar a proposta. Logo depois, ele caiu como primeiro-ministro.

IMAGEM 61. "Eliminando o intermediário". Com a situação econômica da Grécia piorando depois de 2009, bancas de alimento tornaram-se lugar-comum, ocorrendo escambo, e algumas comunidades introduziram sua própria forma de moeda. Os fazendeiros procuravam eliminar os intermediários, como nesta fotografia de 2012, vendendo seu produto, nesse caso batatas, diretamente ao consumidor.

IMAGEM 62. Tanques preparando-se para a parada do Dia do *Okhi* (não), comemorando a recusa da Grécia em aceitar um humilhante ultimato italiano em outubro de 1940, em Tessalônica, em 2006. No início da década de 1980, as despesas de defesa da Grécia foram de quase o dobro dos gastos médios de outros países da zona do euro. Foi estimado que a poupança que a Grécia poderia ter feito se suas despesas de defesa estivessem na média das de seus parceiros na UE teria somado 150 bilhões de euros, mais do que ela recebeu sob os termos do segundo resgate da *troika* em 2012. Entre 2002 e 2006, a Grécia, um pequeno país com uma população de cerca de 11 milhões de habitantes, era a quarta maior importadora de armamento no mundo. O único uso concebível para esse sofisticado equipamento teria sido em uma guerra com a Turquia, sua aliada na aliança da OTAN. O inventário do armamento das forças armadas gregas é imenso em relação ao tamanho do país e inclui 900 tanques alemães Tiger, jatos Mirage franceses e F-16 americanos, 11 submarinos e 14 fragatas armadas com mísseis Exocet. Muitas das acusações de corrupção da parte de políticos e outros estavam vinculadas a essas mesmas compras de armas caras. Nas frequentemente dificultosas negociações entre a Grécia e seus parceiros da zona do euro após o início da crise financeira, Alemanha e França, enquanto exigindo medidas ainda mais duras de austeridade, insistiam ao mesmo tempo que a Grécia honrasse os contratos de armas existentes.

Seguindo-se vários dias de intensa barganha, um governo de coalizão foi formado com deputados vindos do PASOK, da ND e do populista LAOS, que entrou no governo pela primeira vez, embora posteriormente se retirasse. O primeiro-ministro não eleito, Loukas Papademos, era um economista acadêmico que havia sido governador do Banco da Grécia e vice-presidente do Banco Central Europeu. Papademos foi encarregado das negociações do segundo resgate com a *troika* e de preparar o caminho para novas eleições.

Houve intensivas e, às vezes, tortuosas negociações sobre o segundo resgate, com o limite, março de 2012, se aproximando quando o reembolso de um grande empréstimo foi agendado. O resgate visava reduzir a dívida a 120% do produto interno bruto por volta de 2020. Um acordo foi finalmente alcançado com bancos, e acionistas do setor privado aceitaram, sem entusiasmo, uma reestruturação da dívida de 53,5%, ou perda, sobre o valor de suas ações governamentais. Isso enxugou cerca de 107 bilhões de euros das dívidas do país. Os bancos gregos não haviam se entregado às práticas financeiras arriscadas de muitos bancos estrangeiros que haviam precipitado o quase colapso do sistema financeiro mundial em 2008, mas haviam sido compradores substanciais de ações governamentais. O dano que eles haviam sofrido dos termos do segundo resgate foi demonstrado em abril de 2012, quando as perdas combinadas de dois dos maiores bancos do país foram reveladas como sendo de 9,3 bilhões de euros. Em 2012, o contágio da dívida espalhou-se da Grécia para o Chipre, cujos bancos haviam igualmente investido em ações gregas. Em consequência, o Chipre foi também forçado a apelar à *troika* por ajuda. Esta foi apenas relutantemente concedida em março de 2013, quando tal ajuda tomou a forma não de um resgate (*bailout*) mas de um valor da dívida (*bailin*). Inicialmente, esperava-se que todos aqueles com posses em bancos cipriotas tivessem uma perda substancial em suas economias. Isso foi subsequentemente emendado para incluir uma reestruturação da dívida maior para aqueles com depósitos acima de 100 mil euros. Ao mesmo tempo, o Cypriot Laiki Bank foi atingido.

Nas eleições de 2009, o PASOK e a Nova Democracia haviam assegurado entre si 77% do voto popular. Nas perspectivas para as eleições de maio de 2012, contudo, logo ficou claro que seu domínio da cena política no decorrer dos últimos 35 anos estava sob ameaça. Uma ruptura na disciplina de partido resultou em muitas defecções e expulsões dos partidos governantes, junto com um precipitoso colapso no apoio registrado em pesquisas de opinião. Dos 32 partidos (um, autodenominando-se Tiranicidas, havia sido desqualificado) disputando as eleições, supunha-se que ao menos dez poderiam ser representados no novo Parlamento. No fim foram sete, dois a mais do que em 2009. Os resultados para o PASOK e a ND foram ainda piores do que as pesquisas haviam indicado. A cota de votos da ND foi de 19% (com 58 mais 50 cadeiras para o partido com desempenho mais alto), caindo 33% em 2009. O declínio do PASOK foi ainda mais acentuado: de 44%, sua cota caiu para 13% (41 cadeiras, praticamente um quarto daquelas recebidas na eleição de 2009). Ele foi empurrado para o terceiro lugar pela SYRIZA, a Coalizão da Esquerda Radical, com 17% (5% a mais do que em 2009) e 52 cadeiras. Liderada por Alexis Tsipras, energético e telegênico, com 38 anos, a SYRIZA

CAPÍTULO 7 – A GRÉCIA NO NOVO MILÊNIO: DA AFLUÊNCIA À AUSTERIDADE | 247

rejeitava totalmente o resgate, embora não obstante procurando permanecer na zona do euro. Sua política utópica incluía a renacionalização em larga escala das antigas empresas do Estado, pesados impostos sobre os ricos, benefícios de desemprego para imigrantes ilegais, nenhum desemprego no setor público e pensões de 100% do salário final. O quarto partido era o Gregos Independentes, um partido de direita antiausteridade liderado por um deputado saído da ND, com 11% (33 cadeiras). Em quinto lugar, com 8% (26 cadeiras) o Partido Comunista, que defendia deixar não apenas a zona do euro mas a própria UE, marginalmente aumentou sua votação.

Em sexto lugar estava o partido de ultradireita Chrysi Avgi (Aurora Dourada), cuja cota de votos de 7% (21 cadeiras) era quase 25 vezes mais alta que os 0,29% que havia recebido em 2009. Ele é virulentamente, e com frequência violentamente, antiesquerdista e anti-imigrante e pede a instalação de minas terrestres ao longo da fronteira da Grécia com a Turquia para deter imigrantes clandestinos. Logo após as eleições, ele atraiu muita publicidade contrária quando um de seus porta-vozes agrediu fisicamente uma deputada comunista durante uma discussão política televisionada. O partido tem vínculos com grupos neonazistas em outras partes da Europa. Seu símbolo é o antigo meandro grego, que também fora empregado pelo quase fascista ditador de pré-guerra general Metaxas. O sétimo partido era a Dimokratiki Aristera (Esquerda Democrática), um partido de esquerda aceitando os valores da democracia social europeia, com uma cota de 6% (19 cadeiras) dos votos. Uma surpresa foi o fracasso do partido populista de direita LAOS em alcançar os 3% necessários para ingressar no Parlamento.

Embora a votação seja teoricamente compulsória, o comparecimento foi baixo pelos padrões gregos: 65% em oposição a 71% em 2009. A versão corrente da lei eleitoral recompensa o partido que receber a maior cota dos votos com 50 cadeiras adicionais. Assim, embora a ND recebesse apenas 2% mais votos que a SYRIZA, ela teve mais do que o dobro de cadeiras no Parlamento. Os líderes dos três maiores partidos, Antonis Samara, Alexis Tsipras e Evangelos Venizelos, sucessor de Giorgos Papandreou como líder do PASOK, foram por sua vez encarregados pelo Presidente Papoulias de formar um governo. Previsivelmente, eles fracassaram, e novas eleições foram convocadas para 17 de junho na esperança de apresentar um governo estável. Entrementes, a contínua incerteza política levou a substanciais quedas no mercado de ações de Atenas, enquanto políticos alemães começavam a falar abertamente da Grécia tendo que deixar a zona do euro.

O fracasso de um governo para emergir das eleições de maio focou a atenção de boa parte do mundo sobre o possível resultado das eleições de 17 de junho, que eram amplamente vistas como as mais críticas na história do pós-guerra do país. Oponentes arraigados dos duros termos impostos pela *troika* votavam-se para a SYRIZA, com sua política de rejeição total, combinada com a insistência de que desejavam permanecer na zona do euro. Durante uma tensa campanha eleitoral, Angela Merkel insistiu que não podia haver relaxamento das exigências da *troika*. Outra representante da *troika*, Christine Lagarde, líder do Fundo Monetário Internacional, fez uma desastrada intervenção quando criticou publicamente os gregos por sua relutância em pagar impostos. A validez dessa afirmação foi solapada pela revelação de que seu próprio grande salário era livre de impostos.

Por um tempo pareceu que a SYRIZA pudesse emergir como o maior partido. No final, foi a Nova Democracia, um dos partidos tradicionais, que estreitamente emergiu como o maior partido após uma eleição na qual o comparecimento foi de 62% – a despeito do fato de que, com seu rival PASOK, ela tinha uma pesada responsabilidade pela crise. A cota dos votos da ND cresceu de 19% em maio para 30% em junho. É claro que ao menos alguns dos que votaram na ND tinham em conta o alerta dos parceiros do país na zona do euro, particularmente a Alemanha, de que o partido era o único com uma chance de assegurar um futuro europeu para a Grécia. Os votos na SYRIZA também cresceram por uma margem substancial, de 19% para 27%. A cota de votos da ND foi apenas 2,8% maior do que a da SYRIZA mas, graças às idiossincrasias do sistema eleitoral, ela recebeu 129 cadeiras para as 71 da SYRIZA. A votação no PASOK caiu ainda mais para 12% (33 cadeiras). Gregos Independentes, com uma cota de 8% dos votos, recebeu 20 cadeiras, 2 a mais que a Chrysi Avgi, cuja cota de votos caiu ligeiramente. A Esquerda Democrática, com 6% dos votos, recebeu 17 cadeiras, enquanto o Partido Comunista, com uma cota de 5% dos votos, assegurou 12 cadeiras. O processo de formação de um governo de coalizão, com uma maioria atuante, logo se seguiu.

Dentro de dias, uma coalizão governamental, consistindo na Nova Democracia, no PASOK e na Esquerda Democrática, emergiu com uma clara maioria no Parlamento. O PASOK e a Esquerda Democrática, porém, não aceitaram cadeiras no gabinete por medo do opróbrio que poderiam sofrer se um relaxamento dos termos da *troika* não fosse assegurado. O novo governo rapidamente declarou que seus objetivos incluíam uma extensão de dois anos para o prazo permitido para uma redução subs-

CAPÍTULO 7 – A GRÉCIA NO NOVO MILÊNIO: DA AFLUÊNCIA À AUSTERIDADE | **249**

tancial no déficit fiscal. Angela Merkel, cuja visita à Grécia em outubro encontrou protestos de grande escala, continuou a insistir na adesão às duras condições impostas pela *troika*.

Em novembro, o primeiro-ministro, Antonis Samaras, que, ironicamente, havia se oposto às medidas de austeridade de Giorgos Papandreou, manobrou para assegurar uma maioria parlamentar para ulteriores reduções das despesas somando 13,5 bilhões de euros. Estas incluíam cortes posteriores em pensões e salários do setor público e o aumento da idade para aposentadoria de 65 para 67 anos. Essas medidas adicionais tinham por objetivo assegurar uma consequente liberação de financiamento de resgate da *troika*, que estava disponível, embora a chanceler Merkel experimentasse consideráveis dificuldades em assegurar apoio no Parlamento alemão. Seguindo-se a uma sessão de negociação que foi uma maratona, a *troika* aceitou a meta da Grécia de reduzir a dívida do país para 124% do produto interno bruto em 2020 e fez outras concessões.

A revelação de misteriosos atrasos no exame dos assuntos fiscais de cerca de 2 mil detentores gregos de contas bancárias suíças, cujos detalhes estavam contidos em um *pen drive* tornado disponível pelo governo francês, deu lugar à ira e ao ridículo. Em dezembro de 2012, um projeto de lei foi introduzido no Parlamento designado a reformar o sistema tributário e, em particular, a assegurar que o trabalhador autônomo pagasse uma cota equitativa de imposto. Isso encontrou previsível oposição. Um inquietante movimento do início de 2013 foi a ocorrência do disparo de tiros no escritório da Nova Democracia e da detonação de uma bomba em um *shopping center*.

A despeito da fricção interna dentro da coalizão, Samaras cumpriu a maioria das exigências da *troika*. Os problemas envolvidos no encolhimento do tamanho do inflado setor público, contudo, foram visivelmente demonstrados em junho de 2013, quando o abrupto fechamento do ERT, o serviço público de radiodifusão, com o argumento de que ele era cronicamente dotado de excesso de pessoal, deu origem a uma séria crise política. A Esquerda Democrática retirou-se da coalizão governante, o que resultou, nesse momento, em uma perigosamente pequena maioria do governo de Samaras no Parlamento. Se, no fim, os sacrifícios impostos ao povo grego, austeridade que representava uma séria ameaça à ordem social, seriam suficientes para assegurar a continuidade da participação na zona do euro – como quase todos os partidos políticos, a SYRIZA inclusive, desejavam –, restava ser visto. Mas ficou claro que os parceiros da Grécia na zona do euro, após uma prevaricação anterior, estavam agora determinados para que o país retivesse o euro, enquanto, em março de 2013, o ministro das Finanças do país, Yannis Stournaras, opinara que a Grécia estava amplamente "fora da floresta". Mas ainda havia a possibilidade de que, no fim, as enormes dívidas do país, que se esperava que alcançassem 185% do PIB pelo fim de 2013, se revelassem insustentáveis, e a Grécia teria que voltar ao dracma, um movimento que teria incalculáveis consequências.

O que estava, sem dúvidas, claro, era que levaria um longo tempo antes que a Grécia retornasse à prosperidade dos anos iniciais do novo milênio. Poucos observadores da cena grega no ano 2000 poderiam ter previsto a soturna situação na qual o país se encontraria em menos de uma década. A Grécia, nos 60 anos desde o fim da guerra civil, um conflito descrito por um observador contemporâneo como uma guerra dos pobres contra os muito pobres, havia se transformado de um lugar atrasado, empobrecido e marcado pela guerra, pesadamente dependente do plano Marshall dos Estados Unidos para sua própria sobrevivência, em um dos 28 países mais desenvolvidos no mundo. Em 2005, um ano após o triunfo das Olimpíadas de Atenas, o ministro das Relações Exteriores declarou que a Grécia agora havia se tornado uma "potência humanitária global", em posição de contribuir para o alívio da pobreza e sofrimento em quase 50 países. Mas, dentro de 5 anos, a Grécia se encontrava enfrentando anos de austeridade, incapaz de equipar uma equipe olímpica representativa, sem falar de contribuição para uma cruzada global contra a pobreza.

Até as últimas décadas do século XX, a Grécia havia tradicionalmente sido uma exportadora de força de trabalho, o que levara à emergência de uma diáspora mundial. A partir da década de 1980, contudo, ela se tornou um país de imigração. Alguns membros da diáspora fixaram-se de volta na Grécia, junto com muitos imigrantes de descendência grega da ex-União Soviética. A esses se acrescentaram substanciais comunidades de albaneses (incluindo membros da minoria grega), poloneses, romenos, búlgaros, ucranianos, russos, georgianos e migrantes econômicos do Oriente Médio, sul da Ásia e África, muitos dos quais haviam entrado ilegalmente através da terra porosa do país e fronteiras marítimas com a Turquia. Esses recém-chegados constituíam cerca de 10% da população. Por volta de 2013, todavia, a imigração era mais uma vez a meta de muitos gregos, particularmente da parte dos mais bem educados da juventude do país, que podiam ver pouco futuro na terra de seu nascimento.

Um grande aumento na produtividade foi visto como a resposta às dificuldades do país, mas não foi fácil ver como isso poderia ser alcançado,

CAPÍTULO 7 – A GRÉCIA NO NOVO MILÊNIO: DA AFLUÊNCIA À AUSTERIDADE | 251

pois a Grécia, com uma economia altamente dependente do turismo – a qual somava até 18% do produto interno bruto – e com relativamente pouco para exportar. Exportações de bens manufaturados respondiam por apenas cerca de 10% do produto interno bruto, muito abaixo da média da zona do euro. A Grécia era exportadora de produtos agrícolas e um importante produtor de óleo de oliva de alta qualidade, mas apenas uma pequena parte da produção era exportada diretamente; a maior parte era embarcada no atacado para a Itália e ali era engarrafada como de origem italiana.

Em acréscimo à baixa produtividade, os problemas resultantes do clientelismo, companheirismo, nepotismo e corrupção direta estavam profundamente entrincheirados na sociedade e não seriam prontamente superados. Existem, não obstante, exemplos na história moderna dos países que sofreram desastres horrendos e que foram superados com êxito, e isso constitui um esperançoso precedente. A catástrofe da Ásia Menor e o seguido influxo maciço de centenas de milhares de refugiados destituídos na década de 1920 foram um desses desastres. A devastação causada pela ocupação alemã, italiana e búlgara durante a Segunda Guerra Mundial e a guerra civil em seguida foram outro. Mas a Grécia com o tempo recuperou-se de tais reveses. O caminho para a recuperação da crise econômica, financeira e política que convulsionou o país em 2009, e os anos seguintes de recessão econômica, serão claramente longos, árduos e dolorosos. Mas será um caminho que, com precedentes passados, poderá ser alcançado, talvez por 2021, quando a Grécia celebrar o bicentenário da irrupção da guerra pela independência do Império Otomano, quando no curso de uma década, e após uma luta prolongada contra obstáculos muito superiores, ela emergiu como um Estado independente.

Biografias

Constantino I, rei dos Helenos (1868-1922)

Rei da Grécia 1913-1917: 1920-1922. Filho mais velho do rei George I (q.v.)*
e da rainha Olga. Treinado como soldado em Atenas e na Alemanha. Desposou Sofia, irmã do kaiser Wilhelm II. Durante a guerra greco-turca de
1897 comandou o exército grego na Tessália. Feito bode expiatório pela
derrota. Designado para alto posto no exército em 1900, ele e os outros
príncipes reais foram obrigados a renunciar após o golpe militar de Goudi,
de 1909. Designado comandante em chefe pelo primeiro-ministro Eleftherios Venizelos em 1911, seu comando das forças gregas durante as guerras
balcânicas de 1912-1913 significava que, pela época de sua ascensão ao trono em 1913, com a morte de seu pai George I, ele desfrutava de considerável
popularidade. Com a eclosão da Primeira Guerra Mundial, ele discordou
de Venizelos sobre o alinhamento da Grécia – Venizelos favorecendo a *Entente*, Constantino a neutralidade. Esses desacordos resultaram no "Cisma
Nacional" e no estabelecimento por Venizelos, em 1916, de um governo
provisório rival em Salônica. Constantino foi forçado a deixar a Grécia em
consequência de pressão britânica e francesa em junho de 1917. Ele não
abdicou formalmente e foi substituído por seu segundo filho, Alexander.
Com a morte de Alexander, em outubro de 1920, e a surpreendente derrota de Venizelos nas eleições no mês seguinte, Constantino, depois de um
dúbio plebiscito, retornou ao trono em dezembro de 1920. Em 1922, após
a derrota dos exércitos gregos na Ásia Menor, ele foi deposto em um golpe
liderado pelo coronel Nikolaos Plastiras (q.v.). Ele foi sucedido por seu filho

---

*   Abreviatura da expressão latina *quod vide*, equivalente a "ver biografia". (N.T.)

254 | HISTÓRIA CONCISA DA GRÉCIA

mais velho, George, que governou como George II (q.v.). Três meses mais tarde Constantino morreu no exílio em Palermo.

DELIYANNIS, THEODOROS (1826-1905)

Político proeminente durante o final do século XIX. Órfão, ele teve que lutar para completar seus estudos na Faculdade de Direito da Universidade de Atenas. Primeiro entrou no Parlamento como deputado por Gortynia, na Assembleia Nacional de 1862-1864, que elaborou a Constituição de 1864. Líder da delegação grega ao Congresso de Berlim (1878). Populista e demagogo, e um mestre na arte de *rouspheti*, a prestação recíproca de favores, ele era muito mais sintonizado com o sentimento popular que seu rival, o ocidentalizante Kharilaos Trikoupis (q.v.). Por boa parte dos últimos 20 anos do século XIX, ele alternou no poder com Trikoupis, de quem Deliyannis declarou, com considerável franqueza: "Sou contra tudo o que Trikoupis é a favor". Primeiro-ministro 1885-1886; 1890-1892; 1895-1897; 1902-1903; 1904-1905. Durante a crise do leste da Rumélia de 1885, Deliyannis respondeu ao entusiasmo nacionalista ordenando uma custosa mobilização geral que infligiu sérios danos à economia e provocou um bloqueio das grandes potências em 1886, que por sua vez resultou em sua renúncia. Ele novamente captou o humor popular enviando, em janeiro de 1897, uma força expedicionária a Creta em apoio às demandas dos cretenses pela *enosis*, ou união, da "Grande Ilha" com o reino. Nessa ocasião, as potências não puderam evitar guerra aberta entre a Grécia e o Império Otomano, e a Guerra dos Trinta Dias (abril/maio de 1897) resultou em humilhante derrota para a Grécia e a renúncia de Deliyannis. Ele permaneceu um político popular, e seu partido venceu as eleições em 1902 e 1905. Em 1905, após um período de mais de 40 anos no Parlamento, ele foi assassinado por um jogador enfurecido pelo seu movimento contra antros de jogo.

GEORGE I (1845-1913)

Rei da Grécia 1863-1913. Segundo filho de Cristiano IX da Dinamarca, da casa de Schleswig-Holstein-Sonderburg-Glücksburg. Sucedeu Otto de Wittelsbach. Com a deposição de Otto em 1862, um sucessor tinha que ser encontrado, uma tarefa nada fácil em vista do destino de Otto. O candidato favorecido na Grécia era o príncipe Alfred, o segundo filho da rainha Vitória. Ele recebeu 230.016 votos em 244.202 em um referendo não oficial (o futuro rei George I recebeu meros seis votos). Alfred, contudo, foi descartado, pois era um membro da dinastia reinante de uma das potências protetoras. Após alguma dificuldade, as potências concordaram com a ascensão do rei George como "George I, rei dos Gregos" (Otto havia sido meramente rei da Grécia). Em 1867, ele desposou Olga Konstantinovna, sobrinha do Tzar Alexander II, com quem teve sete filhos. Viajante frequente, ele procurava usar suas extensivas conexões com famílias governantes da Europa para ulteriores objetivos diplomáticos da Grécia. Depois de uma disputa com Kharilaos Trikoupis, que culpava pela contínua instabilidade política a prática de George de formar governos de minoria, George, em 1875, aceitou o princípio do *dedilomeni*. Doravante ele iria confiar a formação de governos apenas a políticos desfrutando do apoio "declarado" de uma maioria de deputados. Isso teve o desejado efeito de introduzir maior estabilidade na vida política. George superou o sentimento antidinástico que veio à superfície na época da derrota da Grécia na guerra de 1897 com a Turquia e respondeu sensivelmente às exigências feitas na época do golpe de Goudi, de 1909, para a remoção dos príncipes reais de suas posições de comando no exército. Em março de 1913, durante uma visita a Salônica, que havia sido recentemente incorporada ao Estado grego, ele foi assassinado por um louco. (Leitura complementar: CHRISTMAS, Walter. *King George of Greece*. Londres, 1914.)

GEORGE II (1890-1947)

Filho mais velho do rei Constantino e da rainha Sofia, George sucedeu ao trono em setembro de 1922, seguindo-se à abdicação de seu pai na esteira do golpe do coronel Plastiras de 1922. Antes de sua partida da Grécia "de licença" em dezembro de 1923, três meses antes da abolição da monarquia e do estabelecimento da primeira República grega (25 de março de 1924), sua posição havia sido anômala e seus poderes restritos. No exílio, ele viveu por um tempo em Bucareste, o lar da princesa Elizabeth da Romênia, a quem ele havia desposado em 1921. O casamento sem filhos logo foi rompido e, de 1931 em diante, após o divórcio, ele se fixou em Londres, onde estabeleceu uma ligação permanente com uma inglesa. Ele retornou à Grécia em novembro de 1935, depois de um plebiscito fraudado (98% pela restauração da monarquia, 2% contra), genuinamente preocupado em fazer o que pudesse para cicatrizar as divisões causadas pelo "Cisma Nacional". Em menos de um ano, contudo, ele havia sancionado o estabelecimento, pelo general Metaxas, de seu ditatorial "Regime do Quatro de Agosto de 1936". Boa parte da impopularidade do regime de Metaxas respingou no rei, que, com a queda do ditador em janeiro de 1941, perdeu a oportunidade de si-

256 | HISTÓRIA CONCISA DA GRÉCIA

nalizar um claro rompimento com as práticas ditatoriais de Metaxas. Com a queda de Creta em 1941, ele partiu para o exílio com seu governo, primeiro em Londres e, a partir de março de 1943, no Cairo. O governo britânico via George como o símbolo de continuidade constitucional e legitimidade, e Winston Churchill sentia um forte senso de obrigação pessoal em relação a ele por conta de sua firme postura durante o inverno de 1940-1941. Dentro da Grécia ocupada, contudo, havia uma grande onda de sentimento republicano, e George foi apenas com dificuldade persuadido a não voltar na libertação em outubro de 1944 e, em dezembro, a designar o arcebispo Damaskinos como regente, dependendo de um plebiscito sobre a questão constitucional. O plebiscito foi realizado em circunstâncias anômalas, em setembro de 1946, e resultou em 68% de votos a favor de sua restauração. Seis meses depois de seu retorno, em abril de 1947, George morreu, sendo sucedido por seu irmão Paul.

GRIGORIOS V (1764-1821)

Patriarca de Constantinopla (1797-1798; 1806-1808; 1818-1821) e "mártir nacional". Nasceu em Dimitsana, no Peloponeso, estudou em Atenas e possivelmente no Monastério de São João, o Divino, em Patmos. Tornou-se metropolitano em Esmirna em 1785 e demonstrou um acentuado interesse em matérias educacionais, traduzindo algumas das obras de São João Crisostomo para o grego moderno. Durante seus três períodos no trono patriarcal, mostrou-se um firme crítico das ideias do Iluminismo. Numa encíclica de 1819, emitida com o Santo Sínodo da Igreja Ortodoxa em Constantinopla, ele indagava que benefícios os jovens gregos extraíam de um conhecimento de ciência e matemática se sua fala era bárbara, se eles eram ignorantes em matérias de religião, se suas morais eram degeneradas. Aliou-se com as autoridades otomanas procurando conter a influência de ideias ocidentais e da Revolução Francesa e pedindo a seus fiéis que fossem obedientes aos poderes otomanos. Deu considerável estímulo à imprensa do Patriarcado ao publicar literatura religiosa designada a proteger a fé ortodoxa de contágio por heresias ocidentais. Uma vez eclodida a guerra pela independência grega em 1821 nos principados do Danúbio, Grigorios e o Santo Sínodo emitiram encíclicas anatematizando Alexandros Ypsilantis e Mikhail Soutsos e seus seguidores. Isso parece ter contribuído para evitar uma matança geral de gregos em Constantinopla, mas não salvou Grigorios de ser enforcado na entrada do Patriarcado, em 10 de abril de 1821. Aos olhos otomanos ele havia fracassado em seu dever de assegurar a lealdade das populações ortodoxas ao sultão, a qual era esperada *quid pro quo* pelo considerável grau de liberdade religiosa desfrutada pela Igreja Ortodoxa. Seu corpo foi recuperado do Chifre Dourado e levado para Odessa, onde foi enterrado em junho de 1821. Em 1921, no centenário de sua execução, ele foi formalmente proclamado santo.

KAPODISTRIAS, CONDE IOANNIS (1776-1831)

Primeiro presidente da Grécia (1828-1831). Nascido em Corfu. Estudou medicina em Pádua. Secretário de Estado da República [Jônia] Septinsular durante o protetorado russo sobre as Ilhas Jônicas entre 1800 e 1807. Subsequentemente ingressou no serviço diplomático russo. Membro da delegação russa no Congresso de Viena. Em 1816, com 39 anos, tornou-se ministro adjunto do Exterior, com o conde Nesselrode, para o tzar Alexander I, encarregado principalmente de assuntos relativos ao Oriente Médio. Em 1817, ele recebeu a primeira de duas abordagens (a segunda foi em 1820) para assumir a liderança da *Philiki Etairia*, a sociedade revolucionária secreta fundada em Odessa, em 1814, para preparar o terreno para a revolta grega. Kapodistrias, acreditando serem os planos dos conspiradores amplamente irrealistas, recusou a oferta, aconselhando seus compatriotas a usar seu tempo na esperança de que alguma espécie de *status* autônomo seria outorgada na esteira de uma guerra russo-turca que ele acreditava ser mais cedo ou mais tarde inevitável. Em 1822, após a eclosão da luta pela independência, ele renunciou ao serviço do Tzar e, de Genebra, fez o que pôde para promover a causa grega. Suas reconhecidas habilidades diplomáticas, aliadas ao fato de que ele havia permanecido à parte da complexa política da luta de libertação, fizeram dele uma escolha óbvia como o primeiro presidente (*kyvernitis*) da Grécia, posto que ele assumiu em janeiro de 1828 em uma época em que nem a existência independente da Grécia era formalmente reconhecida nem suas fronteiras estabelecidas. Sua energia e seu talento diplomáticos foram devotados a assegurar fronteiras as mais favoráveis possíveis e para criar a infraestrutura essencial de um novo Estado em terras que haviam sido devastadas por anos de luta amarga. Embora seus meios paternalistas fossem populares entre o campesinato, os líderes da luta pela independência ficaram ofendidos por sua abolição da Constituição de Troezene e sua substituição da assembleia nacional por um pequeno conselho, o *Panhellenion*, sob seu controle direto. Ele logo despertou a oposição das elites tradicionais na sociedade grega, que esperavam recuperar a influência de que desfrutavam durante o período da pré-independência e houve vários levantes contra seu governo autoritário. Em outubro de 1831, ao entrar na igreja, ele foi assassinado pelo irmão e pelo filho de uma das mais poderosas figuras com quem ele cruzara, Petrobey Mavromikhalis do Mani. (Leitura complementar: WOODHOUSE, C. M. *Capodistria: the founder of Greek independence*. Oxford, 1973.)

KARAMANLIS, KONSTANTINOS (1907-1998)

Como primeiro-ministro (1955-1963; 1974-1980) e presidente (1980-1985; 1990-1995), Karamanlis, com Andreas Papandreou, dominou a política da Grécia no fim do século XX. Nascido em Küpköy, Macedônia, quando ainda era parte do Império Otomano, filho de um mestre-escola tornado mercador de tabaco. Incomumente para um político grego, ele não tinha laços familiares com o mundo político, embora desposasse uma sobrinha de Panayiotis Kanellopoulos, um proeminente político conservador. Entrou primeiro na política como um deputado do Partido do Povo (conservador) em 1935-1936, mas a carreira política foi temporariamente interrompida pela ditadura de Metaxas e a ocupação na época da guerra. Reentrou na política com o Partido do Povo, em eleições em março de 1946. Deteve posto ministerial menor mas logo se impôs no cenário nacional como um publicitário autocrático e consciente, mas eficiente ministro de Obras Públicas no governo da União Grega do marechal Papagos entre 1952 e 1955. Com a morte de Papagos, em 1955, foi escolhido pelo rei Paulo como sucessor azarão. Reconstituiu a União Grega como União Radical Nacional. Seus oito anos como primeiro-ministro, entre 1955 e 1963, foram igualados apenas por Andreas Papandreou (1981-1989). O apoio inicial do palácio a Karamanlis degenerou em hostilidade, particularmente da parte da determinada rainha Frederica. Disputas com o palácio e um sentimento geral de desilusão com a política o levaram a um autoimposto exílio de 11 anos na França, seguindo-se a derrota na eleição de 1963. De Paris ele tornou claro seu desafeto pela ditadura dos coronéis (1967-1974), enquanto permaneceu alheio a tentativas de acelerar a queda do regime. Quando a ditadura esfarelou-se após o desastre de Chipre de julho de 1974, Karamanlis foi convocado a voltar para pôr as coisas em ordem. Presidiu o retorno ao governo civil e a punição dos líderes da junta com muita habilidade e sem derramamento de sangue. Adotou políticas acentuadamente mais liberais do que durante o período de pré-golpe, legalizou os partidos comunistas proscritos desde 1947 e respondeu a um disseminado sentimento antiamericano e anti-OTAN, retirando a Grécia do braço militar da aliança. Ele procurou, em acelerado acesso à Comunidade

Europeia, uma alternativa à tradicional dependência do patrocínio americano. Foi menos bem sucedido em suas tentativas de modernizar a direita, agora rotulada Nova Democracia, e em se opor à sedutora retórica do PASOK de Andreas Papandreou (q.v.). Tendo assegurado o ingresso da Grécia à Comunidade Europeia, ele arquitetou sua eleição à presidência, em cujo posto supervisionou a passagem do poder pela direita para um governo de esquerda pela primeira vez na Grécia. Renunciou à presidência em março de 1985, quase no final de seu mandato de 5 anos, quando ficou claro que, contrário à quase universal expectativa, ele não seria nomeado para um segundo mandato de 5 anos. Reeleito presidente com a idade de 83 anos, para um mandato de 5 anos em maio de 1990. Morreu em 1998 com 91 anos. (Leitura complementar: WOODHOUSE, C. M. *Karamanlis: the restorer of Greek democracy*. Oxford, 1982)

KOLETTIS, IOANNIS (1774-1847)

Influente político durante os primeiros anos do Estado independente. De origem valáquia, nasceu em Syrrakos, nas montanhas Pindos do noroeste da Grécia. Estudou medicina em Pisa. Tornou-se médico pessoal de Moukhtar Pasha, o filho de Ali Pasha, o sátrapa de Ioannina, um albanês muçulmano que controlava grandes áreas de território habitado por gregos nos anos antes de 1821. Iniciado na *Philiki Etairia* em 1819. Desempenhou importante papel nos negócios políticos e militares da guerra de independência. Após manter o cargo durante o período da regência bávara, Kolettis foi removido do cenário político para ser designado embaixador em Paris, onde causou agitação por sua insistência em vestir a *foustanella* ou saiote, uma prática que ele continuou até o fim de sua vida. Na França, ele desenvolveu estreitos laços com o político François-Pierra Guizot e esteve sempre vinculado com os interesses franceses na Grécia. De retorno à Grécia por ocasião do golpe de 3 de setembro de 1843, teve influente papel nas deliberações da assembleia constituinte, encarregado de elaborar a Constituição que havia sido imposta ao rei Otto. Sendo ele mesmo do Epiro, esposou a causa dos *heterochthons*, os gregos de fora das fronteiras que haviam sido alvo dos *autochthons*, os nativos das regiões que abrangiam o primeiro Estado independente. Ao defender suas reivindicações de serem tratados em igualdade com os nativos, ele articulou a clássica definição da *Megali Idea*, a "Grande Ideia". Como primeiro-ministro entre 1844 e 1847, com a conivência do rei Otto, ele escarneceu das provisões liberais da Constituição de 1844 ao estabelecer o que era, com efeito, uma "ditadura parlamentar", exibindo impiedosamente banditismo, concessão de favores, propina e manipulação eleitoral para consolidar sua posse do poder. Sua política antiturca, no entanto, deu-lhe uma forte base popular.

KOLOKOTRONIS, THEODOROS (1770-1843)

Proeminente líder militar durante a guerra de independência. Durante o período de pré-independência um *kleft* (bandido guerreiro), um *armatolos* (cristão irregular a serviço otomano) e um *kapos* (miliciano armado a serviço dos notáveis gregos do Peloponeso). Adquiriu riqueza através do roubo de ovelhas e casando-se com a filha de um rico notável peloponesiano. A grande movimentação otomana contra os *klefts* de 1805-1806 forçou-o a fugir para Zaquintos (Zante) e, como muitos *klefts*, ele frequentemente atravessava do Peloponeso para as Ilhas Jônicas para se abrigar do inverno ou escapar de perseguição otomana. Após a ocupação britânica de Zaquintos, ele obteve experiência militar na Infantaria Ligeira Grega do duque de York, sendo promovido a major em 1810. A Infantaria era comandada por Richard Church, um voluntário filo-heleno que se tornou comandante em chefe das forças gregas em 1827. Sua experiência de guerra irregular e treinamento sob Church deixou-o em boa posição durante a guerra de independência, quando ele emergiu como um dos líderes do partido "militar" ou "democrático", que frequentemente se encontrava em oposição a, e às vezes em conflito com, o partido "civil" ou "aristocrático", liderado pelos primazes do Peloponeso, os notáveis das "Ilhas Náuticas" e os políticos fanariotas. Durante o conflito civil que acompanhou a guerra pela independência, Kolokotronis esteve brevemente preso e em risco de morrer. Partidário do presidente Kapodistrias, ele colidiu com a regência do rei Otto e foi condenado à morte, mas foi libertado e posteriormente recebeu a patente de general. Em sua velhice ditou suas ricamente interessantes memórias a Georgios Tertsetis, declarando que, a seu ver, "a Revolução Francesa e os feitos de Napoleão abriram os olhos do mundo. As nações nada sabiam antes, e o povo pensava que os reis eram deuses sobre a terra, e eles eram obrigados a dizer que o que quer que fosse feito era bem feito". (Leitura complementar: EDMONDS, E. M. (Trans.). *Kolokotrones: the klepht and the warrior: sixty years of peril and daring: an autobiography*. London: T. Fisher Unwin, 1893.)

KORAIS, ADAMANTIOS (1748-1833)

A principal figura na revivescência intelectual da pré-independência. Nascido em Esmirna, filho de um mercador de Chios, Korais obsessivamente se identificava com Chios, embora não seja certo dizer que ele sequer tenha visitado a ilha. Introduzido ao latim e às riquezas da erudição clássica ocidental por Bernhard Keun, um pastor protestante holandês em Esmirna. Entre 1771 e 1778 passou um período infeliz como mercador em Amsterdã, onde a experiência da liberdade abasteceu seu ódio pelos turcos, aos quais ele considerava bestas selvagens. Entre 1782 e 1786, estudou medicina na Universidade de Montpelier, mas seus principais interesses residiam na filologia clássica, e ele logo veio a ser um dos principais acadêmicos clássicos de sua época. De 1788 até 1833, residiu em Paris, vivenciando de primeira mão os turbulentos eventos da Revolução Francesa e as guerras revolucionárias e napoleônicas. Conciliatório, assustou-se com as manifestações da multidão e veio a considerar Napoleão como o "déspota dos déspotas". Um seco e hipocondríaco solteirão, suas preocupações em Paris consistiam em estudar os clássicos, em elevar o nível educacional de seus compatriotas e em instilar neles uma consciência de um passado glorioso que era universalmente admirado na Europa civilizada. Para esse fim ele concebeu a ideia de publicar uma "Biblioteca Helênica", com as edições dos antigos autores gregos, voltadas especificamente para uma audiência grega e prefaciadas com introduções aperfeiçoadas. Vigoroso participante nos debates da *intelligentsia* nascente quanto à forma da linguagem apropriada para uma Grécia regenerada, Korais defendia um curso médio, adotando a língua falada (ou "demótica") como a norma, mas "purificando-a" de palavras e construções estrangeiras. Adverso ao passado bizantino da Grécia medieval, Korais era um ferrenho crítico da ignorância do clero e de sua subserviência aos poderes otomanos, embora ele fosse cuidadoso em rumar entre a "Cila da superstição e a Caríbides da descrença". Ele considerava a deflagração da guerra de independência como prematura por uma geração, acreditando que os gregos ainda não haviam alcançado o nível educacional requerido. Não obstante, ele redobrava seus esforços para publicar textos edificantes voltados a assegurar que seus compatriotas não substituiriam meramente os senhores otomanos por tiranos nativos. Na mesma veia, ele era altamente crítico de Ioannis Kapodistrias (q.v.), o primeiro presidente da Grécia, a quem ele via como um tirano e para cuja derrubada ele insistentemente clamava. (Leitura complementar: Autobiografia de Adamantios Korais em CLOGG, Richard (Ed.) (Trans.). *The movement for Greek independence 1770-1821*: a collection of documents. London: Macmillan, 1976. p. 119-131.)

MAKARIOS III (1913-1977)

Arcebispo do Chipre 1950-1977: presidente do Chipre 1960-1977. Nascido Mikhail Mouskos em Panaghia, Paphos em 1913, Makarios tornou-se um monge noviço no monastério de Kykkos. Seguindo estudos teológicos nas universidades de Atenas e Boston, ele foi eleito metropolitano de Kitium em 1948. Nesse cargo ele organizou, em 1950, um plebiscito entre cipriotas gregos cujo resultado foi uma votação avassaladora a favor da *enosis*, ou união do Chipre com a Grécia. Logo após, ele foi eleito arcebispo do Chipre, um cargo que, na tradição otomana, combinava liderança espiritual e civil dos cipriotas gregos, que totalizavam cerca de 80% da população da ilha. Ele foi um defensor comprometido da causa da *enosis*, pressionando o algo relutante governo grego a levantar a questão do Chipre nas Nações Unidas. Quando o recurso às Nações Unidas falhou em produzir resultados, Makarios autorizou o general Georgios Grivas, líder do movimento clandestino EOKA, a lançar a luta armada contra o domínio britânico, em abril de 1955. Em março de 1956, as autoridades britânicas na ilha o exilaram para as Seichelles. Ao ser libertado, em abril de 1957, ele mudou-se para Atenas, de onde continuou a dirigir a luta pela *enosis*. Após ter rejeitado várias propostas constitucionais que ficavam aquém da autodeterminação, Makarios sugeriu, em uma entrevista a um jornal, em 1958, que ele poderia estar preparado para aceitar um *status* soberano independente para a ilha e não insistiria na *enosis*. Essa significativa mudança de atitude preparou o caminho para os acordos de Zurique e Londres de 1959, pelos quais o governo britânico, após o acordo com a Grécia e a Turquia mas sem sérias consultas às comunidades grega e turca na própria ilha, concedia formalmente independência ao Chipre em 1960, mesmo retendo duas bases aéreas soberanas em perpetuidade. Quando, em novembro de 1963, Makarios exigiu emendas à essencialmente inoperante constituição com a qual o novo Estado havia sido sobrecarregado, eclodiu uma luta entre as duas comunidades, uma invasão turca foi estreitamente evitada e uma força pacificadora das Nações Unidas preservou uma paz inquieta em uma atmosfera crescentemente polarizada. Durante os 17 anos de sua presidência, Makarios mobilizou suas consideráveis habilidades diplomáticas em seguir um curso entre a *enosis*, ainda a meta daqueles agrupados na EOKA-B sob a liderança do general Grivas, e a partição da ilha entre Grécia e Turquia. Durante esses anos, o senso de identidade cipriota distinta veio a existir. Makarios não fazia segredo de seu desgosto pela ditadura militar que tomara o poder na Grécia em 1967, e o regime de Atenas esteve por trás de várias tentativas de derrubá-lo. Estas culminaram em sua deposição em julho de 1974 e breve substituição como presidente por Nikos Sampson, um proeminente membro da EOKA muito temido na comunidade turca. O golpe desencadeou a ocupação turca de quase 40% da ilha. Makarios sobreviveu ao golpe e voltou a Chipre como presidente em dezembro de 1974. Mas nenhuma solução para os problemas da ilha dividida estava à vista pela época de sua morte em 1977. (Leitura complementar: MAYES, Stanley. *Makarios: a biography*. Londres: Macmillan, 1981.)

METAXAS, IOANNIS (1871-1941)

Ditador da Grécia 1936-1941. Estudou na Academia Militar Prussiana em Berlim. Admirador, durante toda a vida, da ordem e seriedade germânicas, que ele contrastava com o que via como o individualismo mal disciplinado de seus compatriotas. Renunciou em 1915 como comandante ativo do estafe geral, em protesto contra os planos do primeiro-ministro de venizelos (q.v.). Renunciou do Exército em 1920. Firme crítico com fundamentos militares do emaranhamento anatólio da Grécia. Político menor da extrema direita durante o período de entreguerras. O rei George II designou Metaxas ministro da Guerra em março de 1936, no governo "interino" de Konstantinos Demertzis, e, quando da morte súbita deste, primeiro-ministro. Explorou a inabilidade dos dois principais blocos parlamentares, venizelistas e antivenizelistas, para compor diferenças e formar um governo para estabelecer, com o apoio do rei George, uma ditadura em 4 de agosto de 1936. Revogou artigos-chave na Constituição com a espúria base de que o país estava ameaçado por tomada comunista. Poderes ditatoriais o capacitaram a esmagar o "mundo político" que ele tanto detestava, reservando particular animosidade aos comunistas. Seu regime quase fascista adotou muitos dos adornos dos sistemas fascistas contemporâneos, mas se parecia mais, em seu paternalismo autoritário, com as ditaduras "reais" estabelecidas em outros lugares dos Bálcãs na década de 1930. Ele expôs a noção de "Terceira Civilização Helênica", uma tentativa de fundir os valores dos antigos pagãos com aqueles dos gregos cristãos medievais. Depositou grande importância em sua Organização Nacional da Juventude (EON) como suposta portadora-padrão de seus ideais após sua morte. A despeito de imitações de modelos fascistas, ele manteve-se firme à tradicional orientação da Grécia pela Grã-Bretanha em assuntos de política externa. Com a deflagração da Segunda Guerra Mundial em setembro de 1939, optou por uma neutralidade benevolentemente voltada para a Grã-Bretanha. Quando defrontado com um humilhante ultimato italiano em 28 de outubro de 1940, captou o estado de espírito popular rejeitando-o com coragem e dignidade. Sua preocupação com as defesas do país refletiu na bem-sucedida resistência grega à invasão italiana e contra-ataque através da fronteira na Albânia ocupada pelos italianos. Morreu em janeiro de 1941, dois meses após a invasão alemã da Grécia. (Leitura complementar: VATIKIOTIS, P. J. *Popular autocracy in Greece 1936-1941*: a political biography of general Ioannis Metaxas. Londres: Macmillan, 1998.)

OTTO DE WITTELSBACH (1815-1867)

Rei da Grécia 1832-1862. Nascido em Salzburgo em 1815, segundo filho do rei Ludwig I da Bavária. Com a idade de 17 anos, foi escolhido como rei pelas potências protetoras (Grã-Bretanha, França e Rússia). Ele chegou à Grécia a bordo de uma fragata britânica, em janeiro de 1833, acompanhado por cerca de 4 mil soldados bávaros. Como ele era menor, o novo reino foi governado entre 1833 e 1835 por um concílio regente constituído de bávaros. Entre 1835 e 1843, ele governou como monarca absoluto. Depois de um golpe sem derramamento de sangue em 3 de setembro de 1843, foi forçado a conceder uma Constituição. As provisões liberais da Constituição de 1844 foram, contudo, subvertidas por Ioannis Kolettis (q.v.), que, com o rei, governou através de uma forma de ditadura parlamentar. A adoção entusiasta de Otto da "Grande Ideia" lhe deu considerável popularidade. Esta foi realçada pela interferência das grandes potências nos negócios da Grécia, bem como com o incidente de Don Pacífico de 1850 e a ocupação anglo-francesa do Pireu entre 1854 e 1857. Sua inabilidade em acomodar as aspirações de uma geração emergente de políticos e a contínua manipulação do sistema político; sua não conversão à ortodoxia e produção de um herdeiro ao trono; e sua adoção da causa impopular da Áustria contra Garibaldi e os nacionalistas italianos em 1859-1860, tudo isso contribuiu para o crescimento de sentimento antidinástico. A inquietação estudantil foi seguida, em setembro de 1861, por um fracassado atentado contra a vida da rainha Amalia de Oldenburg, a quem ele desposara em 1836. Levantes disseminados em 1862 levaram à sua deposição, com o rei deixando seu país de adoção como havia chegado, em uma belonave britânica. No exílio em Bamberg, ele manifestava sua devoção à Grécia vestindo a tradicional *foustanela* ou kilt. (Leitura complementar: BOWER, Leonard; BOLITHO, Gordon. *Otho I, king of Greece*: a biography. Londres: Macmillan, 1939.)

BIOGRAFIAS | 265

PAPADIAMANTIS, ALEXANDROS (1851-1911)

Escritor de contos. Nascido em Skiathos, filho de um padre pobre, Papadiamantis estudou brevemente na Universidade de Atenas. Em seguida, passou a viver de maneira modesta como tradutor e prolífico escritor de romances e contos (nenhum de seus escritos apareceu em forma de livro durante sua vida). Abandonando sua intenção juvenil de se tornar um monge, tornou-se um *kosmokalogeros*, um "monge do mundo". Sem se casar, levou uma vida ascética, dominada pelo ciclo religioso da Igreja Ortodoxa, de cujas tradições seus escritos são imbuídos de nostalgia. Seu conservadorismo religioso era acompanhado por conservadorismo linguístico, pois ele escrevia na purificada *katharevousa*, rejeitando a forma demótica ou falada da língua, que crescentemente se tornava a moda literária no fim do século XIX. Seus contos e romances centram-se em temas históricos e etnográficos. Sua obra mais conhecida, *I phonissa* (A assassina), foi publicada em 1903. (Leitura complementar: PAPADIAMANTIS, Alexandros. *The murderess*. Trad. Peter Levi. Londres, 1983; e *Tales from a Greek island*. Trad. Elizabeth Constantinides. Baltimore, 1987.)

PAPAGOS, ALEXANDROS (1883-1955)

Soldado e político. Seguindo estudos militares na Bélgica serviu nas guerras balcânicas de 1912-1913. Expurgado e exilado em 1917 como antivenizelista. Recolocado em 1920 em seguida a restauração do rei Constantino. Serviu no *front* da Ásia Menor e foi expurgado novamente em 1923. Retornou ao exército em 1926. Um dos três oficiais de alta patente que forçaram a renúncia do primeiro-ministro Panayis Tsaldaris em outubro de 1935. Tornou-se ministro da Guerra e subsequentemente nomeado chefe do quadro geral durante a ditadura do general Ioannis Metaxas (q.v.). Comandante em chefe do exército durante as invasões italiana e alemã de 1940-1941. Entre 1943 e 1945 em campos alemães de prisioneiros. Em janeiro de 1949, durante os últimos estágios da guerra civil, mais uma vez designado comandante em chefe com amplos poderes. Seguindo-se a derrota do Exército Democrático comunista no verão de 1949, promovido à patente de marechal, o único oficial grego a ter portado essa patente. Seguindo-se à sua aposentadoria do exército em circunstâncias controversas em maio de 1951, em agosto do mesmo ano fundou seu próprio partido político, a União Grega, modelado no *Rassemblement du peuple français* do general de Gaulle. Este atraiu o apoio da maioria do Partido do Povo de direita. Os 49% do voto popular da União nas eleições de 1952, reali-

266 | HISTÓRIA CONCISA DA GRÉCIA

zadas como resultado de pressão americana sob o sistema de maioria, lhe deram controle de 247 em 300 cadeiras no Parlamento. Durante o mandato de primeiro-ministro de Papagos (1952-1955), uma atrasado início foi efetuado sobre o processo de reconstrução do pós-guerra.

PAPANDREOU, ANDREAS (1919-1996)

Político que, com Konstantinos Karamanlis (q.v.), dominou o cenário político no fim do século XX. Primeiro-ministro 1981-1989; 1993-1996. Nasceu em Chios em 1919, filho, por seu primeiro casamento, de Georgios Papandreou, político (q.v.). Deixou a Grécia e foi para os Estados Unidos em 1938, após ter sido preso por alegada atividade trotskista enquanto estudante. Tornou-se cidadão americano e seguiu uma distinguida carreira como economista acadêmico, na Universidade de Berkeley, na Califórnia. Retornou à Grécia, a pedido do primeiro-ministro Konstantinos Karamanlis, em 1961, para liderar o Centro de Pesquisa e Planejamento Econômico. Ingressou no Parlamento pela primeira vez em 1964 como deputado por Achaia, local de nascimento de seu pai, e se tornou ministro no governo da União de Centro de seu pai. Preso em 1967 sob a ditadura dos coronéis, deixou o país após intensa pressão dos Estados Unidos. No exílio, fundou o Movimento Pan-Helênico de Libertação (PAK), adotando posições bem mais radicais que havia mantido na Grécia, conclamando para levante contra a ditadura e era acidamente crítico das políticas dos Estados Unidos, da OTAN e da Comunidade Europeia em relação à junta. Retornou à Grécia com a queda da ditadura em 1974 e fundou o Movimento Socialista Pan-Helênico (PASOK), conclamando para um fim à dependência dos Estados Unidos e reforma interna radical. A despeito de promessas de estruturas democráticas para o PASOK, sua autoridade sobre o partido, seguindo a tradição política grega, era absoluta, e dissidentes recebiam pouca atenção. A "curta marcha ao poder" culminou na eleição do primeiro governo "socialista" (mais precisamente populista) na história do país em 1981, após virtualmente dobrar a cota de votos em sucessivas eleições (14% em 1974; 25% em 1977; 48% em 1981). Mudanças no governo estavam mais no estilo do que em substância e, a despeito das duras críticas iniciais, as bases norte-americanas permaneceram e a Grécia continuou a ser um membro da OTAN e da Comunidade Europeia. Ganhou um segundo mandato em 1985, com 46% do voto popular. Segundo mandato obscurecido por crescentes problemas econômicos e, mais tarde, por uma série de importantes escândalos atingindo seu governo no mais alto escalão, bem como um amplamente divulgado caso com uma aeromoça. A despeito desse mar de problemas, ele ainda manobrou para alcançar uma cota muito respeitável de 39% do voto popular na primeira eleição de 1989, aumentando para notáveis 41% na segunda. Na terceira eleição no ciclo, em abril de 1990, sua cota de votos caiu para 39%, capacitando o partido de oposição Nova Democracia a assegurar a mais estreita das maiorias no Parlamento. Após sua queda do poder, um comitê parlamentar resolveu que ele deveria ser julgado sob alegação de corrupção e escuta telefônica. Ele foi subsequentemente inocentado. Reeleito primeiro-ministro em 1993, ele renunciou devido a problemas de saúde no início de 1996 e morreu poucos meses mais tarde. (Leitura complementar: PAPANDREOU, Andreas. *Democracy at gunpoint*: the Greek front. Londres, 1971; SPOURDALAKIS, Michalis. *The rise of the Greek socialist party*. Londres, 1988)

Papandreou, Georgios (1888-1968)

Primeiro-ministro 1944-1945 e 1963-1965. Nascido em Kaletzi, Achaia, Papandreou estudou na Faculdade de Direito da Universidade de Atenas com pós-graduação na Alemanha. Protegé do político liberal Eleftherios Venizelos (q.v.), entre 1917 e 1920 serviu como governador das recém-adquiridas ilhas do Egeu. Ingressou no Parlamento em 1923 como deputado por Mytilini. Como ministro da Educação de Venizelos entre 1930 e 1932, iniciou um grande programa de construção de escolas. Desencantado com os métodos extraparlamentares empregados por alguns dos partidários de Venizelos na década de 1930, ele fundou o pequeno Partido Socialista Democrático. Exilado sob a ditadura de Metaxas, ele foi brevemente preso durante a ocupação do Eixo. Escapando para o Oriente Médio em 1944, tornou-se primeiro-ministro do governo de unidade nacional que retornou com a libertação do país em outubro de 1944. Ferrenho anticomunista, seu governo foi alvo da insurgência comunista de dezembro de 1944. Embora a intervenção britânica assegurasse a sobrevivência do governo, o próprio Papandreou foi substituído como primeiro-ministro pelo general Nikolaos Plastiras (q.v.). Em 1950 fundou o Partido Georgios Papandreou e serviu nos governos de centro de pouca duração de 1950-1951. Disputou a eleição de 1952 na chapa do marechal Papagos, tornando-se, depois, independente. Após um período no fim da década de 1950 como líder adjunto do Partido Liberal, Papandreou arquitetou o reagrupamento das forças de centro na União de Centro em 1961. Contestando a legitimidade da vitória da direita nas eleições do mesmo ano, Papandreou lançou a "luta inflexível" para derrubar os resultados. Mestre da retórica política e mais à vontade na oposição do que no governo, Papandreou contribuiu poderosamente para solapar a auto-confiança da direita. Sua persistência foi recompensada por uma estreita vitória sobre a União Radical Nacional, de Konstantinos Karamanlis, em novembro de 1963. Isso se seguiu por uma convincente vitória em fevereiro de 1964, quando Papandreou assegurou uma cota sem precedentes (para o período de pós-guerra) de 53% do voto popular. Seu governo da União de Centro realizou algumas importantes reformas, notavelmente no campo da educação, no qual Papandreou sempre tivera um interesse particular. Mas suas realizações foram obscurecidas por turbulências no Chipre, e o governo foi derrubado em julho de 1965, após um amargo choque entre Papandreou e o jovem rei Constantino II sobre o controle do ministério da Defesa. Durante o período seguinte de instabilidade política, Papandreou repetidamente exigiu novas eleições. Estas foram finalmente marcadas para maio de 1967 e esperava-se amplamente que Papandreou as vencesse. O golpe militar de 21 de abril de 1967, contudo, adveio, e Papandreou passou boa parte do período até sua morte em novembro de 1968 sob prisão domiciliar. Seu funeral, acompanhado por um quinto da população de Atenas, foi a primeira manifestação de resistência popular à ditadura.

PAPANIKOLAOU, GEORGIOS (1883-1962)
Pesquisador médico e descobridor do Teste de Papanicolaou para câncer cervical. Nasceu em Kymi, Euboea, em 1883. Seus estudos médicos em Atenas foram seguidos por estudos de pós-graduação na Alemanha. De lá ele foi para os Estados Unidos, onde seguiu uma distinguida carreira por quase 50 anos na Cornell University. Na década de 1920, ele desenvolveu o teste que leva o seu nome, teste que salvou a vida de muitas centenas de milhares de mulheres pelo mundo. Ele resistiu a tentativas de Eleftherios Venizelos (q.v.) para trazê-lo de volta à Grécia e tornou-se cidadão americano em 1928. Autor de numerosas publicações científicas, foi indicado ao Prêmio Nobel de Medicina, embora não o tenha recebido. Ele se tornou o primeiro membro honorário da Academia de Atenas em 1932. (Leitura complementar: CARMICHAEL, D. E. *The Pap smear*: the life of G. N. Papanicolaou. Springfield, Ill, 1973)

PLASTIRAS, NIKOLAOS (1883-1953)
Soldado e político. Envolvido no golpe militar de Goudi de 1909. Depois de uma destacada participação nas guerras balcânicas, que lhe valeu o apeli-

do de "Cavaleiro Negro", em 1916 ele alistou-se na pró-venizelista "Defesa Nacional". Lutou na frente macedônica e participou da expedição grega à Ucrânia contra os bolcheviques. Ulteriormente, acrescentou à sua já formidável reputação militar ação durante a campanha da Ásia Menor. A força por trás do golpe militar que derrubou o governo e o rei Constantino I no caos da derrota em 1922. Desempenhou papel crítico na derrota da tentativa de contragolpe realista em 1923. Organizou tentativa de golpe de março de 1933 em reação à derrota de seu herói Venizelos (q.v.) nas urnas. Obrigado a fugir para o estrangeiro, onde adotou uma postura de não compromisso em relação à ditadura de Metaxas (q.v.) de 1936-1941. Durante a ocupação foi líder nominal do movimento de resistência não comunista EDES (Liga Grega Republicana Nacional), mas permaneceu na França. Como resultado de pressão britânica tornou-se brevemente primeiro-ministro no início de 1945 na imediata esteira da supressão da insurgência comunista de dezembro de 1944. Ele era visto como mais aceitável à esquerda que seu predecessor, Georgios Papandreou (q.v.), mas foi forçado fora do cargo seguindo-se a publicação de uma carta derrotista que ele escrevera no início da guerra. Retornando à vida política após o fim da guerra civil como líder da União de Centro Progressista Nacional, que defendia uma medida de leniência para com os comunistas derrotados. Em 1950-1952, liderou governos de coalizão centrista, mas não foi reeleito para o Parlamento em novembro de 1952 e morreu logo em seguida.

THEOTOKAS, GEORGIOS (1905-1966)

Romancista, ensaísta e crítico. Importante membro da Geração dos Trinta. Nascido de uma família de origem chiota e criado em Constantinopla, ele deixou a cidade em 1922, na esteira do desastre da Ásia Menor. Ele retornou apenas uma vez em 1962, poucos anos antes de sua morte. Nostalgia pela presença grega na capital otomana permeia seu romance mais conhecido, *Argos*, uma crônica da turbulenta experiência do povo grego no período de entreguerras; *Leonis*, um romance sobre crescer como um grego em Constantinopla; e *Euripedes Pendozalis e outras histórias*. Estudou em Atenas, Paris e Londres e adquiriu um amplo conhecimento da cultura europeia. Intelectual progressista, rejeitava os extremos da vida política na Grécia, cuja turbulenta história no século XX forma o pano de fundo de boa parte de seus escritos. Dramaturgo além de romancista, foi por um tempo diretor do Teatro Nacional. (Leitura complementar: THEOTOKAS,

270 | HISTÓRIA CONCISA DA GRÉCIA

Georgios. *Argos*. Tradução inglesa. Londres, 1951; *Leonis*. Minneapolis, 1985; e, DOULIS, Thomas. *George Theotokas*. Boston, 1975)

TRIKOUPIS, KHARILAOS (1832-1896)

Sete vezes primeiro-ministro (1875; 1878; 1880; 1882-1885; 1886-1890; 1892-1893; 1893-1895) e o primeiro político modernizador no século XIX. Nascido Nafplion, filho de Spyridon Trikoupis, o historiador da guerra de independência e ministro grego em Londres. Trikoupis serviu na embaixada de seu pai e seu caráter fleumático era às vezes atribuído a seus 14 anos na Inglaterra. Representou a substancial comunidade grega de Londres na convenção constitucional que deu origem à Constituição de 1864. Ingressou formalmente na política como deputado por Mesolonghi e logo tornou-se ministro do Exterior na terceira administração de Alexandros Koumoundouros. Nesse posto ele foi responsável pela negociação do tratado de 1867 de aliança com o príncipe Michael da Sérvia, que foi o primeiro tratado grego com um de seus vizinhos balcânicos e que assinalou o primeiro estágio em uma longa história de cooperação greco--sérvia/iugoslava. Mas as principais realizações de Trikoupis se dariam na esfera doméstica. Num famoso artigo anônimo intitulado "Quem é culpado?", publicado no jornal *Kairoi* em julho de 1874, Trikoupis articulou as frustrações dos políticos mais jovens e depositou a culpa das recorrentes crises políticas diretamente nos ombros do rei George I (q.v.) por dar poder a governos de minoria. No tumulto que se seguiu ele foi brevemente preso. Mas o rei aceitou sua demanda de que o poder deveria ser confiado apenas àqueles com o apoio "declarado" de uma maioria no Parlamento. Não foi até 1882, contudo, que o próprio Trikoupis assegurou uma clara maioria no Parlamento e foi capaz de embarcar em seu programa modernizador. Sua política econômica realçava a solvibilidade da Grécia nos mercados internacionais de capital; ele procurava capital de investimento de fontes estrangeiras e da diáspora; a construção de ferrovias desenvolveu-se; o ambicioso esquema para drenar o Lago Copais para propósitos agrícolas foi iniciado, e o Canal de Corinto foi aberto em 1893. Para diminuir o impacto do empreguismo, ele reduziu o número de constituências e procurou diminuir a dependência da grande burocracia estatal no patrocínio político. Ele também procurou modernizar as forças armadas do país e conter o banditismo que grassava no país. Muitas de suas políticas foram solapadas, contudo, por seu arquirrival, o populista Theodoros Deliyannis (q.v.), com quem ele alternou no poder entre 1882 e 1895. Em 1893, Trikoupis foi forçado a suspender o pagamento das dívidas externas e as medidas de austeridade que se seguiram asseguraram sua derrota em 1895. Os esforços de modernização de Trikoupis tiveram apenas sucesso limitado e ele morreu no ano seguinte ao autoimposto exílio em Cannes.

VELESTINLIS (PHERAIOS) RIGAS (1757-1798)

Protomártir da independência grega. Nasceu em Velestino, Tessália, Valáquio helenizado, ele foi forçado, em circunstâncias obscuras, a emigrar. Segundo a crença popular foi porque ele havia matado um turco. Depois de atuar como secretário para Alexandros Ypsilantis, principal intérprete (*dragoman*) para o Porte (governo) Otomano em Constantinopla, ele entrou a serviço do fanariote hospodar (príncipe) da Valáquia. Tem sido sugerido que durante uma visita (sua segunda) a Viena, em 1796, ele fundou uma sociedade revolucionária secreta. Isso é incerto, mas desse período data sua proclamação revolucionária; sua *Declaração dos Direitos do Homem*; seu *Thourios* (hino de guerra); e, mais importante, sua *Nova Constituição Política dos Habitantes de Rumeli* [Turquia Europeia], Ásia Menor, o Arquipélago, Moldova e Valáquia. Esse documento, que foi claramente influenciado pelas constituições revolucionárias francesas de 1793 e 1795, era seu esquema para o Estado que ele desejava que sucedesse ao Império Otomano. Essencialmente o que ele visava era um tipo de Império Bizantino restaurado, com instituições republicanas (sobre o modelo francês), em vez de monárquicas. Embora Rigas pregasse a igualdade, sem distinção de religião e língua de todos os povos do Império, os turcos inclusive, ele é claro ao afirmar que os gregos desfrutariam de uma posição privilegiada no novo Estado, do qual a língua oficial seria o grego. Rigas teve 3 mil cópias de seu panfleto revolucionário secretamente impressas em Viena e embarcadas para Trieste, de onde ele pretendia viajar para os Bálcãs pregando o evangelho da revolução, vendo na ocupação francesa das Ilhas Jônicas em 1797, conduzida com todos os adornos de "libertação" revolucionária, um presságio dos mais amplos interesses franceses na emancipação dos povos súditos do Império Otomano. Logo após sua chegada em Trieste, em dezembro de 1797, contudo, foi traído por um compatriota grego, que o entregou às autoridades austríacas, que, por sua vez, o entregaram, junto com Rigas e seus patriotas conspiradores que eram cidadãos otomanos, para os turcos na fortaleza de Belgrado. Ali ele foi estrangulado antes de ser atirado no rio Sava em junho de 1798. Embora seus esforços para revolucionar os Bálcãs tivessem pouco sucesso prático, o martírio de Rigas provou-se um potente símbolo para futuras gerações de nacionalistas gregos. (Leitura complementar: WOODHOUSE, C. M. *Rhigas Velestinlis*: the proto-martyr of the Greek revolution. Limni, 1995)

Veloukhiotis, Ares
(pseudônimo de Klaras, Thanasis) (1905-1945)

Kapetanios (líder político-militar) do ELAS, a resistência armada controlada pelos comunistas na Grécia ocupada durante a Segunda Guerra Mundial. Nascido Thanasis Klaras, em Lamia em 1905, ele se qualificou como agricultor. Ingressou no partido comunista (KKE) com 19 anos. Preso sob a ditadura de Metaxas ele assinou, para assegurar sua soltura, uma declaração pela qual renunciava publicamente a seus ideais comunistas. Portanto, ele e todos aqueles de seus camaradas que haviam assinado declarações semelhantes eram vistos com suspeita pela liderança do partido. Após lutar na frente albanesa durante o inverno de 1940-1941, formou, no início de 1942, o primeiro grupo de guerrilha organizado pelo ELAS, o braço militar da Frente de Libertação Nacional (EAM). Tomou como seu "nome de guerra" o nome de Ares (o Deus da Guerra) Veloukhiotis (do Monte Veloukhi). Liderou o grupo do ELAS, que, com um contingente do EDAS de Napoleon Zervas (q.v.) e um grupo de sabotadores britânicos, destruíram o viaduto ferroviário Gorgopotamos na noite de 25/26 de novembro de 1942, em um dos mais espetaculares atos de resistência na Europa ocupada. Subsequentemente tornou-se *kapetanios* do ELAS, com Georgios Siantos, o secretário-geral ativo da KKE como comissário político e o general Stephanos Sarafis como comandante militar. Com uma temível reputação como linha-dura e estrito disciplinador (seus oponentes o denunciavam como um sádico), Ares foi a figura mais carismática na resistência. Na primavera de 1944 foi enviado ao Peloponeso onde os batalhões de segurança anticomunistas, armados pelos alemães e sob o controle do governo grego quisling, eram particularmente fortes. Com a libertação se aproximando no outono de 1944, Veloukhiotis engajou-se em sangrentas represálias contra essas forças colaboracionistas. Crescentemente fora de sintonia com a liderança do KKE, Veloukhiotis via o acordo de Varkiza de fevereiro de 1945, que trouxe um fim à insurgência comunista de dezembro de 1944, como uma capitulação desnecessária aos britânicos. Crítico dos conselhos divididos na liderança do KKE, acreditava que confronto e luta armada eram inevitáveis se os comunistas queriam alcançar o poder. Numa época em que a política do partido defendia competição pelo poder através de meios constitucionais, Veloukhiotis e um pequeno grupo de partidários tomaram as colinas para continuar a luta. Encurralado pela Guarda Nacional, ele parece ter cometido suicídio em 18 de junho de 1945 perto da aldeia de Mesounda. Sua cabeça decapitada e as de alguns de seus seguidores foram expostas em Larisa. No dia anterior à sua morte, o politburo do KKE o havia acusado publicamente de trair o partido pela segunda vez.

VENIZELOS, ELEFTHERIOS (1864-1936)

O mais importante estadista da primeira metade do século XX. Primeiro-ministro por um total de 12 anos. Nascido em Creta, como tantos políticos gregos ele se formou advogado. Primeiro atraiu atenção na política de sua ilha nativa quando ela ainda fazia parte do Império Otomano. Foi particularmente ativo durante a revolta cretense de 1897 em favor da *enosis*, ou união, da ilha com o reino. Quando Creta se tornou autônoma em consequência da guerra greco-turca de 1897, ajudou a elaborar a Constituição e tornou-se membro da assembleia da ilha. Ativo na promoção da causa unionista, foi prejudicado pelo alto comissário, príncipe George. Após o golpe militar de Goudi de 1909, foi escolhido pela Liga Militar como primeiro-ministro, assumindo o cargo em outubro de 1910. Durante os dois anos seguintes, presidiu tendo por base um vigoroso programa de reforma constitucional, militar e social. Levou a Grécia à aliança com os vizinhos balcânicos Sérvia, Bulgária e Montenegro. Em consequência de êxitos nas guerras balcânicas, a Grécia expandiu amplamente seu tamanho. Ao ser deflagrada a Primeira Guerra Mundial, seu entusiástico apoio à causa da *Entente* (Grã-Bretanha, França e Rússia) o pôs em conflito com o rei Constantino I (q.v.), que favorecia a neutralidade. Desavenças sobre política externa por duas vezes resultaram em sua renúncia forçada em 1915. Em 1916, o "Cisma Nacional" tornou-se irreversível com o estabelecimento por Venizelos em Salônica, em setembro, de um governo provisório rival. Em 1917, em consequência de pressão da Grã-Bretanha e França, o rei Constantino deixou a Grécia, e Venizelos tornou-se primeiro-ministro de uma unificada, mas não unida, Grécia. Levou a Grécia à guerra ao lado da *Entente* e a representou na Conferência de Paz de Paris. Assegurou consentimento aliado à ocupação, em maio de 1919, de Esmirna e seu interior, uma ocupação ratificada no Tratado de Sèvres de agosto de 1920. Arquiteto de uma "Grécia dos Dois Continentes e Cinco Mares", de pouca duração, sofreu uma humilhante derrota nas eleições de novembro de 1920, após as quais seguiu em auto-imposto exílio. Após a derrota de 1922 na Ásia

274 | HISTÓRIA CONCISA DA GRÉCIA

Menor, atuou como representante de seu país na conferência de Lausanne, onde procurou salvar o que pudesse do naufrágio da "Grande Ideia". Voltou à política em 1928, mas em 1933, seu governo foi atingido pela crise econômica internacional e ele caiu do poder. Um abortado golpe pró-Venizelos em março de 1933 foi seguido por um atentado, um dos vários, à sua vida. Seu envolvimento em uma ulterior tentativa de golpe, em março de 1935, resultou em sua fuga para a França, onde morreu no ano seguinte, 1936. Pouco antes de sua morte ele apelara a seus partidários que cooperassem com o rei George II (q.v.), que havia recentemente voltado à Grécia. (Leitura complementar: ALASTOS, Doros. *Venizelos*: patriot, statesman, revolutionary. Londres, 1942)

ZAKHARIADIS, NIKOS (1903-1973)

Secretário-geral do Partido Comunista da Grécia (KKE) 1935-1956 (na prisão 1935-1945). Nascido em Adrianópolis em 1903, filho de um empregado do monopólio otomano de tabaco. Trabalhou como marinheiro no Mar Negro, onde caiu sob a influência da revolução bolchevique. Estudou na Universidade Comunista dos Povos do Leste (KUTV) em Moscou. Enviado à Grécia em 1923 para organizar a ala jovem do incipiente KKE. Preso e subsequentemente fugido para a União Soviética. Em 1931, enviado de volta à Grécia pelo Comintern para restaurar a ordem em um partido altamente faccionado, do qual ele se tornou secretário-geral em 1935. Preso sob a ditadura de Metaxas. Da prisão, emitiu uma carta apelando a todos os gregos que se unissem a Metaxas na resistência à invasão italiana de outubro de 1940. A essa carta foi dada muita publicidade, embora em duas cartas subsequentes ele denunciava a guerra entre a Grã-Bretanha e a Alemanha como "imperialista". Após a invasão alemã, ele foi mandado ao campo de concentração de Dachau, durante cujo período Georgios Siantos serviu como secretário-geral do KKE na ativa. Voltando à Grécia em 1945, reassumiu a liderança do partido durante a transição para a guerra civil. Em novembro de 1948, ele expurgou seu arquirrival Markos Vafiadis e assumiu o comando do Exército Democrático Comunista. Após a derrota das forças comunistas em 1949, Zakhariadis denunciou Siantos como "agente britânico". Sua insistência em manter os remanescentes do Exército Democrático na Europa do leste e União Soviética em pé de guerra e seu duro tratamento de dissidentes provocaram sérias turbulências em Tashkent em 1955. Em resposta aos chamados de Nikita Kruschev para a desestalinização, Zakhariadis, seguindo a intervenção de outros partidos comunistas, foi deposto como secretário-geral em 1956. Em 1957, foi expulso do partido e exilado para a Sibéria, onde morreu em 1973.

ZERVAS, NAPOLEON (1891-1957)

Soldado e político. Após servir nas guerras balcânicas, alistou-se em 1916 na pró-venizelista "Defesa Nacional" e serviu na frente macedônica. Após a derrota de Venizelos nas eleições de 1920, foi ativo no comitê pró-venizelista em Constantinopla. Retornou ao exército após o golpe de 1922. Comandante de guarnição de Atenas durante a ditadura de Pangalos (1925-1926), voltou-se contra seu líder unindo-se aos golpistas, que resultou na queda de Pangalos em 1926, após o que foi designado comandante da Guarda Republicana. Sua resistência à dissolução da Guarda ocasionou conflitos sangrentos e condenação à morte por rebelião. Perdoado por Venizelos em 1928. Em 1941 fundou a organização de resistência Liga Grega Republicana Nacional (EDES). Sob a liderança nominal do exilado general Nikolaos Plastiras (q.v.), esta, como o título sugere, era de inspiração venizelista (e, no papel, socialista), embora Zervas tenha mais tarde, sob comando britânico, expressado apoio ao retorno do exilado rei George II (q.v.). As forças da EDES, sob o comando de Zervas, desempenharam um importante papel na destruição do viaduto Gorgopotamos na noite de 25/26 de novembro de 1942. Atacados por forças da EAM/ELAS em outubro de 1943, Zervas e a EDES sobreviveram em sua base de poder de Epiro, local do nascimento de Zervas, apenas como resultado de apoio britânico. Durante a insurgência comunista de dezembro de 1944, a EDES foi atacada e dispersada pela ELAS. Em 1945, Zervas renunciou ao exército do qual ele havia sido designado general para fundar o Partido Nacional de direita. Eleito deputado por Ioannina, serviu brevemente como ministro da Ordem Pública em 1947, em cujo posto ele foi notado por suas duras medidas contra os comunistas. Em 1950, uniu-se ao Partido Liberal e serviu como ministro de Obras Públicas em 1950-1951.

As Casas Reais da Grécia

Casa de Wittelbach (Bavaria)
Otto (segundo filho do rei Ludwig I da Bavaria) (1816-1867): (reinou 1833-1862) = Amalia de Oldenburg (1818-1875)

Casa de Schleswig-Holstein-Sonderburg-Glücksburg
[usualmente conhecido como Glücksburg] (Dinamarca)
George I (William: segundo filho do rei Cristiano IX da Dinamarca) (1845-1913): (reinou 1863-1913) = Olga da Rússia (1851-1926)

- Constantino I (1868-1922) (reinou 1913-1917: 1920-1922) = Sofia da Prússia (1870-1932)
- George (1869-1957) (Alto Comissário de Creta 1898-1906)
- Alexandra (1870-1892)
- Nicolas (1872-1938)

- George II (1890-1947); (reinou 1922-1923; 1935-1947; fora da Grécia 1941-1947; regência 1945-1946) = Elizabeth da Romênia (1894-1956: divorciada em 1935)
- Alexander (1893-1920) (reinou 1917-1920) = Aspasia Manos (1896-1972)
- Helena (1896-1982) = rei Carol II da Romênia (1893-1953)

AS CASAS REAIS DA GRÉCIA | 277

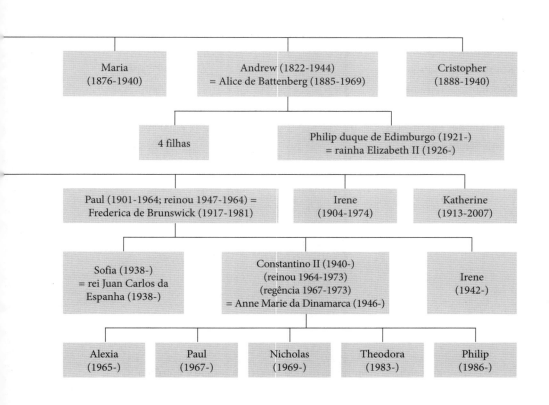

Presidentes*

Ioannis Kapodistrias	1828-1831
almirante Pavlos Koundouriotis	1924-1926
[general Theodoros Pangalos]	1926
Almirante Pavlos Koundouriotis	1926-1929
Alexandros Zaimis	1929-1935
[coronel Georgios Papadopoulos]	1973
[general Phaidon Gizikis]	1973-1974
Mikhail Stasinopoulos	1974-1975
Konstantinos Tsatsos	1975-1980
Konstantinos Karamanlis	1980-1985
Khristos Sartzetakis	1985-1990
Konstantinos Karamanlis	1990-1995
Kostis Stephanopoulos	1995-2005
Karolos Papoulias	2005-

---

*   Aqueles entre colchetes mantiveram o cargo em virtude do poder usurpado.

Tabelas

TABELA 1. População do Estado.*

1838	752.007
1856	1.062.627
1870	1.457.894
1896	2.433.806
1907	2.631.952
1920	5.531.474
1928	6.204.684
1940	7.344.860
1951	7.632.801
1961	8.388.553
1971	8.768.641
1981	9.740.417
1991	10.259.899
2001	10.964.020
2011	10.815.197

* Os números para o século XIX são aproximados.

TABELA 2. Distribuição da população.

	Urbana	%	Semiurbana	%	Rural	%	Total
1940	2.411.647	33	1.086.079	15	3.847.134	52	7.344.860
1951	2.879.994	38	1.130.188	15	3.622.619	47	7.632.801
1961	3.628.105	43	1.085.856	13	3.674.592	44	8.388.553
1971	4.667.489	53	1.019.421	12	3.081.731	35	8.768.641
1981	5.659.528	58	1.125.547	12	2.955.342	30	9.740.417
1991	6.036.659	59	1.312.774	13	2.910.466	28	10.259.899

TABELA 3. Movimentos de população desde a Segunda Guerra Mundial.

	1961	1971	% mudança	1981	% mudança	1991	% mudança
Grande Atenas	1.852.709	2.540.241	+37,1	3.027.331	+19	3.072.921	+1
Grécia central e Euboea	970.949	992.077	+2,2	1.099.841	+11	1.240.945	+16
Peloponeso	1.096.390	986.912	−10,0	1.012.528	+3	1.046.935	+7
Ilhas Jônicas	212.573	184.443	−13,2	182.651	−1	193.734	+6
Epiro	352.604	310.334	−12,0	324.541	+5	339.728	+5
Tessália	689.927	659.913	−4,4	695.654	+5	734.846	+4
Macedônia	1.896.112	1.890.684	−0,3	2.121.953	+12	2.236.089	+5
Trácia	356.555	329.582	−7,6	345.220	+5	338.065	−2
Ilhas do Egeu	477.476	417.813	−12,5	428.533	+3	456.712	+7
Creta	483.258	456.642	−5,5	502.165	+10	540.054	+8
Grécia total	8.388.553	8.768.641	+4,5	9.740.417	+11	10.259.899	+5

TABELA 4. Crescimento da população nos dez maiores centros urbanos.

	1951	1961	1971	1981	1991
Atenas	1.378.586	1.852.709	2.540.241	3.027.331	3.072.921
Salónica	302.124	380.654	557.360	706.180	749.048
Patras	86.267	103.941	120.847	154.596	170.452
Iraklion	54.758	69.983	84.710	110.958	126.907
Volos	73.817	80.846	88.096	107.407	116.031
Larissa	41.016	55.391	72.336	102.048	113.090
Chania	37.788	49.058	53.026	61.976	72.092
Kavala	42.102	44.517	46.234	56.375	56.571
Agrinion	26.582	33.281	41.794	45.087	52.896
Serres	37.207	41.133	41.091	45.213	49.380

TABELAS | 283

TABELA 5-A. Afiliação religiosa.[1]

População total	7.632.801	%
Ortodoxa	7.472.559	97,9
Católica	28.430	0,4
Protestante e outros cristãos	12.677	0,2
Muçulmanos	112.665	1,4
Judeus	6.325	0,1
Nenhuma	121	

TABELA 5-B. Língua materna.[1]

População total	7.632.801	%
Grego	7.297.878	95,6
Turco[2]	179.895	2,4
Eslavo	41.017	0,5
Valáquio[3]	39.855	0,5
Albanês	22.736	0,3
Outras	51.420	0,7

Notas:

(1) Números baseados no censo de 1951, o último a dar detalhes de afiliação religiosa e língua materna.

(2) Cerca de metade deu sua língua materna como turco enquanto deu sua filiação religiosa como muçulmana. A aparente discrepância é explicada pelo fato de que muitos dos refugiados vindos na década de 1920 eram turcofalantes.

(3) Uma forma de romeno.

284 | HISTÓRIA CONCISA DA GRÉCIA

TABELA 6. Resultados de eleições - 1952-2012.

	% de votos	Cadeiras (em 300)	Primeiro- -Ministro
1952			
União Grega (direita)	49	247	marechal Alexandros Papagos
União dos Partidos (coalizão de centro)	34	51	
Esquerda Democrática Unida (extrema esquerda)	10	0	
1956			
União Radical Nacional (direita)	47	165	Konstantinos Karamanlis
União Democrática (coalizão de extrema esquerda)	48	132	
1958			
União Radical Nacional (direita)	41	171	Konstantinos Karamanlis
Esquerda Democrática Unida (extrema esquerda)	24	79	
Partido Liberal (centro)	21	36	
1961			
União Radical Nacional (direita)	51	176	Konstantinos Karamanlis
União de Centro (centro)	34	100	
Esquerda Democrática Unida (extrema esquerda)	15	24	
1963			
União de Centro (centro)	42	138	Georgios Papandreou
União Radical Nacional (direita)	39	132	
Esquerda Democrática Unida (extrema esquerda)	14	28	
1964			
União de Centro (centro)	53	171	Georgios Papandreou
União Radical Nacional (direita)	35	107	
Esquerda Democrática Unida (extrema esquerda)	.12	22	
1967-1974 – Ditadura militar			

(cont.)

	% de votos	Cadeiras (em 300)	Primeiro-Ministro
1974			
Nova Democracia (direita)	54	220	Konstantinos Karamanlis
União de Centro (centro)	20	60	
Movimento Socialista Pan-Helênico (centro-esquerda)	14	12	
Esquerda Unida (extrema esquerda)	10	8	
1977			
Nova Democracia (direita)	42	171	Konstantinos Karamanlis
Movimento Socialista Pan-Helênico (centro-esquerda)	25	93	
União do Centro Democrático (centro)	12	16	
Partido Comunista da Grécia	9	11	
Campo Nacional (extrema direita)	7	5	
Aliança das Forças Progressistas e de Esquerda (extrema esquerda)	3	2	
1981			
Movimento Socialista Pan-Helênico (centro-esquerda)	48	172	Andreas Papandreou
Nova Democracia (direita)	36	115	
Partido Comunista da Grécia	11	13	
1985			
Movimento Socialista Pan-Helênico (centro-esquerda)	46	161	Andreas Papandreou
Nova Democracia (direita)	41	126	
Partido Comunista da Grécia	10	12	
Partido Comunista da Grécia (interior)	2	1	
1989 – junho			
Nova Democracia (direita)	44	144	Tzannis Tzannetakis (coalizão comunista/ conservador)
Movimento Socialista Pan-Helênico (centro-esquerda)	39	125	
Aliança da Esquerda e Progresso (extrema esquerda)	13	28	

286 | HISTÓRIA CONCISA DA GRÉCIA

(cont.)

	% de votos	Cadeiras (em 300)	Primeiro--Ministro
1989 – novembro			
Nova Democracia (direita)	46	148	Xenophon Zolotas (governo pan--partidário ecumênico)
Movimento Socialista Pan-Helênico (centro-esquerda)	41	128	
Aliança da Esquerda e Progresso (extrema esquerda)	11	21	
1990			
Nova Democracia (direita)	47	150	Konstantinos Mitsotakis
Movimento Socialista Pan-Helênico (centro-esquerda)	39	123	
Aliança da Esquerda e Progresso (extrema esquerda)	10	19	
Ecologistas Alternativos	0,8	1	
Renovação Democrática (direita)	0,6	1	
Muçulmano Independente (Rodopi)	0,5	1	
Muçulmano Independente (Xanthi)	0,3	1	
Independentes	1	4	
1993			
Movimento Socialista Pan-Helênico (centro-esquerda)	47	170	Andreas Papandreou
Nova Democracia (direita)	39	111	
Primavera Política (direita)	5	10	
Partido Comunista da Grécia	5	9	
1996			
Movimento Socialista Pan-Helênico (centro-esquerda)	42	162	Kostas Simitis
Nova Democracia (direita)	38	108	
Partido Comunista da Grécia	6	11	
Aliança da Esquerda e Progresso (extrema esquerda)	5	10	
Movimento Social Democrático (esquerda)	4	9	

(*cont.*)

	% de votos	Cadeiras (em 300)	Primeiro-Ministro
2000			
Movimento Socialista Pan-Helênico (centro-esquerda)	44	158	Kostas Simitis
Nova Democracia (direita)	43	125	
Partido Comunista da Grécia	5	11	
Coalizão da Esquerda	3	6	
2004			
Nova Democracia (direita)	45	165	Kostas Karamanlis
Movimento Socialista Pan-Helênico (centro-esquerda)	41	117	
Partido Comunista da Grécia	6	12	
Coalizão da Esquerda Radical	3	6	
2007			
Nova Democracia (direita)	42	152	Kostas Karamanlis
Movimento Socialista Pan-Helênico (centro-esquerda)	38	102	
Partido Comunista da Grécia	8	22	
Coalizão da Esquerda Radical	5	14	
União Ortodoxa Popular (direita)	4	10	
2009			
Movimento Socialista Pan-Helênico (centro-esquerda)	44	160	Giorgios Papandreou
Nova Democracia (direita)	33	91	
Partido Comunista da Grécia	8	21	
União Ortodoxa Popular (direita)	6	15	
Coalizão da Esquerda Radical	5	13	

HISTÓRIA CONCISA DA GRÉCIA

(cont.)

	% de votos	Cadeiras (em 300)	Primeiro-Ministro
2012 – maio			
Nova Democracia (direita)	19	108	Antonis Samaras
Coalizão da Esquerda Radical	17	52	
Movimento Socialista Pan-Helênico (centro-esquerda)	13	41	
Gregos Independentes (direita)	11	33	
Partido Comunista da Grécia	8	26	
Aurora Dourada (extrema direita)	7	21	
Esquerda Democrática	6	19	
2012 – junho			
Nova Democracia (direita)	30	129	Antonis Samaras
Coalizão da Esquerda Radical	27	71	
Movimento Socialista Pan-Helênico (centro-esquerda)	12	33	
Gregos Independentes (direita)	8	20	
Aurora Dourada (extrema direita)	7	18	
Esquerda Democrática	6	17	
Partido Comunista da Grécia	5	12	

TABELA 7. Famílias políticas.

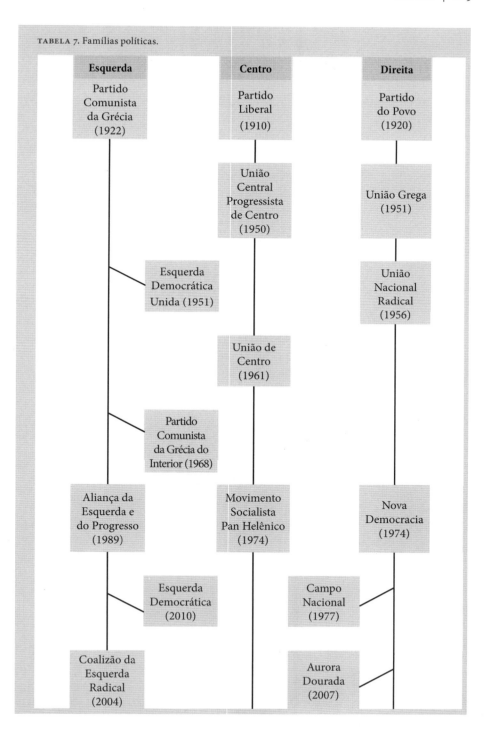

CRONOLOGIA

1453	29 de maio: queda de Constantinopla para os turcos otomanos.
1461	Captura do bolsão Império de Trebizond, a última área de território bizantino soberano a cair para os turcos otomanos.
1571	Chipre governada por Veneza é capturada pelos turcos otomanos.
1669	Creta governada por Veneza cai para os turcos otomanos após um sítio de 20 anos.
1709	Nikolaos Mavrokordatos é designado primeiro fanariota hospodar da Moldova.
1748	Adamantios Korais, o mentor intelectual da revivescência nacional, nasce em Esmirna.
1774	Tratado de Küçük Kaynarca termina a guerra russo-turca de 1768-1774. A Rússia reivindica protetorado sobre os cristãos ortodoxos do Império Otomano.
1783	Convenção comercial russo-turca permite a navios gregos comerciar no mar Negro sob a bandeira russa.
1797	As Ilhas Jônicas são cedidas à França revolucionária pelo Tratado de Campo Formio.
1798	Execução de Rigas Velestinlis (Pheraios) em Belgrado em seguida à sua tentativa abortada de inspirar uma revolta contra os turcos otomanos.
1806	Publicação do *Elliniki Nomarkhia* (Nomarquia Helênica), um dos mais importantes textos polêmicos do movimento nacional grego.
1814	*Philiki Etairia* (Sociedade Amistosa), a sociedade secreta que preparou o terreno para a guerra de independência, é fundada em Odessa por Emmanouil Xanthos, Nikolaos Skouphas e Athanasios Tsakaloff.

1815	República Septinsular das Ilhas Jônicas é estabelecida sob a proteção britânica.
1821	Fevereiro: invasão da Moldova por exército grego comandado pelo general Alexandros Ypsilantis.
	Março (por tradição, 25 de março): irrupção de revolta no Peloponeso.
	Abril: execução do patriarca ecumênico Grigorios V em Constantinopla.
1822	Proclamação da primeira Constituição da Grécia independente.
1823	O secretário do exterior britânico, George Canning, reconhece os insurgentes gregos como beligerantes.
1825	Canning rejeita o Ato de Submissão que procurava colocar a insurgência grega sob a proteção britânica.
1827	Abril-maio: Assembleia de Troezene elege o conde Ioannis Kapodistrias como presidente da Grécia e outorga a terceira Constituição do período de independência.
	Julho: pelo Tratado de Londres, Grã-Bretanha, Rússia e França iniciam política de "interferência pacífica" para assegurar autonomia grega.
	Outubro: Frotas combinadas britânica, russa e francesa destroem frota turco-egípcia em Navarino.
1831	Assassinato do presidente Kapodistrias.
1832	Convenção de Londres confirma oferta de "soberania hereditária" da Grécia a Otto, de 17 anos, segundo filho de Ludwig I da Baviera e coloca o "monárquico e independente" Estado da Grécia sob a garantia da Grã-Bretanha, Rússia e França.
1833	O rei Oto chega a Nafplion, capital provisória da Grécia.
1834	Atenas substitui Nafplion como capital.
1835	Fim da regência bávara.
1843	Golpe apoiado pelo exército força o rei Otto a conceder uma Constituição.
1844	Promulgação de Constituição.
1854-1857	Ocupação anglo-francesa do Pireu, o porto de Atenas, para impor neutralidade durante a guerra da Crimeia.
1862	Rei Otto é deposto do trono em revolta apoiada pelo exército.
1863	Príncipe Christian William Ferdinand Adolphus George, da dinastia dinamarquesa Holstein-Sonderburg-Glücksburg, ascende ao trono como George I, rei dos Helenos.
1864	Março: as Ilhas Jônicas são cedidas à Grécia pela Grã-Bretanha.
	Outubro: promulgação de nova Constituição.
1866	Irrupção de revolta em Creta.

1875	O rei George aceita o princípio do *dedilomeni*, a obrigação do soberano de convocar o líder do partido com o apoio "declarado" de uma maioria no Parlamento para formar um governo.
1878	No Congresso de Berlim, as grandes potências "convidam" o Porte Otomano a modificar suas fronteiras em favor da Grécia. A Grã-Bretanha adquire administração do Chipre.
1881	A Tessália e a região de Arta de Epiro são cedidas à Grécia pelo Império Otomano.
1885-1886	Theodoros Deliyannis mobiliza as forças armadas para tomar vantagem das hostilidades sérvio-búlgaras, levando as potências a impor um bloqueio naval da Grécia.
1893	Grécia não paga empréstimos externos.
1897	A Guerra dos Trinta Dias greco-turca irrompida a partir de revolta em Creta resulta em derrota para a Grécia. Estabelecimento de Comissão Financeira Internacional para supervisionar finanças do Estado.
1909	Golpe militar em Goudi nos arredores de Atenas leva à queda do governo.
1910	Eleftherios Venizelos, fundador do Partido Liberal, torna-se primeiro-ministro.
1911	Constituição revisada entra em vigor.
1912	Outubro: irrupção da primeira guerra balcânica. Grécia, Sérvia, Bulgária e Montenegro combinam para atacar o Império Otomano. Novembro: captura de Salônica, segunda cidade da Grécia.
1913	Março: o rei George I é assassinado por um louco em Salônica. Sucedido pelo rei Constantino I. Junho-julho: segunda guerra balcânica: Grécia e Sérvia repelem ataque búlgaro e, pelo Tratado de Bucareste (agosto), dividem a maior parte da Macedônia.
1914	Novembro: anexação do Chipre pela Grã-Bretanha.
1915	Março: Venizelos renuncia em seguida ao confronto com o rei Constantino sobre a entrada na Primeira Guerra Mundial. Junho: eleição na qual Venizelos vence com 184 das 317 cadeiras. Agosto: Venizelos retorna ao poder. Outubro: segunda renúncia forçada de Venizelos. Dezembro: eleição da qual partidários de Venizelos se abstêm.
1916	Setembro: Venizelos estabelece governo provisório em Salônica, principal cidade da "Nova" Grécia. Dezembro: o governo realista repele desembarques anglo-franceses em Pireu e Atenas. Grã-Bretanha e França estabelecem bloqueio da "velha" Grécia.

1917	Junho: o rei Constantino I deixa a Grécia sem abdicar ao trono. É sucedido pelo segundo filho, Alexander. Convocação do Parlamento eleito em junho de 1915, a assim chamada "Câmara de Lázaro".
1919	Maio: desembarque de tropas gregas em Esmirna (Izmir).
1920	Agosto: o Tratado de Sèvres cria a Grécia dos "dois continentes e cinco mares". Outubro: o rei Alexander morre vítima de uma mordida de macaco. Novembro: eleições nas quais os antivenizelistas asseguram 260 cadeiras em 370. Venizelos deixa a Grécia. Dezembro: plebiscito fraudado vota pelo retorno do rei Constantino I.
1921	Agosto: avanço grego sobre Ankara, fortaleza nacionalista turca, barrado na batalha do rio Sakarya.
1922	Agosto-setembro: exércitos gregos repelidos da Ásia Menor. Incêndio de Esmirna. Setembro: o coronel Nikolaos Plastiras aplica um golpe. O rei Constantino I é enviado em exílio, sucedido pelo filho mais velho, o rei George II. Novembro: execução dos "Seis" por alta traição.
1923	Janeiro: convenção sobre troca compulsória de populações entre Grécia e Turquia. Julho: o Tratado de Lausanne reverte os ganhos gregos pelo Tratado de Sèvres. Dezembro: o rei George II deixa a Grécia em "licença prolongada".
1924	Março: proclamação da república. Abril: plebiscito ratifica estabelecimento da república.
1925	Março: o Chipre se torna uma colônia da Coroa britânica. Junho: estabelecimento de ditadura pelo general Theodoros Pangalos.
1926	Agosto: derrubada da ditadura de Pangalos. Novembro: adoção de representação proporcional e formação de governo "ecumênico" (pan-partidário).
1927	Junho: promulgação da Constituição republicana.
1928	Julho: início da última administração de Venizelos.
1930	Junho: a Convenção de Ankara inaugura período de reconciliação com a Turquia.
1933	Março: golpe venizelista malsucedido lançado pelo coronel Nikolaos Plastiras. Junho: atentado contra a vida de Venizelos.

1935	Março: tentativa de golpe venizelista; Venizelos deixa a Grécia.
	Outubro: queda do governo Tsaldaris em consequência de *putsch*.
	Novembro: plebiscito fraudado vota pelo retorno do rei George II.
1936	Janeiro: eleições resultam em impasse parlamentar com comunistas como o fiel da balança.
	Março: morte de Venizelos em exílio na França.
	Agosto: estabelecimento pelo general Metaxas da ditadura de 4 de agosto de 1936.
1940	Outubro: Invasão italiana da Grécia seguida por contra-ataque grego na Albânia.
1941	Abril: invasão alemã da Grécia.
	Setembro: fundação da Frente de Libertação Nacional (EAM).
1942	Novembro: destruição do viaduto Gorgopotamos por forças de resistência gregas e sabotadores britânicos.
1943	Setembro: irrupção de guerra civil dentro da resistência.
1944	Abril: irrupção de motins nas forças armadas gregas no Oriente Médio.
	Outubro: libertação da Grécia. Acordo de "porcentagens" de Moscou entre Churchill e Stalin designa a Grécia à esfera de influência britânica.
	Dezembro: tiros da polícia contra manifestantes catalisa insurgência comunista. Missão pacificadora abortada de Churchill a Atenas resulta na designação do arcebispo Damaskinos de Atenas como regente.
1945	Fevereiro: acordo de Varkiza encerra insurgência comunista.
1946	Março: primeira eleição pós-guerra dá vitória a realistas.
	Setembro: Plebiscito vota pela restauração do rei. O rei George II volta à Grécia.
	Outubro: estabelecimento do Exército Democrático da Grécia (comunista). Início de guerra civil.
1947	Março: proclamação da Doutrina Truman resulta em maciça ajuda militar e econômica dos Estados Unidos ao governo nacional.
	Abril: o rei Paul sucede ao trono com a morte do irmão, George II.
1949	Agosto: remanescentes do Exército Democrático, derrotados nas batalhas de Grammos e Vitsi, fogem para a Albânia.
	Outubro: O Partido Comunista da Grécia anuncia "cessão temporária" de hostilidades, trazendo a guerra civil ao fim.
1952	Janeiro: promulgação de nova Constituição.
	Novembro: vitória eleitoral da União Grega do marechal Papagos.

1955	Abril: início da luta armada da EOKA no Chipre pela *enosis* (união) com a Grécia.
1958	Maio: a Esquerda Democrática Unida de extrema esquerda se torna a oposição oficial com 24% dos votos.
1960	Agosto: o Chipre se torna república independente dentro da Commonwealth britânica.
1961	Outubro: Georgios Papandreou lança a "luta inflexível" para reverter a vitória eleitoral de Konstantinos Karamanlis.
1963	Novembro: a União de Centro de Papandreou assegura uma estreita vitória nas eleições.
	Dezembro: rompimento do acordo constitucional de 1960 no Chipre.
1964	Fevereiro: a União de Centro assegura decisiva maioria parlamentar.
	Março: morte do rei Paul. Ascensão ao trono do rei Constantino II.
1965	Julho: choque constitucional com o rei Constantino resulta em renúncia do primeiro-ministro Papandreou.
	Setembro: formação do governo da União de Centro "apóstata" com apoio da União Radical Nacional conservadora.
1967	Abril: golpe militar impede eleições marcadas para maio.
	Dezembro: o rei Constantino lança um abortado contragolpe, foge para o exílio. A Regência é estabelecida.
1968	Setembro: Constituição autoritária é ratificada em plebiscito realizado sob lei marcial.
1973	Março: ocupação estudantil da Faculdade de Direito da Universidade de Atenas.
	Maio: motim naval é abortado.
	Junho: proclamação de uma "república parlamentar presidencial".
	Julho: eleição do coronel Georgios Papadopoulos, candidato único, como presidente em um plebiscito realizado sob lei marcial.
	Novembro: ocupação estudantil da Politécnica de Atenas reprimida pelo exército. Papadopoulos é substituído como presidente pelo general Phaidon Gizikis.
1974	Julho: o arcebispo Makarios é deposto como presidente do Chipre em golpe apoiado pela junta militar em Atenas. Invasão e ocupação turca do norte do Chipre. Colapso do regime militar e substituição por governo civil liderado por Konstantinos Karamanlis.
	Novembro: a Nova Democracia de Karamanlis assegura 220 das 300 cadeiras no Parlamento.
	Dezembro: plebiscito registra 70% dos votos pela abolição da monarquia.

1975	Junho: promulgação de nova Constituição, reforçando os poderes do presidente.
1977	Novembro: o Movimento Socialista Pan-Helênico (PASOK) de Andreas Papandreou se torna o principal partido de oposição.
1980	Maio: Karamanlis é eleito presidente.
1981	Janeiro: a Grécia entra na Comunidade Europeia como décimo membro. Outubro: o PASOK de Papandreou forma o primeiro governo "socialista".
1985	Março: crise constitucional leva à renúncia de Karamanlis como presidente e à eleição de Khristos Sartzetakis. Junho: o PASOK é reeleito para um segundo mandato.
1987	Março: incidente no Egeu leva Grécia e Turquia à beira de conflito armado.
1988	Janeiro: acordos de Davos selam promessa de reaproximação greco-turca.
1989	Junho: eleição no qual nenhum partido vence maioria geral leva a coalizão temporária conservadora/comunista. Novembro: eleição inconclusiva leva à formação de governo "ecumênico" pan-partidário.
1990	Abril: a Nova Democracia de Konstantinos Mitsitakis assegura cento e cinquenta das trezentas cadeiras no Parlamento e forma governo. Maio: Konstantinos Karamanlis é eleito presidente.
1993	Outubro: o PASOK de Andreas Papandreou volta ao poder.
1996	Janeiro: Andreas Papandreou é forçado a renunciar devido a problemas de saúde e é sucedido como primeiro-ministro por Kostas Simitis. Grécia e Turquia chegam perto da guerra pela soberania sobre a ilhota de Imia/Kardak.
1999	Agosto-setembro: terremotos na Turquia e na Grécia promovem uma reaproximação entre os dois países.
2000	Abril: Kostas Simitis retorna ao poder na liderança do governo do PASOK.
2002	Abril: liquidação do grupo terrorista "17 de novembro".
2004	Março: a Nova Democracia, sob a liderança de Kostas Karamanlis, vence a eleição. Agosto: os Jogos Olímpicos são realizados em Atenas.
2007	Setembro: a Nova Democracia retorna ao poder com reduzida maioria.

2009	Outubro: o PASOK vence as eleições sob a liderança de Giorgos Papandreou.
2010	Maio: a *troika* (União Europeia, Banco Central Europeu e Fundo Monetário Internacional) concorda com resgate de 110 bilhões de euros.
2011	Outubro: a *troika* concorda com um subsequente resgate de 130 bilhões de euros sujeito a condições.
	Novembro: Giorgos Papandreou é substituído como primeiro-ministro pelo tecnocrata Loukas Papademos.
2012	Maio: eleição inconclusiva. Nenhum partido assegura clara maioria.
	Junho: a Nova Democracia, liderada por Antonis Samaras, comprometida com medidas de austeridade, emerge como o maior partido em novas eleições. Formada coalizão tripartidária.

Guia para leitura complementar

Este guia selecionado para leitura complementar elenca títulos apenas em inglês, muitos dos quais contêm bibliografias detalhadas.

Bibliografia

CLOGG, Mary Jo; CLOGG, Richard. *Greece*. World Bibliographical Series, v. XVII. Oxford/Santa Barbara: Clio Press, 1980.

KITROMILIDES, Paschalis M.; EVRIVIADES, Marios. *Cyprus*. World Bibliographical Series, v. XXVIII. Oxford/Santa Barbara: Clio Press, 1982; edição revista e ampliada, 1995.

VEREMIS, Thanos; DRAGOUMIS, Mark. *Greece*. World Bibliographical Series, v. XVII. Oxford/Santa Barbara: Clio Press, edição revista e ampliada, 1998.

Geral

Greece. London: Admiralty, Naval Intelligence Division, 1944-1945. Geographical Handbook Series. 3 v.

Dodecanese. London: Admiralty, Naval Intelligence Division, 1943. Geographical Handbook Series.

BOATSWAIN, Timothy; NICOLSON, Colin. *A traveller's history of Greece*. London: The bookHaus, 2011.

CAMPBELL, John; SHERRARD, Philip. *Modern Greece*. London: Ernest Benn, 1968.

CLOGG, Richard. *A short history of modern Greece*. 2. ed. Cambridge: Cambridge University Press, 1986.

DAKIN, Douglas. *The unification of Greece 1770-1923*. London: Ernest Benn, 1972.

DOUMANIS, Nicholas. *A history of Greece*. Basingstoke: Palgrave Macmillan, 2010.

GALLANT, Thomas. *Modern Greece*. London: Arnold, 2001.

HAMILAKIS, Yannis. *The nation and its ruins*: antiquity, archaeology, and national imagination in Greece. Oxford: Oxford University Press, 2007.

KOLIOPOULOS, John; VEREMIS, Thanos. *Modern Greece*: a history since 1821. Chichester: Wiley-Blackwell, 2009.

KOURVETARIS, Yorgos A.; DOBRATZ, Betty A. *A profile of modern Greece in search of identity*. Oxford: Clarendon Press, 1987.

MILLER, William. *Greek life in town and country*. London: George Newnes, 1905.

WOODHOUSE, C. M. *Modern Greece*: A short history. London: Faber and Faber, 1999.

Domínio otomano e luta pela independência

ANGELOMATIS-TSOUGARAKIS, Helen. *The eve of the Greek revival*. British travellers' perceptions of early nineteenth-century Greece. London: Routledge, 1990.

BREWER, David. *Greece, the hidden centuries*: Turkish rule from the fall of Constantinople to Greek independence. London: I. B. Tauris, 2012.

CLOGG, Richard (Ed.) (Trans.). *The movement for Greek independence 1770-1821*: a collection of documents. London: Macmillan, 1976.

CRAWLEY, C. W. *The question of Greek independence*: a study of British policy in the Near East, 1821-1833. Cambridge: Cambridge University Press, 1930.

DAKIN, Douglas. *The Greek struggle for independence, 1821-1833*. London: Batsford, 1973.

EDMONDS, E. M. (Trans.). *Kolokotrones*: the klepht and the warrior: sixty years of peril and daring: an autobiography. London: T. Fisher Unwin, 1893.

GUTHENKE, Constanze. *Placing modern Greece*: the dynamics of romantic Hellenism 1770-1840. Oxford: Oxford University Press, 2008.

HENDERSON, G. P. *The revival of Greek thought 1620-1830*. Edinburgh: Scottish Academic Press, 1971.

KITROMILIDES, Paschalis M. *The Enlightenment as social criticism*: Iosipos Moisiodax and Greek culture in the eighteenth century. Princeton: Princeton University Press, 1992.

LIDDERDALE, H. A. (Trans.). *Makriyannis*: the memoirs of General Makriyannis 1797-1864. London: Oxford University Press, 1966.

RUNCIMAN, Steven. *The Great Church in captivity*: a study of the Patriarchate of Constantinople from the eve of the Turkish conquest to the Greek war of independence. Cambridge: Cambridge University Press, 1968.

St CLAIR, William. *That Greece might still be free*: the philhellenes in the war of independence. London: Oxford University Press, 1972.

VACALOPOULOS, Apostolos E. *The Greek nation, 1453-1669*: the cultural and economic background of modern Greek society. New Brunswick: Rutgers University Press, 1976.

WOODHOUSE, C. M. *Capodistria*: the founder of Greek independence. London: Oxford University Press, 1973.

_____. *The battle of Navarino*. London: Hodder and Stoughton, 1965.

_____. *The Greek war of independence*: its historical setting. London: Hutchinson, 1952.

ZAKYTHINOS, D. A. *The making of modern Greece*: from Byzantium to independence. Oxford: Basil Blackwell, 1976.

GRÉCIA INDEPENDENTE – 1830-1923

ALASTOS, Doros [Evdoros Joannides]. *Venizelos*: patriot, statesman, revolutionary. London: Lund Humphries, 1942.

AUGUSTINOS, Gerasimos. *Consciousness and history*: nationalist critics of Greek society, 1897-1914. Nova York: Columbia University Press, 1977.

_____. *The Greeks of Asia Minor*: confession, community and ethnicity in the nineteenth century. Kent, Ohio: Kent State University Press, 1992.

BEATON, Roderick; RICKS, David (eds.). *The making of modern Greece*: nationalism, romanticism and the uses of the past (1797-1896). Aldershot: Ashgate, 2009.

BICKFORD-SMITH, R. A. H. *Greece under King George*. London: Richard Bentley, 1893.

BOWER, Leonard; BOLITHO, Gordon. *Otho I, king of Greece*: a biography. London: Selwyn and Blount, 1939.

CARABOTT, Philip (Ed.). *Greek society in the making, 1863-1913*: realities, symbols and visions. Aldershot: Ashgate, 1997.

DAKIN, Douglas. *The Greek struggle in Macedonia 1897-1913*. Thessaloniki: Institute for Balkan Studies, 1966.

DONTAS, Domna N. *Greece and the great powers 1863-1875*. Thessaloniki: Institute for Balkan Studies, 1966.

DOUMANIS, Nicholas. *Before the nation*: Muslim-Christian coexistence and its destruction in late Ottoman Anatolia. Oxford: Oxford University Press, 2013.

ECONOMOPOULOU, Marietta. *Parties and politics in Greece 1844-1855.* Athens, 1984.

FRAZEE, Charles A. *The Orthodox Church and independent Greece, 1821-1852.* Cambridge: Cambridge University Press, 1969.

HOLLAND, Robert; MARKIDES, Diana. *The British and the Hellenes*: struggles for mastery in the Eastern Mediterranean 1850-1960. Oxford: Oxford University Press, 2006.

HOUSEPIAN, Marjorie. *Smyrna 1922*: the destruction of a city. London: Faber and Faber, 1972.

JENKINS, Romilly. *The Dilessi murders.* London: Longman, 1961.

KOFOS, Evangelos. *Greece and the eastern crisis, 1875-1878.* Thessaloniki: Institute for Balkan Studies, 1975.

KOLIOPOULOS, John S. *Brigands with a cause.* Brigandage and irredentism in modern Greece 1821-1912. Oxford: Clarendon Press, 1987.

LEON, George B. *Greece and the great powers, 1914-1917.* Thessaloniki: Institute for Balkan Studies, 1974.

_____. *The Greek socialist movement and the First World War*: the road to unity. Nova York: Columbia University Press, 1976.

LEVANDIS, John A. *The Greek foreign debt and the Great Powers 1821-1898.* Nova York: Columbia University Press, 1944.

PAPACOSMA, S. Victor. *The military in Greek politics*: the 1909 coup d'état. Kent: Kent State University Press, 1977.

PETROPULOS, John Anthony. *Politics and statecraft in the kingdom of Greece, 1833-1843.* Princeton: Princeton University Press, 1968.

PETSALIS-DIOMIDIS, N. *Greece at the Paris Peace Conference 1919.* Thessaloniki: Institute for Balkan Studies, 1978.

PSOMIADES, Harry J. *The eastern question, the last phase*: a study in Greek-Turkish diplomacy. Thessaloniki: Institute for Balkan Studies, 1968.

SENISIK, Pinar. *The transformation of Ottoman Crete*: revolts, politics and identity in the late nineteenth century. London: I. B. Tauris, 2011.

SMITH, Michael Llewellyn. *Ionian vision: Greece in Asia Minor, 1919-1922.* London: Allen Lane, 1973, 1998.

TATSIOS, Theodore George. *The Megali Idea and the Greek-Turkish war of 1897*: the impact of the Cretan problem on Greek irredentism, 1866-1897. Nova York: Columbia University Press, 1984.

TOYNBEE, Arnold J. *The western question in Greece and Turkey*: a study in the contact of civilisations. London: Constable, 1922.

TUCKERMAN, Charles K. *The Greeks of today.* Nova York: Putnam, 1878.

GRÉCIA – 1924-1949

ALEXANDER, George. *The prelude to the Truman doctrine*. British policy in Greece 1944-1947. Oxford: Clarendon Press, 1982.

CARABOTT, Philip; SFIKAS, Thanasis D. *The Greek civil war*: essays on a conflict of exceptionalism and silences. Aldershot: Ashgate, 2004.

CERVI, Mario. *The hollow legions: Mussolini's blunder in Greece 1940-1941*. London: Chatto and Windus, 1972.

CLARK, Bruce. *Twice a stranger*: how mass expulsion forged modern Greece and Turkey. London: Granta Books, 2006.

CLOGG, Richard (Ed.). *Bearing gifts to Greeks*: humanitarian aid to Greece in the 1940s. Basingstoke: Palgrave Macmillan/St Antony's College, 2008.

CLOSE, David. *The origins of the Greek civil war*. London: Longman, 1995.

DANFORTH, Loring M.; BOESCHOTEN, Riki van. *Children of the Greek civil war*: refugees and the politics of memory. Chicago: University of Chicago Press, 2012.

EDDY, Charles B. *Greece and the Greek refugees*. London: George Allen and Unwin, 1931.

HIGHAM, Robin. *Diary of a disaster. British aid to Greece, 1940-1941*. Lexington: The University Press of Kentucky, 1986.

HIONIDOU, Violetta. *Famine and death in occupied Greece, 1941-1944*. Cambridge: Cambridge University Press, 2006.

HONDROS, John. Occupation and resistance. *The Greek agony 1941-1944*. Nova York: Pella, 1983.

IATRIDES, John O. *Revolt in Athens*: the Greek communist 'second round' 1944-1945. Princeton: Princeton University Press, 1972.

_____; WRIGLEY, Linda (Eds.). *Greece at the crossroads: the civil war and its legacy*. University Park, PA: Pennsylvania State University Press, 1995.

JONES, Howard. *"A new kind of war"*: America's global strategy and the Truman Doctrine in Greece. Oxford: Oxford University Press, 1989.

KOLIOPOULOS, John S. *Greece and the British connection 1935-1941*. Oxford: Clarendon Press, 1977.

_____. *Plundered loyalties*: Axis occupation and civil strife in Greek West Macedonia, 1941-1949. London: Hurst and Company, 1999.

KONTOGIORGI, Elisabeth. *Population exchange in Greek Macedonia*: the rural settlement of refugees 1922-1933. Oxford: Clarendon Press, 2006.

LECOEUR, Sheila. *Mussolini's Greek island*: fascism and the Italian occupation of Syros in World War II. London: I. B. Tauris, 2009.

MAVROGORDATOS, George. *Stillborn republic*: social coalitions and party strategies in Greece 1922-1936. Berkeley: University of California Press, 1983.

MAZOWER, Mark (Ed.). *After the war was over*: reconstructing the family, nation, and state in Greece, 1943-1960. Princeton: Princeton University Press, 2000.

_____. *Greece and the inter-war economic crisis*. Oxford: Clarendon Press, 1991.

_____. *Inside Hitler's Greece*: the experience of occupation, 1941-1944. New Haven: Yale University Press, 1993.

McNEILL, William Hardy. *The Greek dilemma*: war and aftermath. London: Gollancz, 1947.

MEARS, Elliot Grinnell. *Greece today*: the aftermath of the refugee impact. Stanford: Stanford University Press, 1929.

MILLER, William. *Greece*. London: Ernest Benn, 1928.

OGDEN, Alan. *Sons of Odysseus*: SOE heroes in Greece. London: Bene Factum Publishing, 2012.

PENTZOPOULOS, Dimitri. *The Balkan exchange of minorities and its impact upon Greece*. The Hague: Mouton, 1962.

RICHTER, Heinz. *British intervention in Greece*. From Varkiza to civil war, February 1945 to August 1946. London: Merlin Press, 1986.

ROGERS, Anthony. *Churchill's folly*: Leros and the Aegean. The last great defeat of the Second World War. London: Cassell, 2003.

STAVRAKIS, Peter J. *Moscow and Greek communism 1944-1949*. Ithaca: Cornell University Press, 1989.

SWEET-ESCOTT, Bickham. *Greece*: a political and economic survey 1939-1953. London: Royal Institute of International Affairs, 1954.

VOGLIS, Polymeris. *Becoming a subject*: political prisoners during the Greek civil war. Oxford: Berghahn, 2002.

WILLINGHAM, Matthew. *Perilous commitments*: the battle for Greece and Crete 1940-1941. Staplehurst, Kent: Spellmount, 2005.

WITTNER, Lawrence S. *American intervention in Greece, 1943-1949*. Nova York: Columbia University Press, 1982.

WOODHOUSE, C. M. *The struggle for Greece 1941-1949*. London: Hart-Davis, MacGibbon, 1976.

Grécia desde 1950

CLOGG, Richard. *Parties and elections in Greece*: the search for legitimacy. London: C. Hurst, 1987.

CLOSE, David. *Greece since 1945: politics, economy and society*. Harlow: Pearson Education, 2002.

COULOUMBIS, Theodore A. *The United States, Greece and Turkey*: the troubled triangle. Nova York: Praeger, 1983.

DRAENOS, Stan. *Andreas Papandreou*: the making of a Greek democrat and political maverick. London: I. B. Tauris, 2012.

HATZIVASSILIOU, Evanthis. *Greece and the Cold War*: frontline state, 1952-1967. London: Routledge, 2006.

KASSIMERIS, Christos. *Greece and the American embrace*: Greek foreign policy towards Turkey, the US and the western alliance. London: I. B. Tauris, 2009.

KASSIMERIS, George. *Europe's last red terrorists*: the revolutionary organization 17 November. London: Hurst and Company, 2001.

LEGG, Keith R. *Politics in modern Greece*. Stanford: Stanford University Press, 1969.

McNEILL, William H. *The metamorphosis of Greece since World War II*. Chicago: University of Chicago Press, 1978.

MILLER, James E. *The United States and the making of modern Greece*. History and power: 1950-1974. Chapel Hill, NC: The University of North Carolina Press, 2009.

MOUZELIS, Nicos. *Modern Greece*: facets of underdevelopment. London: Macmillan, 1978.

NAFPLIOTIS, Alexandros. *Britain and the Greek Colonels*: accommodating the Junta in the Cold War. London: I. B. Tauris, 2013.

PRYCE, Vicky. *Greekonomics*: the euro crisis and why politicians don't get it. London: Biteback Publishing, 2012.

SPOURDALAKIS, Michalis. *The rise of the Greek socialist party*. London: Routledge, 1988.

STEFANIDIS, *Ioannis. Stirring the Greek nation*: political culture, irredentism and anti-Americanism in post-war Greece, 1945-1967. Aldershot: Ashgate, 2007.

VRYONIS JR., Speros. *The mechanism of catastrophe*: the Turkish pogrom of September 6-7, 1955, and the destruction of the Greek community of Istambul. Nova York: Greekworks.com, 2005.

WOODHOUSE, C. M. *The rise and fall of the Greek Colonels*. London: Grafton, 1985.

Chipre

BRYANT, Rebecca. *Imagining the modern*: the cultures of nationalism in Cyprus. London: I. B. Tauris, 2004.

CRAWSHAW, Nancy. *The Cyprus revolt*: an account of the struggle for union with Greece. London: George Allen and Unwin, 1978.

HILL, George. *A history of Cyprus*. v. IV, The Ottoman province, the British colony 1571-1928. Cambridge: Cambridge University Press, 1952.

HOLLAND, Robert. *Britain and the revolt in Cyprus 1954-1959*. Oxford: Clarendon Press, 1998.

KYRIAKIDES, Stanley. *Cyprus*: constitutionalism and crisis government. Philadelphia: University of Pennsylvania Press, 1968.

MARKIDES, Kyriacos C. *The rise and fall of the Cyprus republic*. New Haven: Yale University Press, 1977.

PURCELL, H. D. *Cyprus*. London: Ernest Benn, 1969.

XYDIS, Stephen. *Cyprus*: conflict and conciliation 1954-1958. Columbus: Ohio State University, 1967.

―――――. *Cyprus*: reluctant republic. The Hague: Mouton, 1973.

YIANGOU, Anastasia. *Cyprus in World War II*: politics and conflict in the eastern Mediterranean. London: I. B. Tauris, 2010.

Os gregos no estrangeiro

CHIMBOS, Peter D. (Ed.). *The Canadian Odyssey*: the Greek experience in Canadá. Toronto: McClelland and Stewart, 1980.

CLOGG. Richard (Ed.). *The Greek diaspora in the twentieth century*. Basingstoke: Macmillan, 1999.

KITROEFF, Alexander. *The Greeks in Egypt, 1919-1937*: ethnicity and class. London: Ithaca Press, 1989.

MOSKOS, Charles C. *Greek Americans*: struggle and success. New Brunswick: Transaction Publishers, 1989.

SALOUTOS, Theodore. *The Greeks in the United States*. Cambridge: Harvard University Press, 1964.

TAMIS, Anastasios M. *The immigration and settlement of Macedonian Greeks in Australia*. Melbourne: La Trobe University Press, 1994.

TZIOVAS, Dimitris (Ed.). *Greek diaspora and migration since 1700*: society, politics and culture. Aldershot: Ashgate, 2009.

Religião

CLOGG, Richard (Ed.). *Minorities in Greece*: aspects of a plural society. London: Hurst and Company, 2002.

FLEMING, K. E. *Greece: a Jewish history*. Princeton: Princeton University Press, 2008.

LEWKOWICZ, Bea. *The Jewish community of Salonika*: history, memory, identity. London: Vallentine Mitchell, 2006.

ROUDOMETOF, Victor; MAKRIDES, Vasilios N. (Eds.). *Orthodox Christianity in 21st-century Greece*: the role of religion in culture, ethnicity and politics. Aldershot: Ashgate, 2010.

ÍNDICE REMISSIVO*

"17 de novembro", grupo terrorista, 183, 208, 225 e 229-30.

acordo de Varkiza, 134-5.

afiliação religiosa e carteiras de identidade, 225 e 228.

Agnew, Spiro, 160.

ajuda pós-guerra dos Estados Unidos, 137 e 140.
> dependência de, 139, 142 e 145.
> e sistema eleitoral de 1951, 143.
> *ver também* Doutrina Truman.

Albânia, 111.
> e ataque de Mussolini contra a Grécia, 120-1.
> êxodo de gregos étnicos da, 195 e 197.
> imigrantes da, 197.
> proibições religiosas na, 197.
> relações gregas com a, 207-8.
> *ver também* Epiro.

Aldeias Agrapha, 30.

Alexander, rei (filho de George I), 96 e 99.

Alexandre, o Grande, 201.

Alexandros Karatheodoris Pasha, 78 (i. 21) e 88 (i. 27).

Alfred, príncipe, 254.

Algava, Isaac, 130-1.

Ali Pasha, 35, 45 e 259.

aliança balcânica e guerra com Império Otomano, 84 e 87.
> novos territórios gregos, 87.
> reivindicações territoriais, conflitantes, 87 e 89.

Aliança da Esquerda e do Progresso, 191 e 193.

Allende, Salvador e Hortensia, 183.

Amalia de Oldenburg (esposa do rei Otto), 61, 65, 68 (i. 16) e 264.

Andrew, príncipe (filho de George I), 105 (i. 32).

Angelopoulos, Angelos, 133 (i. 43).

Anthimos, patriarca de Jerusalém, 29.

antiamericanismo,
> ataques terroristas, 225.
> e Chipre, 213.
> e "guerra ao terror" de Bush, 230.
> e Imia, 212 e 216.

anticlericalismo, 28.

Antigos Calendaristas, 199.

Arafat, Yasser, 183.

Aristóteles e *Physiogomonica*, 43 (i. 7).

arkhaiolatreia (culto da Antiguidade) 40.

Askoutsis, Nikolaos, 133.

Aspida (Escudo) e Andreas Papandreou, 156-7.

Atenas,
> Academia de, 83 (i. 24).
> demonstrações em, 160-1, 167-8, 238, 241 e 245.
> e Oraia Ellas café, 63.

---

*   Os itens presentes neste índice cuja paginação menciona as letras *i* e *m* referem-se, respectivamente, às indicações de imagens e mapas (N.E.)

308 | HISTÓRIA CONCISA DA GRÉCIA

escolha como capital, 58 e 60.

ocupação alemã, 123.

Athinagoras, patriarca ecumênico, 151.

Aurora Dorada (*Chrysi Avgi*), eleição de junho de 2012, 248.

vínculos com neonazistas, 247.

Austrália, emigração grega para, 145 e 188 (i. 52).

macedônios, 200.

autochthons, 58 e 259.

Averoff, Evangelos, 167, 173 e 186.

Avramopoulos, Dimitris, 203 (i. 54).

Bakirtzis, coronel Evripidis, 133 (i. 43).

Bakoyanni, Dora e Kyriakos, 235 (i. 58).

Bálcãs,

fim da era comunista nos, 195.

invasão alemã dos, 121.

Banco de Creta e escândalo financeiro, 190-1.

banditismo, 59-60 e 75 (i. 19).

bases dos Estados Unidos e política do PASOK, 182-5.

Benakis, Emmanouil, 85 (i. 25).

Benjamin de Lesvos, 45.

Biblioteca Helênica, 261.

Bulgária, 110.

ataque à Sérvia, 91.

ver também Bálcãs.

Bush, presidente George W., 230 e 234.

Byron, Lord, 47, 50 e 203 (i. 54).

Calendaristas, 199.

Campo Nacional, 172-3.

Canadá,

e macedônios, 201.

migração grega no, 114 e 219.

Canal de Corinto, 76 (i. 20).

Canning, George, 51.

Capadócia, população grega na, 59 e 97 (i. 30).

Castlereagh, Visconde, 17.

católicos, 26.

Cavafy, Constantino, 116.

Cefalônia, 31.

Cem, Ismail, diplomacia do terremoto, 224.

Charles, príncipe de Gales, 203 (i. 54).

Chios, 26, 30, 47, 87, 92 (i. 28) e 260.

Chipre, 21, 26, 74, 90 e 221-2.

adesão à UE, 213 e 216.

assassinato do embaixador dos Estados Unidos, 164.

crise da dívida no, 243.

e área controlada pela Grécia, 233.

e coronéis, 160.

e enosis, 146.

e Makarios, 262-3.

e Ocalan, 221.

e *taksim* (partição), 147 e 152 (i. 48).

força de paz da ONU, 154.

interesse britânico no, 146, 148 e 152 (i. 48).

invasão turca (1974), 151-2 (i. 48).

muçulmanos no, 58.

ocupação turca do norte, 168 e 184-5.

partilha de poder no, 148 e 153.

plano Annan, 232-3.

população grega no, 109.

ver também Grivas; Makarios III.

Church, Richard, 260.

Churchill, Winston, 121, 127, 136 (i. 44), 256.

acordo de porcentagens com Stalin, 131-2.

estabelecimento de regência, 134.

Cisma Nacional (Ethnikos Dikhaasmos), 89, 92, 99 e 273.

Citera, 31 (i. 2).

clã Mavromikhalis, 54-6.

Clerides, presidente de Chipre, 216 e 221.

clientelismo, 217.

Clinton, presidente Bill, 203 (i. 54) e 224.

e antiamericanismo, 222.

e Imia, 212-4.

Coalizão da Esquerda Radical. *Ver* SYRIZA.

Codrington, almirante Sir Edward, 51.

Comitê Político de Libertação Nacional (PEEA), 129 e 133.

compra de títulos do governo e crise financeira, 246.

comunidade judaica e extermínio nazista, 199.

ver também Salônica.

ÍNDICE REMISSIVO | 309

comunismo,
   atitude de pós-guerra civil com o, 143-4.
   e guerra civil, 139, 141-2 e 146.
   e regime militar, 159.
   expulsão da Iugoslávia do Cominform, 139.
   ver também Esquerda Democrática Unida.
Concílio Mundial de Helenos (SAE), 219.
conflito bósnio, 202.
Congresso de Berlim, 74, 78 (i. 21) e 109.
Congresso de Viena, 44 e 257.
conspiração filo-ortodoxa, 61.
Constantino, príncipe Coroado (subsequentemente Constantino I, rei dos Helenos), 81-2, 96 e 253.
   abdicação de, 103, 105 (i. 32) e 109.
   disputa com Venizelos, 89.
   ver também Cisma Nacional.
Constantino II, 166-7.
   confronto com Georgios Papandreou, 156-7.
   exílio sob coronéis, 159-60.
Constantino XI Palaiologos, 35 (i. 3).
Constantinopla, 23, 27 (i. 1) e 33.
   e a Grande Ideia, 58.
   e Venizelos, 96.
   população grega em, 64.
   ver também Istambul.
Convenção da ONU sobre Direito Marítimo, 208.
Convenção de Ankara (1930), 111.
Corfu (Kerkyra), 26, 31 (i. 2) e 93.
   ocupação italiana de, 110.
coronéis. *Ver* regime militar dos coronéis.
corrupção, 235.
   e crise financeira, 243 (i. 62) e 245.
   e Monte Athos, 237-8.
Couvaras, Costas, 128 (i. 41).
Creta, 26, 31-2, 78 (i. 21) e 91.
   defesa de, 121.
   enosis, 273.
   levantes em, 74-5 e 78.
   muçulmanos em, 58 e 60.
   ocupação alemã de, 123.
crise balcânica (1875-1878), efeitos sobre a Grécia, 74 e 76.

crise financeira (2008-), 238 e 240.
   despesas com defesa, 245.
   e sistema de tributação, 239, 245 e 249.
   migração, 250.
   recuperação da, 251.
   resgates, 239-40, 242-3 e 247.
   resultados da, 250.
   sentimento antigermânico, 240.
   venda de ativos, 243.
   ver também troika.
Crisostomos, arcebispo de Esmirna, 99 (i. 31).

Damanskinos, arcebispo de Atenas, 130-1, 134 (i. 44), 136 e 256.
Daumier, Alphonse, 72.
Defesa Democrática, 165-6.
Defesa Nacional (*Ethiniki Amyna*), 93 e 95.
Deliyannis, Theodoros, 69, 73 e 254.
   e revolta em Creta, 74 e 77.
Delta, Penélope, 85.
Demertzis, Konstantinos, 263.
Demirel, presidente Süleyman, 213.
democracia parlamentar,
   e sociedade tradicional, 62 (i. 13), 69 e 73.
   modernização, 73.
   ver também patrocínio.
Dervenakia, Batalha de, 52.
descentralização administrativa, sob reformas do PASOK, 177.
Dionysios IV Mouselimis, 28.
diplomacia do terremoto, 214 e 224.
Don Pacifico, incidente, 65 e 264.
doutrina de defesa unificada, 216.
Doutrina Truman, 137 e 140 (i. 46).
Dramali, Mahmud, 52.
Drosios, Georgios, 83 (i. 24).
Dukakis, Michael, 21, 114 e 219.

EAM (Frente de Libertação Nacional), 124-5, 127 e 272.
   e governo Papandreou, 132-4.
   e PEEA, 129, 133 (i. 43).
Ecevit, Bülent, 173.
Eden, Anthony, 134 e 136 (i. 44).

310 | HISTÓRIA CONCISA DA GRÉCIA

EDES (Liga Grega Republicana Nacional), 125, 127, 129, 269 e 275.

e Grã-Bretanha, 129 e 131-2.

educação e passado clássico, 60.

Egito, migração grega ao, 85.

Eisenhower, general Dwight, 140 (i. 46).

El Greco (Theotokopoulos, Domenikos), 31 (i. 2).

ELAS (Exército de Libertação Popular Nacional), 125, 127, 129, 272-3 e 275.

ataque ao EDES, 129 e 131.

e desmobilização, 133-4.

tensões pós-guerra, 137 e 139.

Elizabeth, princesa da Romênia, 255.

embarcações, interesses gregos em, 145.

emigração, 20, 77 e 114.

da Turquia, 151.

no período pós-guerra, 145.

emprego estatal, 62 e 170.

e crise financeira, 241-2 e 249.

e política do PASOK, 189.

greves por empregados, 189.

salários no, 180.

ver também patrocínio.

empréstimos, das potências protetoras, 72.

e comissão financeira internacional, 77.

ver também troika.

enosis (união), 146, 148, 262-3 e 273.

Entente, potências da, 89.

e campanha do Dardanelos, 91.

e Esmirna, 96 e 98.

e governo realista, 93.

e Venizelos, 91 e 97.

EOKA (Organização Nacional de Combatentes Cipriotas), 146.

EON (Organização Nacional da Juventude), 119 (i. 38), 263.

Epiro, 74, 78, 87, 91 e 97.

e guerra greco-italiana, 122.

ver também Albânia.

EPON (Organização de Juventude Pan-Helênica Unificada), 125.

Erdogan, Recep Tayyip, 232.

ERT (Rádio e Televisão Grega), fechamento da, 249.

Esmirna (Izmir),

desembarques gregos em, 98.

população grega em, 59 e 64.

Tratado de Sèvres, 98-9.

Esquerda Democrática (Dimokratiki Aristera), 247-8.

e governo de coalizão, 248-9.

Esquerda Democrática Unida (EDA), 147.

e assassinato de Lambrakis, 151.

Estados Unidos e emigração grega, 20-1, 81 e 114.

Ethniki Etairia (Sociedade Nacional), 77 e 80 (i. 22).

Evert, Angelos, 130-1.

Evert, Miltiades, 205.

e Nova Democracia, 206 e 217.

Evgenidis, Stephanos, 88 (i. 27).

Exarcado búlgaro, 76.

exército,

elementos de direita no, 154 e 156.

plano de modernização (1996), 216.

Revolução de 21 de abril de 1967, 157-8.

Exército de Libertação do Povo Nacional. Ver ELAS.

Exército Democrático, 137, 139-40 e 142.

Ezequiel, bispo de Melbourne, 188 (i. 52).

Fallmerayer, J. P., 18.

família Khoremis, 85.

Fanariotas, 35 e 37.

Felipe da Macedônia, 199-201.

filo-helenismo, 47 e 50 (i. 10).

Fleet, general James van, 140.

Florakis, Kharilaos, 181, 192 e 194.

fome, 123 e 126.

Frederica, rainha (esposa do rei Paul), 138 (i. 45).

Karamanlis, 151 e 258.

Frente de Libertação Nacional. Ver EAM.

FYROM (ex-República Iugoslava da Macedônia), 201-2.

acordo provisório, 207.

reconhecimento dos Estados Unidos como República da Macedônia, 233-4.

relações gregas com, 206-7.

ver também Macedônia.

Gavdos, 213.

Gennadius, Ioannis, 78.

George, príncipe, Alto Comissário de Creta, 77.

George I, rei, 67, 69, 89 e 254-5.

política externa, 74.

George II, rei, 103 (i. 32), 105, 109, 115, 121, 138, 140 (i. 45), 255 (i. 46) e 256.

designação de regente, 134 e 136 (i. 44).

e grupos de resistência, 124, 127 e 129.

Giotopoulos, Alexandros, 230.

Gizikis, tenente-general Phaidon, 162.

golpe de Goudi, 79, 82, 117 (i. 37), 253 e 268-9.

Gorbachev, Mikhail, 198.

Gounaris, Dimitrios, 103 e 105 (i. 32).

Gounaropoulos, Georgios, 122.

governo de coalizão,

eleição após junho de 2012, 249.

sob Papademos, 245.

Governo Democrático Provisório, 137.

Grã-Bretanha,

e ataque de Mussolini à Grécia, 121.

e Chipre, 146, 148, 152 (i. 48) e 164.

e EDES, 129 e 131-2.

ver também Byron; Canning; Castlereagh; Churchill; potências da *Entente*.

Grande Depressão (1929), efeitos sobre a economia mundial, 111.

inquietação trabalhista na Grécia, 118.

Grande Ideia, a (*Megali Idea*), 57-8, 70 (i. 17), 103, 259 e 264.

e Cisma Nacional, 89 e 92.

Graviilidis, Kostas, 133.

gregos do Pôntico, 59, 97 (i. 30), 198 e 208.

Gregos Independentes, 247-8.

greves e demonstrações contra condições do resgate, 241 e 243 (i. 60).

Grey, Sir Edward, 90-1.

Grigorios V, patriarca de Constantinopla, 28, 49 (i. 9) e 256-7.

Grivas, general Georgios, e EOKA, 146, 152 (i. 48) e 263.

e *enosis*, 148.

Grupo de Planejamento Militar Conjunto dos Estados Unidos, 140 (i. 46).

guerra civil, 140-2.

Guerra da Crimeia, 62 e 70.

guerra de independência, 40 e 51-3.

acordo sobre fronteira, 54.

ver também Troezene, assembleia de.

Guerra dos Trinta Dias (1897), 73-4, 77-8 e 254.

guerrilhas (*Makedonomakhoi*), 80 (i. 22) e 128.

ver também EDES; ELAS; resistência.

Guizot, François-Pierre, 259.

Hadzianestis, general, 103 e 105 (i. 32).

Hanke, Hans, 63 (i. 13).

Hansen, Theophilos e Christian, 83 (i. 24).

haradj (tributo sobre cristãos), 29.

Haralambopoulos, Yannis, 183.

Hawke, Bob, 188 (i. 52).

helenismo no estrangeiro e ethnika zitimata, 219.

herança, consciência da, 17-8 e 40.

Hess, Peter von, 53.

heterochthons, 58 e 259.

ressentimento em relação a, 61-2.

Hidra, 37 e 40 (i. 6).

hiperinflação, 127 e 160.

Hitler, Adolf, 120-1.

Holbrooke, Richard, 213.

hospodares, 37-8.

Ibrahil Pasha, 51.

IDEA (Liga Sagrada de Oficiais Gregos), 156.

Igreja, acordo (1833), 60.

Igreja Ortodoxa, 228.

conservadorismo da, 19.

e cargo de patriarca, 29.

e ícones de papel, 36.

Ilhas do Egeu e tensões greco-turcas, 168, 170, 213 e 220-1.

petróleo, 170 e 184-5.

312 | HISTÓRIA CONCISA DA GRÉCIA

Ilhas Dodecanese, população nas, 109.

e Itália, 110.

Ilhas Jônicas (Corfu, Cefalônia, Zaquintos, Citera, Levkas, Ítaca, Paxos),

e domínio veneto, 31.

ocupação francesa das, 43.

ilhas náuticas, 37.

Imia (Kardak), crise, 212-3.

imigração, no século XX, 250-1.

Império Bizantino, 18-9 e 23.

Império Otomano,

cargo de patriarca, 29.

declínio no século XVIII, 33 e 35.

e Fanariotas, 35 e 37.

efeitos sobre a sociedade grega, 19, 23 e 26.

e mercadores gregos, 37 e 39.

revoltas contra, 30 e 33.

sistema millet, 26.

status dos gregos no, 30 e 32.

infraestrutura, modernização na década de 2000, 230.

investimento de construção após guerra civil, 144.

Ioakheim, Metropolitano de Kozani, 133 (i. 43).

Ioannidis, brigadeiro Dimitrios, 162.

Islã, conversão ao, 30.

Istambul, tumultos antigregos de 1955, 215.

Ítaca, 31.

Itália,

armistício (1943), 129.

guerra com, 122.

ocupação da Grécia, 123.

tratados com, 110.

Iugoslávia, tratados com, 110.

Jaruzelski, general, 183.

João, Dom, da Áustria, e Lepanto, 30.

João Paulo II, papa, e Grande Cisma (1054), 231.

Jogos Olímpicos, 230.

Johnson, presidente Lyndon, e Chipre, 153.

Jovens Turcos, 79 e 82.

e otomanização forçada, 84.

ver também Mustafa Kemal.

Julgamento dos Seis, 103-4 e 105 (i. 32).

Kaftantzoglou, Lysandros, 83 (i. 24).

Kanellopoulos, Panayiotis e União Radical Nacional, 157.

Kapodistrias, conde Ioannis, 45, 53 e 257-8.

assassinato de, 54-6.

Karakioulaphis, Anastasios, 43 (i. 7).

karamanlides, 64.

Karamanlis, Konstantinos, 22, 138 (i. 45), 181, 195, 202-3 (i. 54), 210-1, 235 (i. 58), 258-9 e 266-7.

"abertura" para os Bálcãs, 171.

acordo com Menderes sobre Chipre, 148.

e adesão grega à Comunidade Europeia, 148, 149 e 170.

e eleições de 1961, 148-9.

e Jogos Olímpicos, 231-2.

estrutura da Nova Democracia, 173.

e União Radical Nacional, 147.

metapolitefsi, 163, 165 e 167.

presidência, 173, 187-8 e 194.

referendo sobre monarquia, 166-7.

renúncia, 152.

retorno do exílio, 162.

tensões nas Ilhas Egeias, 168 e 170.

Karamanlis, Kostas, e Nova Democracia, 212, 235 (i. 58).

eleição de 2000, 224.

eleições de 2004, 234.

renúncia, 238.

Karatzaferis, Giorgos, e LAOS, 237.

Karavangelis, Germanos, bispo de Kastoria, 80 (i. 22).

Kastellorizo, 154.

katharevousa, 18, 41, 60, 154 e 265.

Keun, Bernhard, 261.

Khatzibeis, Stamatis, 133 (i. 43).

Khatzimikhail, Theophilos, 86.

Khristodoulos, arcebispo de Atenas, 226, 228 e 231.

ÍNDICE REMISSIVO | 313

Khrysanthopoulos, Photakos, 51.

Kissinger, dr. Henry, 164.

Kleanthis, Stamatis, 83.

klefts, 260.

  e resistência aos turcos, 31 e 52-3.

KKE. *Ver* Partido Comunista da Grécia.

Kokkalis, Petros, 133 (i. 43).

Kolettis, Ioannis, e a Grande Ideia, 58, 62 e 259-60.

Kolokotronis, Theodoros, 48, 52-3 e 260.

Kondylis, general Georgios, 110 e 115.

Konstantinovna, Olga, 255.

Kontoglou, Photis, 64 (i. 14), 107 e 155 (i. 49).

Korais, Adamantios, 18-9, 41, 43 e 260-1.

Koryzis, Alexandros, e guerra com Itália, 121.

Koskotas, George, e escândalo financeiro no Banco de Creta, 190-1 e 204.

Kosovo, 222.

Kostaki Mousouros Pasha, 88 (i. 27).

Kotzias, Kostas, 119.

Koufodinas, Dimitris, 230.

Koumoundouros, Alexandros, 270.

Koundouriotis, almirante Pavlos, eleição como presidente, 110.

Koutsogiorgas, Agamemnon, 204.

Kruschev, Nikita, 274.

Kütchük Fazil, 148.

Lagarde, Chistine, 248.

Laiki Bank, 246.

Lambrakis, Grigorios, 151 e 187.

LAOS (*Laikos Orthodox Synagermos*), 237-8 e 247.

lei idionym, 110.

Leo, o Sábio, Oráculos, 33 (i. 3) e 35.

Levkas (Lefkada), 31 (i. 2).

Liani, Dimitra, 190, 206 e 210.

Liga Grega Republicana Nacional. *Ver* EDES.

Liga Militar, 79 e 273.

língua, das populações gregas, 59, 64 (i. 14) e 199.

  e troca de população, 104-5.

  pureza da, 18, 41, 60, 154 e 265.

Lloyd George, David, 101.

luta revolucionária, 230.

Lymberis, almirante Khristos, 213.

Lyons, *Sir* Edmund, 65.

Macedônia,

  e conspiração dos Jovens Turcos, 79 e 82.

  e KKE, 109.

  e movimento nacional albanês, 84.

  refugiados na, 107.

  reivindicações territoriais na, 74, 80 (i. 22), 87 e 89.

  ver também FYROM: república da Macedônia.

Mahmud II, sultão, 33, 45, 51 e 53.

Makarezos, coronel Nikolaos, 157.

  punição de, 167.

  ver também regime militar dos coronéis.

Makarios III, arcebispo e presidente de Chipre, 146 e 262-3.

  e Chipre independente, 148 e 152 (i. 48).

  e Ioannidis, 160-2.

  e partilha de poder, 153.

  relações com o regime militar grego, 160.

Makriyannis, general Yannis, 27 (i. 1) e 48.

Makronisos (ilha prisão), 138 (i. 45).

Mandakas, general Manolis, 133 (i. 43).

Maniadakis, Konstantinos, 120.

Markezinis, Spyros, 160.

Markos (Vafiadis), 137 e 139.

mármores Elgin, 203 (i. 54), 223, 225 e 237.

Martis, Nikolaos, 188 (i. 52).

Mattaios, Metropolitano de Myra, 32.

Mavromikhalis, Kyriakoulis, 82.

Mavromikhalis, Petrobey, 258.

Mavros, Georgios, 175.

Megali Idea. Ver Grande Ideia, a.

Mehmet, sultão, 26.

Mehmet Ali, 51.

Menderes, Adnan, 148.

Mercadores gregos e comércio otomano, 37 e 39.

  desenvolvimento de consciência nacional, 39 e 41.

  e movimento nacional, 39.

Mercouri, Melina, 225.

314 | HISTÓRIA CONCISA DA GRÉCIA

Merkel, Angela, 240 e 248-9.

   ver também troika.

mesa, 20 e 69.

metapolitefsi, 212 e 226.

Metaxas, coronel Ioannis, 91, 115, 157, 247 e 255.

   ditadura de, 115 e 119.

   e oposição comunista, 118 e 120.

   política externa, 120-1.

Milosevic, Slobodan, 222.

minoria macedônica eslava, 201-2.

Mitsotakis, Konstantinos, e Partido Nova Democracia, 154, 166, 181 (i. 51), 186, 192-4 e 235 (i. 58).

   acusações contra, 210.

   alocação de postos, 205-6.

   e eleição de 1993, 205-6.

   no governo, 205.

   política econômica, 204.

moeda europeia única, 224 e 229.

   e crise financeira, 238, 240 e 249.

   greves contra, 218.

Moldova, 38.

monarquia, 54.

   abolição da, 110.

   escolha de sucessor de Otto, 65.

   golpe de 1843, 68.

   influência bávara sobre o rei Otto, 61 e 68.

   infraestrutura institucional, 59-60.

   problemas da, 57.

   referendo sobre, 166-7.

   restauração de Constantino I, 99.

   restauração de George II, 115 e 118.

   ver também Constantino II; George I; George II; Grande Ideia, a; Otto de Wittelsbach.

Monastério Vatopaidi, 237.

monotoniko, sistema único de acentuação, 177.

motins nas forças gregas, 129 e 131.

Moukhtar Pasha, 259.

Mourouzis, Konstantinos, 49 (i. 9).

movimento nacional, 33, 35, 37 e 39.

   coordenação da, 42 e 47.

   e guerra civil, 47-8.

e instituições ocidentais, 49 e 51.

e mercadores gregos, 39.

muçulmanos, 26, 29, 58, 89 e 104.

   e mesquita de Atenas, 231 (i. 57).

   na Macedônia, 201.

   no oeste da Trácia, 107, 199-200 e 228.

mulheres, *status* das, 125, 128 e 177.

   e direito a voto, 147.

Mussolini, Benito, guerra com a Grécia, 120.

Mustafa Kemal (Atatürk), 98, 103 e 224.

   e Venizelos, 109-10.

   vitória na Ásia Menor, 98 e 101.

Mytilini (Lesvos), 86-7.

nacionalismo balcânico, 58.

Nahmias, Alberto/Avraam, 130.

Napoleão Bonaparte, 43.

Navarino, Batalha de, 51 e 55 (i. 12).

Naxos, 26.

neomártires, 67.

Nixon, presidente Richard, 164.

Nomarquia Helênica (Elliniki Nomarkhia), 44.

Notaras, grão-duque Loukas, 23.

Ocalan, Abdullah, e Partido dos Trabalhadores Curdos, 221.

ocupação durante a Segunda Guerra Mundial, 123.

   ver também resistência.

oeste da Trácia,

   assentamento de gregos ex-soviéticos, 199.

   limpeza étnica de gregos, 202.

   muçulmanos na, 199-200.

   ocupação búlgara, 123.

Okhi (Não), 122-3 e 245 (i. 62).

Omonoia, 207.

Operação Velocino de Ouro, 199.

Operações Executivas Especiais (SOE), 127.

Organização da Juventude Nacional. *Ver* EON.

Organização Nacional de Combatentes cipriotas. *Ver* EOKA.

OTAN,

   admissão grega e turca à, 146 e 150.

   e Chipre, 147.

ÍNDICE REMISSIVO | **315**

e plano Péricles, 149.
e regime militar dos coronéis, 160.
relações do PASOK com, 182.
retirada da, 175.
Othonaios, general, 105 (i. 32).
Otto de Wittelsbach, rei, 54 e 264.
derrubada de, 65.
e exército, 75.
e governo constitucional, 61-2 e 68 (i. 16).
e Guerra da Crimeia, 62.
Özal, Turgut, e acordo de Davos, 185.

pactos balcânicos,
(1934), 111.
(1953), 146.
PAK (Movimento de Libertação Pan-Helênico), 165-6 e 266.
Paliouritis, Grigorios, 41.
Palmerston, lord, 65.
Pangalos, general, ditadura militar de, 110, 113 e 275.
Pangalos, Theodoros, 222-3 e 225.
Panhellenion, 257.
Papadiamantis, Alexandros, 265.
Papadopoulos, coronel Georgios, 149, 157, 159-61 e 226.
punição de, 167.
ver também regime militar dos coronéis.
Papageorgopoulos, Vasilis, 242.
Papagos, general Alexandros, 115, 139 (i. 46), 140-2, 147 e 265-6.
dependência da ajuda americana, 145.
e União Grega, 143 e 265.
reconstrução econômica, 144-5.
sistema de maioria, 143-4.
Papaheliou, Melpomene (Thyella), 128.
Papandreou, Andreas, e PASOK, 154, 156-7, 159, 165-6, 172-5, 181, 192, 229, 235 (i. 58), 258-9 e 266-7.
acordo de Davos, 185-6 e 190.
"Contrato com o Povo", 175-6.
divórcio e problemas de saúde, 190 e 210-1.
e eleição de 1993, 205-6.
e escândalo do Banco de Creta, 204.

e macedônios, 200.
e programa de austeridade, 189.
e Sismik I, 170 e 183.
eleições de 1985, 189.
era dos "dinossauros", 211.
escândalo financeiro, 190-1.
oposição ao segundo mandato de Karamanlis como presidente, 187.
política econômica, 209.
popularidade pessoal, 174-6.
reformas de, 177 e 180.
visita à Polônia, 183.
visita ao Chipre, 184-5.
ver também PASOK.
Papandreou, dinastia, 112.
Papandreou, Georgios, 132, 136 (i. 44), 235 e 267-8.
controle do exército, 156.
desmobilização de exércitos guerrilheiros, 134.
diplomacia do terremoto, 224.
e regime militar dos coronéis, 159.
e União de Centro, 142 e 149.
eleições de 1961, 149.
eleições de 1963, 152-3.
problemas após o retorno a Atenas, 132-4.
programa de reforma, 154.
rejeição de "dupla" enosis para Chipre, 154.
Papandreou, Giorgos, e PASOK, 234 e 235 (i. 58).
e crise financeira, 238 e 243.
Papandreou, Margaret, 190.
Papanikolaou, Georgios, 268.
Papariga, Aleka, e Partido Comunista, 206.
Papathemelis, Stelios, 188 (i. 52) e 209.
Papoulias, Karolos, 206-7, 234 e 247.
paroikies (colônias), 37.
Parrigopoulos, Konstantinos, 18.
Partido Comunista da Grécia do Interior, 158 e 191.
Partido Comunista da Grécia (KKE), 109 e 272-4.
abstenção da eleição de 1946, 135.
boicote sobre ratificação de tratado da Comunidade Europeia, 171.

cota de votos em 2012, 247-8.

divisão em dois partidos (1967), 157.

e Aliança de Esquerda e Progresso, 191.

e Exército Democrático, 137 e 139.

e macedônios eslavos, 201.

e Papariga, 206.

equilíbrio de poder em 1989, 191 e 193.

equilíbrio de poder sob George II, 115 e 118.

legalização do, por Karamanlis, 164-5 e 226.

perda de cadeiras em 2009, 238.

resistência à ocupação fascista, 124-5.

ver também EAM.

Partido do Povo (*Laikon Komma*), 111.

plebiscito sobre Constituição, 136.

representação proporcional sob George II, 115 e 118.

Partido Nova Democracia, 165, 172, 175, 186, 188-9, 191 e 193-4.

coalizão em 2013, 249.

derrota em 2009, 237.

fracasso em programa de reforma, 237 e 239.

ver também Karamanlis; Papandreou, Georgios; Rallis.

Partido Socialista Democrático, 267.

partidos políticos,

sob George I, 67.

sob Otto, 61.

PASOK (Movimento Socialista Pan-Helênico), 165, 166 e 266.

acordo de Davos, 185-6.

e bombardeio da Sérvia pela OTAN, 222.

e lei eleitoral, 186.

e Liani, 210 e 211.

e moeda única, 218 e 224.

e Simitis, 212-3 e 217-8.

escândalo financeiro, 190-1.

estabilidade e programa de crescimento, 240.

mudança em estilo, 182-3.

mudança para o centro, 175.

oposição oficial, 172-3.

política de defesa, 174-5.

política de privatização, 209 e 218.

política educacional, 218.

política externa do, 174, 180 e 182.

popularidade de Papandreou, 176.

retorno ao poder em 1993 ("novo" PASOK), 206-7.

ver também Papandreou, Andreas.

Patriarcado Ecumênico, 200.

patrocínio, 68-9.

Pattakos, brigadeiro Stylianos, 157.

punição de, 167.

ver também regime militar dos coronéis.

Paulo, rei, 138 (i. 45), 143 e 147.

e Karamanlis, 151.

Paxos, 31 (i. 2).

Paz de Carlowitz, 35.

Philiki Etairia (Sociedade Amistosa) e movimento nacional, 44-6, 55 (i. 12), 257 e 259.

Philip, duque de Edimburgo, 203 (i. 54).

Plastiras, general Nikolaos, 103, 109, 111, 117 (i. 37), 134, 253 e 275.

e União de Centro Progressista Nacional, 142.

política de reconciliação nacional, 177.

política de socialização, 180.

Popov, Gavriil, 198.

população, mudanças em,

após o Acordo de Lausanne, 104 e 107.

e equilíbrio étnico, 107-8.

fuga de áreas rurais para urbanas, 144-5.

preocupações ambientais e incêndios florestais, 236.

Primavera Política (Politiki Anoixi), 205-6, 210 e 217.

Primeira Guerra Mundial,

disputa sobre participação grega na, 89 e 93.

exigências gregas na conferência de paz de Paris, 96.

privatização, de empresas estatais, 218-9.

progonoplexia, 18 e 40.

programa de austeridade, 240-1.

resultados do, 241.

ver também crise financeira; *troika.*

protestantes, 199.

Protocolo de São Petersburgo, 51.

Protopapadakis, Petros, 105 (i. 32).

Psara, 37.

Psaros, coronel Dimitrios, 131-2.
punição de, 168.
Pushkin, A. S., 50.

Rallis, Dimitrios, 71 e 82.
Rallis, dinastia, 113.
Rallis, Georgios, e Partido Nova
    Democracia, 173, 175 e 235 (i. 58).
recrutamento de janízaros (paidomazoma), 29.
reformas matrimoniais, 177.
refugiados,
    afiliações políticas de, 107 e 109.
    reassentamento de, 107.
Regime do Quatro de Agosto de 1936, 118 e 120.
regime militar dos coronéis, 158-9.
    atitude dos Estados Unidos, 160.
    oposição a, 160-1.
    popularidade da, 159-60.
    punição após a queda, 167.
    ver também Chipre; Ioannidis; Makarezos;
        Papadopoulos; Pattakos.
relações grego-turcas,
    acordo de Davos, 185.
    consequências econômicas da tensão, 170-1.
    despesas de defesa gregas, 216.
    e guerra de Kosovo, 223.
    e Imia (Kardak), 212-3.
    em meados do século XX, 150, 160, 162, 206
        e 227.
    e Ocalan, 221.
    na década de 2000, 232.
    política de defesa do PASOK, 183 e 185.
    reivindicações territoriais no Egeu, 168, 170,
        213, 220-1.
    ver também Chipre; diplomacia do terremoto;
        Guerra dos Trinta Dias; Império Otomano.
República da Macedônia, 233.
República Turca do norte do Chipre, 184-5.
    e UE, 213 e 216.
resgates. *Ver* crise financeira; *troika*.
resistência à ocupação na Segunda Guerra
    Mundial, 123, 125, 127 e 129.
    coordenação da, 127 e 129.
    desmobilização de exércitos de guerrilha, 134.

hostilidades entre grupos, 129 e 131.
    represálias alemãs contra, 125.
    ver também EAM; EDES; ELAS.
Reunião Grega, 143 e 265.
    ver também Papagos.
Rice, Condoleeza, 230.
Rizos Rangavis, Alexandros, 78.
Rodes, 26.
Roidis, Emmanouil, 69.
Rouspheti, 20, 62, 69 e 254.
Rozakis, Khristos, 216.
Rússia,
    apoio para o movimento nacional grego, 44.
    e "Grande" Bulgária, 74 e 78.
    e Guerra da Crimeia, 70.
    guerra com Império Otomano, 33.

Salônica, 91.
    captura por tropas gregas, 92 (i. 28).
    eleições em, 94.
    golpe pró-venizelista, 93 e 96.
    greve de trabalhadores em tabaco, 117.
    ocupação alemã, 123.
    população judaica em, 89, 127 e 130.
Samaras, Antonis, 247.
    e Primavera Política, 205-6 e 210.
    negociações com *troika*, 248.
Samos, 87.
Sampson, Nikos, 152 (i. 48) e 263.
São Jorge, o Mais Jovem, de Ioannina, 67.
Sarafis, general Stephanos, 272.
Sartzetakis, Christos, 187-8, 191 e 193.
Saunders, brigadeiro Stephen, 229-0.
Schilizzi, Helena, 113.
Scholarios, Georgios Gennadios, patriarca
    de Constantinopla, 27.
Secretaria de Serviços Estratégicos (OSS), 128.
Seferis, Georgios, 107.
Serapheim, arcebispo de Atenas, 181.
Sérvia, simpatia grega pela, 202.
    bombardeio aéreo da OTAN, 222.
serviço nacional de saúde, 180.
Sheytanoglou, 30.

318 | HISTÓRIA CONCISA DA GRÉCIA

Siantos, Georgios, 133 (i. 43), 272 e 274.

Siemens, suborno por, 237.

Simitis, Kostas, e PASOK, 210, 212, 216, 218, 228 e 234.

   e eleições de 2000, 224.

   e relações greco-turcas, 212-3 e 221.

   moeda europeia única, 218.

Sinas, Simon, 83.

Sion, David, 130.

sistema millet, 26.

Skouphas, Nikolaos, 44 e 46.

Skylosophos, Dionysios, 30.

soberania, violações pelas grandes potências, 96, 100 e 129.

socialismo, 227.

Sociedade Amistosa. *Ver Philiki Etairia.*

Sociedade Nacional. *Ver Ethniki Etairia.*

Solidariedade Nacional, 125.

Sophoulis, Themistoklis, e Partido Liberal, 115, 135 e 181.

Soutsos, Mikhail, 38 e 49 (i. 9).

Spetsai, 37.

Stalin, Josef, 138 (i. 45).

   acordo de porcentagens, 131-2 e 136 (i. 44).

   e Exército Democrático, 138.

   e gregos do Pôntico, 198.

Stamatelopoulos, Nikitas, 52.

Stanhope, Leicester, 50.

Stephanopoulos, George, 219.

Stephanopoulos, presidente Kostis, 210.

Stergiàdis, Aristeides, 98.

Stevenson, William, 50 (i. 10).

Stournaras, Yannis, 250.

Svolos, Alexandros, 133.

SYRIZA (Coalizão da Esquerda Radical), 247.

takeover venizelista após derrota na Ásia Menor, 103-4.

   acordo com república turca, 104-5.

Tériade (Efstratios Eleftheriadis), 86.

Tertsetis, Georgios, 260.

Tessália, 75 e 78.

Theodorakis, Mikis, 193.

Theotokas, Georgios, 93, 106-7 e 269-70.

Thiersch, Friedrich, 61.

Tito, Presidente, 202.

Tourkokratia (domínio turco), 19-20, 27 (i. 1), 31, 35 e 70.

   e Igreja, 36-7 e 49 (i. 9).

   e Veneza, 31 (i. 2).

Trácia, refugiados na, 107.

Tratado de Bucareste (1913), 87.

Tratado de Lausanne, 182, 199-200 e 208.

Tratado de Londres, 51 e 87.

Tratado de San Stephano, 78 (i. 21).

Tratado de Sèvres, 98-9 e 104.

tratado greco-sérvio, 87.

Trebizond, 26.

   população grega em, 64-5.

tributo, subpagamento de, 239.

   ver também crise financeira.

Trikoupis, Kharilaos, 73, 77-8 (i. 21), 85, 239 e 270.

   e Canal de Corinto, 76.

Troezene, assembleia de, 53-4 e 55 (i. 12).

troika (UE, IMF e ECB),

   ajuda para o Chipre, 246.

   condições para ajuda à Grécia, 240, 243 (i. 60) e 248.

Tsalakoff, Athanasios, 44 e 46-7.

Tsaldaris, Dino, 136.

Tsaldaris, Panayis, 140 (i. 46) e 265.

   e Partido do Povo, 111, 113, 115 e 142.

Tsarouchis, Yannis, 155.

Tsatsos, Konstantinos, 167, 173 e 187.

Tsipras, Alexis, 246.

Tsirimokos, Ilias, 133 (i. 43).

Tsokhatzopoulos, Akis, 217 e 242.

   e PASOK, 211.

Tsolakoglou, general, 121.

Tsontos, Georgios (Capitão Vardas), 80 (i. 22).

Tuckerman, Charles, 18.

turismo, desenvolvimento do, 145 e 196-7.

   e programa de austeridade, 241.

Turquia, gregos étnicos na, 199.

   ingresso na UE, 224 e 231 (i. 57).

   ver também Império Otomano; relações greco-turcas.

Tzannetakis, Tzannis, 192.

ÍNDICE REMISSIVO | 319

União de Centro, 165 e 267-8.
ver também Papandreou, Georgios.
União de Centro Progressista Nacional, 269.
União do Centro Democrático, 172.
União Europeia,
adesão de Chipre, 216 e 233.
adesão turca à, 224 e 232.
empréstimo de emergência da, 189.
e política do PASOK, 182-3.
mudança de atitude, 174.
participação grega na, 170 e 227.
relações diplomáticas com Macedônia, 206-7.
Tratado de Maastricht, 205.
união alfandegária com Turquia, 208.
ver também crise financeira; *troika*.
União Europeia Ocidental, 205.
União Radical Nacional. *Ver* Karamanlis.
União Soviética, êxodo de gregos étnicos da, 197-8.
universidades, reformas em, 177.
Uzbequistão, gregos étnicos no, 198.

Valáquia, 38.
Vartholomaios, patriarca ecumênico, e cristãos sérvios, 203.
Velestinlis, Rigas, 27 (i. 1), 42, 188 (i. 52) e 271-2.
Veloukhiotis, Ares (Klaras, Thanasis), 272-3.
Veneza, comunidade grega em, 31.
Venizelos, Eleftherios, 79, 85 (i. 25), 89, 104, 106-7, 110-3 e 273-4.
derrota, 100.
e conferência de paz de Paris, 96.
e crise econômica, 111.
e *Entente*, 93 e 96-7.
e Esmirna, 96 e 98.

e Liga Militar, 81.
e Tratado de Sèvres, 98-9.
exílio na França, 113 e 117.
guerra nos Bálcãs, 84 e 87.
política externa de, 111.
programa de reforma, 82 e 84.
tentativas de assassinato contra, 111 e 113.
Venizelos, Evangelos, 203 (i. 54), 220 e 247.
Venizelos, Sophocles e Partido Liberal, 142.
viaduto Gorgopotamos, destruição do, 127, 272 e 275.
Vladimirescu, Tudor, 45.
Vryzakis, Theodoros, 50.

Wellington, duque de, 51.
Wilson, Andrew, 169 (m. 9).

xanthon genos, lenda de, 32 e 70 (i. 17).
Xanthos, Emmanouil, 44 e 46-7.
xeniteia, 20, 114 e 145.
Xiros, Savvas, 229-30.

Ypsilantis, Alexandros, 38, 45, 47 e 49 (i. 9).

Zakhariadis, Nikos, 135, 139 e 274-5.
Zaquintos (Zante), 31 (i. 2).
Zarifi, Georgios, 88.
Zervas, Napoleon, 275.
Zhivkov, Todor, 184.
Zikos, Mikhail, 67.
Zographos, Christaki Efendi, 88 (i. 27).
Zographos, Panayiotis, 27 (i. 1).
Zolotas, Xenophon, 181 e 194.
zona desnuclearizada balcânica, 183.
Zorbas, coronel Nikolaos, 81.

Este livro foi impresso pela Paym
em fonte Minion Pro sobre papel Chambril Avena 80 g/m²
para a Edipro no verão de 2017.